知りたいディテール満載!
木造住宅パーフェクト詳細図集

丸山 弾[著]

Ohmsha

本書を発行するにあたって，内容に誤りのないようできる限りの注意を払いましたが，本書の内容を適用した結果生じたこと，また，適用できなかった結果について，著者，出版社とも一切の責任を負いませんのでご了承ください．

本書は，「著作権法」によって，著作権等の権利が保護されている著作物です．本書の複製権・翻訳権・上映権・譲渡権・公衆送信権（送信可能化権を含む）は著作権者が保有しています．本書の全部または一部につき，無断で転載，複写複製，電子的装置への入力等をされると，著作権等の権利侵害となる場合があります．また，代行業者等の第三者によるスキャンやデジタル化は，たとえ個人や家庭内での利用であっても著作権法上認められておりませんので，ご注意ください．

本書の無断複写は，著作権法上の制限事項を除き，禁じられています．本書の複写複製を希望される場合は，そのつど事前に下記へ連絡して許諾を得てください．

出版者著作権管理機構
（電話 03-5244-5088，FAX 03-5244-5089，e-mail：info@jcopy.or.jp）

JCOPY ＜出版者著作権管理機構 委託出版物＞

知りたいディテール満載！ 木造住宅パーフェクト詳細図集

丸山 弾［著］

目次

はじめに … 008
住宅で過ごす時間 … 010
幅のある接点 … 012

[第1篇] 設計

設計概要 … 016
解説文 … 049

那須の家 … 050
均一的な風景が広がる敷地での配置計画 … 052
雁行型がもたらす各部屋の独立性 … 054
異なる方向に、異なる距離で開口部を設ける … 056
アプローチに対して軒高を低く抑える … 058
スキップフロアにして上下階につながりをもたせる … 060
落ち着きを与える天井の高さ … 062
棟と棟とのつながり … 064
重心の高さに合わせて天井高を変化させる … 066
開口部のつくりを統一させる … 068

溝口の家
共用部に溜まりを設けて、家族の接点の場をつくる … 070
敷地内に空地を設けて、視覚的に有効な開口部とする … 072
片流れ屋根を組み合わせて空間の方向性を変える … 074
天井高の変化と開口部の高さについて … 076

鵠沼の家 … 078
玄関を中央に配置して、動線の床面積をまとめる … 080
棟を分けて、空間の重心を分散させる … 082
棟木の位置で断面形状を変形させる … 084
階高を抑えて、1階と2階の距離感を縮める … 086
高さを変えて、開口部の意味合いを変える … 088

幡ヶ谷の家
1階部分に機能をまとめる … 090
切妻の向きを変えて、方向性を多様化させる … 092
変則スキップで、空間のつながりに強弱をつける … 094
家の中に屋根型がわかる空間を設ける … 096

永山の家
敷地形状を活かしてフロアを構成する … 098
動的要素と静的要素をラインで分ける

[第2篇] 枠廻り詳細

町田の家

目地を合わせていく中庭を通して、各部屋をつなげる光の入り方や視線の抜けを多様化させる ……100

回遊性をもたせつつ、居場所を点在させる ……102

廊下をホールに変えて、用途をもたせる ……104

天井高を操作して、ゆるやかに分節する ……106

解説文 ……108, 110

枠廻り ……112

玄関廻り ……129

外部と内部の間にグラデーションをつくる（那須） ……130

天井高を抑えて広がりをもたせる（町田） ……132

土間に機能をもたせる（町田） ……134

色の変化により奥行きをつける（町田） ……136

離れを設けて、日常とは異なる間をつくる（町田） ……138

玄関扉を木製でつくる（溝口） ……140

枠とともに建具のディテールも決める（溝口） ……142

内部枠廻り

引戸で部屋の役割を変える（永山） ……144

奥行きのある窓をつくる（永山） ……146

一坪半に機能を納めて、"奥まり感"をつくる（永山） ……148

垂れ壁と腰壁を付けて、空間の重心を下げる（永山） ……150

収納の深さを変えて、物を納める（永山） ……152

雁行プランで、廊下と部屋のほどよい距離間を広がり与える入隅窓（那須） ……154

視線を外へと誘う（鵠沼） ……156

開き戸+左官壁で、距離感を得る（幡ヶ谷） ……158

引込み戸にして空間に静けさを得る（幡ヶ谷） ……160

引戸の高さを揃え、統一感とリズムを出す（幡ヶ谷） ……162

枠の素材や塗装を切り替える（町田） ……164

落ち着きのある床座。窓の高さは畳から決める（町田） ……166

動線の中心にホールを配し居場所をつくる（町田） ……168

開口部廻り・木製 ……170

内庇を設けて、窓辺に居場所をつくる（永山） ……172

木製建具を壁内に引き込む（永山） ……174

ゆったり座れる開口部をつくる（永山） ……176

開口部のプロポーションと障子の割付を調整する（町田） ……178

光の溜まり場をつくる（町田） ……180

Fix窓を併用して、より視覚的なつながりを隠し框にして、柱廻りをすっきり見せる（町田） ……182

開口部のつくりを揃え、連続性を生み出す（那須） ……184

木製建具で入隅を抜く（鵠沼） ……186

開口部廻り・サッシ

アルミサッシの見えがかりの線を少なくする（幡ヶ谷） ……188

障子を半分引き残して窓廻りに階層をつくる（町田） ……190

[第3篇] 水廻り詳細・その他 … 192

解説文 … 209

水廻り

- 階層性のある水廻りのつくり方（那須）… 210
- 人の動きに合わせたスケール感（那須）… 212
- 水廻り開口部のつくり方（那須）… 214
- 無意識に使えるように手を掛ける高さを揃える（那須）… 216
- 使い分けのできる動線を設計する（那須）… 218
- 建具の高さを使い分ける（幡ヶ谷）… 220
- 家具と建築を一体化させて、スケール感を抑える（幡ヶ谷）… 222
- 壁の位置や長さを微調整して物を納める（永山）… 224
- 一間グリッドをずらして建具を納める（永山）… 226
- 壁の表情（仕上げ）を面で変える（永山）… 228
- 中庭の植栽をさまざまなレベルから楽しむ（永山）… 230
- 便所を水廻りから切り離す（永山）… 232
- 人の気配がわかる洗面所（町田）… 234
- 天井高に変化をつける（町田）… 236
- 壁を芯からずらして、家具を納める（町田）… 238

台所廻り

- 大工造りのキッチン（幡ヶ谷）… 240
- 重心の違いをなじませる（幡ヶ谷）… 242
- 主動線の延長上に台所を配置する（幡ヶ谷）… 244
- 使用勝手によって素材を変える（永山）… 246
- 上下階で目地を合わせていく（永山）… 248
- 台所と居間との境界線に幅をもたせる（永山）… 250
- 大工造りで、素材感を建築と合わせる（町田）… 252
- 段差をつけた吊戸棚（町田）… 254
- ダイニングに落ち着きを出す高さ（町田）… 256

階段廻り

- 階段下を有効活用する（町田）… 258
- スキップフランの踏面・蹴上寸法はゆったりと（永山）… 260
- 階段の形状を変える（永山）… 262
- 軽快につなぐ階段（溝口）… 264

外構・植栽

- 外構を建築と一体的につくる（永山）… 266
- さりげないディテールを積み重ねる（永山）… 268
- 高さを調整したシンプルな手摺（那須）… 270
- さまざまなレベルから楽しめる植栽計画（永山・鵠沼）… 272

電気・照明
生活に合わせた照明設計（那須）……274
光源の高さを調整する（那須）……276
照明で明暗の間をとる（町田）……278

資料……280
あとがき……284

はじめに

住宅は自然から身を守るためのものであり、住まい手の居場所を確保するためのものである。そのためには、耐久性のあるつくりにする必要があるし、家づくりの後に続く日常を支える必要がある。また住宅で過ごす時間は、単調かつ前進的なものばかりではなく、時には停滞したり後退したり、常に変調があるものである。住まい手の状況にも、振れや変化があるだろう。そうした動きをそっと包み込むような幅のある空間づくりを心がけている。

住宅の設計は、基本設計、実施設計、現場監理と3段階に分けて進めていく。基本設計では敷地条件や法規をおさえ、S＝1/100の基本設計図をもとに、住まい手と計画を練り進めていく。プランが決まり実施設計に入ると、より詳細に設計を行い、施工者が正確に読み取れ、かつ施工のための説明書ともなる実施設計図を仕上げる。見積りがまとまり、確認申請が下りると現場がはじまる。現場監理においては、施工者と打ち合わせを重ねるとともに、枠廻りや建具、水廻りや家具の製作のための詳細図を描いていく。

日常の設計においては、基本設計から詳細図を通して、手描きでスタディを重ねて、CADで寸法を詰めていく作業を繰り返している。手描きの直感的かつスケール感の確かさを頼りにするとともに、CADの正確性と展開力も頼りにしている。CADは座標軸上で起点と終着点をミリ単位の数値を定めること

本書は、私が事務所を開設してから手がけた、6軒の木造住宅の図面と写真を全3篇構成でまとめたものである。第1篇では実施設計図の中から平面図と矩計図を中心に、第2篇では玄関廻り、内部枠廻り、開口部廻り・木製、開口部廻り・サッシの項目に分けて枠廻り詳細図を収録し、第3篇では水廻り、台所廻り、階段廻りの詳細図、そして外構・植栽計画と電気・照明計画を取り上げている。

この6軒の住宅では、特殊な材料、特殊な工法を使わなくても、さりげない工夫を積み重ねることでよい空間はつくれるのではないかと日々考えながら、いまできることを見極めつつ、可能な限り丁寧に設計してきた。その過程と成果を、手描きとCADの二つの視点を通して描かれた図面と、竣工後に自ら撮影した写真によって伝えることができたらと思う。

また各図面の頁ごとにテーマを設けて、その住宅やその空間で考えていたことを述べている。第1篇の全体像と行き来をしながら、第2篇と第3篇の詳細図を読み進めていただければと思う。

で点が結ばれ、線が表現される。一方、手描きの場合は線を引きはじめてからでも止まったり、戻ったり、方向を変え、終着点さえ変えることができる。線の表現を変えることもできるし、図面の横に自由な縮尺でスケッチを描くこともできる。つまり思考と表現が直結しているといえるし、線を消したときにもその痕跡が残る。こうして手描きの図面には、連続性をもった思考が蓄積されて、その結果、設計に節度をもたらしている。その上で、CADを併用することで計画に客観性をもたらしている。両者の特徴を見極め、常にその選択やタイミングを意識している。

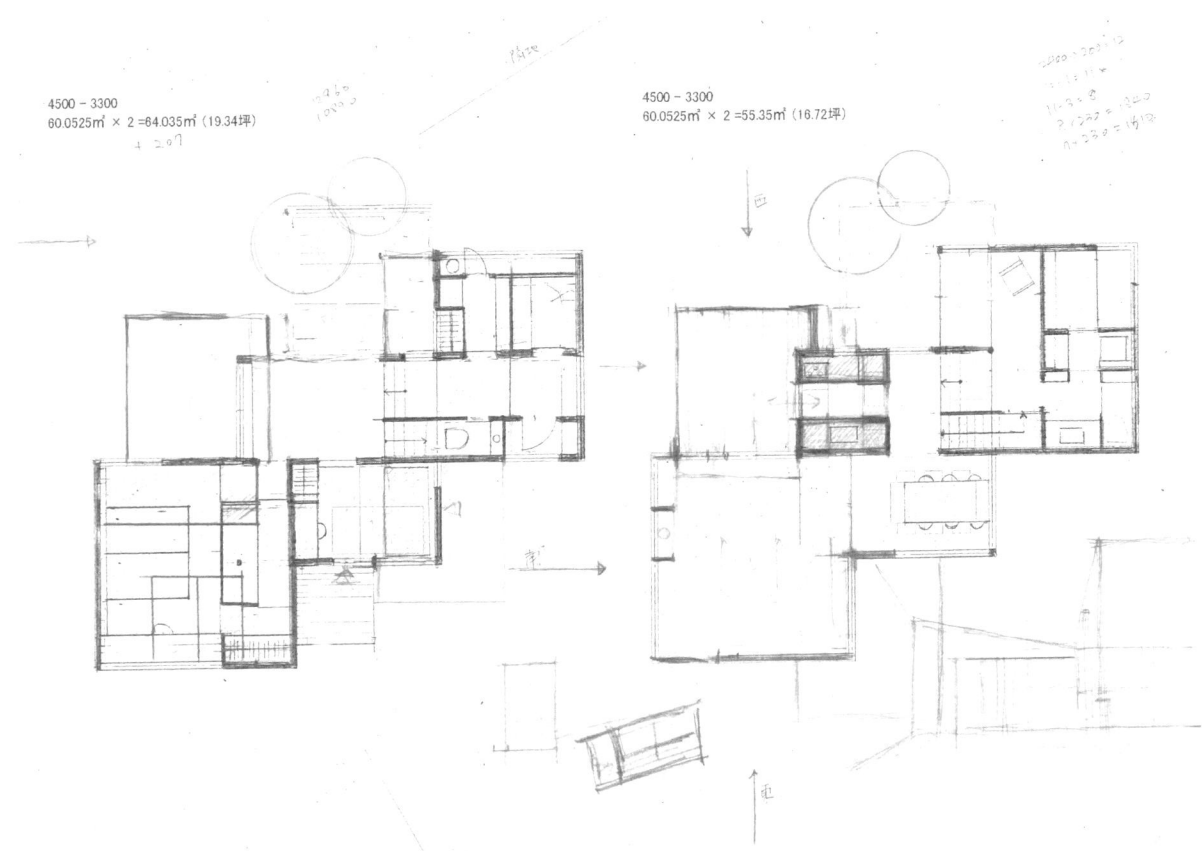

住宅で過ごす時間

日々、過ごす時間は二つに分けられる。社会の中で過ごす時間と私的に過ごす時間である。個から離れる時間と個に戻る時間ともいえる。個の時間に至るのは、家に帰り一日の終わりを迎えるときかもしれないし、休日ごとに迎えるかもしれない。あるいは日常から離れ、旅先で迎えるかもしれない。

住宅で過ごす時間は、個の時間と個から離れていく時間、つまり家族の時間との間を行き来している。住宅を設計するときは、まずはじめに個の時間を過ごすための居場所から考える。

個の居場所には二つの性質がある。静的な居場所と動的な居場所である。静的な居場所は「心を静めるような包容感のある空間」に、動的な居場所は「他とのつながりがはじまるような空間」に設える。一つの部屋の中でも、空間の溜まりや重心、あるいは距離感の設定により、静的な居場所と動的な居場所をつくっていく。そうして家の各所に静的な居場所と動的な居場所を点在させて、それと対になる動的な居場所を、輪郭を重ねるようにつなげていくことで、個と個が触れ合う場や、寄り添う場を設えていく。

個の時間は住宅に限らず、公共の場でも出会えることがある。大学を卒業後、私はロンドンに住んでいた。陰鬱な空の下、部屋の近くを流れる運河沿いを黙々と歩いたり、街の中にある広大な公園で一日中、一人で過ごしていた。そこは公共の場にもかかわらず、個と向き合える時間があった。本来は公共の場、つまり社会も個の集合体で成り立っているので、それがあるべき姿なのかもしれない。しかし、運河の目的は異なるところにあるし、公園も一人一人の居場所から設計をはじめていないだろう。しかしそこを利用してきた人たちの痕跡と時間の蓄積が、個の居場所を形成してきたのだと思う。

個の時間が悠久の時間につながっていると感じたこともある。一つはストックホルムにあるアスプルンドが設計した森の墓地である。墓地を訪ねてきた人々は、森の中で静かに、自分と向き合う時間を過ごしていた。個の先にある人生の終焉さえも自然の流れであり、自然の一部という現実を、深々と受けとめていると感じた。

一方で、南インドの荒涼とした風景の中、延々と続く一本道では人々は炎天下を避けて樹木の陰に佇み、各々の時間を過ごしていた。容赦のない自然とインド特有の途切れることのない時間軸を無抵抗に受け入れ、ただ淡々と人生を過ごしているように感じた。

移り変わりが早く、常に情報に追われる日本ではそのような場所を見つけたり、そのような時間軸につながることはなかなかできないが、日常から離れることで見えてくる時間の流れがある。

家づくりという行為も、日常から離れたものになる。ただし、そこでの時間の流れはついつい瞬発的な方向に進みがちである。その瞬発

的な非日常性に浸るのではなく、家づくりの後に待っている日常性とともに、そこから続く、長い時間軸を意識しなくてはならないと考えている。

また瞬発的な非日常空間がもたらす感動に比べ、日常性がもたらす感動や気づきは些細なものかもしれない。しかし、それらは消費されることなく、蓄積されていくものと考えている。住宅を設計するときは、個の居場所から組み立てていくとともに、日常をそっと支えるような空間を心がけている。

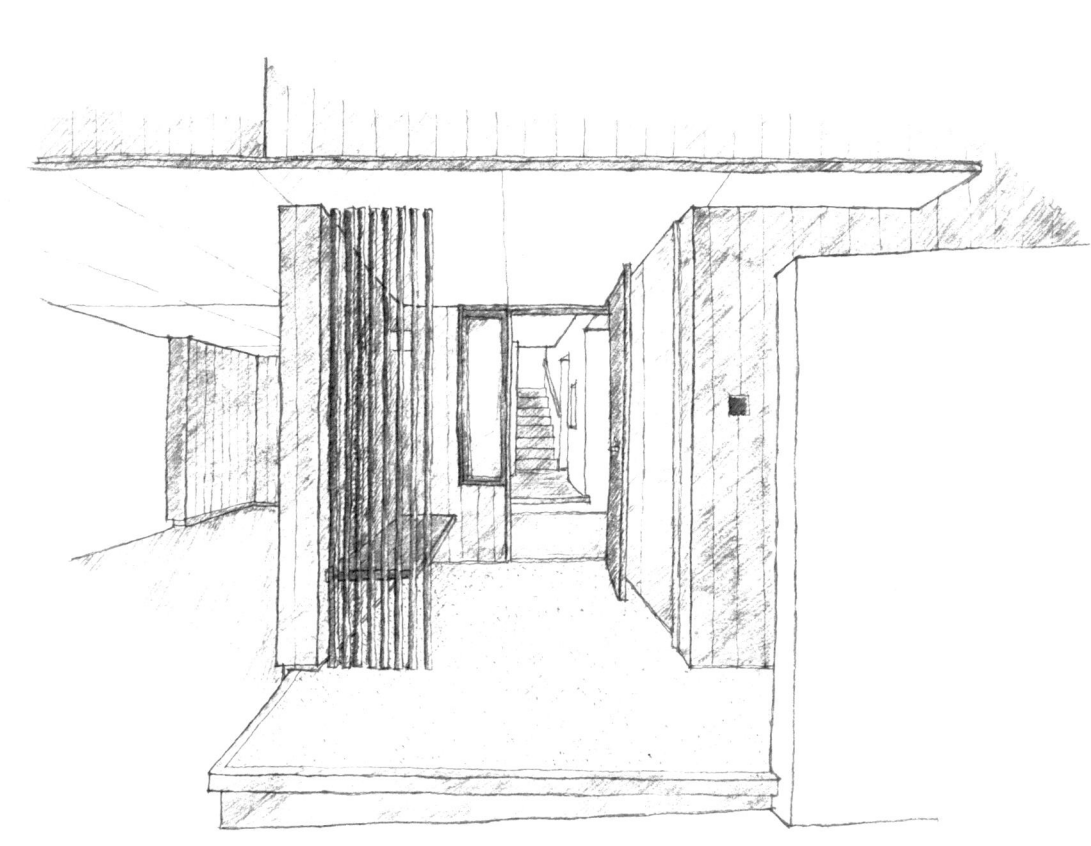

幅のある接点

町を散歩していると、斜線制限に沿った形の建物が並ぶ中で、ときどき、いさぎよい切妻の屋根に出会うことがある。おそらく数十年前に建てられただろう木造住宅である。その時代の住宅は、容積率や余剰空間を最大限に活かすという不動産的な理由によるものではなく、降水量が多い日本の気候の中で、屋根に落ちた雨をいかに単純に外に追い出すか、という古くから受け継がれてきた知恵によって建てられている。

切妻の屋根は部材のつなぎ目が少ない。つなぎ目が少なければ少ないほど、雨が侵入する可能性が少なくなる。また、切妻の形状は軒高が抑えられ、軒が出ているほど外壁を雨から守ることができ、汚れも抑えられる。もちろん素材の経年変化は見受けられるものの、長年にわたり培われてきた形状から、それも自然の流れとして捉えることができる。

また、いまではアルミサッシに取り替えられているが、当時は木製でつくられていただろう窓は軒下に集められており、妻面にある小窓には小庇が付けられている。庇の下であれば、小雨のときには窓を開け、雨の匂いを感じ、音を聞き、雨の降る風景を眺めていることができる。そういった情景を懐かしむとともに、この無理のない形は、日本の気候風土の中で建築が長持ちするための合理的なつくりだと思う。

このように日常の散歩の中で、ふと気づくことが、設計に節度をもたらすことがある。

住宅の設計は内側から浮き出てくる要素と、外側から導かれる要素とは、そこに住む家族の住まい方や距離感から常に行き来している。内側から浮き出てくる要素は、そこに住む家族の住まい方や距離感から導き出された空間の質や構成である。ところが、内側からの発想に没頭していると、だんだんと意識が敷地から遊離して、建築が単体的な存在になってくる。ふと図面から離れたときに、その危うさに気づく。そういうときは断面のスケッチを描く。

まず地面の線を引く。そして建築を載せる。建築を地面に接地させることで質量が生じ、構造や地盤への意識が生まれる。次に太陽を描かれる。光や熱が建築に達して、過不足のない開口部が設けられる。そして雨が降り、屋根に落ちる。屋根からは谷が消え、無理のない単純な構成に落ち着いていく。また周辺環境や道路、植栽の断面を描くことで、町との接点や風景との距離感が生まれる。

このように外側から導かれる要素を視覚化し、建築との接点を整理してから、内側から浮き出てくる要素と重なり合わせて、設計を進めていく。

設計という行為を異なる側面から捉えてみると、素材の選択と加工、配置を繰り返していることに気づく。そして、そこには常に「接点」が存在する。

素材と素材の接点となる接合部あるいは目地の設計は、素材の性質や使用環境に応じた機能的なつくりにする必要があり、それは素材の

選択と同時に行う。素材がもつ特性を生かすには、見切りであり額縁ともなる接点のつくりが重要になる。"もの"と"もの"との関係性が、"もの"の存在価値に影響を及ぼすと考えている。

そして建築にはもう一つの「接点」がある。空間と空間の接点である。内と外の接点となる玄関や窓辺、部屋と部屋の接点となる廊下や階段。あるいは、静的な居場所と動的な居場所にも接点がある。こうした空間的な接点には「幅をもたせる」ことを意識している。空間の接点に幅があると、そこに間ができる。間ができると空間に連続性と奥行きが生まれる。そして、その間に居場所を設えることで、人と人との何気ない触れ合いや、ふとした風景との出会いが生まれ、日常の生活に多様性が生まれる。

ただし空間的な接点はすべての関係性の上で成り立っているので、常に家全体でのバランスに目を配る必要がある。丁寧に「幅」を調整し、層を重ねるように空間をつなげることで、居場所に奥行きを設けて、窓辺から雨の風景を眺めているような時間をつくりたいと思っている。

ここに収録されている図面は、すべて原図通りである。

[第1篇] 設計

第1篇ではプランの構成、断面計画、動線の流れ、空間の溜まり方をテーマにして、住宅6軒の実施設計図の中から平面図と矩計図をそれぞれの住宅別に並べている。平面図と矩計図は1/50、矩計図は1/40で収録している。写真や他篇の各詳細図と相互参照しながら読み進めていただければと思う。

那須の家

居間から食堂を見る。

アプローチから東面を見る。クヌギやコナラなどの雑木林に馴染むよう、切妻型の小屋を雁行型に並べた。

東南の角（十字路）からの遠景。切妻型が連なる。

東面外観。棟が入り込むところをバルコニーで凹ませることで軽快感を出した。バルコニーの下は薪置場として利用している。

2階バルコニーから屋根の連なりを見る。板戸の外部側は外壁材のカラマツを貼り、外壁と目地を合わせている。

東面外観。南側の窓と東側の窓からの視線が重なるところにカツラの木を植えた。

積雪時の北側外観。冬は北側から那須おろしが吹きつくので、北側の棟の軒高を下げた。

北側外観。同じつくりの窓（Fix板戸）がフロアのレベルにしたがって並んでいる。

居間から食堂を見る。棟と棟の重なり部分で天井が切り替わる。

居間・南面。各方向に開口部を設けて、視線の移動とともに窓の外の風景が展開していく。

食堂・西面。各々の空間の用途にしたがって、開口部の高さに変化をつけている。

台所から食堂を見る。ルーフバルコニーの様子がわかる。

ホール2にはベンチを設けて、ちょっとした居場所としている。

ホール1から玄関とホール2を見る。ホール2のレベルに水廻りを設置して、1階と2階からのアクセスに考慮している。

廊下から寝室3を見る。廊下の移動を光で誘う。

ホール1・南面。カツラの木とともに南棟が視線に入る。

寝室2・西面。各寝室には造付けのデスクを設置している。収納とデスクで窓廻りに奥行きをつけている。

寝室3・南西面。窓を対に設けることで、離れとしての軽快感を出している。

溝口の家

北側外観。片流れの棟を組み合わせている。道路面に開口部を空けず、空地に面して開口部を展開した。

西側外観。前面道路は車の行き来が絶えないので、空地を設けて前面道路からのバッファとしている。

寝室1から玄関を見る。玄関の壁に収納を設けて壁のラインをずらすことで、水廻りへの方向性を出した。

玄関から階段ホールを見る。各方向から光が入り込む。

ホールの出窓。ベンチとして使える高さにし、ホールに溜まりをつくった。

寝室2からホールを見る。回遊性のあるプランとしている。

ホール。居室は壁際に開口部を設置することで、つきあたりの壁に光を映した。

鵠沼の家

東側外観。道路側の棟は扇形の平面となっており、南に向けて開口部が空いている。

南側外観。真南に向けた開口部。切妻屋根が続く。

北側外観。北に向けて角度を絞ることで、北側の隣家への採光を考慮している。

食堂の開口部。右側はFix、正面のガラス戸は左の壁に引き込む。

居間・東面。障子の前に置かれるソファから南に向かって平面が広がる。

居間の開口部。天井の棟のラインは化粧柱の位置で切り替わる。

台所から食堂を見る。窓の高さは着座時の視線の高さから決めている。

ホールから食堂を見る。バックカウンターの側板がアイストップとなる。

台所から居間を見る。居間の化粧柱が空間の重心を落とすためのバッファとなる。

居間（ソファから見る）。化粧柱が開口部とテレビ台との視線を区切る。バルコニーを介して食堂の窓へ視線が通る。

居間から食堂を見る。ホールの天井を抑えることで、居間と食堂の空間の包まれ感を得る。

幡ヶ谷の家

北側外観。3階部分は道路斜線によりセットバックさせるとともに、2階部分の軒を出すことで、スケール感を抑えた。

西側外観。私道に面する棟。道路斜線により2層としている。前面道路側の3層の棟とスキップ階段で結んでいる。

ポーチ。ポーチをつくることで雨の日を考慮するとともに、町との距離感を確保した。

ホール1。バルコニーへの出入り口から光が入る。枠の納まりによりふかした正面の壁には飾り棚を設けている。

食堂・東面。ソファに座ると正面の小窓から、隣地の駐車場を抜けて公園の並木が見える。

居間・北面。右の窓は光庭、左の窓は私道に面する。

居間・光庭側。食堂の窓とつくりを合わせている。

北側外観。道路側の開口部は出窓とすることで室内との間をとっている。

外観遠景。東側の丘から続く斜面地となっている。

永山の家

玄関から寝室1を見る。引戸の幅を大きくとり、部屋の用途に多様性をもたせた。

玄関。地盤面に合わせてフロアを設置して、半階分のスキップ階段で結んだ。

ホール2からホール1を見る。テラスからの光でホール1を明るくし、その先の奥まったところに便所への引戸を設けている。

ホール1。ホール2からホール3に上がる階段はストリップ階段にして光を落としつつ、水廻りで発生する湿気を上部に逃している。

寝室2から中庭を見る。各フロアが中庭を介して、1,295mの階高でつながっている。便所は寝室2と同じフロアに設けている。

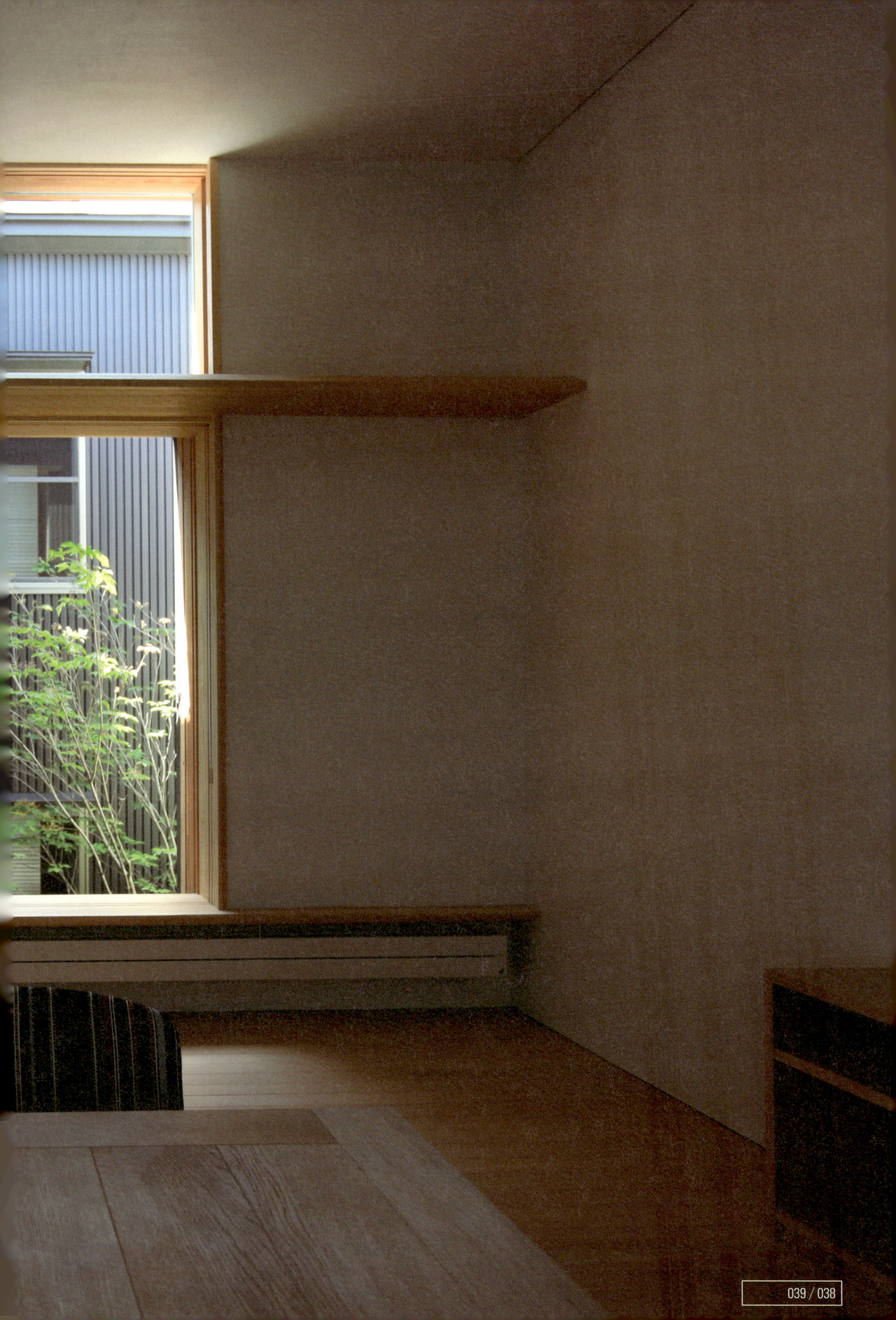

居間・南面。窓際のスケールを落とすために内庇を設けた開口部。内外の関係をゆるやかにつなぐため木製建具で構成した。

居間・北面。天井の下がった位置にダイニングテーブルを設けた。テーブルを囲う開口部やバックカウンターはテーブルに合わせて、家具的なつくりや寸法にしている。

居間・西面。開口部の下にはパネルヒーターを設けて、コールドドラフトを防いだ。砂漆喰の壁と床はアルミのアングルで見切っている。

寝室3から居間を見る。内庇がライトシェルフの役割も果たしている。

町田の家

北側外観。リノベーションに際して、新たに設けた駐車場と主動線に合わせて移動させた玄関ポーチを小庇で結んでいる。

南側外観。手入れの行き届いている庭を楽しめるように、パーゴラの下にデッキを敷き、開口部を木製建具でつくり、内外をおおらかにつないだ。

ポーチ。交通量の多い前面道路からのバッファとしてポーチを設けた。ベンチを設けてコミュニケーションの場としている。

玄関。下駄箱、本棚、レコード棚を兼ねた収納（左側）を設けている。土間を介して右には離れがある。

離れから玄関を見る。離れへの上框が玄関の腰掛になる。

土間から離れを見る。離れとすることで、日常とは異なる時間の流れをつくった。

台所から庭を見る。改修前に手前右側にあった浴室は移動させ、ダイニングスペースにして開口部を設けた。

居間・西面。居間の開口部から入る光と右奥の食堂の開口部から入る光の間に陰影をつけることで奥行きを出している。

居間・東面。階段の踊場下にはベンチを設けている。上部の通風窓を通して2階へ風が抜ける。

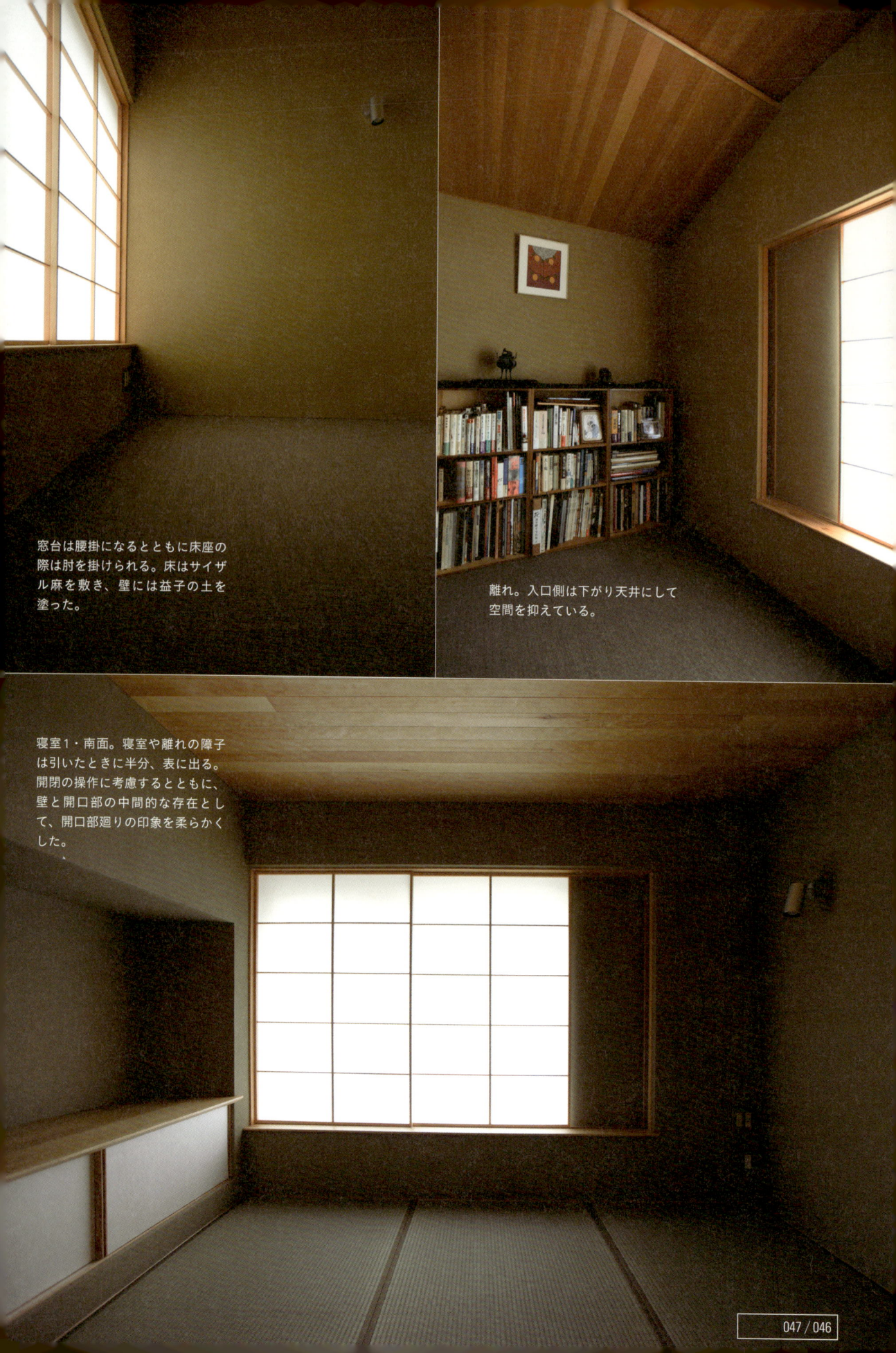

窓台は腰掛になるとともに床座の際は肘を掛けられる。床はサイザル麻を敷き、壁には益子の土を塗った。

離れ。入口側は下がり天井にして空間を抑えている。

寝室1・南面。寝室や離れの障子は引いたときに半分、表に出る。開閉の操作に考慮するとともに、壁と開口部の中間的な存在として、開口部廻りの印象を柔らかくした。

寝室2・東面。畳部分を小上がりとすることで、布団の出し入れなど就寝時の動作に考慮するとともに、床から上げることで落ち着きを得た。

書斎・南面。1階へのつながりと階段への採光を考慮して、階段室側に開口部を設けた。正面の窓からは川沿いに視線が抜ける。

食堂から居間を見る。居間との間に垂れ壁を設け両面にエアコンを設置した。その下にはガラス戸を設けて、空間をゆるやかに区切っている。

設計概要

住宅の設計は基本設計、実施設計、現場監理と3段階に分けて行うが、ここではそれぞれの段階で向き合っているもの、あるいは全体を通して意識していることについて概説してみたい。

まず基本設計では、敷地の特性を読み込み、住まい手と対話を重ねて、建築の輪郭を浮き上がらせていく。

はじめに敷地に身を置く。そこで光の入り方や風の抜け方を読み取り、隣家との間隔や視線の抜けを確認することで、敷地のどの位置、どの高さに「長く時間を過ごす場を配置するか」を考える。そして前面道路の人の流れや交通量の様子を見ることで、道路から家までの引きや玄関の位置、開口部のつくりなどとの関係を図りつつ、建物の内外において主軸となる「動線」を引いていく。また敷地周辺を歩き、その街の成り立ちや特性を知ることで、周辺環境と違和感のない建築の佇まいや無理のない屋根の架け方を考えていく。模型は周辺環境を含めてつくることで、敷地に対して鳥瞰的な視線をもち、設計に客観性をもたせる。こうして外側からの輪郭を整えていくとともに、住まい手と対話を重ねることで、住まい手が「内在的」に求めているもの探し出し、家族間の間や距離感を図っていく。その際には、将来的な家族構成の変化や周辺環境の変化、建築の経年変化あるいは時代の変化もふまえ、時間軸に幅をもたせて向き合う。

そして、その時期に抱いている建築や空間に対しての概念的なテーマや課題、あるいは法規による制限を重ね合わせて、プランや建築の輪郭、空間の性質を決めていく。

このように基本設計ではプランの骨組みや周辺環境との関係を重視するため、引いた目線でのスケール（1／100や1／200）で設計を行うが、同時に矩計や床伏のスタディを行うことで構造の整合性を高める。そして1／20や1／30の模型で内部空間の包まれ感やつながりを確認する。また原寸レベルで素材やディテールの検討も行い、そこから生まれる発想も取り入れていく。

基本設計が固まり実施設計に入ると、意匠や構造、素材、電気、設備、コストなど多角的に練っていき、設計の密度を高めていく。基本設計において住まい手が「何を大事にしているか」を施工者に「図面で伝えたい」と常に心がけている。

工事がはじまり、現場監理に入ると工事の進行状況に合わせて必要な詳細図を描き進める。現場では大工をはじめ、各職方が詳細図を見ながら工事を進める。工事現場での図面や文字の読みやすさに加えて、どの職方がどの図面を読み、どの情報を必要としているかを考えながら作図する必要がある。

詳細図を描く際には空間の重心やつながり、全体の寸法の相互関係を一つ一つ再確認しながら設計から現場監理へ進むにつれて原寸に近いスケールで設計を行うことになるが、同時に基本設計時の鳥瞰的な視線をもつことで、設計に客観性をもたせ、ディテールと建築全体の調和を図る。基本設計から現場監理まで、視線に幅と変化をもたせることが建築の確かさや空間の豊かさにつながると考えている。

設計においては住まい手と内容を共有するのが目的であった図面表現は、実施設計においては施工者が読み解けることも目的の一つとなる。この住宅において「何を大事にしているか」を施

解説文

那須の家

関東平野の最北部、那須岳の裾野に広がる雑木林の中に建つ別荘。いつ変化するかわからない周辺環境の中で、建物の軸線を方位に倣うことによって敷地内に風景を確保し、切妻型の小屋を雁行型に重ねることで建物のスケールを木立に馴染むようにした。

基礎を立ち上げて、1階床を地面から1.1メートル上げることで、高原地ならではの湿度、道路からの視線、別荘地における防犯に考慮した。水廻りは中2階に配置することで、各階段を家の中心に配置して、上下階を回遊できるようにしている。ホールの開口部は光庭に向けて出窓形状にして腰掛ランとして使えないでいる。水廻りの直下には設備スペースを兼ねた物置を設けて、設備効率と維持管理に考慮している。居間や食堂、寝室やホールには開口部や家具、照明を手がかりとした個の居場所を点在させて、互いの距離感を慎重に設定した。視線の先には方向性や距離感の異なる開口部からの視線を展開させている。視界に入らない窓からも光や風を感じることができ、空間に奥行きを与えている。

溝口の家

交通量の絶えない道路沿いに建つ二世帯住宅。周辺にマンションや住宅が建ち並ぶ中で、片流れの棟を入り組ませて敷地内に三つの空地を設けた。空地を介して玄関にアプローチすることで前面道路の慌ただしさから距離をとるとともに、三つの空地に向けて各居室の開口部を展開することで光や風を取り入れ、室内からの視覚的な広がりを確保している。

将来的な住まい方の変化に対応するため、階段を家の中心に配置して、上下階を回遊できるようにしている。ホールの開口部は光庭に向けて出窓形状にして腰掛ランとして使えるようにすることで、家の中のパブリックな居場所として機能させている。2階においてはホールから各居室の奥へプライベート性が高まるにつれて天井が下がり、包まれ感を出している。台所や水廻りは上下階で位置を合わせることで配管経路に考慮するとともに、構造をシンプルな構成にしている。

鵠沼の家

湘南の風致地区に建つ住宅。切妻屋根が続く街並みに合わせて、二つの切妻の棟を雁行型に並べた。

東側の棟には居間と寝室を設けて、静的で重心の低い空間としている。南への開口や内部空間の広がり、駐車場の使い勝手を考慮して平面形状は扇型に開いている。また、斜めに振れている道路側の外壁が街並みにアクセントを与えている。

西側の棟は1階には水廻りと子供室、2階には台所と食堂、洗濯室を設けて、動的で重心の高い要素をまとめている。

棟と棟のつなぎ目となる家の中心部に玄関や階段を配置することで、アプローチを長くとり、植栽を楽しめるようにするとともに、内部の廊下部分の床面積を抑えている。2階においてはホールが居間と食堂にほどよい距離感をもたせている。居間と食堂の開口部は矩折りに設けて、南側への視線の抜けを広くとるとともに、外観に軽快感を与えている。

幡ヶ谷の家

都心部にある住宅。敷地は3階建ての住宅に囲まれていたが、敷地形状はL字型となっており、奥は私道に面していた。敷地の南側にあたるL字の根元に光庭を設けることで、居室の開口部を前面道路と私道、光庭に向ける計画とした。

二つに分かれた棟は敷地のゆるやかな高低差を利用して、スキッププランで結んでいる。

道路斜線に沿って前面道路側は3層、私道側は2層の計5層のフロア構成として、日常生活は3層目までで完結できる断面構成とした。休日や来客時、書斎利用時には4層目、5層目と上階へ活動範囲が広がっていく。

屋根形状は各棟とも道路斜線に対して軒を下ろした切妻型にすることで、軒下に開口部を集めるとともに、二つの棟の方向性を直交させることで内部空間にリズムを与えている。居間や食堂の道路や光庭に面する開口部は出窓形状にして、腰を掛けたり、物を置いたりすることで窓辺に人の気配をつくり、街と家との間に接点をもたらしている。

永山の家

丘陵地にある住宅。敷地の中央部には半階分の高低差があり、北側の前面道路以外の三方は隣家が迫っていた。光と風を確保しつつ、家全体の気配をどの場所からでも感じることができるように半階上がった地盤面に中庭を設け、中庭の南北両側に敷地の高低差にしたがってスキップフロアを構成した。

南北のスキップフロアをつなぐ動的な要素は東側にまとめ、中庭に面する居間や寝室など静的な場所と素材やスケール感を変えることで対比を図った。

南棟と中庭の地盤面は揃っているが、北棟の1階は中庭から半階下がり、低木を下から見上げることとなる。2階の居間は中庭から半階上がったレベルになり、4メートル高のコバノトネリコの葉の広がりが手に届く関係になる。植栽の立体感や陰影がもたらす奥行き感を享受するための建築側の装置として、居間の開口部はライトシェルフを兼ねた庇を室内側に伸ばして、窓際のスケールを落とし、縁側のような空間を設えた。

町田の家

川沿いに建つ築40年あまりが経つ木造住宅のリノベーション。屋根と外壁を残し、内部をスケルトン状態にして、構造補強と断熱材の補填から行った。開口部の位置は極力変えずに窓を更新し、浴室と洗面所を東側に移動して、南に抜ける風景と採光を台所と食堂にもたらした。

階段は家の中心部に移動することで、1階においては階段廻りに回遊性をもたせ、2階においては書斎と寝室に間がとれることで、活動時間が異なる家族の生活に考慮した。回遊する動線から膨らんだ位置に溜まりをつくっていき、そこを居場所としてゆるやかにつないでいった。

階段から続く玄関の脇には土間を介して離れへと続く玄関を設け、日常とは異なる時間の流れをつくることで、家の中の時間軸の幅を広げている。また離れの上框が土間の腰掛にもなる、ポーチのベンチとともに町との接点の場にもなる。南側の庭に対しては、居間の開口部を木製建具に変更して、パーゴラの下にデッキを設けることで内外の関係をおおらかにつないでいる。

第1篇 設計

那須の家 配置図

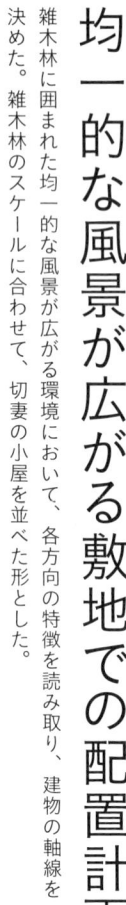

均一的な風景が広がる敷地での配置計画

雑木林に囲まれた均一的な風景が広がる環境において、各方向の特徴を読み取り、建物の軸線を決めた。雑木林のスケールに合わせて、切妻の小屋を並べた形とした。

散歩道

赤松林

[景色-北]
遠景：那須岳稜線
中景：赤松林
近景：クリ、コナラ

那須岳

北側には那須岳が望める。冬には那須おろしが吹きつけるため、北側の棟は軒を下げた。

既存のアプローチを利用した。アプローチから切妻の雁行が連なって見える。

別荘地内
主要道路

| 那須の家 | 配置図 | S=1/200 |

隣家の窓と正対しない。

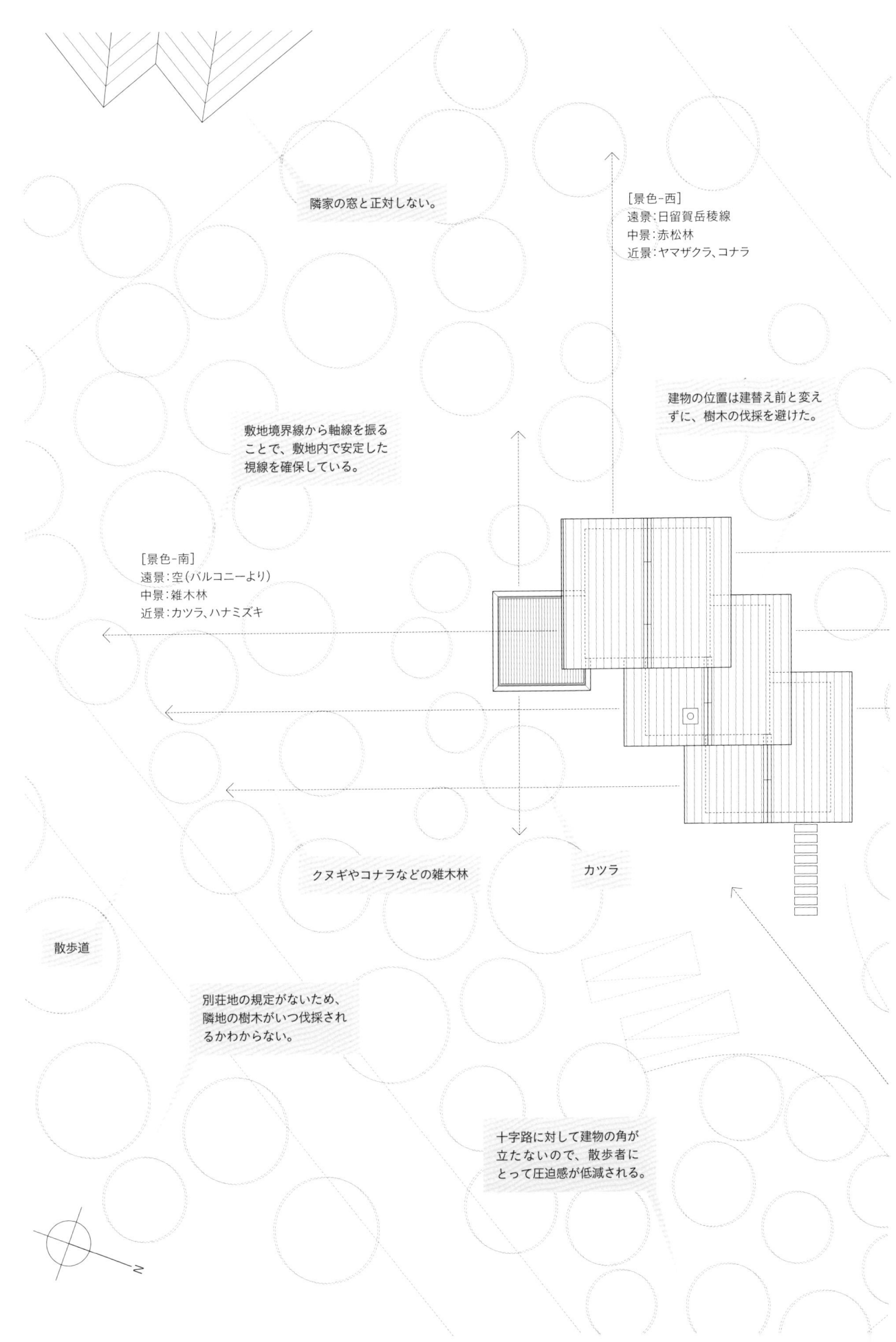

[景色-西]
遠景：日留賀岳稜線
中景：赤松林
近景：ヤマザクラ、コナラ

敷地境界線から軸線を振ることで、敷地内で安定した視線を確保している。

建物の位置は建替え前と変えずに、樹木の伐採を避けた。

[景色-南]
遠景：空（バルコニーより）
中景：雑木林
近景：カツラ、ハナミズキ

クヌギやコナラなどの雑木林

カツラ

散歩道

別荘地の規定がないため、隣地の樹木がいつ伐採されるかわからない。

十字路に対して建物の角が立たないので、散歩者にとって圧迫感が低減される。

N

雁行型がもたらす各部屋の独立性

雁行形により廊下を設けることで、各部屋に独立性をもたせている。部屋によって開口部の方向が異なり、景色の違いを楽しめる。

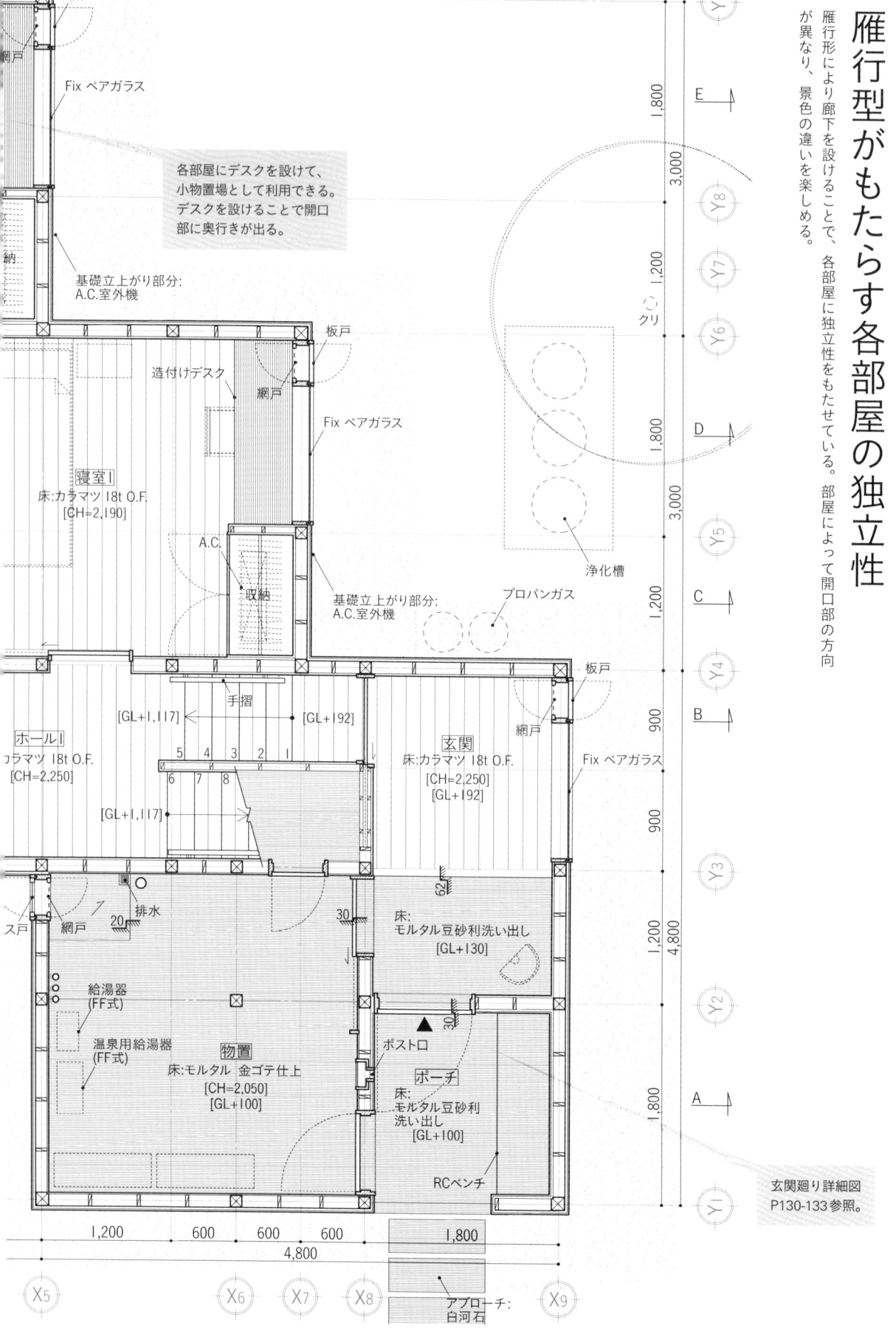

第1篇 設計

那須の家 平面図

各部屋にデスクを設けて、小物置場として利用できる。デスクを設けることで開口部に奥行きが出る。

図中ラベル:
- 板戸
- 網戸
- Fix ペアガラス
- 基礎立上がり部分：A.C.室外機
- 造付けデスク
- 網戸
- Fix ペアガラス
- 寝室I　床:カラマツ 18t O.F.　[CH=2,190]
- A.C.
- 収納
- 基礎立上がり部分：A.C.室外機
- プロパンガス
- クリ
- 浄化槽
- 板戸
- 網戸
- 手摺
- [GL+1,117]　[GL+192]
- ホールI　カラマツ 18t O.F.　[CH=2,250]
- [GL+1,117]
- 玄関　床:カラマツ 18t O.F.　[CH=2,250]　[GL+192]
- Fix ペアガラス
- ス戸
- 網戸
- 排水
- 給湯器(FF式)
- 温泉用給湯器(FF式)
- 物置　床:モルタル 金ゴテ仕上　[CH=2,050]　[GL+100]
- 床:モルタル豆砂利洗い出し　[GL+130]
- ポストロ
- ポーチ　床:モルタル豆砂利洗い出し　[GL+100]
- RCベンチ
- アプローチ:白河石

玄関廻り詳細図 P130-133参照。

那須の家　平面図-1F　S=1/50

ヒメシャラ

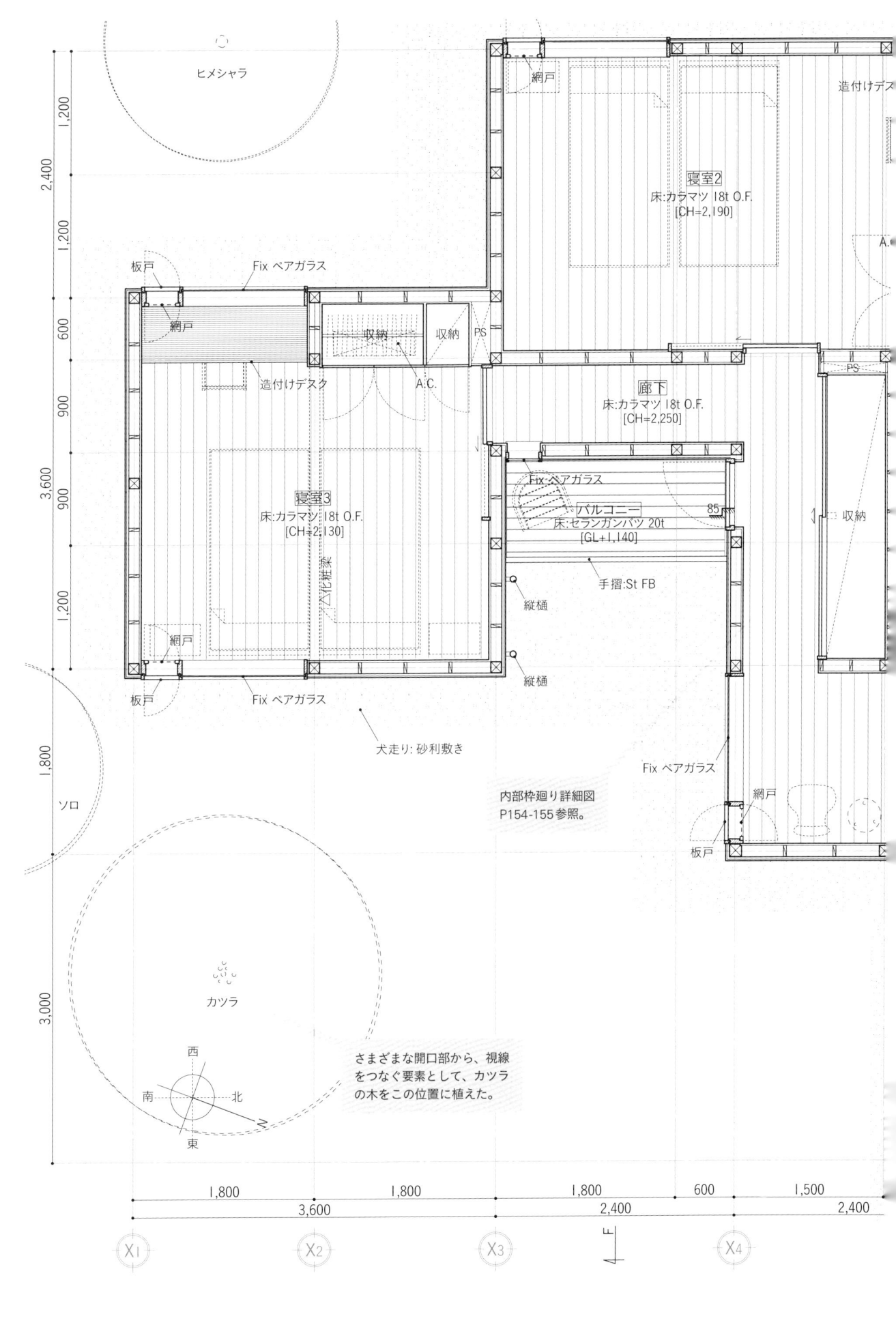

網戸

寝室2
床:カラマツ 18t O.F.
[CH=2,190]

造付けデスク

板戸

Fix ペアガラス

網戸

収納　収納
A.C.　PS

造付けデスク

廊下
床:カラマツ 18t O.F.
[CH=2,250]

PS

Fix ペアガラス

バルコニー
床:セランガンバツ 20t
[GL+1,140]

収納

寝室3
床:カラマツ 18t O.F.
[CH=2,130]

下足入

手摺:St FB

縦樋

縦樋

網戸

板戸

Fix ペアガラス

Fix ペアガラス

犬走り:砂利敷き

内部枠廻り詳細図
P154-155参照。

網戸

板戸

ソロ

カツラ

西　北
南　東

さまざまな開口部から、視線
をつなぐ要素として、カツラ
の木をこの位置に植えた。

1,800	1,800	1,800	600	1,500
3,600		2,400		2,400

X1　X2　X3　X4

第1篇 設計

那須の家 平面図

異なる方向に、異なる距離で開口部を設ける

各々の居場所から、異なる方向に異なる距離で開口部を設けた。窓の外に広がる景色の違いや天井の変化とともに視線に多様性をもたらした。

垂れ壁を付けて居間側は天井高を下げることで、テレビ廻りの空間のスケールを落としている。

開口部廻り-木製詳細図 P184-185参照。

主な記載:
- 板戸
- Fix ペアガラス
- 内竿
- デイベッド
- 網戸
- 窓台
- 居間　床:カラマツ18t O.F.　[勾配天井]
- 化粧柱:ピーラー
- A.C.
- 棚
- 手摺　[GL+3,652]　[GL+2,677]
- ホール2　床:カラマツ18t O.F.
- ベンチ
- 収納
- ホール3　[CH=1,980]
- 便所　[CH=1,980]　手洗台
- 浴室　ハーフユニットバス
- 脱衣室　[CH=1,980]　洗濯機　収納棚
- 洗面所　床:カラマツ 18t 撥水材　[CH=1,980]　洗面台
- 吊戸棚
- ガラス戸
- △軒先ライン
- △棟ライン

那須の家　平面図-2F　S=1/50

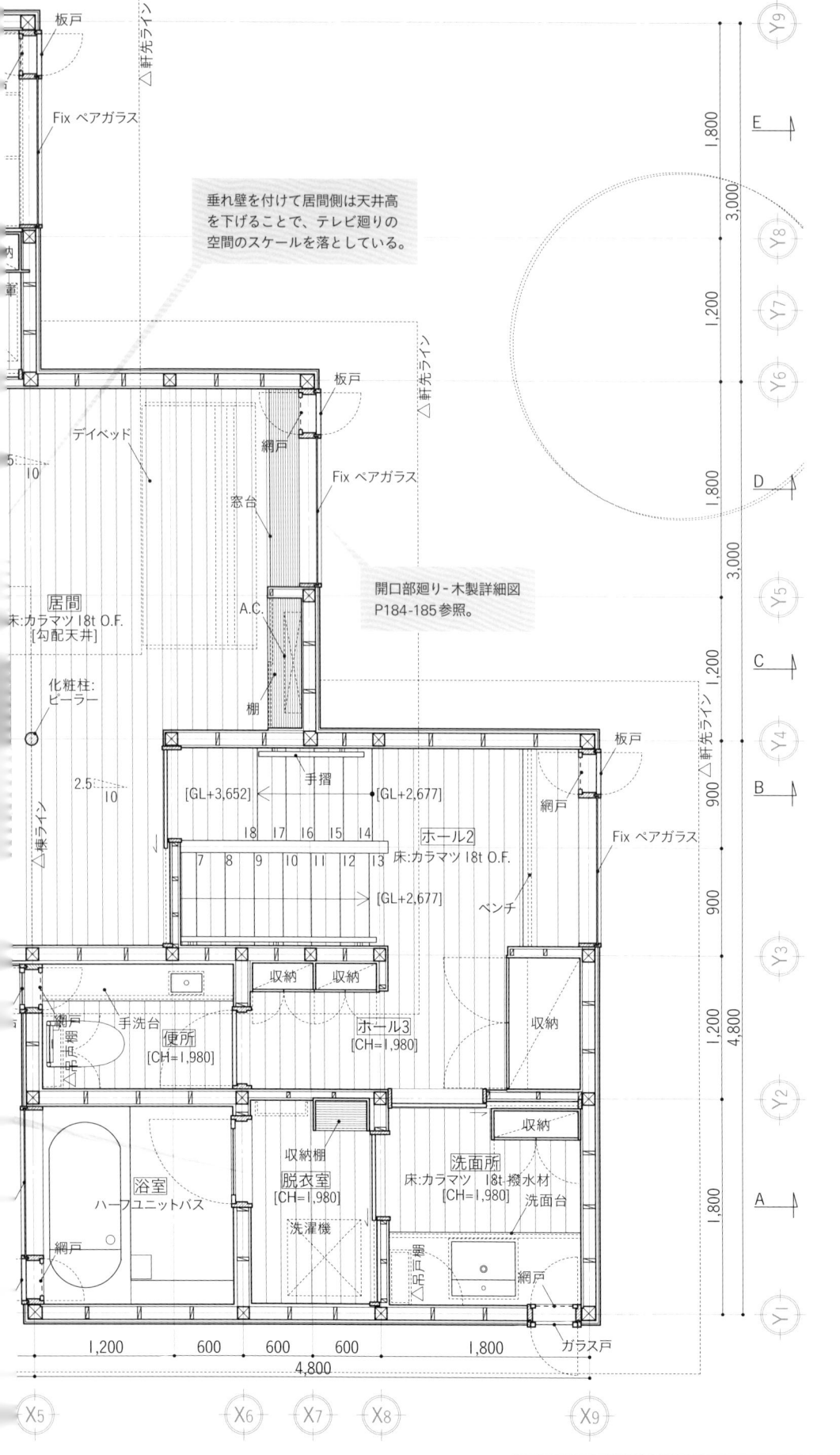

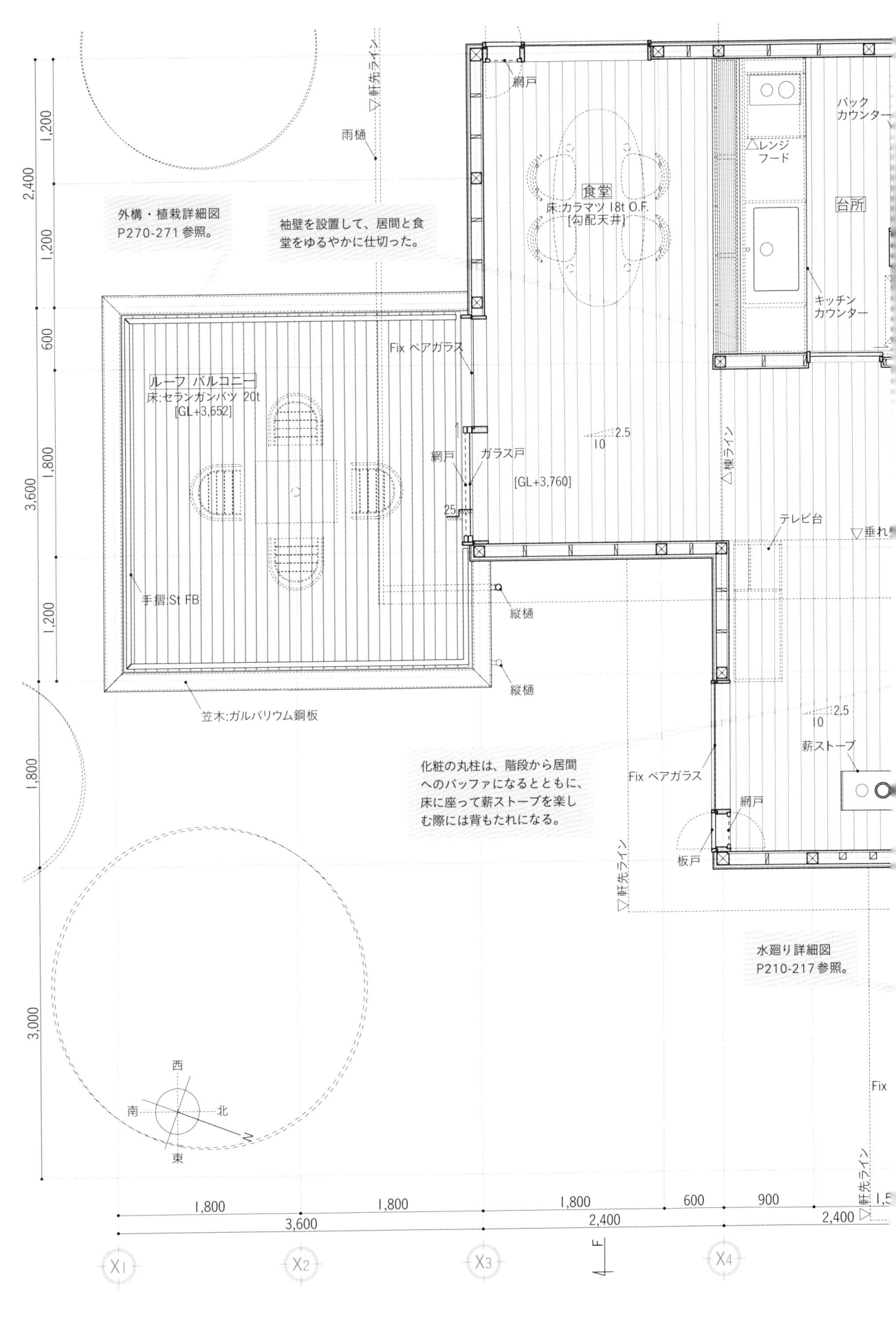

外構・植栽詳細図
P270-271参照。

袖壁を設置して、居間と食堂をゆるやかに仕切った。

網戸

食堂
床:カラマツ 18t O.F.
[勾配天井]

バックカウンター

レンジフード

台所

キッチンカウンター

雨樋

▽軒先ライン

Fix ペアガラス

ルーフバルコニー
床:セランガンバツ 20t
[GL+3,652]

網戸
ガラス戸
[GL+3,760]

△棟ライン

2.5
10

テレビ台

▽垂れ

手摺:St FB

縦樋

縦樋

笠木:ガルバリウム鋼板

化粧の丸柱は、階段から居間へのバッファになるとともに、床に座って薪ストーブを楽しむ際には背もたれになる。

Fix ペアガラス

2.5
10

薪ストーブ

網戸

板戸

▽軒先ライン

水廻り詳細図
P210-217参照。

Fix

▽軒先ライン

西 北
南 東
N

1,200 / 2,400 / 600 / 1,800 / 1,200 / 1,800 / 3,000

1,800 | 1,800 | 1,800 | 600 | 900 | 2,400
3,600 | 2,400

X1　X2　X3　F　X4

第1篇 設計

那須の家 矩計図

アプローチに対して軒高を低く抑える

アプローチに面する東棟は1階にエントランス機能、2階に水廻りを設置して天井高を抑えることで、軒高を低めに設定し、アプローチからの圧迫感を低減させた。

水廻り詳細図 P210-217参照。

軒出=900
棟高-3 ▽[GL+5,562]
軒高-3 ▽[GL+4,962]

棟木:105×120
梁:105×120
軒桁:105×120
換気扇
換気ガラリ：スプルス O.P
副吸入グリル
ガラリ：サワラ

脱衣所
洗面所
CH=1,980

20,52.5 52.5,4.5,20,15

水廻りの換気ダクトは北側の軒下に配管した。

床:カラマツ18t 撥水材
構造用合板 24t

梁:105×150
梁:105×150
胴差:105×150

1.5FL ▽[GL+2,677]
梁・胴差 [GL+2,635]

造用合板 9t×2

小梁:90×90
天井:ラワンベニヤ 5.5t 目透し貼り

天井:カラマツ15t
壁:カラマツ15t

玄関廻り詳細図 P130～133参照。

物置
ポーチ
CH=2,050
CH=2,342

床:モルタル 豆砂利洗い出し

Sus柱受

△土台 天端
△基礎 天端 [GL+950]

階高=2,485

階段下から床下に潜れる。
荷物の置き台になるベンチ。

300 600 600 1,800
4,800

X6 X7 X8 X9

矩計図 - A

| 那須の家 | 矩計図 | S=1/40 |

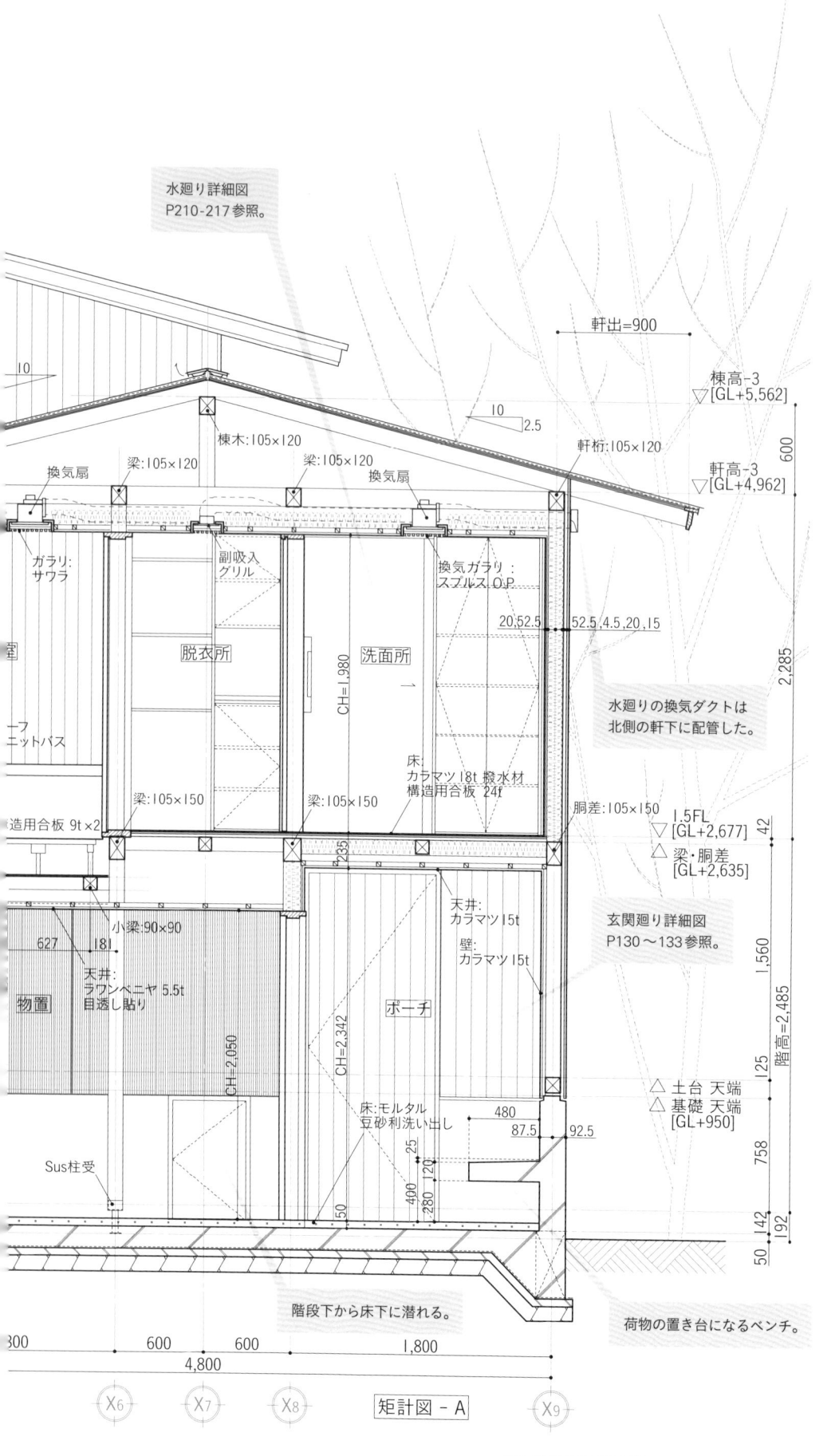

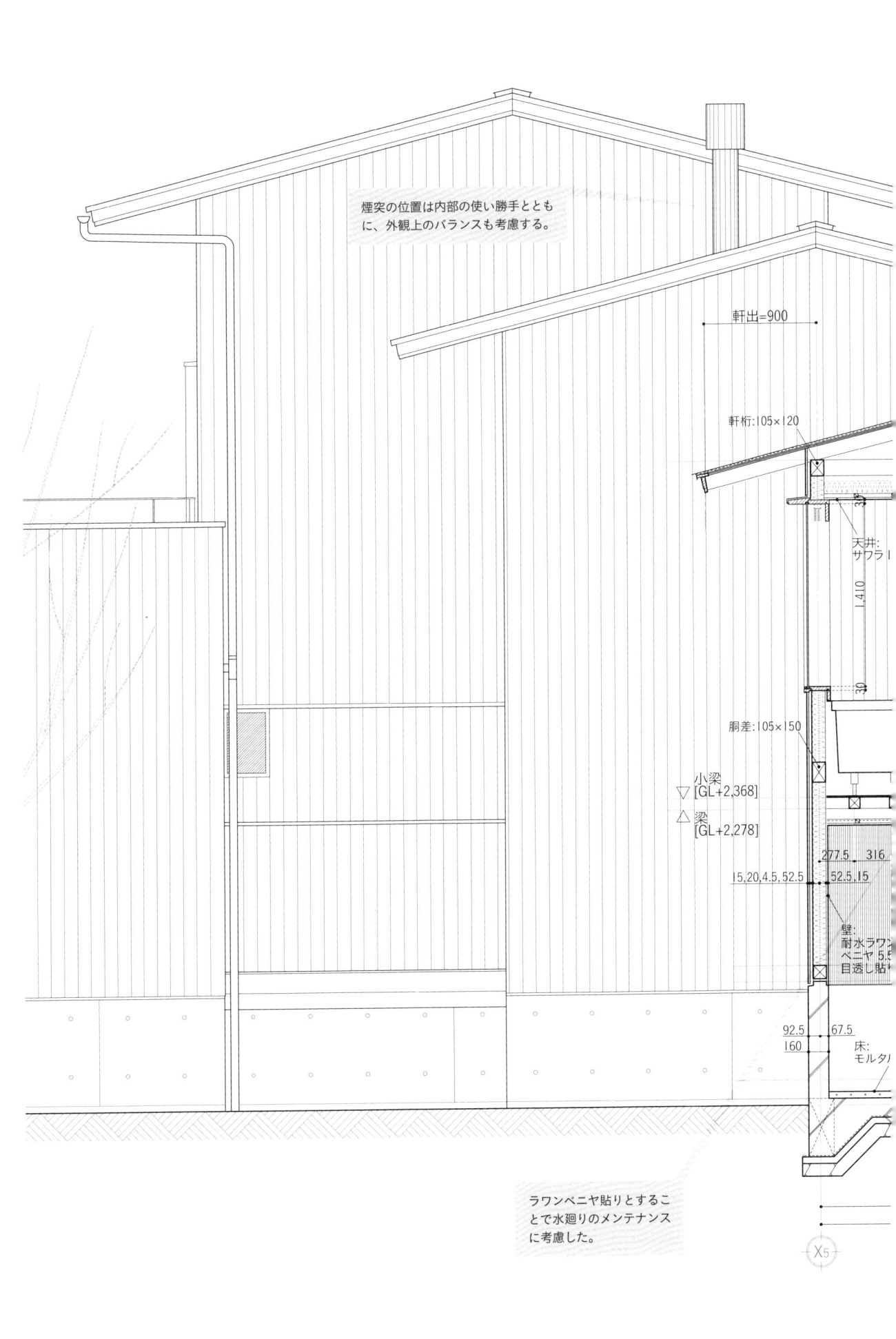

煙突の位置は内部の使い勝手とともに、外観上のバランスも考慮する。

軒出=900

軒桁:105×120

天井:
サワラ

胴差:105×150

小梁
▽[GL+2,368]
△[GL+2,278]

277.5　316
15,20,4.5,52.5　52.5,15

壁:
耐水ラワン
ベニヤ 5.5
目透し貼

92.5　67.5
160

床:
モルタル

ラワンベニヤ貼りとすることで水廻りのメンテナンスに考慮した。

X5

スキップフロアにして上下階につながりをもたせる

第1篇 設計

那須の家 矩計図

1階は湿度対策、防犯、道路からの視線に考慮しつつ、地面から床を上げることで浮遊感を得ている。東棟と中央棟の重なり部分にスキップ階段を設けてフロアをつなげている。

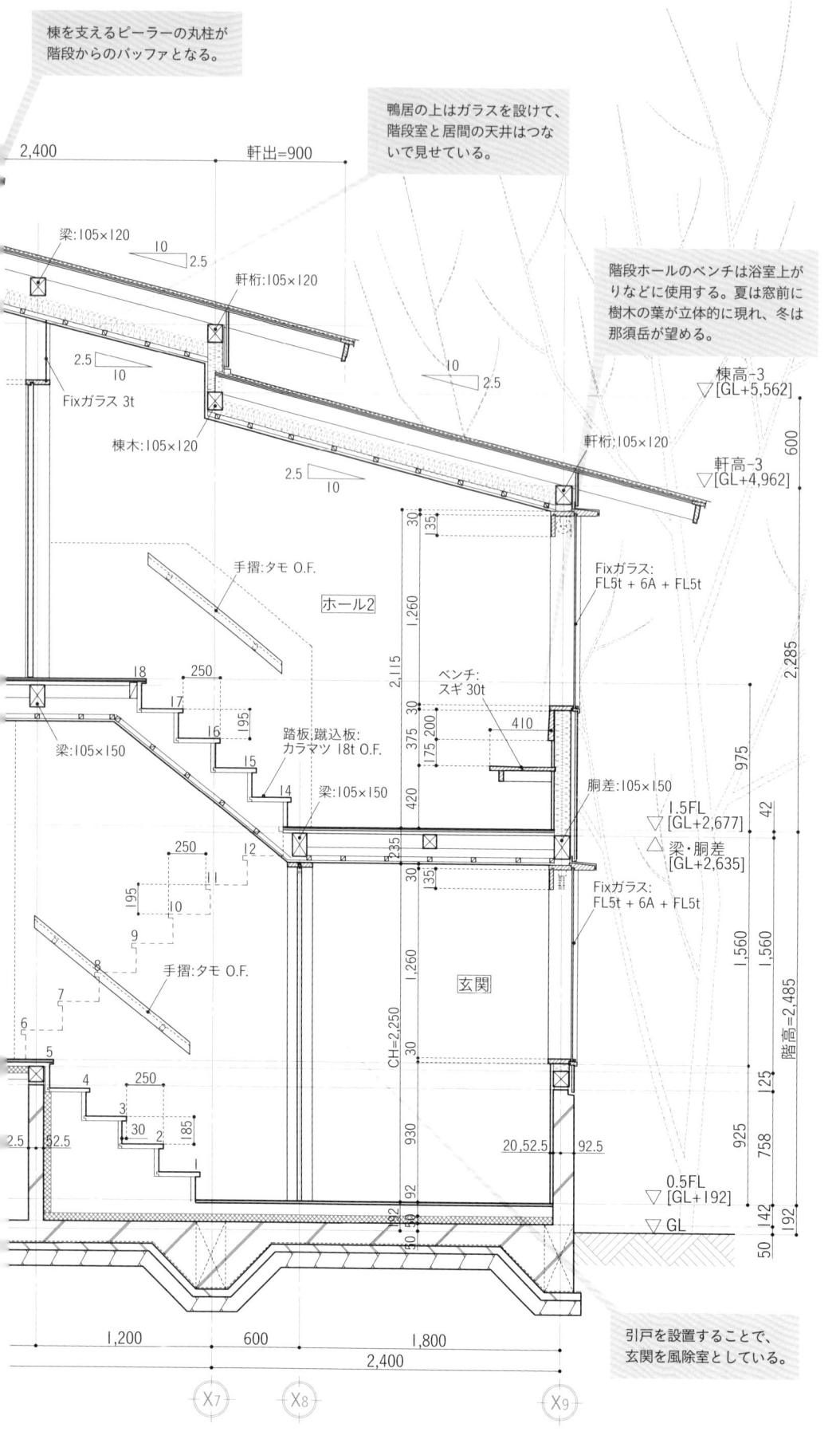

棟を支えるピーラーの丸柱が階段からのバッファとなる。

鴨居の上はガラスを設けて、階段室と居間の天井はつないで見せている。

階段ホールのベンチは浴室上がりなどに使用する。夏は窓前に樹木の葉が立体的に現れ、冬は那須岳が望める。

引戸を設置することで、玄関を風除室としている。

梁:105×120
軒桁:105×120
Fixガラス 3t
棟木:105×120
手摺:タモ O.F.
ホール2
梁:105×150
踏板:蹴込板:カラマツ 18t O.F.
梁:105×150
手摺:タモ O.F.
軒桁:105×120
Fixガラス:FL5t + 6A + FL5t
ベンチ:スギ 30t
胴差:105×150
Fixガラス:FL5t + 6A + FL5t
玄関

棟高-3 [GL+5,562]
軒高-3 [GL+4,962]
1.5FL [GL+2,677]
梁・胴差 [GL+2,635]
0.5FL [GL+192]
GL

CH=2,250
階高=2,485

那須の家 | 矩計図 | S=1/40

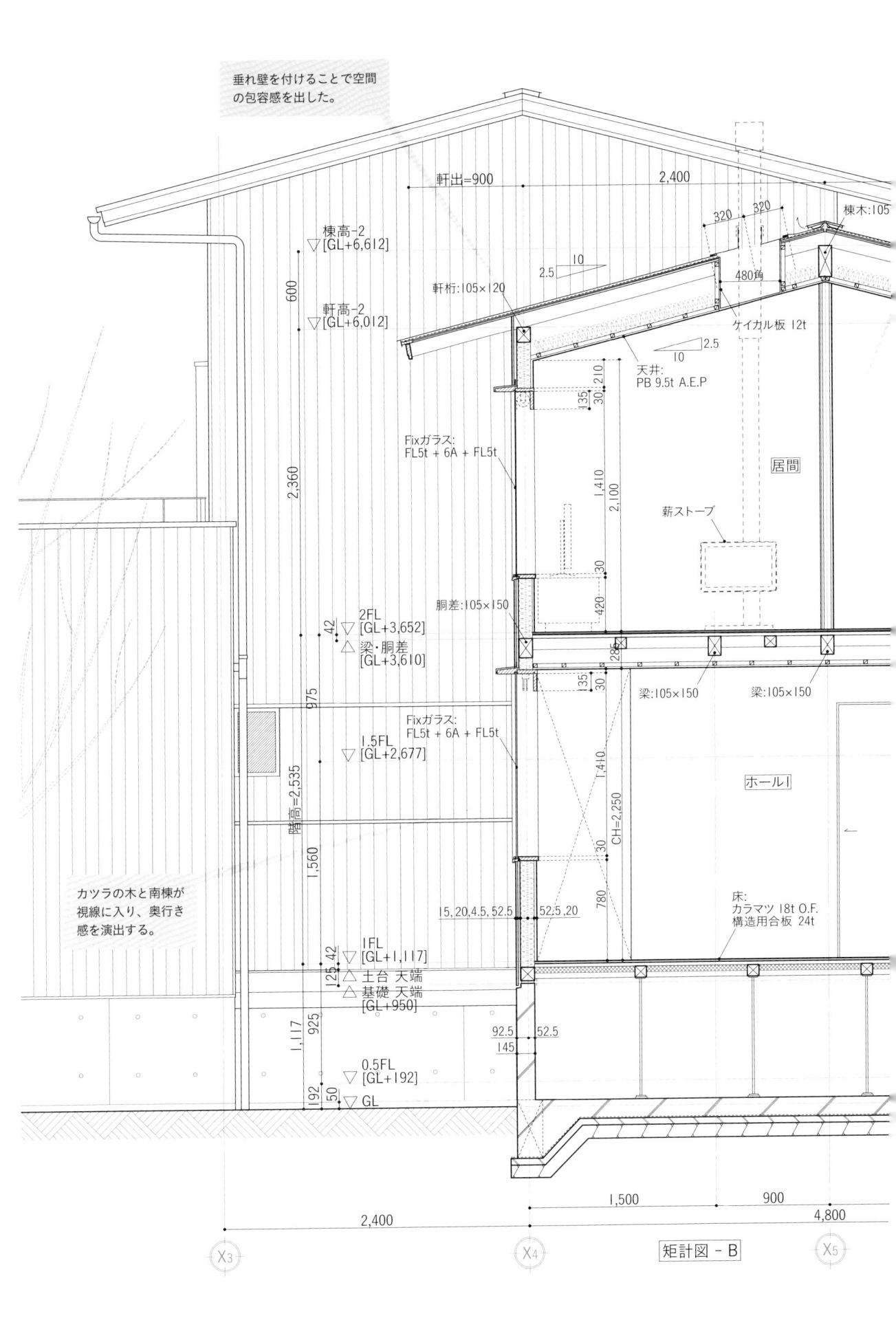

垂れ壁を付けることで空間の包容感を出した。

軒出=900　2,400

棟木:105

棟高-2　▽[GL+6,612]

600

軒高-2　▽[GL+6,012]

軒桁:105×120

320　320

480角

ケイカル板 12t

2.5 / 10

天井: PB 9.5t A.E.P

2.5 / 10

135　30　210

Fixガラス: FL5t + 6A + FL5t

居間

2,360

1,410
2,100

薪ストーブ

2FL ▽[GL+3,652]
42
梁・胴差 △[GL+3,610]

胴差:105×150

420　30

285

135　30

梁:105×150　梁:105×150

975

1.5FL ▽[GL+2,677]

Fixガラス: FL5t + 6A + FL5t

1,410

ホール1

階高=2,535

CH=2,250

1,560

30

カツラの木と南棟が視線に入り、奥行き感を演出する。

780

床: カラマツ 18t O.F. 構造用合板 24t

15,20,4.5,52.5　52.5,20

1FL ▽[GL+1,117]
42
125
土台 天端
△基礎 天端 [GL+950]

1,117　925

92.5　52.5
145

0.5FL ▽[GL+192]
192　50　▽GL

1,500　900
2,400　4,800

X3　X4　X5

矩計図 - B

落ち着きを与える天井の高さ

寝室は天井高を2,190mmに抑えて落ち着きを得つつ、開口部は天井に揃えて外部への広がりを得る。2階は天井の根元を2,100mmで抑えて、デイベッドの落ち着きを与えた。

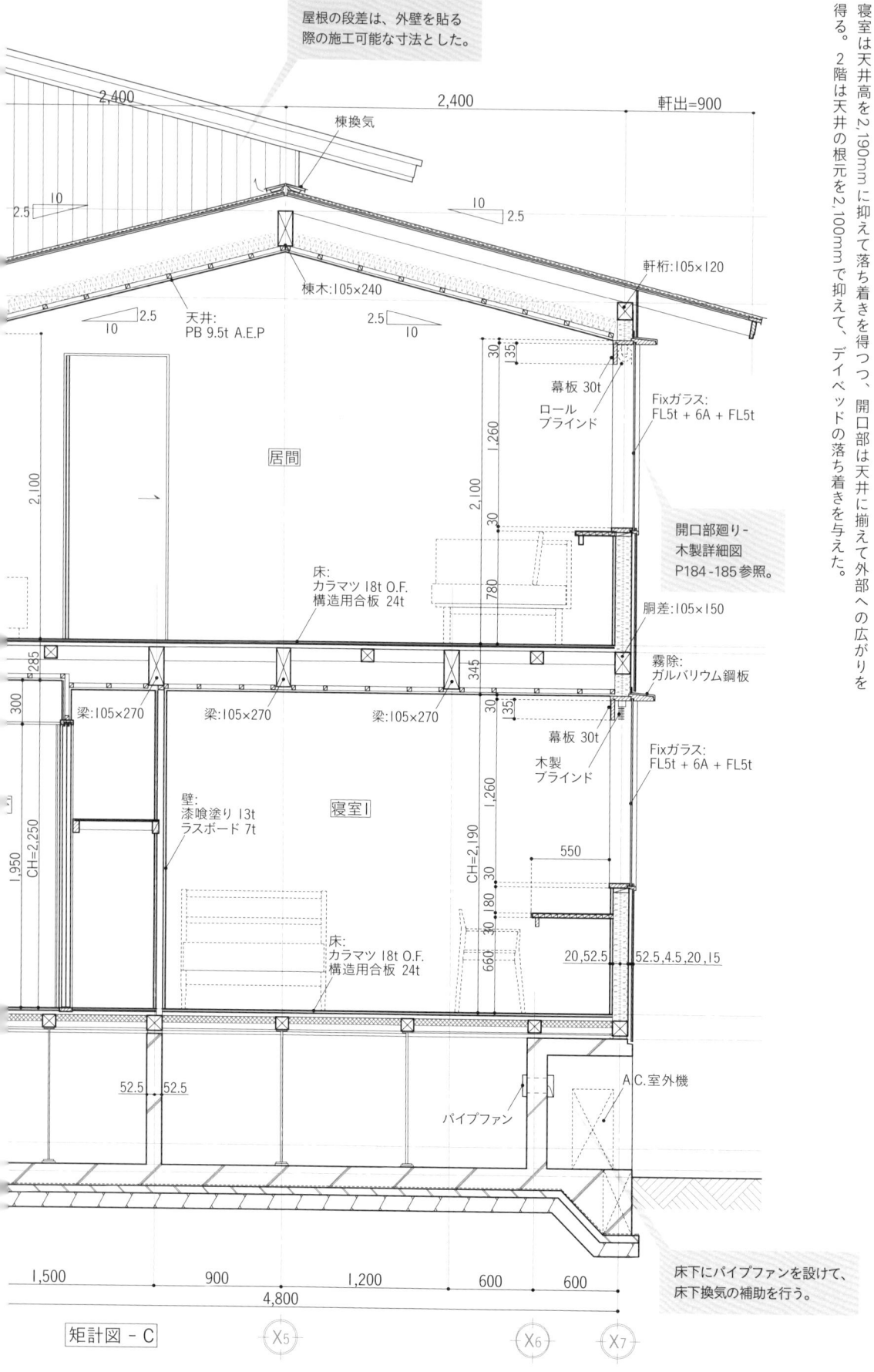

第1篇 設計

那須の家 矩計図

屋根の段差は、外壁を貼る際の施工可能な寸法とした。

- 棟換気
- 棟木:105×240
- 天井: PB 9.5t A.E.P
- 軒桁:105×120
- 幕板 30t
- ロールブラインド
- Fixガラス: FL5t + 6A + FL5t
- 居間
- 床: カラマツ 18t O.F. 構造用合板 24t
- 胴差:105×150
- 霧除: ガルバリウム鋼板
- 梁:105×270
- 幕板 30t
- 木製ブラインド
- Fixガラス: FL5t + 6A + FL5t
- 壁: 漆喰塗り 13t ラスボード 7t
- 寝室1
- 床: カラマツ 18t O.F. 構造用合板 24t
- A.C.室外機
- パイプファン

開口部廻り-木製詳細図 P184-185参照。

床下にパイプファンを設けて、床下換気の補助を行う。

矩計図 - C

| 那須の家 | 矩計図 | S=1/40 |

軒出=900

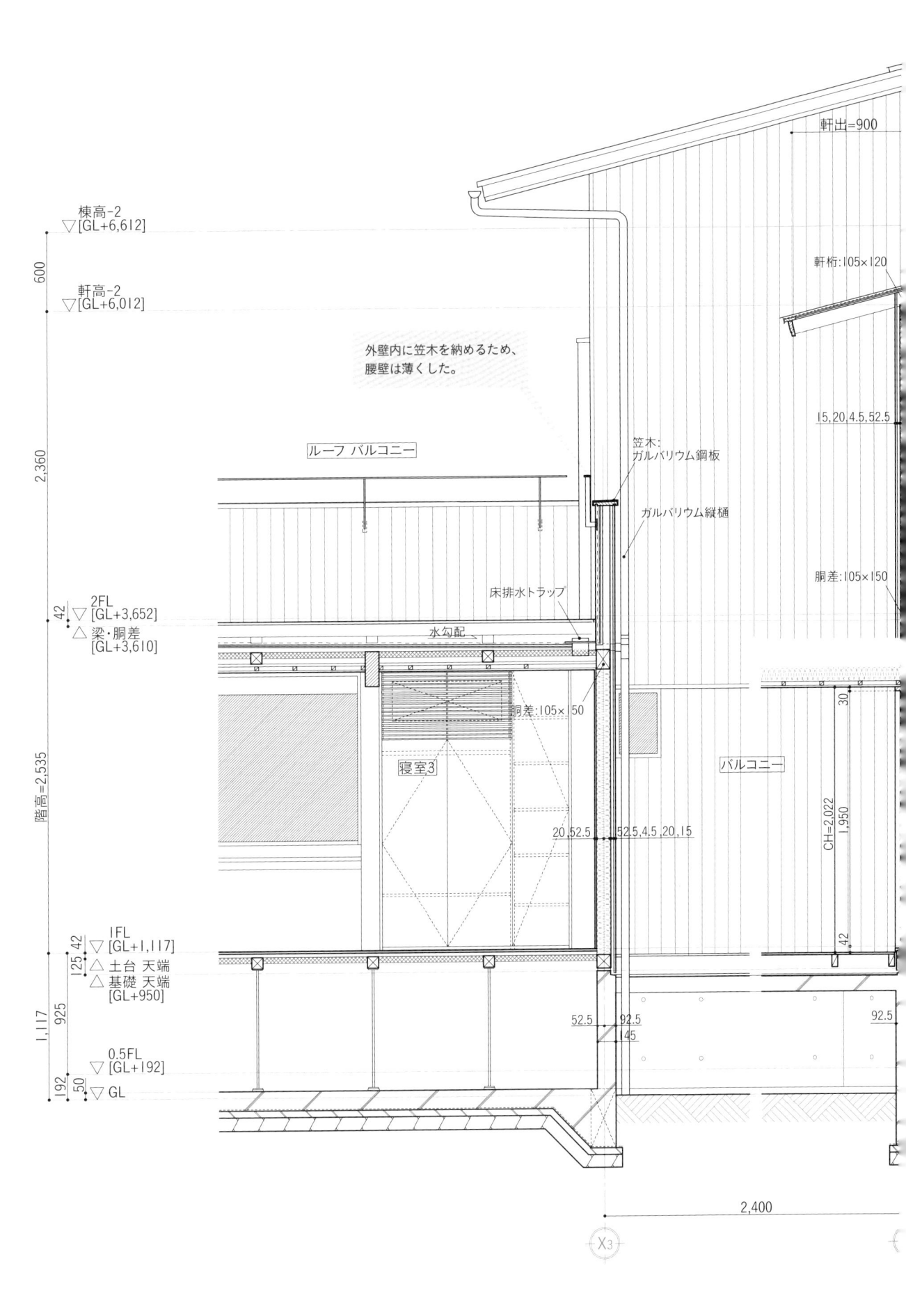

棟高-2
▽[GL+6,612]

600

軒高-2
▽[GL+6,012]

軒桁:105×120

外壁内に笠木を納めるため、
腰壁は薄くした。

2,360

15,20,4.5,52.5

ルーフバルコニー

笠木:
ガルバリウム鋼板

ガルバリウム縦樋

床排水トラップ

胴差:105×150

2FL
▽[GL+3,652]
△梁・胴差
[GL+3,610]

42

水勾配

胴差:105×150

30

寝室3

バルコニー

階高=2,535

CH=2,022

1,950

20,52.5 52.5,4.5,20,15

1FL
▽[GL+1,117]
△土台 天端
△基礎 天端
[GL+950]

42
125
925

42

1,117

52.5 92.5
145

92.5

0.5FL
▽[GL+192]
▽GL

192
50

2,400

X3

第1篇 設計

那須の家 矩計図

棟と棟のつながり

棟と棟が重なる部分は勾配天井をつなげて、空間を大きくひとつながりとした。この断面位置が視線の距離や空間のボリュームが大きくなるところである。

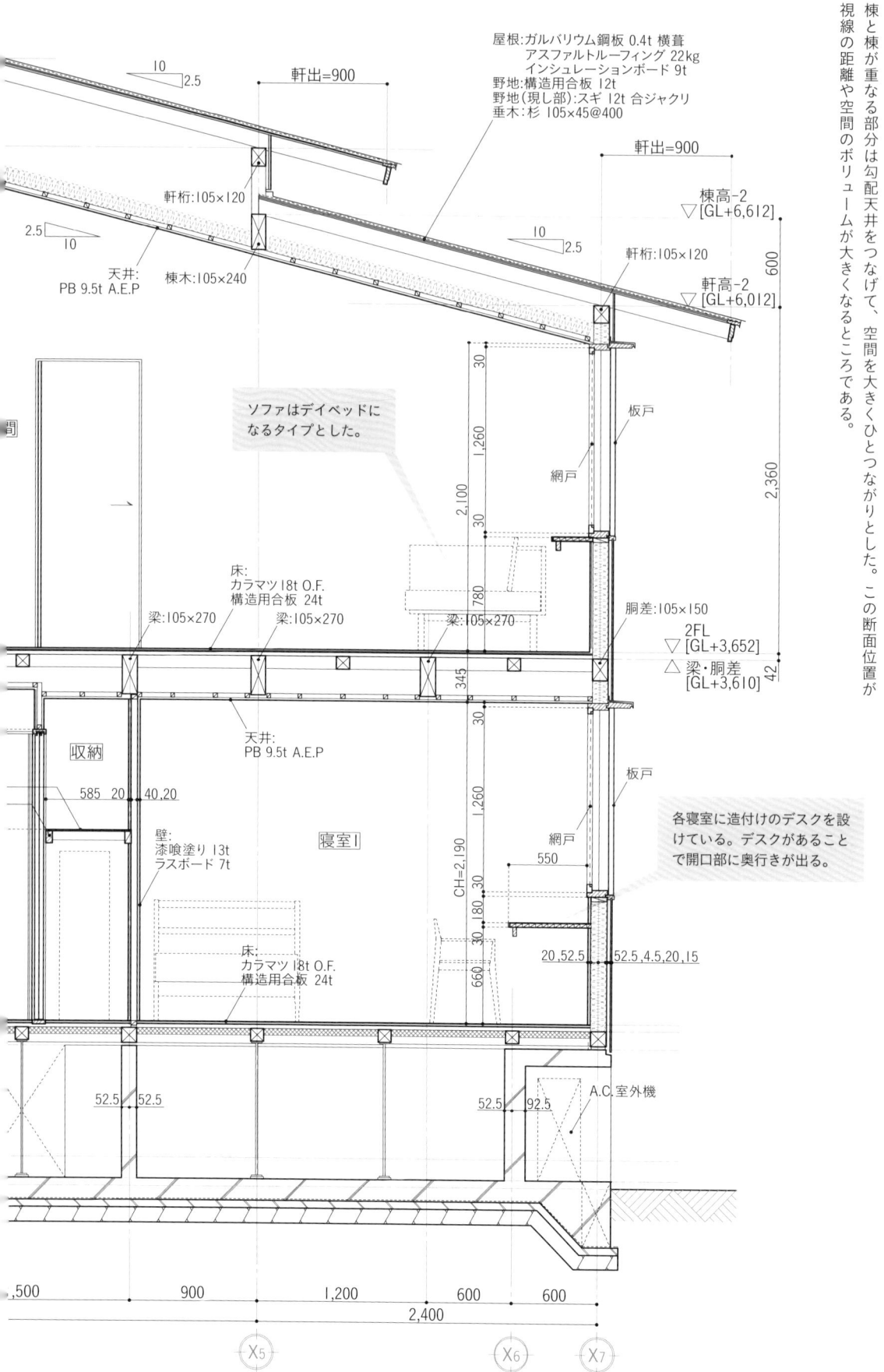

屋根:ガルバリウム鋼板 0.4t 横葺
アスファルトルーフィング 22kg
インシュレーションボード 9t
野地:構造用合板 12t
野地(現し部):スギ 12t 合ジャクリ
垂木:杉 105×45@400

軒出=900
軒出=900
棟高-2 ▽[GL+6,612]
軒桁:105×120
軒桁:105×120
軒高-2 ▽[GL+6,012]
天井: PB 9.5t A.E.P
棟木:105×240

ソファはデイベッドになるタイプとした。

板戸
網戸
梁:105×270
梁:105×270
梁:105×270
胴差:105×150
2FL ▽[GL+3,652]
△梁・胴差[GL+3,610]

床:カラマツ 18t O.F.
構造用合板 24t

天井: PB 9.5t A.E.P
収納
壁: 漆喰塗り 13t ラスボード 7t

寝室1
CH=2,190

板戸
網戸

各寝室に造付けのデスクを設けている。デスクがあることで開口部に奥行きが出る。

床:カラマツ 18t O.F.
構造用合板 24t

A.C.室外機

X5 X6 X7

| 那須の家 | 矩計図 | S=1/40 | 065/064 |

矩計図 - D

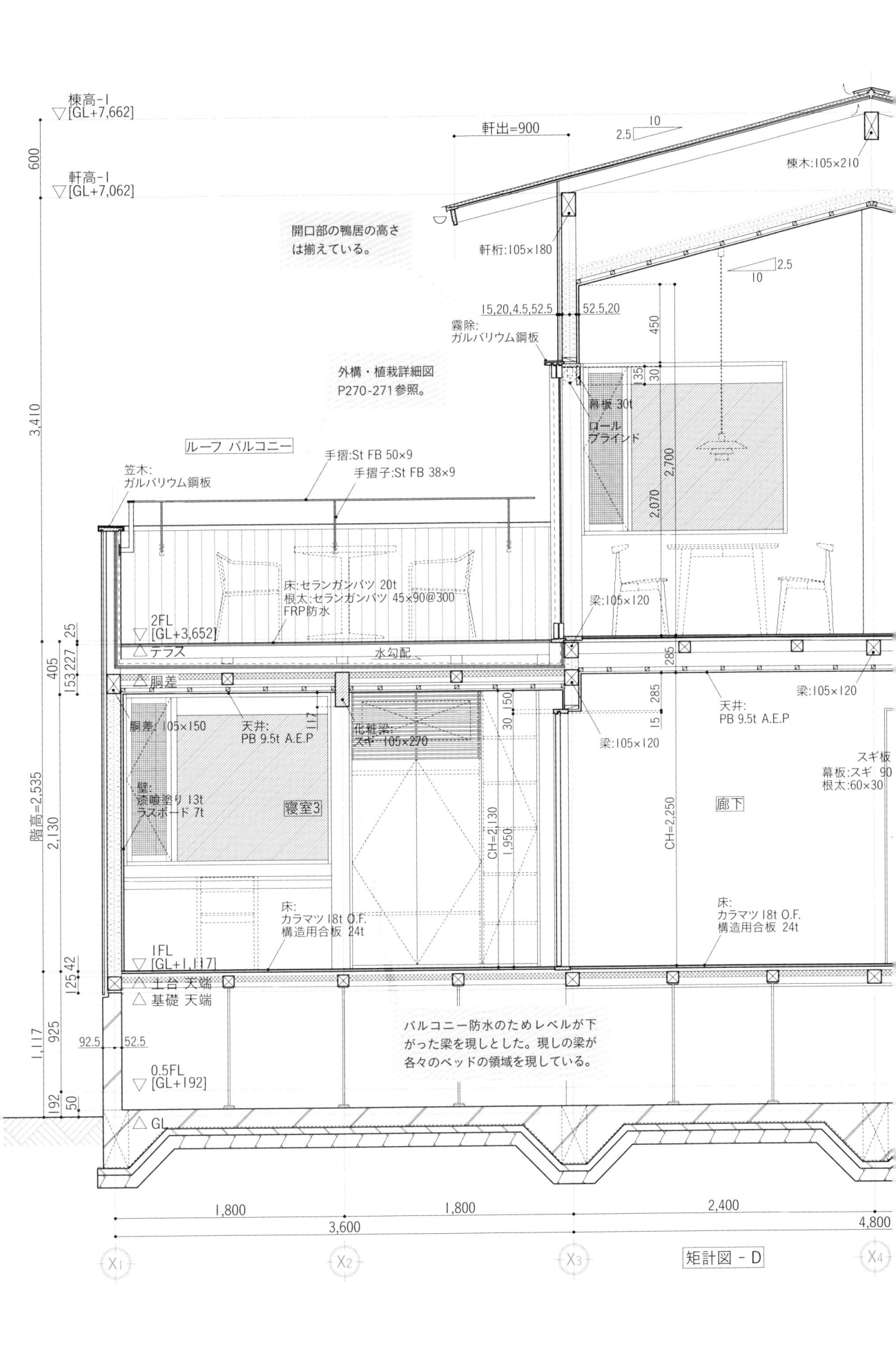

- 棟高-1 ▽[GL+7,662]
- 軒高-1 ▽[GL+7,062]
- 2FL ▽[GL+3,652]
- 1FL ▽[GL+1,117]
- 土台 天端
- 基礎 天端
- 0.5FL ▽[GL+192]
- GL

開口部の鴨居の高さは揃えている。

軒出=900

棟木:105×210

軒桁:105×180

霧除:ガルバリウム鋼板

幕板 30t
ロールブラインド

外構・植栽詳細図 P270-271参照。

ルーフバルコニー
笠木:ガルバリウム鋼板
手摺:St FB 50×9
手摺子:St FB 38×9

床:セランガンバツ 20t
根太:セランガンバツ 45×90@300
FRP防水

テラス　水勾配

胴差

胴差:105×150
天井:PB 9.5t A.E.P
壁:漆喰塗り 13t ラスボード 7t
寝室3

化粧梁:スギ 105×270

梁:105×120

梁:105×120

天井:PB 9.5t A.E.P

スギ板
幕板:スギ 90
根太:60×30

廊下

CH=2,130
CH=1,950
CH=2,250

床:カラマツ 18t O.F.
構造用合板 24t

床:カラマツ 18t O.F.
構造用合板 24t

バルコニー防水のためレベルが下がった梁を現しとした。現しの梁が各々のベッドの領域を現している。

1,800 | 1,800 | 2,400
3,600 | 4,800

X1　X2　X3　X4

第1篇 設計

那須の家 矩計図

重心の高さに合わせて天井高を変化させる

台所や食堂の重心の高さに合わせて、居間から天井を続け、天井を高めにしてある。居間とは一体空間だが、袖壁や垂れ壁を付けることで、空間がゆるやかに分節されている。

軒出=450
妻側:垂木
登り梁:105×120

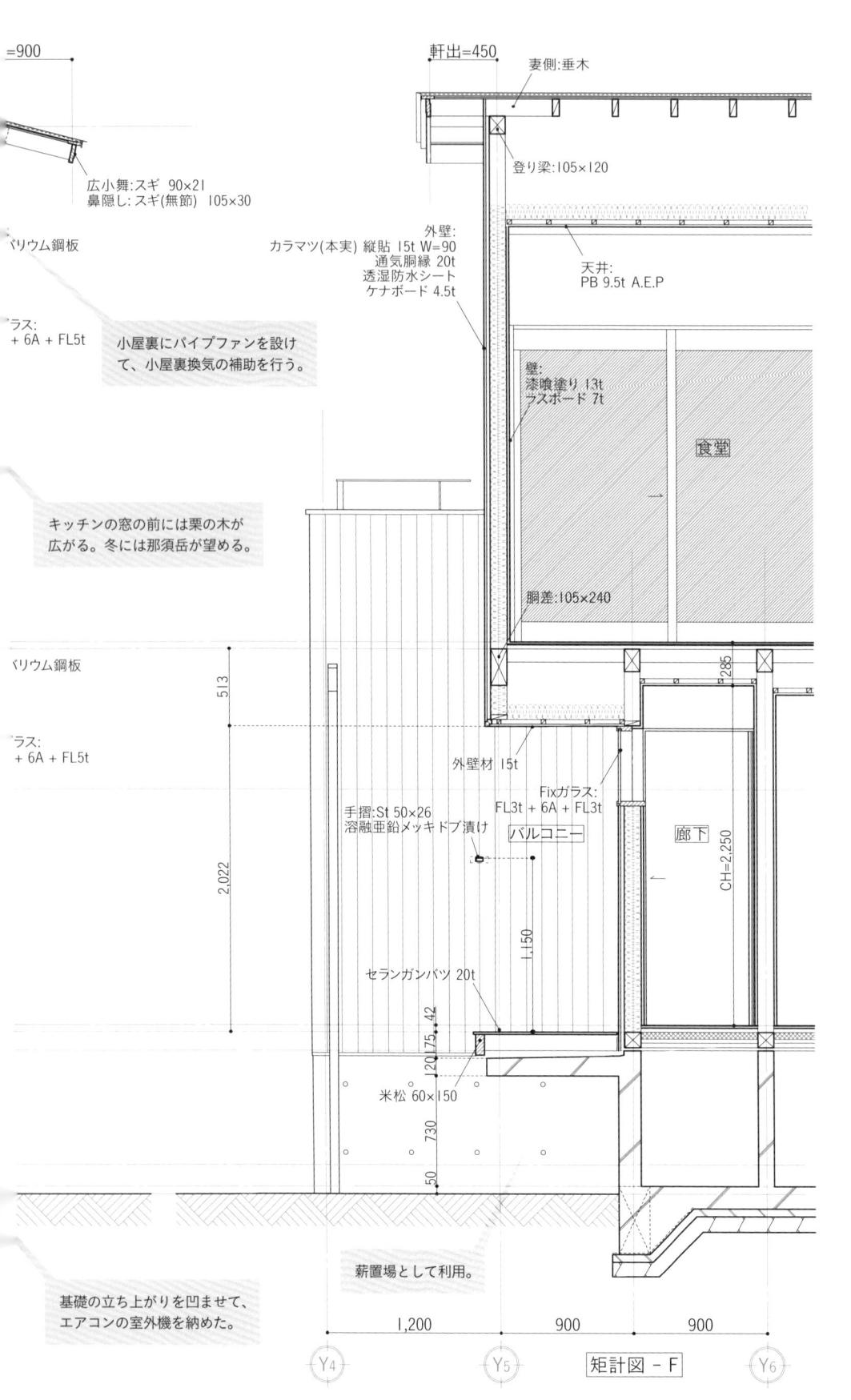

外壁:
カラマツ(本実) 縦貼 15t W=90
通気胴縁 20t
透湿防水シート
ケナボード 4.5t

天井:
PB 9.5t A.E.P

広小舞:スギ 90×21
鼻隠し:スギ(無節) 105×30

壁:
漆喰塗り 13t
ラスボード 7t

食堂

小屋裏にパイプファンを設けて、小屋裏換気の補助を行う。

胴差:105×240

キッチンの窓の前には栗の木が広がる。冬には那須岳が望める。

外壁材 15t
Fixガラス:
FL3t + 6A + FL3t

手摺:St 50×26
溶融亜鉛メッキ ドブ漬け

バルコニー
廊下
CH=2,250

セランガンバツ 20t

米松 60×150

基礎の立ち上がりを凹ませて、エアコンの室外機を納めた。

薪置場として利用。

1,200 | 900 | 900

Y4 — Y5 — Y6

矩計図 - F

| 那須の家 | 矩計図 | S=1/40 |

矩計図 - E

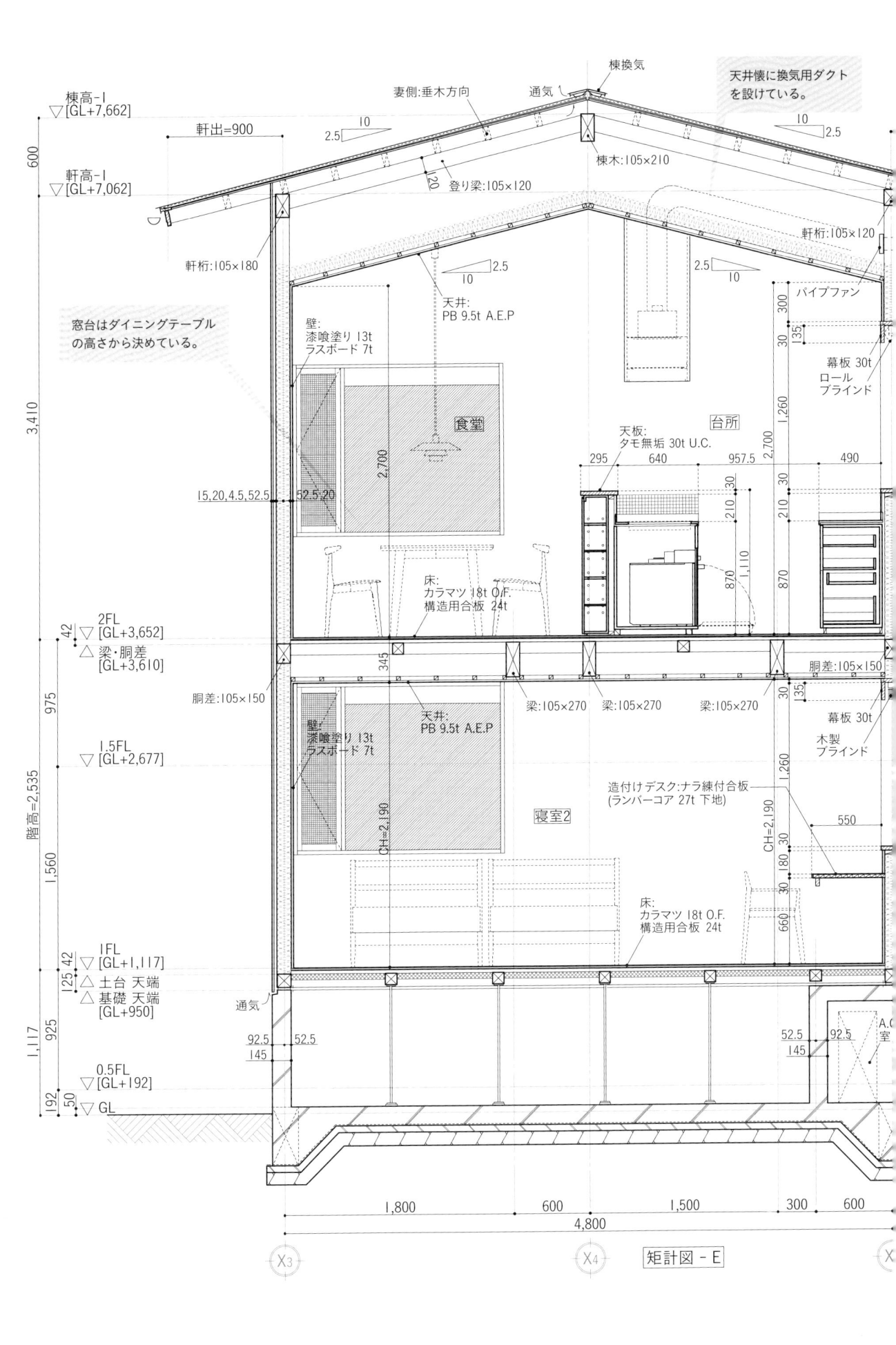

第1篇 設計

那須の家 立面図

開口部のつくりを統一させる

一部を除いて、施工性や管理性に考慮して開口部のつくりを統一している。統一させることで開口部の存在が記号化され、四方に広がる風景を浮き立たせた。

[南面]

物置と便所の窓。入隅のかたさを和らげている。

1.5FL ▽[GL+2,677]
0.5FL ▽[GL+192]
2,485 / 192

2,400 / 3,600 / 1,800 / 3,000
Y9 / Y7 / Y4 / Y3 / Y1

[北面]

基礎立上がりを凹ませて、エアコン室外機を収めた。軒の高い印象を軽減させている。

4,800 / 3,000 / 3,000
Y1 / Y4 / Y6 / Y9

| 那須の家 | 立面図 | S=1/100 | 069 / 068 |

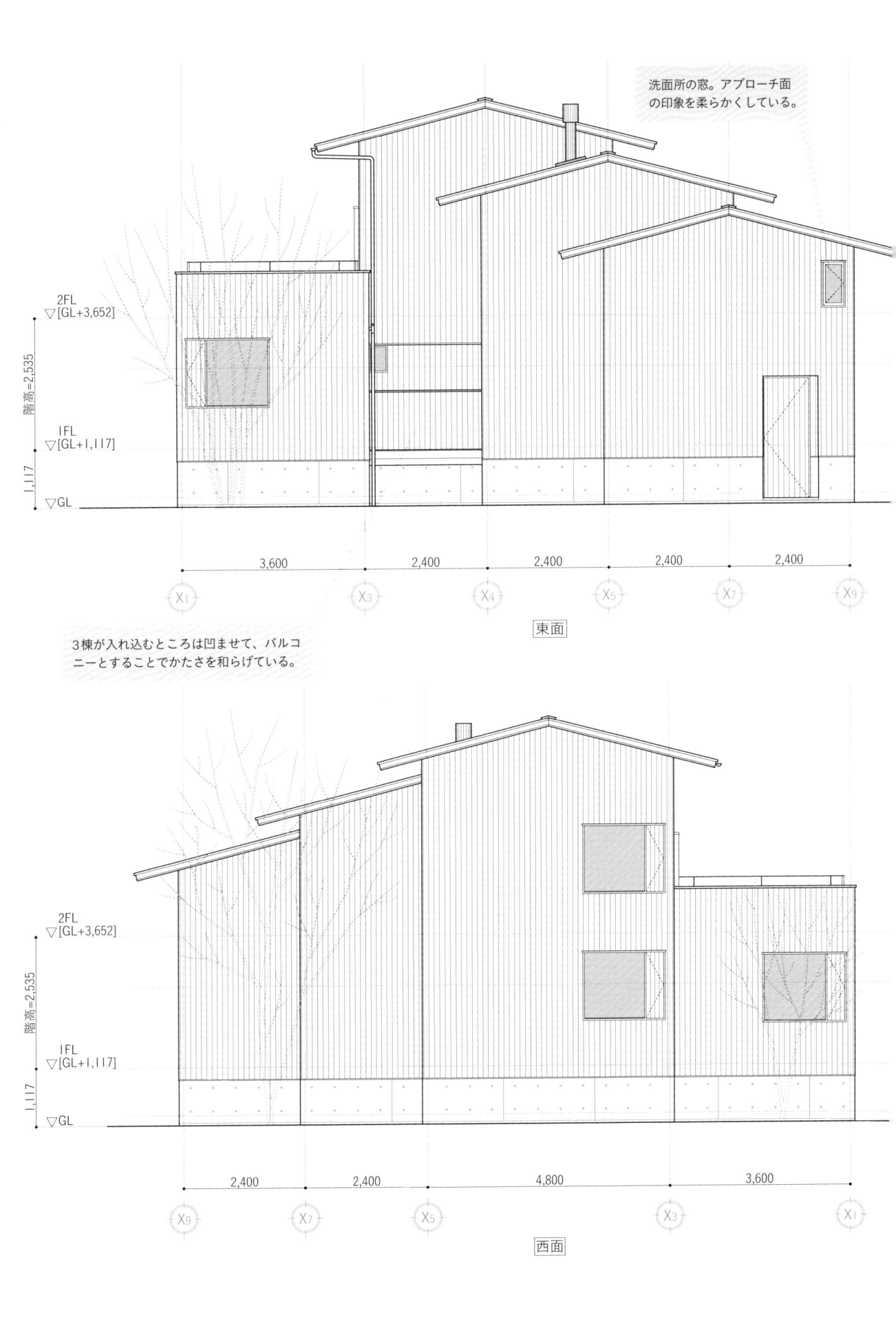

洗面所の窓。アプローチ面の印象を柔らかくしている。

2FL ▽[GL+3,652]
階高=2,535
1FL ▽[GL+1,117]
1,117
▽GL

3,600　2,400　2,400　2,400　2,400
X1　X3　X4　X5　X7　X9

[東面]

3棟が入れ込むところは凹ませて、バルコニーとすることでかたさを和らげている。

2FL ▽[GL+3,652]
階高=2,535
1FL ▽[GL+1,117]
1,117
▽GL

2,400　2,400　4,800　3,600
X9　X7　X5　X3　X1

[西面]

第1篇 設計

溝口の家 平面図

共用部に溜まりを設けて、家族の接点の場をつくる

将来的に世代の移り変わりやシェアハウス的に利用する可能性も考慮した二世帯住宅である。ホールに溜まりをつくり、家族の接点の場を設けた。

つきあたりの壁に角度を与えることで、外部空間に対しての広がりを確保した。

寝室1
床:カラマツ 15t O.F.
[CH=2,250]

納戸1
棚
ハンガーパイプ
A.C.

隣地 木造 2F建

枕元側は幅を抑えて落ち着きを与えている。

光庭を設けて、ホールや浴室に自然光を落としている。

| 溝口の家 | 平面図-1F | S=1/50 |

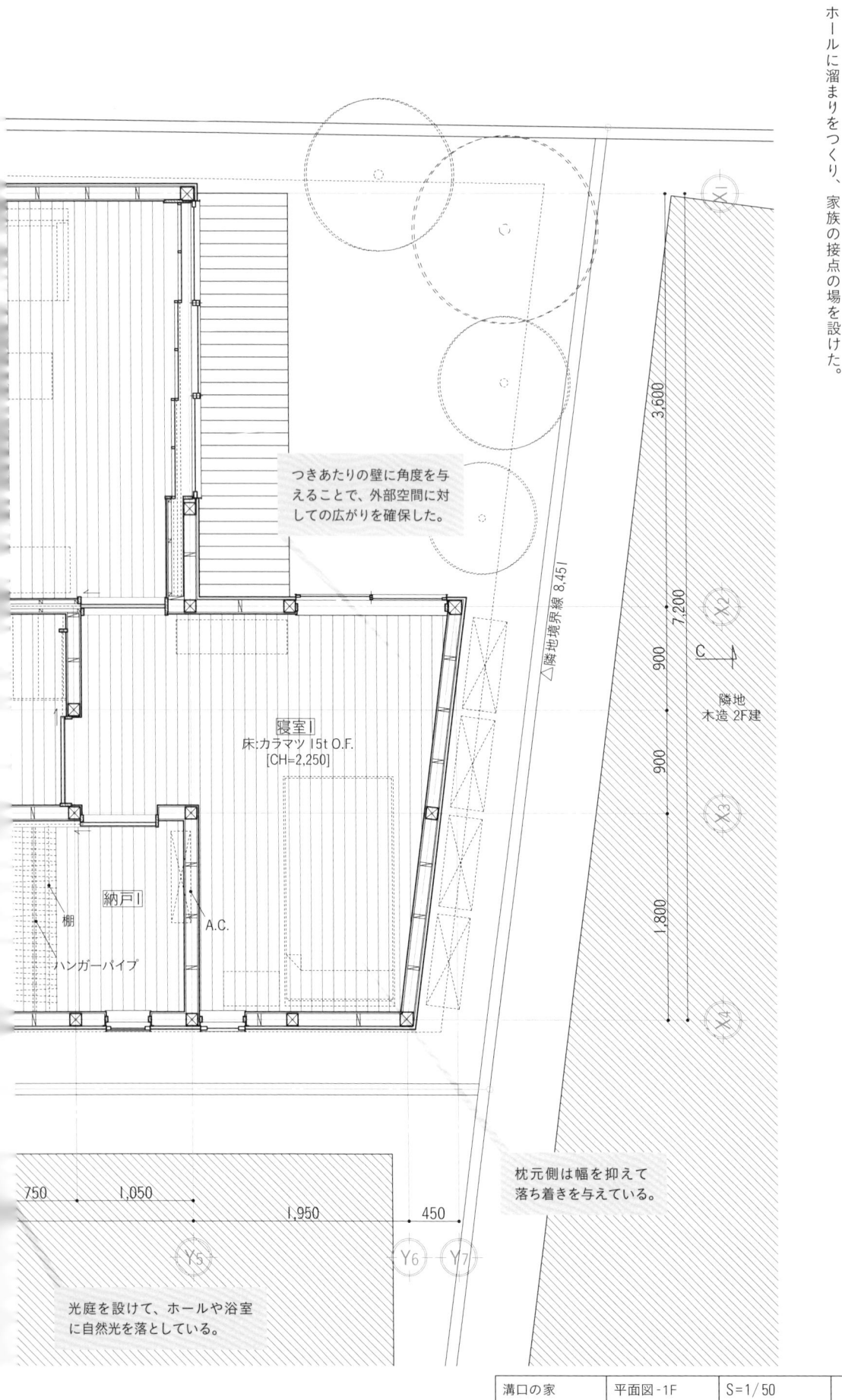

隣地
RC造 6F建

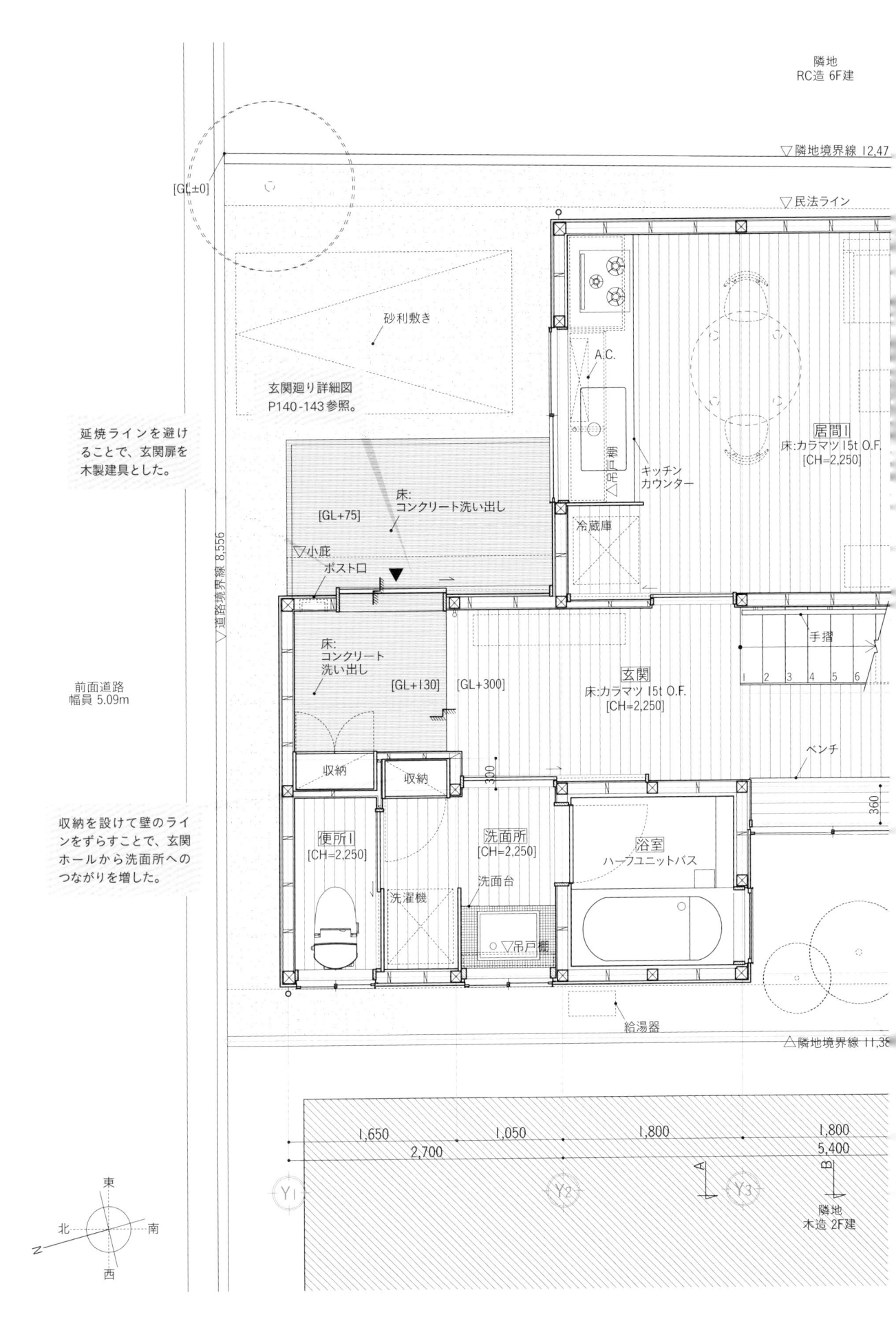

▽隣地境界線 12,47

▽民法ライン

砂利敷き

玄関廻り詳細図
P140-143参照。

延焼ラインを避けることで、玄関扉を木製建具とした。

床:
コンクリート洗い出し
[GL+75]

A.C.

居間I
床:カラマツ 15t O.F.
[CH=2,250]

▽小庇
ポストロ

キッチン
カウンター

冷蔵庫

床:
コンクリート
洗い出し
[GL+130]　[GL+300]

玄関
床:カラマツ 15t O.F.
[CH=2,250]

手摺

▽道路境界線 8,556

前面道路
幅員 5.09m

収納　収納

収納を設けて壁のラインをずらすことで、玄関ホールから洗面所へのつながりを増した。

便所I
[CH=2,250]

洗面所
[CH=2,250]

洗濯機

洗面台

▽吊戸棚

浴室
ハーフユニットバス

ベンチ

360

給湯器

△隣地境界線 11,38

1,650 | 1,050 | 1,800 | 1,800
2,700 | | | 5,400

Y1　Y2　A　Y3　B

隣地
木造 2F建

東
北　南
西
N

敷地内に空地を設けて、視覚的に有効な開口部とする

第1篇 設計

溝口の家 平面図

周辺に家やマンションが迫っているため、敷地内で空地を確保することで視覚的に有効な開口部とする。各空地のボリューム感と開口部からの引きは、対面する内部空間に相対させている。

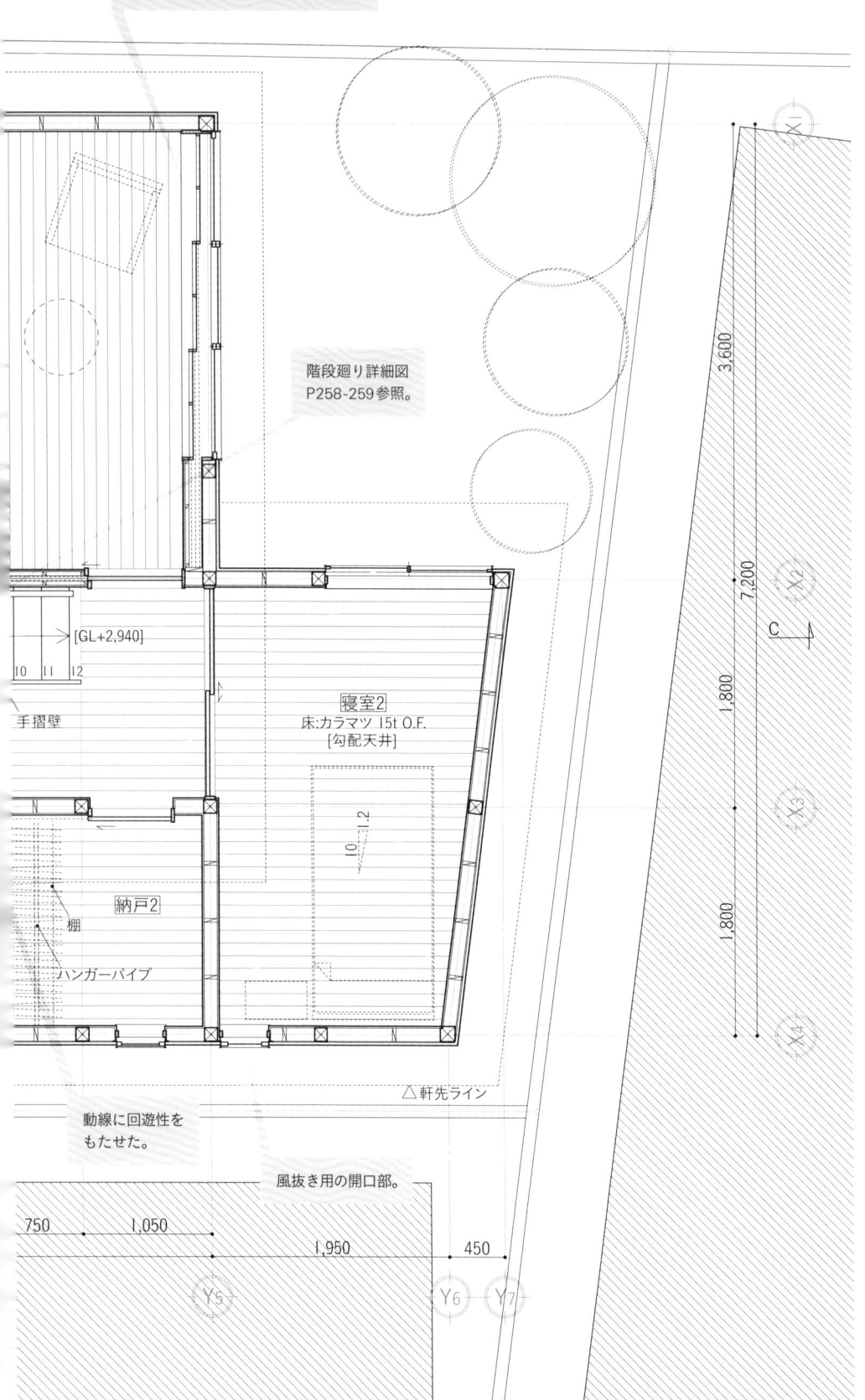

メインの開口部には障子を設置した。

階段廻り詳細図
P258-259参照。

[GL+2,940]

手摺壁

寝室2
床:カラマツ 15t O.F.
[勾配天井]

納戸2
棚
ハンガーパイプ

△軒先ライン

動線に回遊性をもたせた。

風抜き用の開口部。

| 溝口の家 | 平面図-2F | S=1/50 | 073 / 072 |

▽軒先ライン

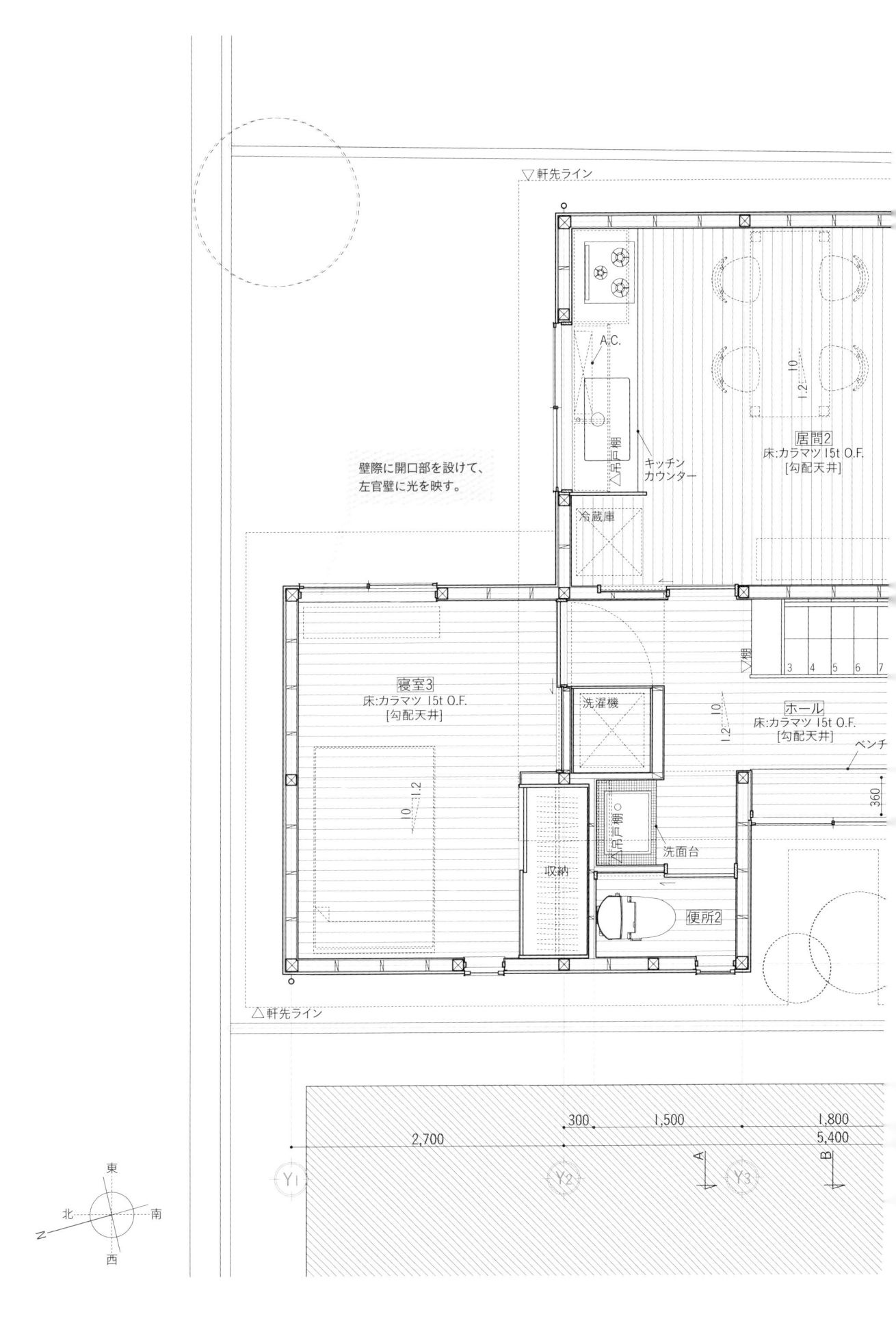

壁際に開口部を設けて、
左官壁に光を映す。

A.C.

キッチンカウンター

冷蔵庫

居間2
床:カラマツ 15t O.F.
[勾配天井]

寝室3
床:カラマツ 15t O.F.
[勾配天井]

洗濯機

ホール
床:カラマツ 15t O.F.
[勾配天井]

ベンチ

洗面台

収納

便所2

△軒先ライン

300　1,500　1,800
2,700　　　　　5,400

Y1　Y2　Y3　A B

東
北　南
西
N

第1篇 設計

溝口の家 矩計図

片流れ屋根を組み合わせて空間の方向性を変える

片流れ屋根を向きを反転させて組み合わせ、個室群と共用部で天井の勾配方向を変えている。ホールの天井を一番高くして、各部屋の奥に行くにつれて、天井高を下げている。

出窓部分の屋根で道路側と奥側の片流れ屋根をつないでいる。

△隣地境界線

広小舞:90×21
鼻隠し:ケイカル板 12t E.P.
▽軒高 [GL+6,468]

母屋:105×120
軒桁:105×120

900　400
600

10　1.2
軒桁:105×120
軒桁:105×120

360　400

天井:
ジブ塗
9.5t

便所2

1,050

ホール

15.52.5　52.5.30

手摺壁:
シナ ランバー
30t O.P.

ベンチ:
カラマツ 15t

胴差:105×150

1,500
1,980

梁:105×210

825

435

胴差:105×150

換気扇

390

窓際にベンチを設けて、溜まりをつくっている。

ガラリ:
サワラ
壁:
サワラ 15t 撥水材

浴室

420

水廻り部は天井を抑えている。

玄関

2,250
1,300

ベンチ:
カラマツ 15t

485

1,800

900　900　360

X4

X2　矩計図 - B　X3

| 溝口の家 | 矩計図 | S=1/40 |

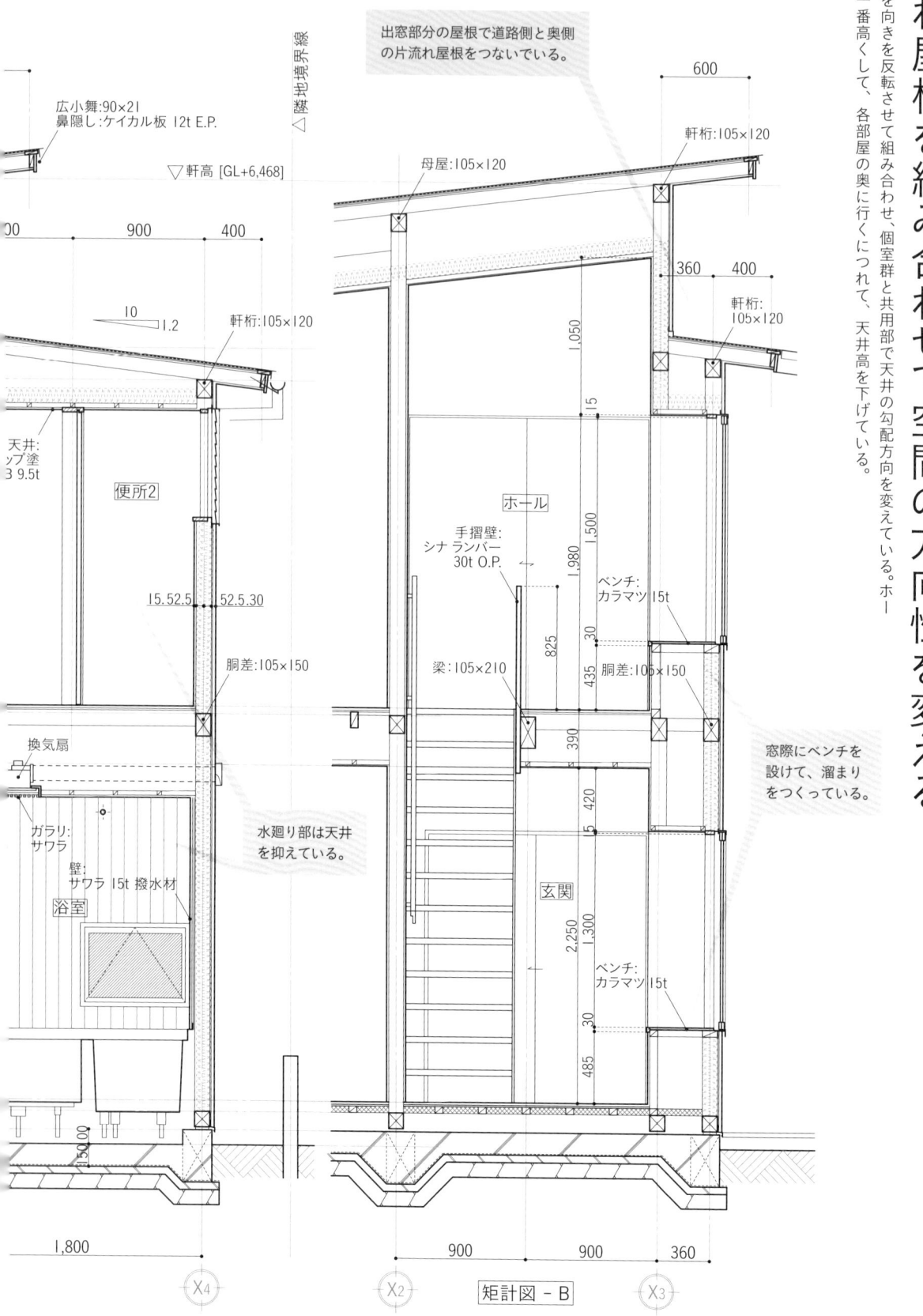

矩計図 - A

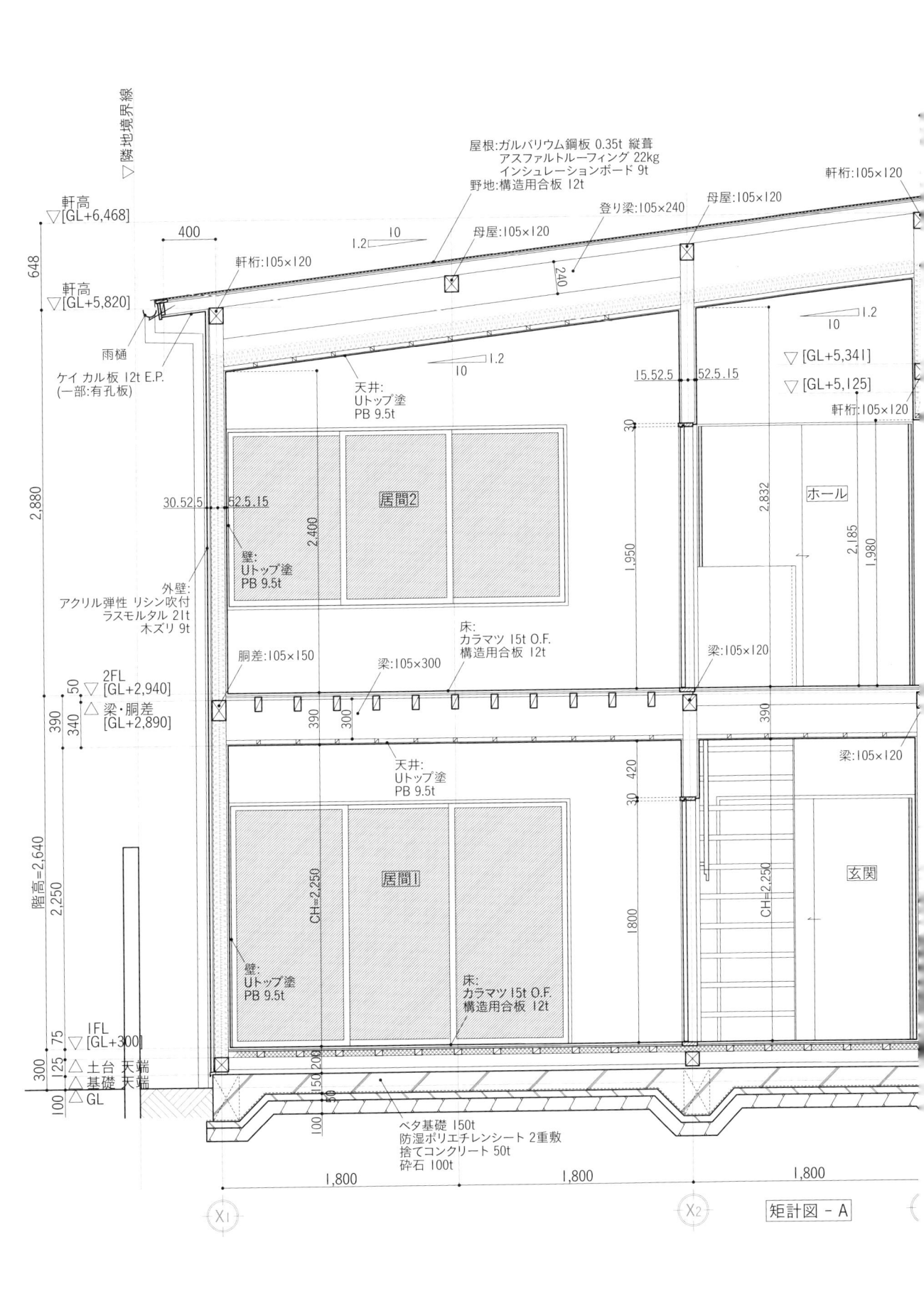

屋根:ガルバリウム鋼板 0.35t 縦葺
アスファルトルーフィング 22kg
インシュレーションボード 9t
野地:構造用合板 12t

軒桁:105×120
母屋:105×120
登り梁:105×240

隣地境界線

軒高 ▽[GL+6,468]
軒高 ▽[GL+5,820]
▽[GL+5,341]
▽[GL+5,125]
軒桁:105×120

雨樋
ケイカル板 12t E.P.
(一部:有孔板)

天井:Uトップ塗 PB 9.5t

居間2
ホール

壁:Uトップ塗 PB 9.5t

外壁:
アクリル弾性 リシン吹付
ラスモルタル 21t
木ズリ 9t

胴差:105×150
梁:105×300
床:カラマツ 15t O.F.
構造用合板 12t
梁:105×120

2FL ▽[GL+2,940]
△梁・胴差 [GL+2,890]

天井:Uトップ塗 PB 9.5t
梁:105×120

居間1
玄関

壁:Uトップ塗 PB 9.5t
CH=2,250
床:カラマツ 15t O.F.
構造用合板 12t
CH=2,250

階高=2,640

1FL ▽[GL+300]
△土台 天端
△基礎 天端
△GL

ベタ基礎 150t
防湿ポリエチレンシート 2重敷
捨てコンクリート 50t
砕石 100t

1,800 | 1,800 | 1,800
X1　　X2

第1篇 設計

溝口の家 矩計図

天井高の変化と開口部の高さについて

共用部と個室で天井高の変化をつけ、パブリックとプライベートの区分けを明確にするとともに、窓や引戸など開口部の鴨居の高さを揃えることで、空間に規律を与えた。

左官壁は漆喰の下塗り材を仕上げとし、コストに考慮するとともに、将来的に上塗りを可能とした。

△隣地境界線

450
登り梁:105×240
登り梁:105×180
登り梁:105×120
450

ホール
寝室2
1,950
15

梁:105×120
梁:105×120
胴差:105×150
12
11
390
10
435
9
15
天井:Uトップ塗 PB 9.5t
8
40t
7
ササラ:St PL 9t O.P.
寝室1
1,800
CH=2,250
壁:Uトップ塗 PB 9.5t

床:カラマツ 15t O.F.
構造用合板 12t

階段廻り詳細図 P258-259参照。

750 | 1,050 | 1,950 | 450
Y4　Y5　Y6　Y7

| 溝口の家 | 矩計図 | S=1/40 | 077/076 |

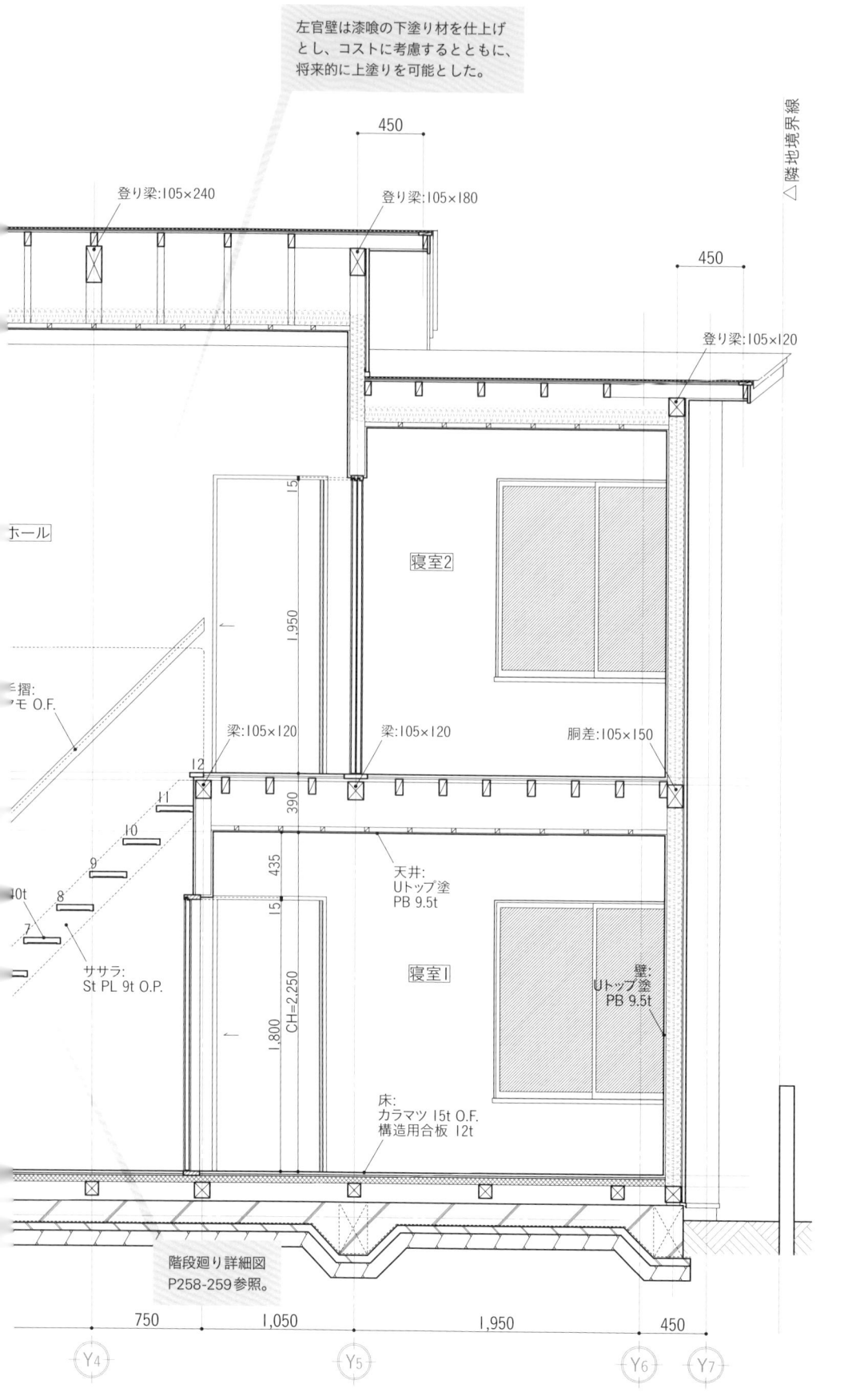

> 水廻りの壁に合わせて垂れ壁を設置することで、寝室3との間をとった。

> 開口部は鴨居の高さを揃え、壁際に寄せることを共通事項にして、部屋のボリュームに合った規格サイズを選び出し、採用している。

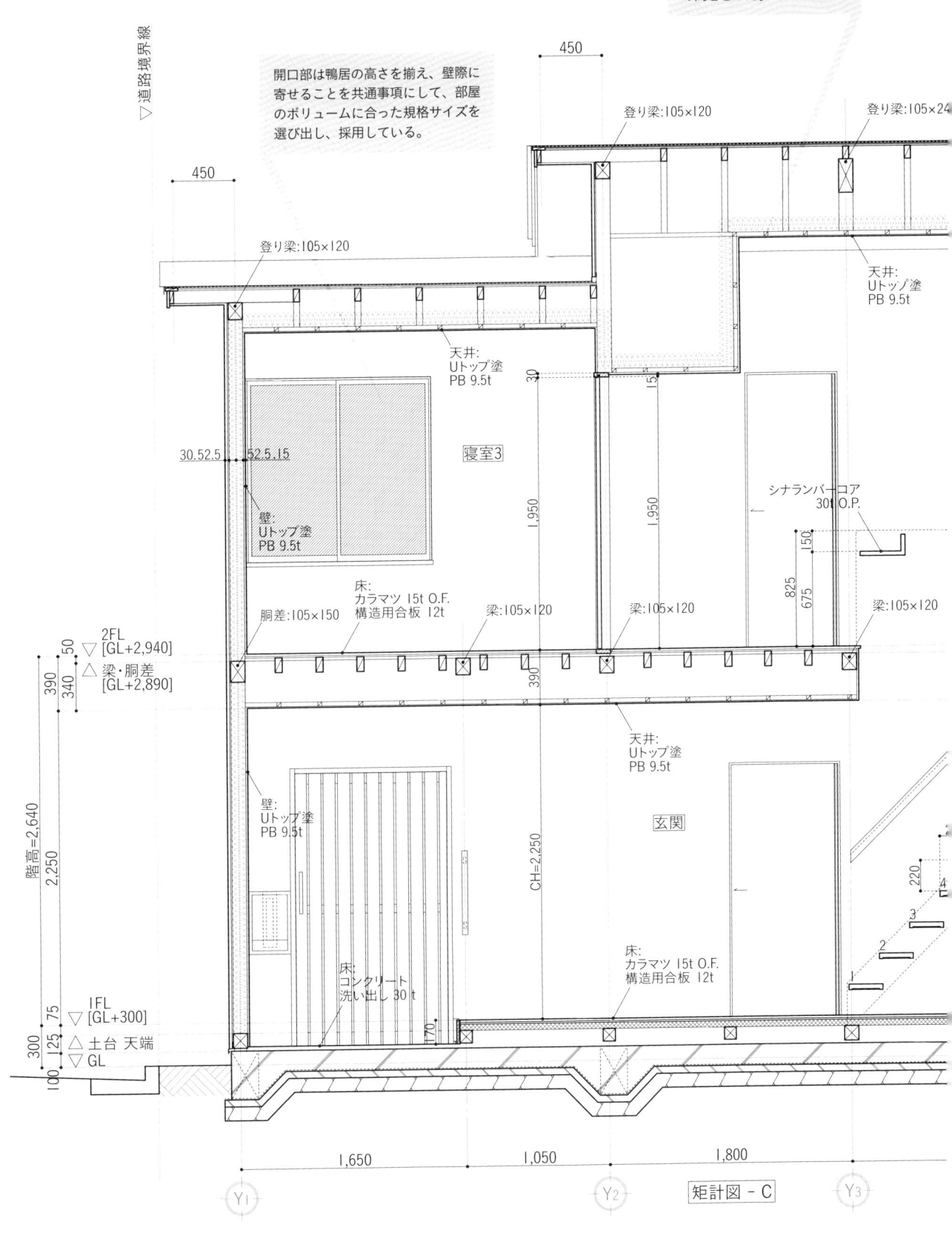

▽道路境界線

450

登り梁:105×120

登り梁:105×240

登り梁:105×120

天井:
Uトップ塗
PB 9.5t

寝室3

天井:
Uトップ塗
PB 9.5t

30,52.5 52.5,15

壁:
Uトップ塗
PB 9.5t

シナランバーコア
30t O.P.

床:
カラマツ 15t O.F.
構造用合板 12t

梁:105×120

梁:105×120

梁:105×120

胴差:105×150

1,950

1,950

825
675
150

2FL
▽ [GL+2,940]
△ 梁・胴差
 [GL+2,890]

390
50
340

390

天井:
Uトップ塗
PB 9.5t

階高=2,640

壁:
Uトップ塗
PB 9.5t

玄関

CH=2,250

2,250

220

1FL
▽ [GL+300]
△ 土台 天端
▽ GL

床:
コンクリート
洗い出し 30t

床:
カラマツ 15t O.F.
構造用合板 12t

300
125
75
100

170

1,650 | 1,050 | 1,800

Y1　Y2　Y3

矩計図 - C

玄関を中央に配置して、動線の床面積をまとめる

玄関を中央に配置することで廊下の床面積を減らしつつ、アプローチを楽しめるようにした。せり出した西側の棟の外壁がアプローチのアイストップになる。

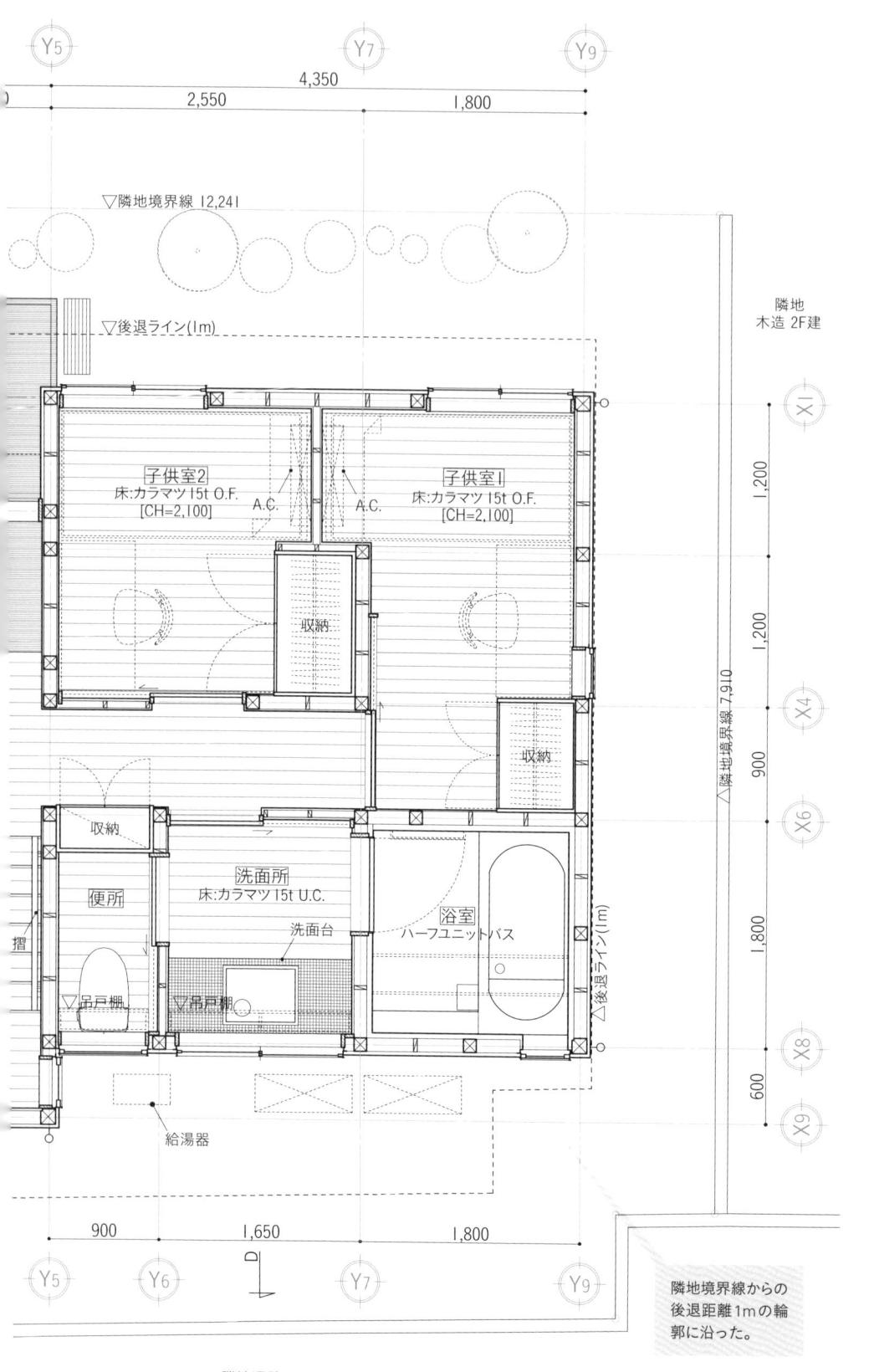

第1篇 設計

鵠沼の家 平面図

隣地境界線からの後退距離1mの輪郭に沿った。

| 鵠沼の家 | 平面図-1F | S=1/50 |

寝室入口近くに間をとって、動作スペースとした。

隣地通路

Y1　Y3　Y4

4,270
1,950　520　750　1,050　900

植栽に囲われたアプローチ。
外構・植栽詳細図 P272-273参照。

▽隣地境界線 1,414

前面道路
幅員 4.03m

アオハダ
モチノキ
枕木
ヤマボウシ
2,850
コナラ

床:
コンクリート
洗い出し
[GL+185]
▽小床

床:
コンクリート
洗い出し
[GL+2]

X1
900

X2
1,425　1,200

▽道路境界線 7,975

イヌシデ

▽後退ライン(1.5m)

玄関
[CH=2,100]
[GL+300]

X3
225 225

X5
1,050

寝室
床:カラマツ 15t O.F.
[CH=2,100]

化粧柱 O.P.

X7
300

3,375

A.C.

収納

棚

1,800

駐車場
砂利敷き

納戸

260
1,560
3,895
875

X9

1,200

前面道路が行き止まりな
ので、車を切り返せるよ
うに斜め駐車とした。

△後退ライン(1m)

内部枠廻り詳細図
P156-157参照。

南
東　西
北
N

[GL±0]

△隣地境界線

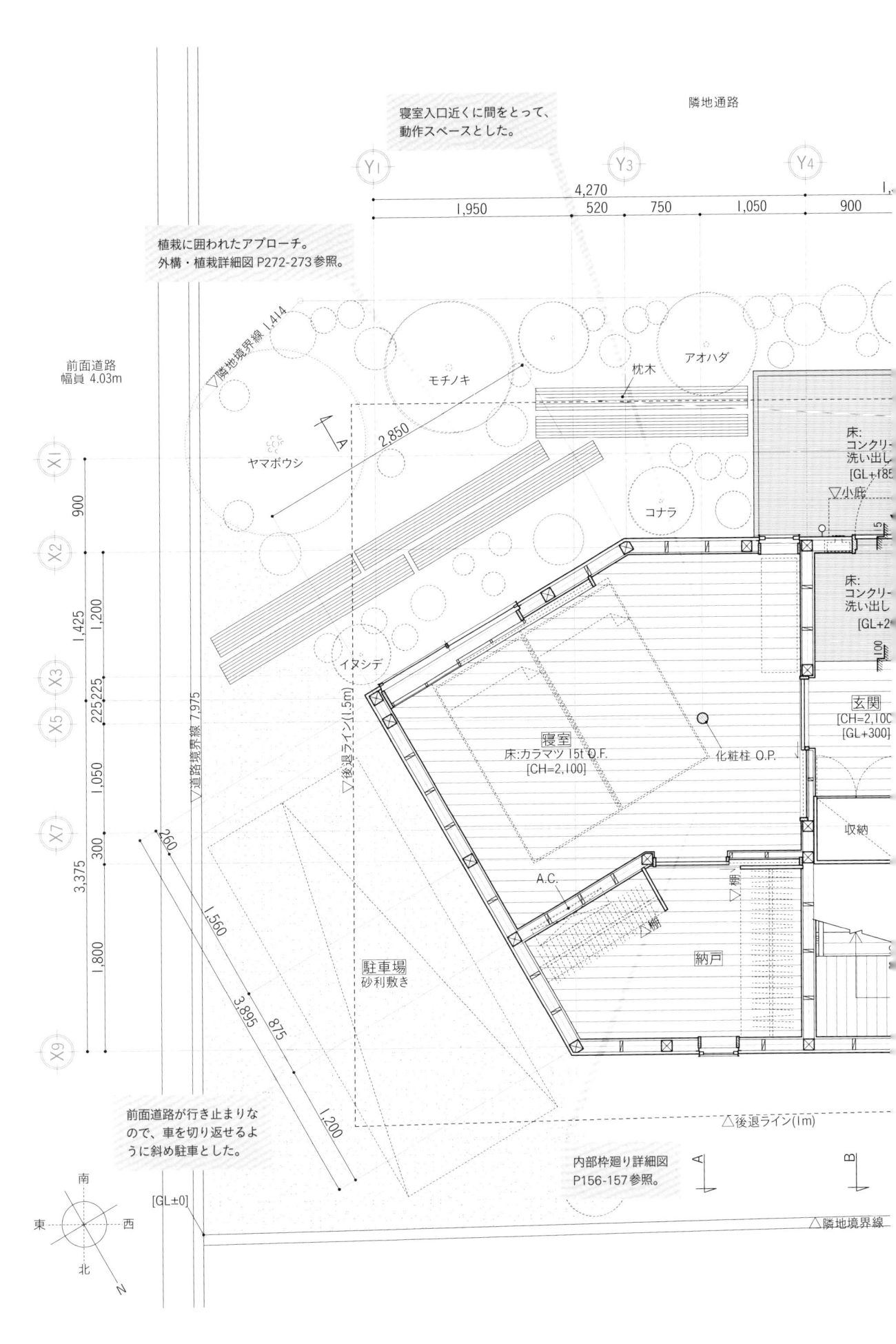

棟を分けて、空間の重心を分散させる

西棟に空間の重心が高くなる機能（台所、洗濯室、食堂）をまとめ、天井を落としたホールを介して東棟は空間の重心を下げ、床に近い生活を送れるようにした。

第1篇 設計

鵠沼の家 平面図

台所に近いところに洗濯室を設けた。午後の光が入る。

- Fix ペアガラス
- ガラス戸
- 食堂　床:カラマツ 15t O.F.[勾配天井]
- 洗濯室　床:カラマツ 15t U.C.
- 流し
- 洗濯機
- △棟ライン
- A.C.
- 台所　床:カラマツ 15t U.C.
- バックカウンター
- 食品庫　床:カラマツ 15t U.C.
- キッチンカウンター
- 冷蔵庫
- ▽レンジフード
- ▽吊戸棚
- ▽軒先ライン
- △軒先ライン

| 鵠沼の家 | 平面図-2F | S=1/50 | 081 / 080 |

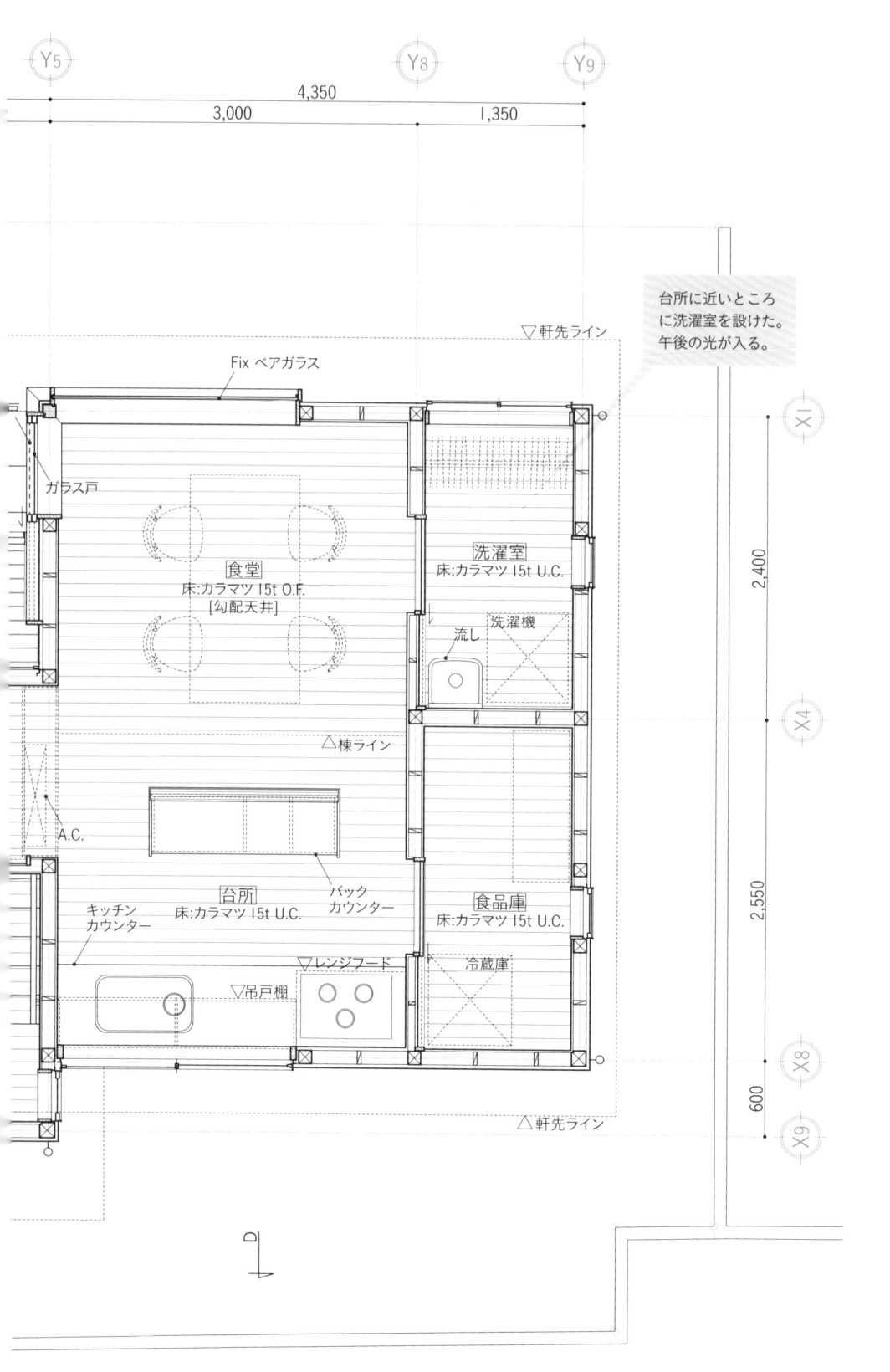

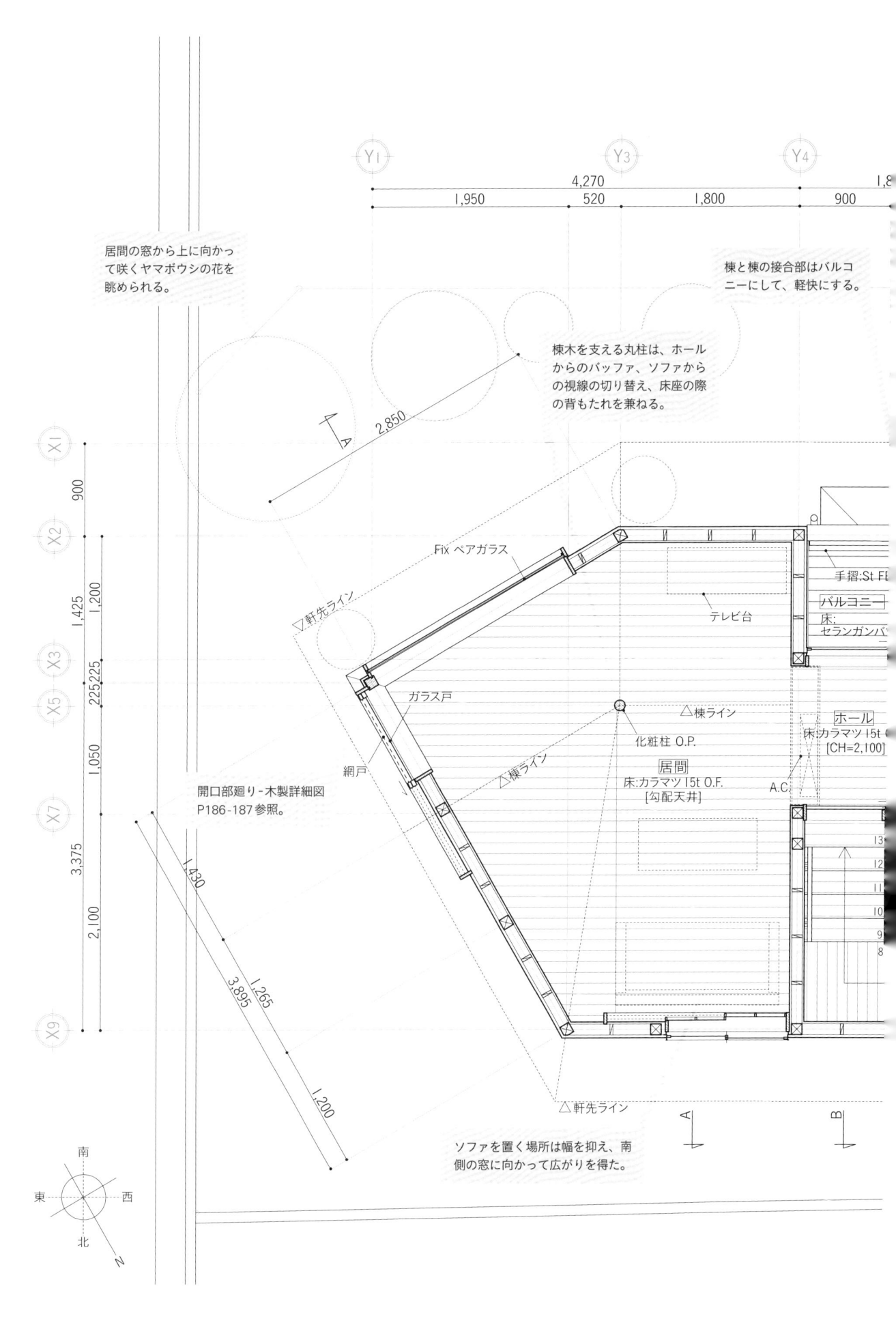

居間の窓から上に向かって咲くヤマボウシの花を眺められる。

棟と棟の接合部はバルコニーにして、軽快にする。

棟木を支える丸柱は、ホールからのバッファ、ソファからの視線の切り替え、床座の際の背もたれを兼ねる。

Fix ペアガラス

手摺:St FL

テレビ台

バルコニー
床:
セランガンバ

ガラス戸

△棟ライン

ホール
床:カラマツ15t
[CH=2,100]

化粧柱 O.P.

網戸

△棟ライン

居間
床:カラマツ 15t O.F.
[勾配天井]

A.C

開口部廻り-木製詳細図
P186-187参照。

△軒先ライン

ソファを置く場所は幅を抑え、南側の窓に向かって広がりを得た。

南
東 — 西
北
N

棟木の位置で断面形状を変形させる

棟木の位置を西棟と合わすことで、東棟では断面的に南側に膨らみが生まれ、外部空間の広がりとバランスをとった。開口部の高さを抑えることで空間の重心は低く抑えた。

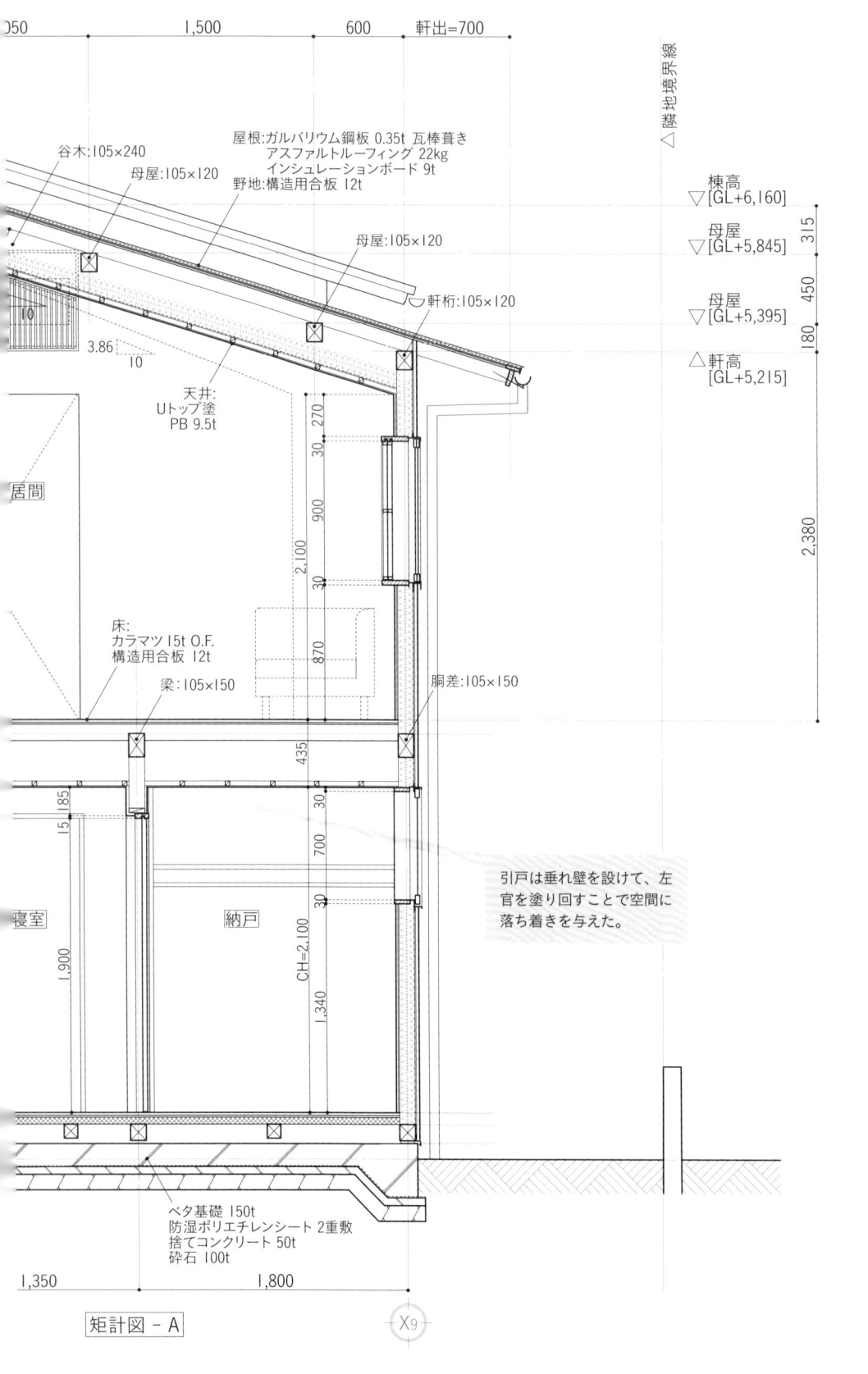

第1篇 設計

鵠沼の家 矩計図

屋根: ガルバリウム鋼板 0.35t 瓦棒葺き
アスファルトルーフィング 22kg
インシュレーションボード 9t
野地: 構造用合板 12t

谷木: 105×240
母屋: 105×120
母屋: 105×120
軒桁: 105×120

棟高 ▽[GL+6,160]
母屋 ▽[GL+5,845]
母屋 ▽[GL+5,395]
軒高 △[GL+5,215]

△隣地境界線

天井: Uトップ塗 PB 9.5t

居間

床: カラマツ 15t O.F.
構造用合板 12t

梁: 105×150
胴差: 105×150

引戸は垂れ壁を設けて、左官を塗り回すことで空間に落ち着きを与えた。

寝室

納戸
CH=2,100

ベタ基礎 150t
防湿ポリエチレンシート 2重敷
捨てコンクリート 50t
砕石 100t

矩計図 - A

X9

鵠沼の家 | 矩計図 | S=1/40

開口部の上部にエアコンガラリを設けて動線に軽快感をもたせた。

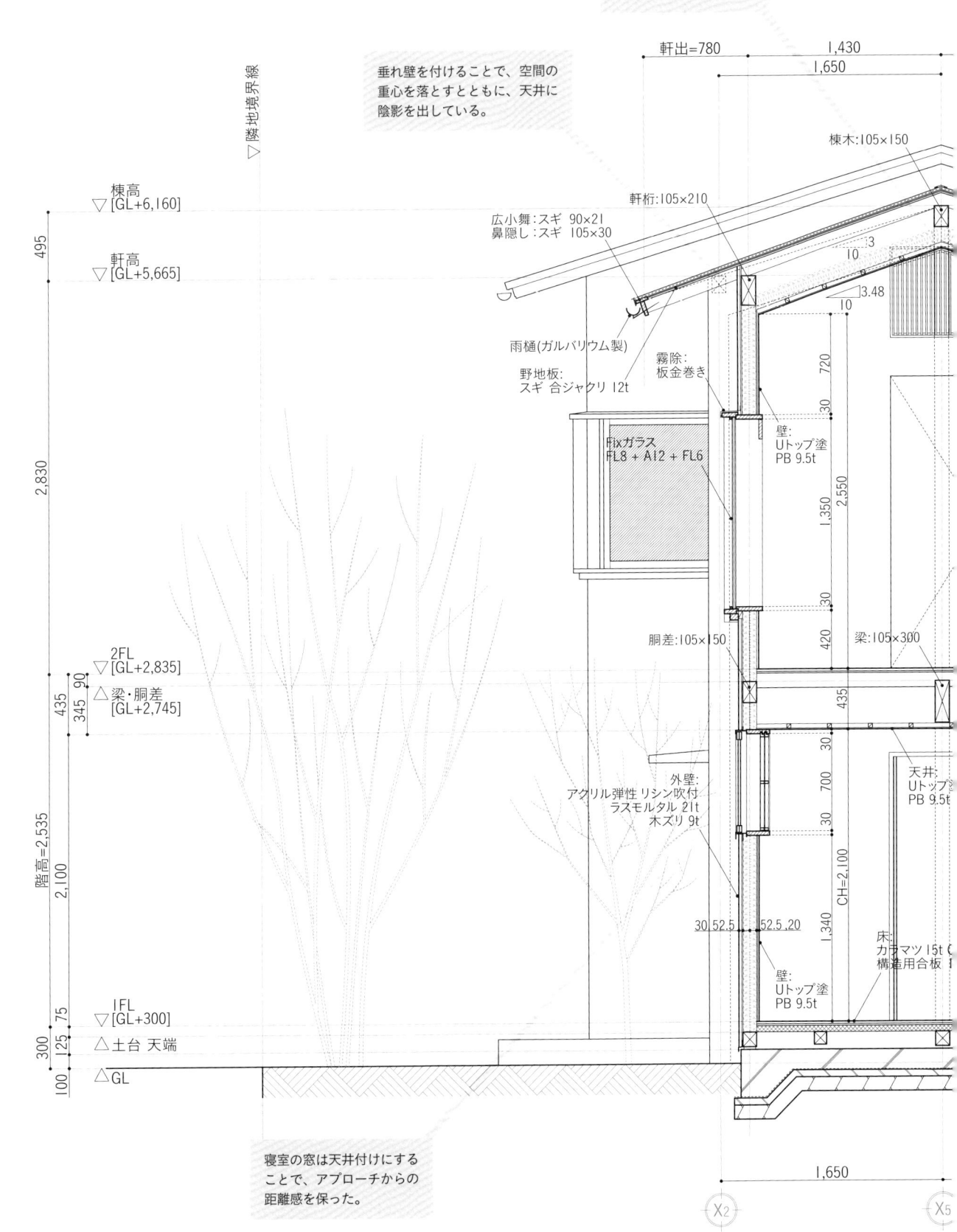

垂れ壁を付けることで、空間の重心を落とすとともに、天井に陰影を出している。

▷隣地境界線

棟高
▽[GL+6,160]

軒高
▽[GL+5,665]

495

軒出=780　1,430
　　　　　1,650

棟木:105×150
軒桁:105×210
広小舞:スギ 90×21
鼻隠し:スギ 105×30

3
10
3.48
10

720
30

壁:
Uトップ塗
PB 9.5t

2,550

2,830

雨樋(ガルバリウム製)
野地板:
スギ 合ジャクリ 12t

Fixガラス
FL8 + A12 + FL6

霧除:
板金巻き

1,350

30

2FL
▽[GL+2,835]

△梁・胴差
[GL+2,745]

435
345 90

胴差:105×150

梁:105×300

420

435

30

700

天井:
Uトップ塗
PB 9.5t

階高=2,535

2,100

外壁:
アクリル弾性 リシン吹付
ラスモルタル 21t
木ズリ 9t

CH=2,100

1,340

30

30 52.5　52.5 20

床:
カラマツ15t
構造用合板

壁:
Uトップ塗
PB 9.5t

1FL
▽[GL+300]
△土台 天端
△GL

300 125 75

100

寝室の窓は天井付けにすることで、アプローチからの距離感を保った。

1,650

X2　X5

第1篇 設計

鵠沼の家 矩計図

階高を抑えて、1階と2階の距離感を縮める

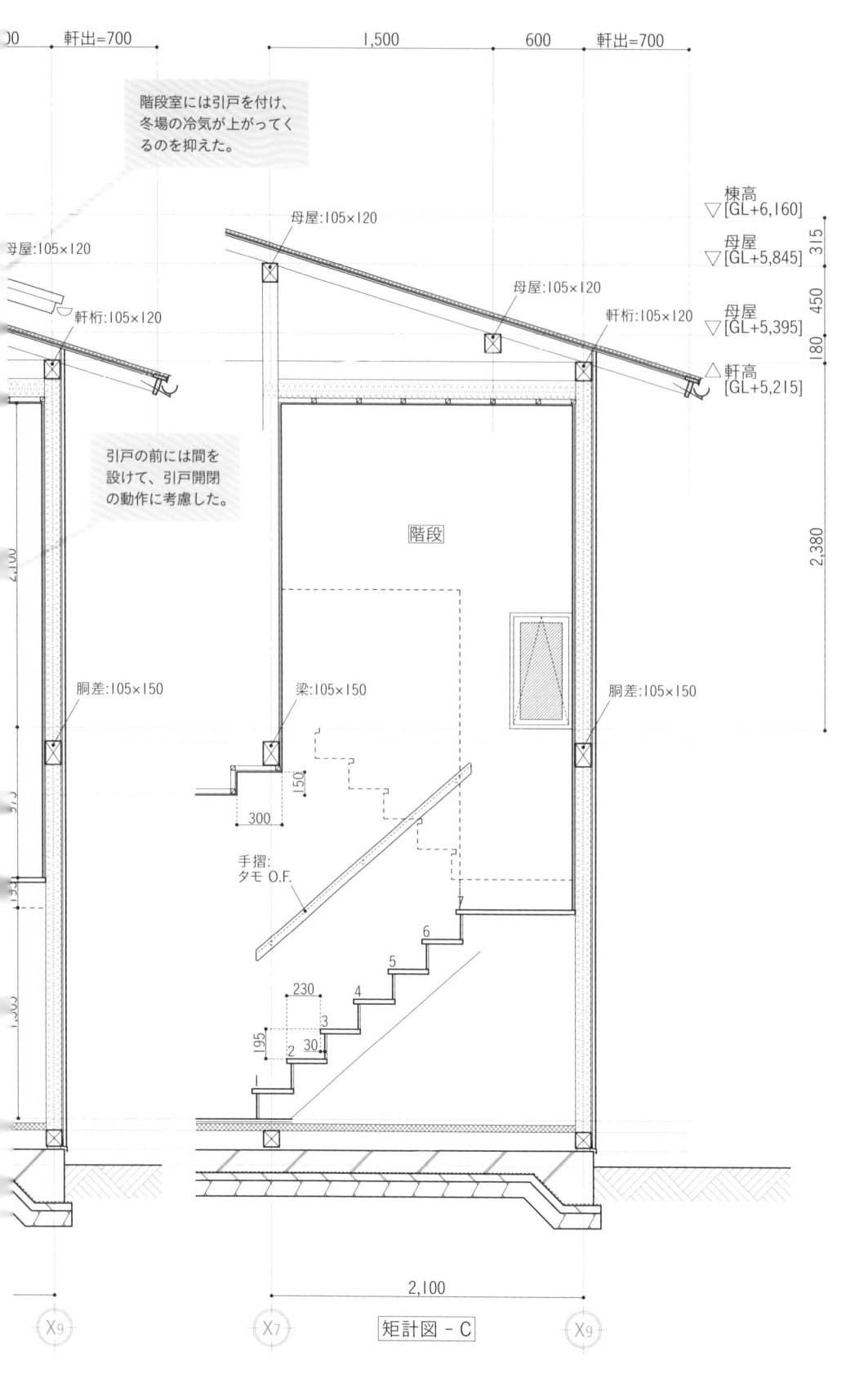

寝室の利用は就寝時が多くを占めることから、天井高を2,100mmに抑えて落ち着きを出すとともに、階高が抑えられることで階段の段数と平面的な面積を抑えている。

階段室には引戸を付け、冬場の冷気が上がってくるのを抑えた。

引戸の前には間を設けて、引戸開閉の動作に考慮した。

軒出=700
1,500　600　軒出=700

母屋:105×120
母屋:105×120
母屋:105×120
軒桁:105×120
軒桁:105×120

棟高 ▽[GL+6,160]
母屋 ▽[GL+5,845]
母屋 ▽[GL+5,395]
軒高 △[GL+5,215]

315
450
180
2,380

階段

胴差:105×150
梁:105×150
胴差:105×150

手摺: タモ O.F.

150
300
230
195　30

2,100

X9　X7　X9

矩計図 - C

鵠沼の家　矩計図　S=1/40

矩計図 - B

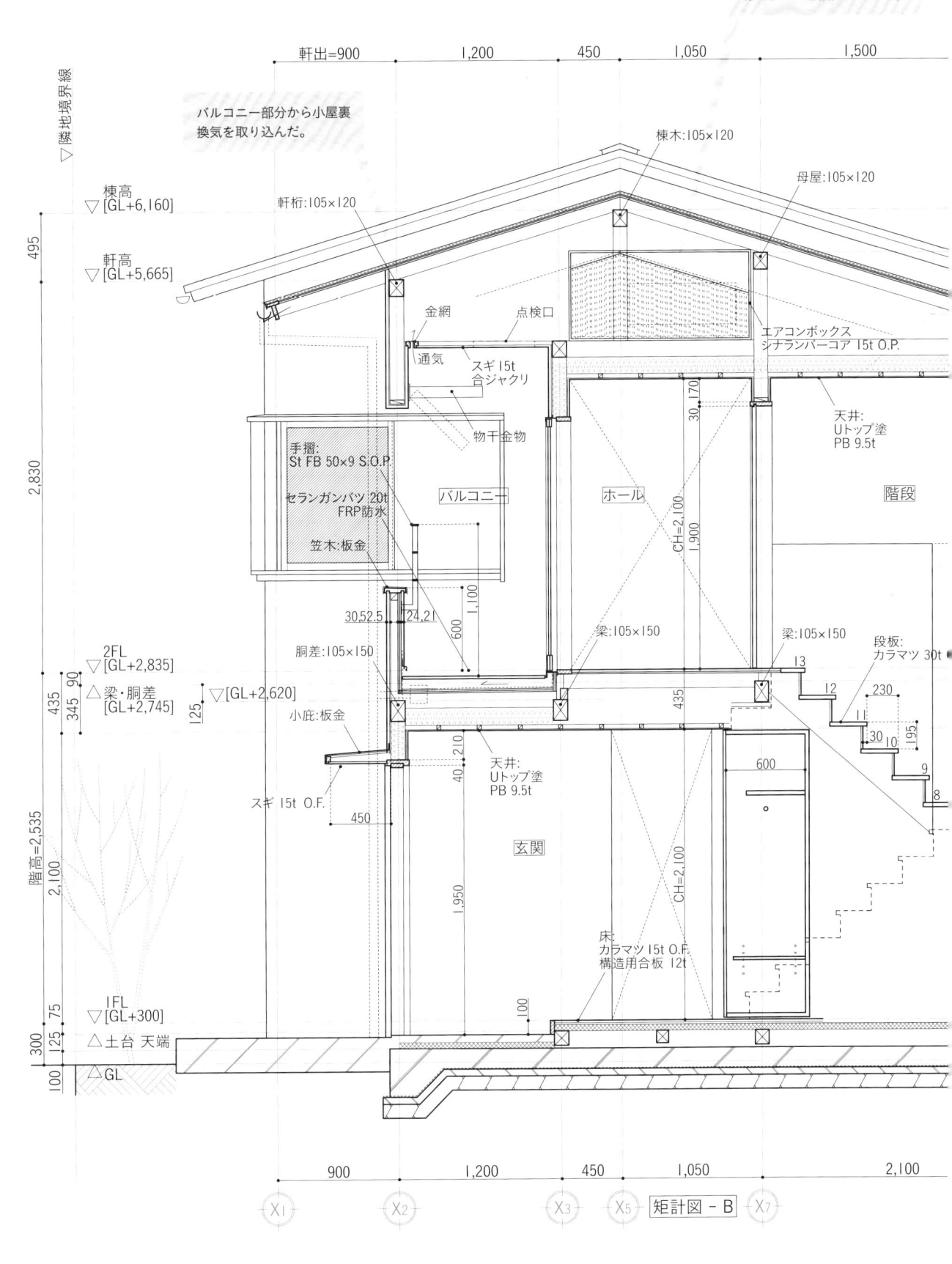

第1篇 設計

鵠沼の家 矩計図

高さを変えて、開口部の意味合いを変える

つくりは同じだが、居間の窓が引いて接する「視覚的な窓」としたら、ダイニングテーブルの高さに合わせた西棟の窓は家具的な「寄り添う窓」としている。

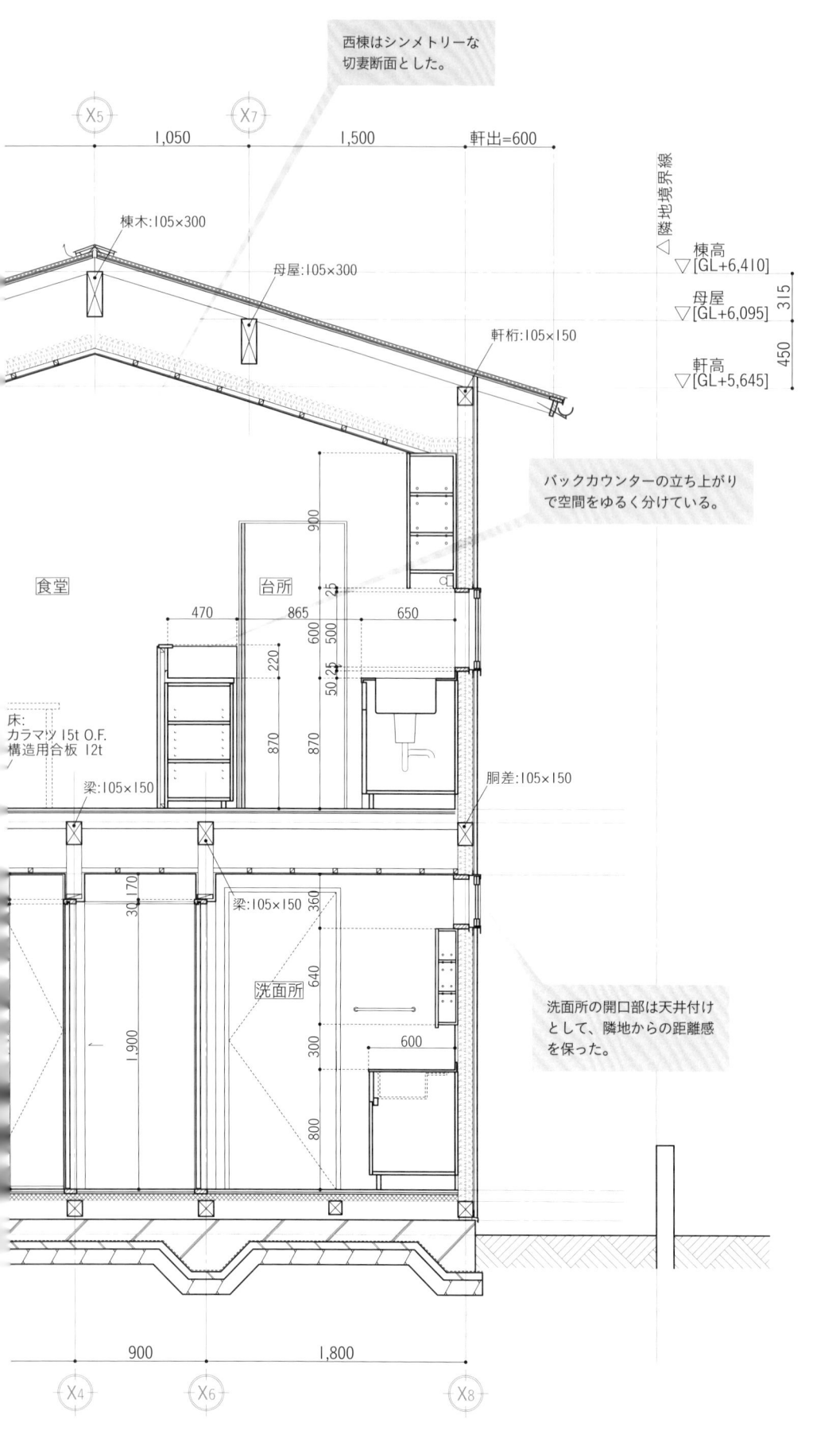

西棟はシンメトリーな切妻断面とした。

棟木:105×300
母屋:105×300
軒桁:105×150

△隣地境界線

棟高 ▽[GL+6,410]
母屋 ▽[GL+6,095]
軒高 ▽[GL+5,645]

315
450
軒出=600
1,050 / 1,500

X5 / X7

食堂 / 台所

床:
カラマツ 15t O.F.
構造用合板 12t

梁:105×150
胴差:105×150

バックカウンターの立ち上がりで空間をゆるく分けている。

洗面所

梁:105×150

洗面所の開口部は天井付けとして、隣地からの距離感を保った。

900 / 1,800

X4 / X6 / X8

| 鵠沼の家 | 矩計図 | S=1/40 |

軒出=600　900

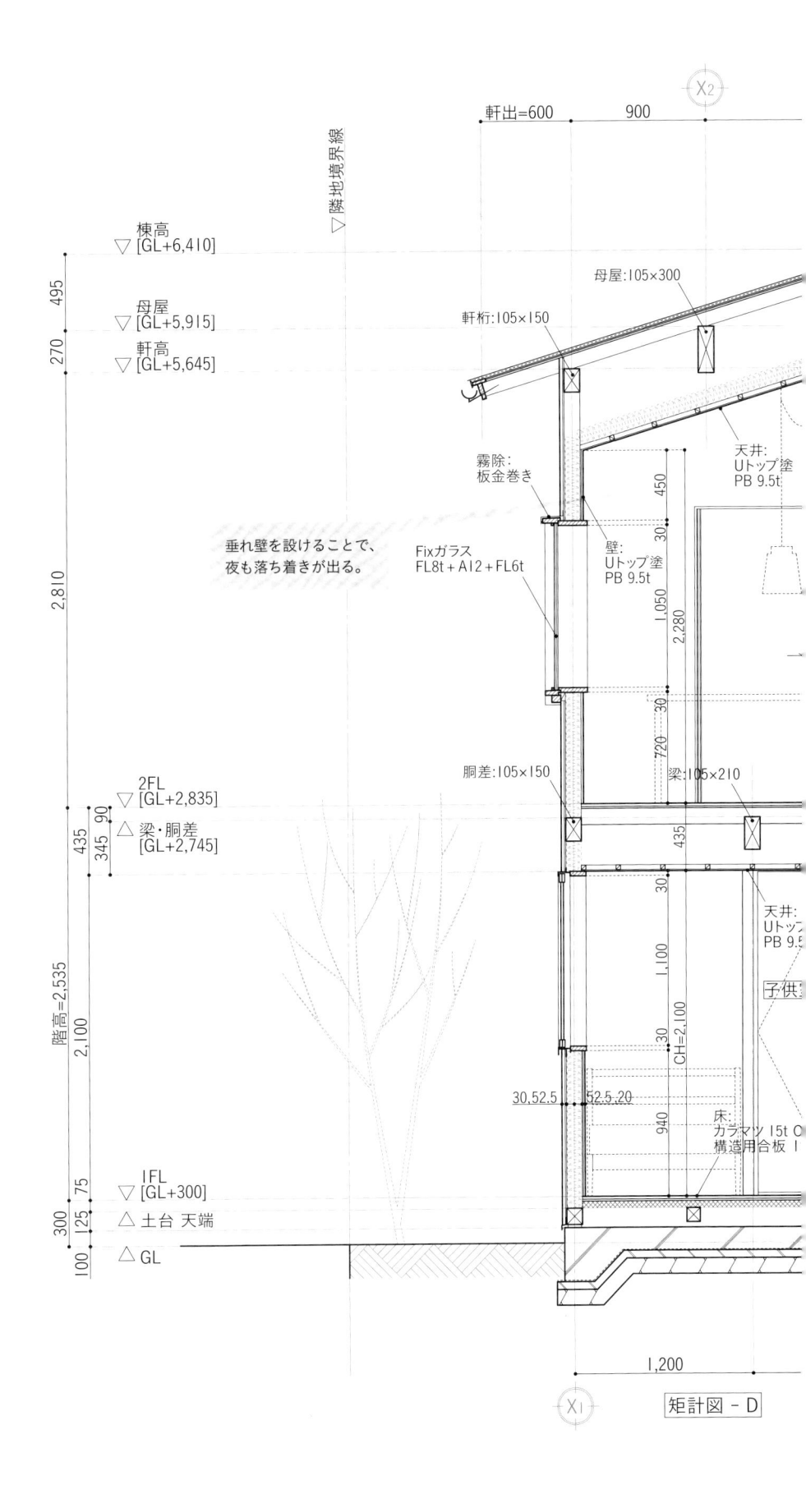

棟高
▽[GL+6,410]

母屋
▽[GL+5,915]

軒高
▽[GL+5,645]

母屋:105×300

軒桁:105×150

天井:
Uトップ塗
PB 9.5t

霧除:
板金巻き

壁:
Uトップ塗
PB 9.5t

Fixガラス
FL8t + A12 + FL6t

垂れ壁を設けることで、
夜も落ち着きが出る。

2FL
▽[GL+2,835]

△梁・胴差
[GL+2,745]

胴差:105×150

梁:105×210

階高=2,535

天井:
Uトップ
PB 9.5

子供

CH=2,100

床:
カラマツ 15t
構造用合板

1FL
▽[GL+300]

△土台 天端

△GL

1,200

X1

矩計図 - D

第1篇 設計

幡ヶ谷の家 平面図

1階部分に機能をまとめる

木造3階の場合、1階部分は壁量が多くなるため、水廻りや寝室などプランが小割りになってもいい諸室はまとめる方がよい。プランと構造の接合性とともに生活動線もまとまる。

[GL±0]

隣地
木造 3F建

犬の散歩用の洗い場。

隣地
既存塀

▽隣地境界線 8,504

[+260]
[±0]
[GL±0]

622

シラカシ

姿見

ベンチ

水場:
玉砂利敷き

ポーチ
床:モルタル
豆砂利洗い出し

[+300] [+270] [+90]

床:
モルタル
豆砂利洗い出し

▽道路境界線 5,572

A→

2,700
1,800
900
4,500
1,800
450

コンクリート直均し
目地:芝生

[+80] [+50]

駐輪場
床:コンクリート直均し

洗濯室

洗濯機

棚

[±0]

900 | 1,800 | 900
200 | 2,076

前面道路
幅員 5.31m

水廻り詳細図
P218-223参照。

Y2 Y1

X4 X3 X2 X1

幡ヶ谷の家 | 平面図-1F | S=1/50 | 089/088

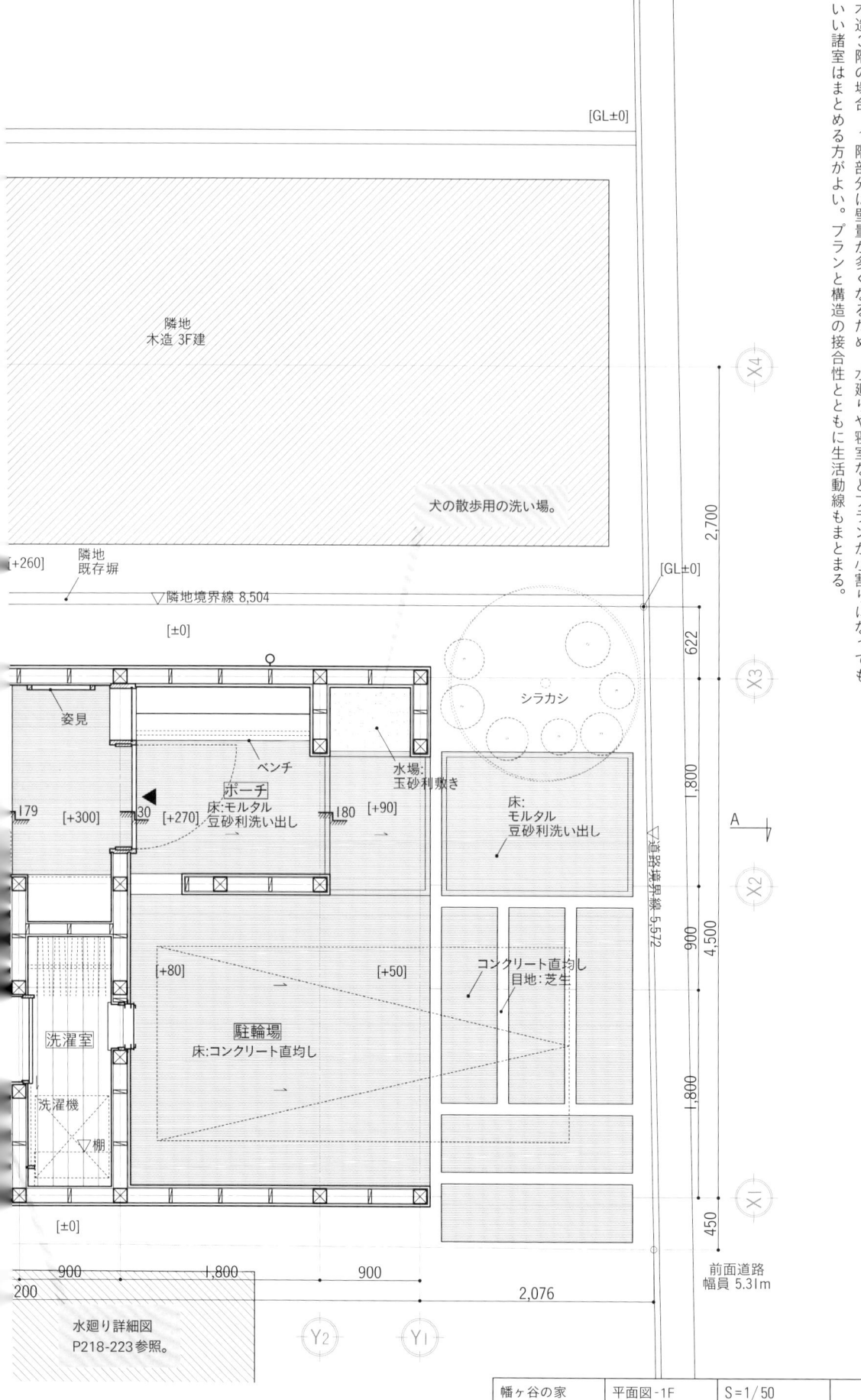

西 北 南 東

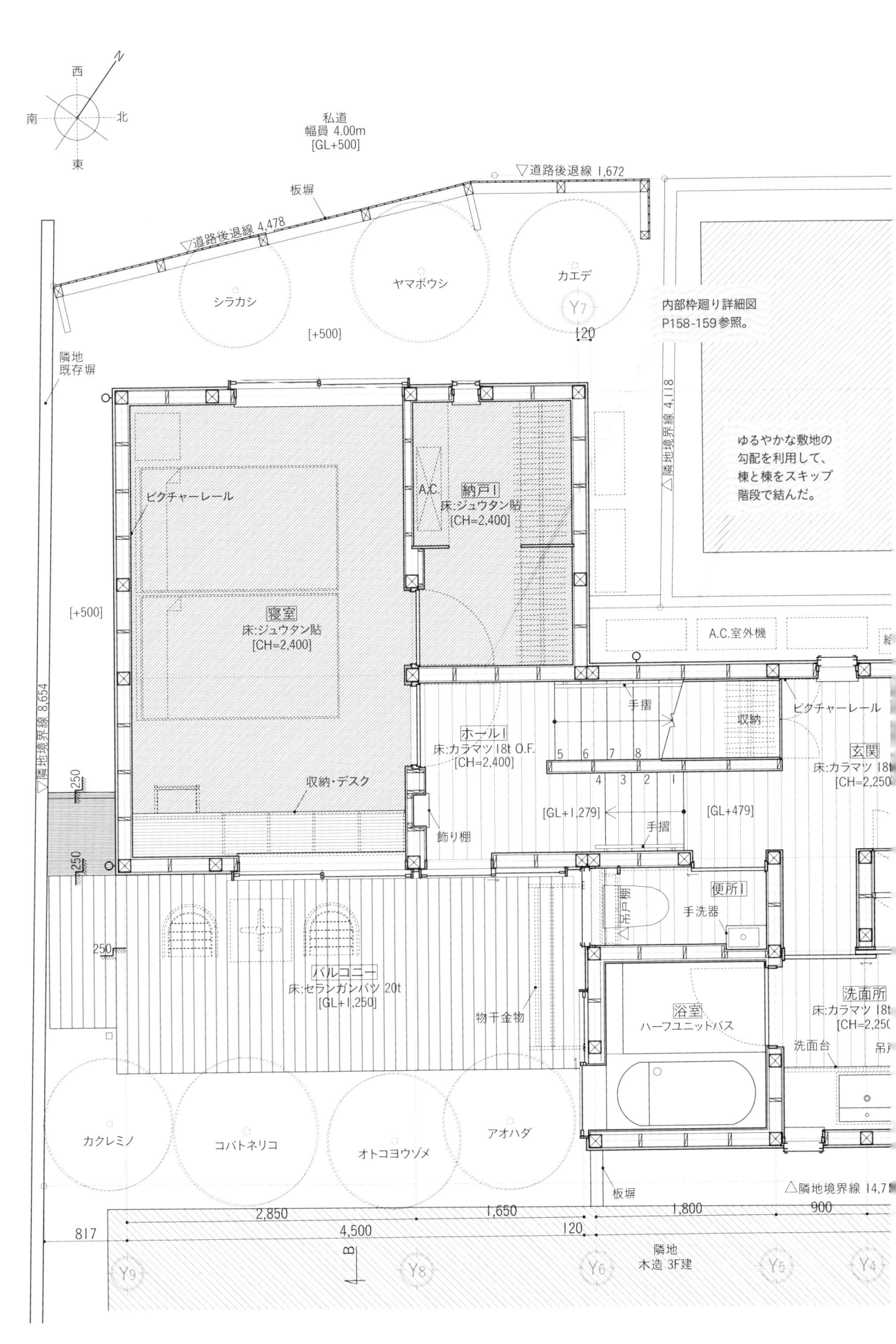

私道
幅員 4.00m
[GL+500]

▽道路後退線 1,672
板塀
▽道路後退線 4,478

シラカシ
ヤマボウシ
カエデ

Y7

内部枠廻り詳細図
P158-159参照。

隣地既存塀

ゆるやかな敷地の
勾配を利用して、
棟と棟をスキップ
階段で結んだ。

[+500]

ピクチャーレール

A.C.

納戸1
床:ジュウタン貼
[CH=2,400]

[+500]

寝室
床:ジュウタン貼
[CH=2,400]

A.C.室外機

手摺
収納
ピクチャーレール

ホール1
床:カラマツ18t O.F.
[CH=2,400]

玄関
床:カラマツ18t
[CH=2,250

5 6 7 8
4 3 2 1

収納・デスク

[GL+1,279]   [GL+479]
手摺

飾り棚

便所1
手洗器

250

バルコニー
床:セランガンバツ20t
[GL+1,250]

物干金物

洗面所
床:カラマツ18t
[CH=2,250

浴室
ハーフユニットバス

洗面台
吊

カクレミノ
コバトネリコ
オトコヨウゾメ
アオハダ

板塀

△隣地境界線 14,7

817 | 2,850 | 4,500 | 1,650 | 120 | 1,800 | 900

B

Y9 Y8 Y6 Y5 Y4

隣地
木造 3F建

切妻の向きを変えて、方向性を多様化させる

東棟は前面道路を空地として、開口部の位置を決めた。西棟は私道と中庭を空地として、開口部の方向性を変えた。各々の開口部に軒が架かるように、切妻の向きを変えている。

第1篇 設計

幡ヶ谷の家 平面図

3階平面図 S=1/100

- 納戸2 [CH=2,250]
- 収納
- 書斎
- 便所2
- 客間 [CH=2,250]
- [GL+6,014]
- 机

2階平面図 S=1/50

- 吊戸棚
- 机
- 食堂 床:カラマツ 18t O.F. [CH=2,400]
- 窓台
- ピクチャーレール
- 開口部廻り-サッシ詳細図 P188-189。
- 一軒隣にある公園の桜並木が望める。

| 幡ヶ谷の家 | 平面図-2F, 3F | S=1/50, 1/100 | 091 / 090 |

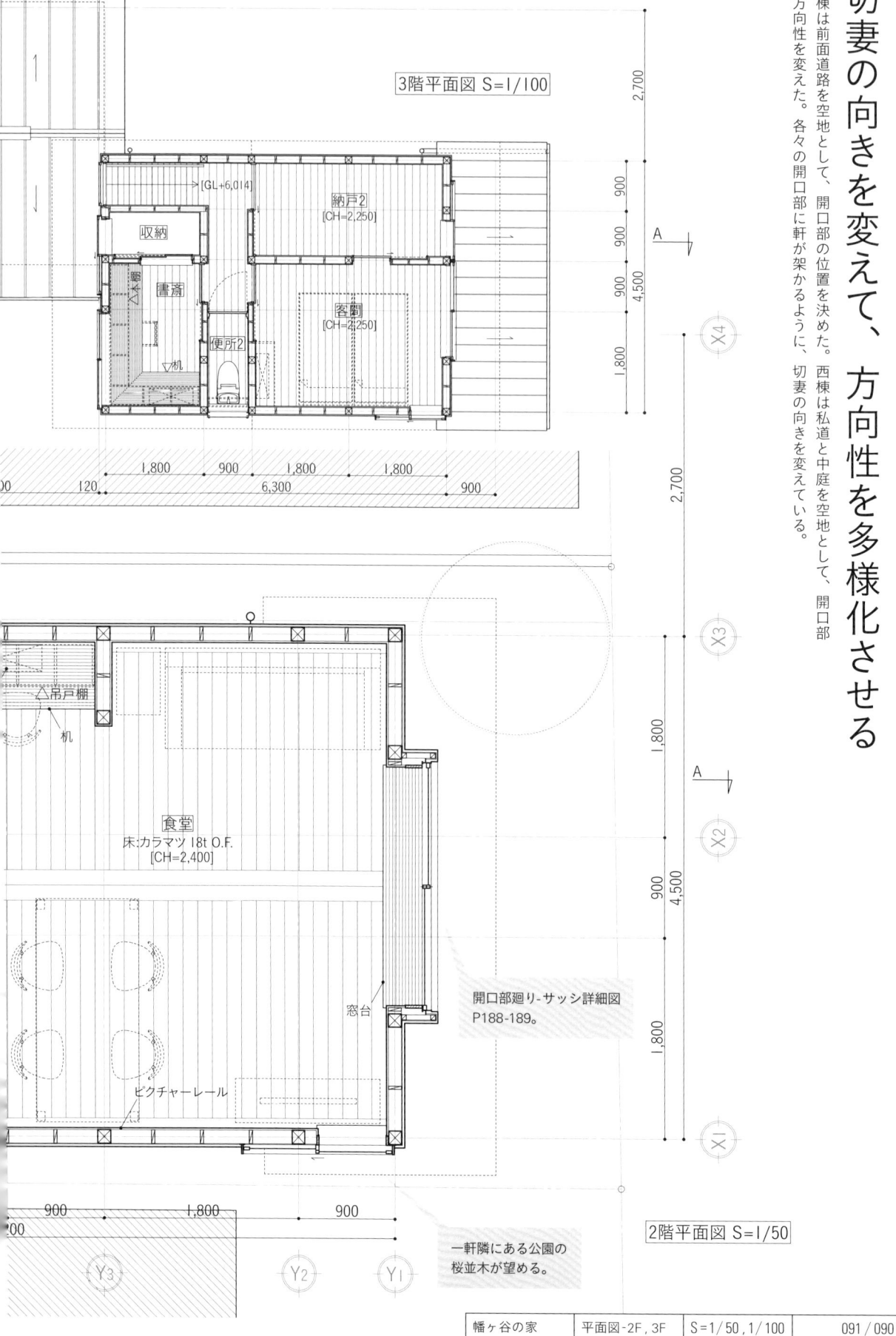

西 北 南 東 N

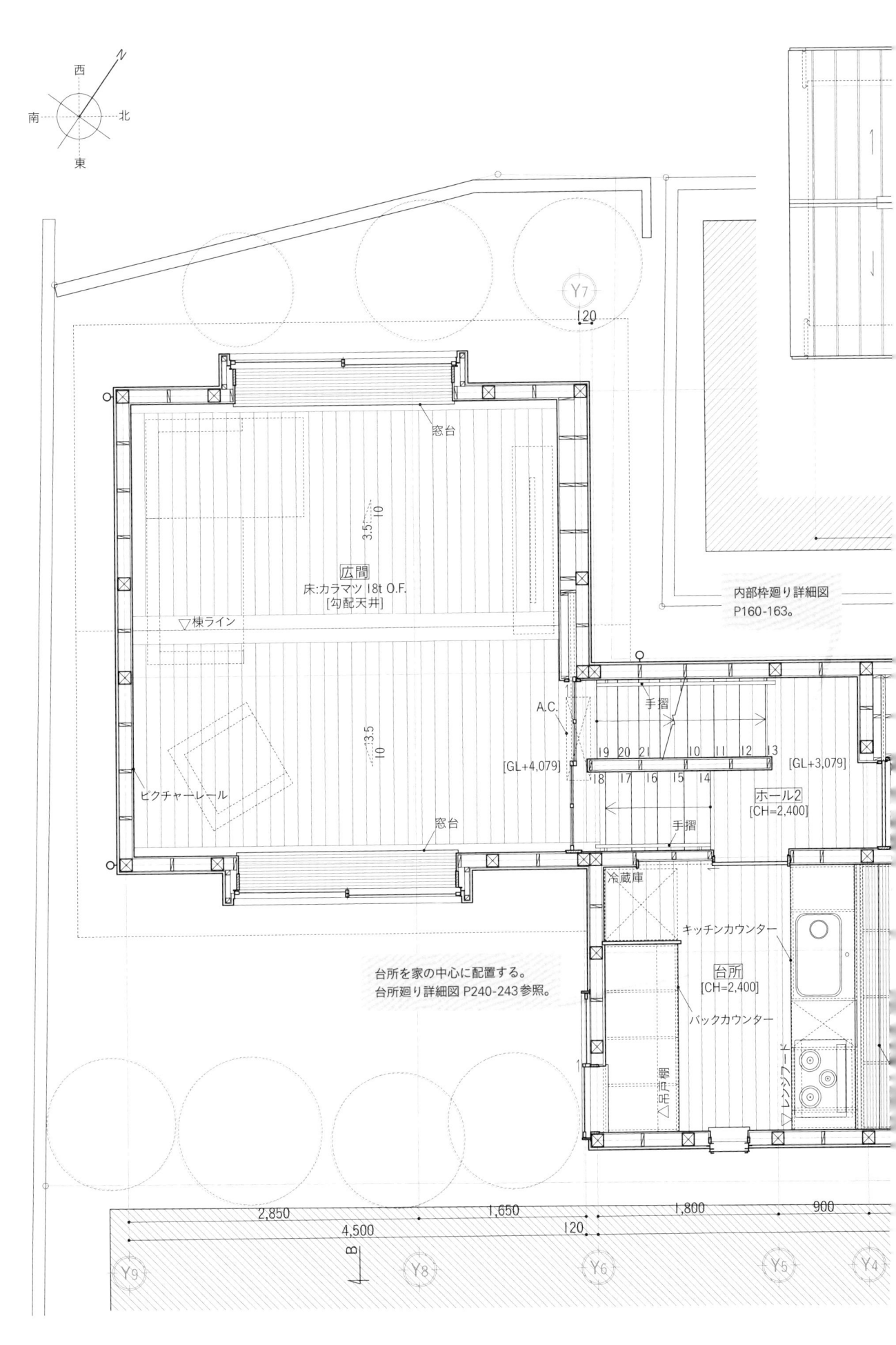

Y7
120

窓台

広間
床:カラマツ 18t O.F.
[勾配天井]

▽棟ライン

3.5/10

3.5/10

ピクチャーレール

窓台

A.C.
手摺
[GL+4,079] 19 20 21 | 10 11 12 13 [GL+3,079]
          18 17 16 15 14
                                ホール2
手摺   [CH=2,400]

内部枠廻り詳細図
P160-163。

冷蔵庫
キッチンカウンター
台所
[CH=2,400]
バックカウンター
△吊戸棚

台所を家の中心に配置する。
台所廻り詳細図 P240-243参照。

2,850 | 1,650 | 1,800 | 900
4,500 | 120

B

Y9　Y8　Y6　Y5　Y4

第1篇 設計

幡ヶ谷の家 矩計図

変則スキップで、空間のつながりに強弱をつける

ゆるやかな敷地形状を利用して、1階に水廻りと1.5階に寝室、2階に台所・食堂と2.5階に居間を配した。機能が重なる部分は段数を減らしゆるやかに結んだ。日常生活は2階までで完結できる。

- 書斎の収納。屋根のメンテナンスができるように開口部を設けている。
- 食堂の天井高さを確保したため、2.5階から3階の階段は勾配を変えている。
- バルコニーへの出入り口からホール1に光を入れることで、玄関から階段へ視線を導く。

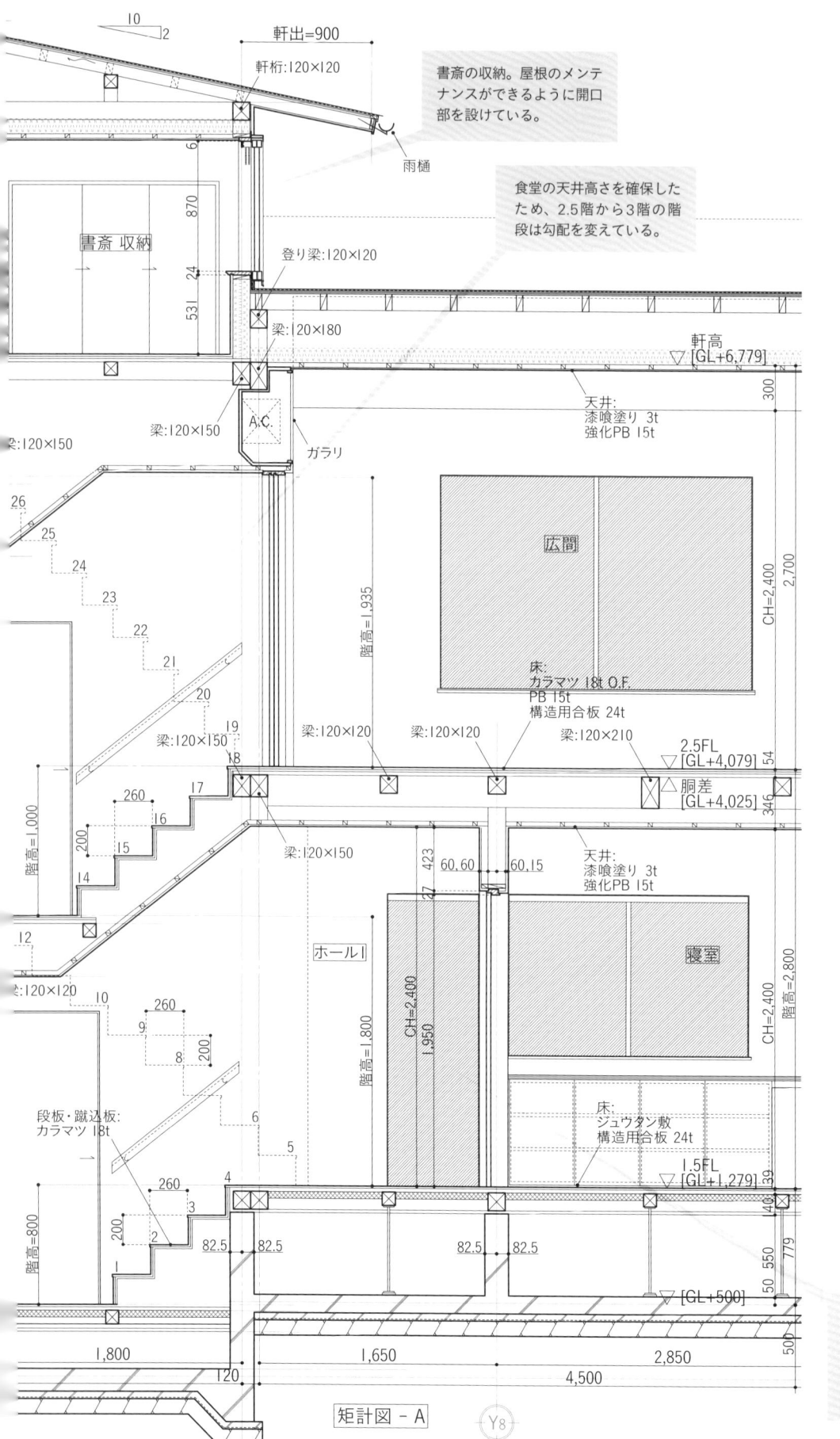

矩計図 - A

| 幡ヶ谷の家 | 矩計図 | S=1/40 | 093 / 092 |

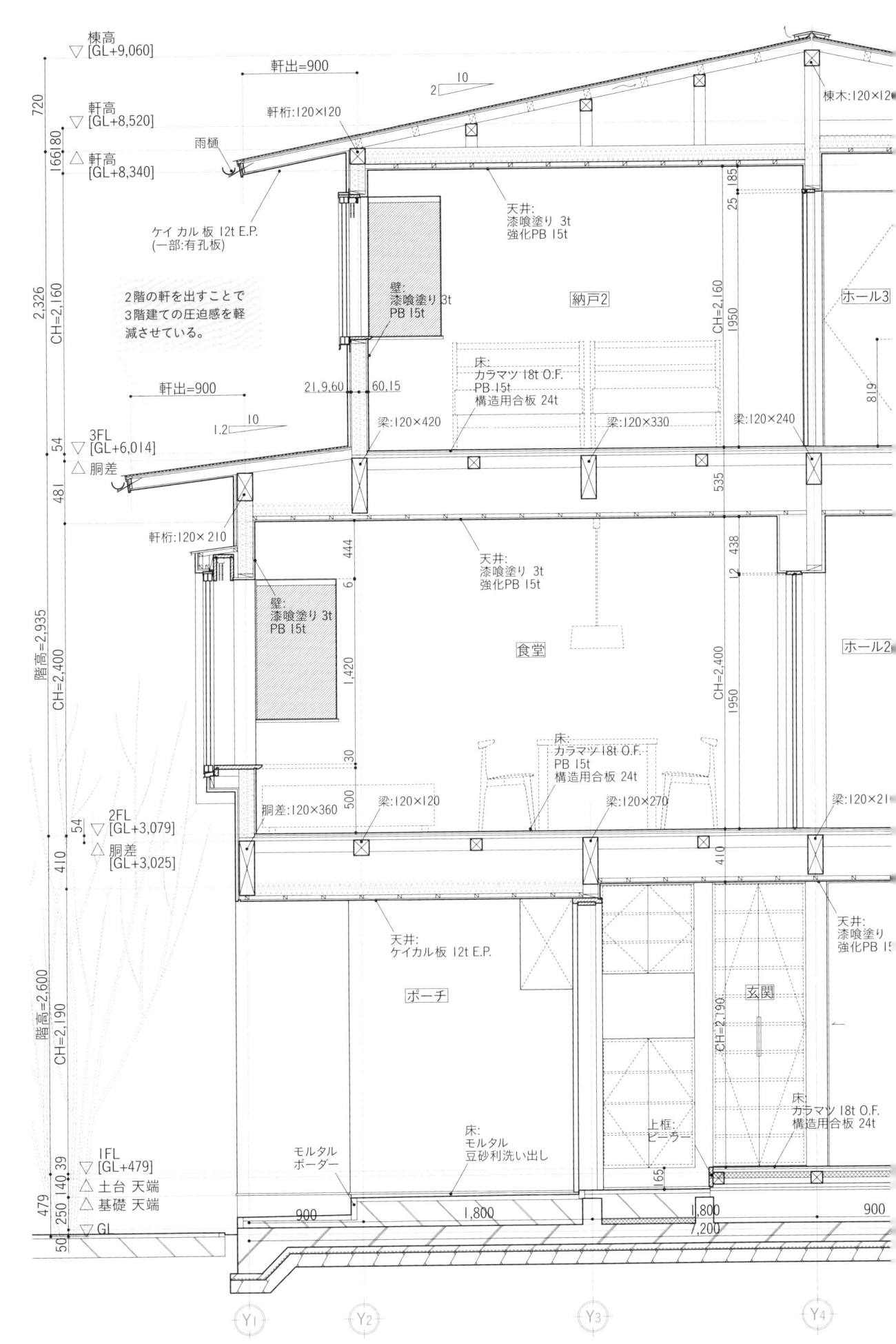

棟高 ▽	[GL+9,060]
軒高 ▽	[GL+8,520]
軒高 △	[GL+8,340]
3FL ▽	[GL+6,014]
胴差 △	
2FL ▽	[GL+3,079]
胴差 △	[GL+3,025]
1FL ▽	[GL+479]
土台 天端 △	
基礎 天端 △	
GL ▽	

軒出=900
軒桁:120×120
棟木:120×120
雨樋
ケイカル板 12t E.P.
(一部:有孔板)

天井:
漆喰塗り 3t
強化PB 15t

壁:
漆喰塗り 3t
PB 15t

納戸2

ホール3

CH=2,160

床:
カラマツ 18t O.F.
PB 15t
構造用合板 24t

梁:120×420　梁:120×330　梁:120×240

2階の軒を出すことで
3階建ての圧迫感を軽
減させている。

軒出=900

軒桁:120×210

天井:
漆喰塗り 3t
強化PB 15t

壁:
漆喰塗り 3t
PB 15t

食堂

ホール2

CH=2,400

床:
カラマツ 18t O.F.
PB 15t
構造用合板 24t

胴差:120×360　梁:120×120　梁:120×270　梁:120×210

天井:
ケイカル板 12t E.P.

天井:
漆喰塗り
強化PB 15t

ポーチ

玄関

CH=2,190

上框:
ピーラー

モルタル
ボーダー

床:
モルタル
豆砂利洗い出し

床:
カラマツ 18t O.F.
構造用合板 24t

900　1,800　1,800　900
7,200

Y1　Y2　Y3　Y4

家の中に屋根型がわかる空間を設ける

第1篇 設計

幡ヶ谷の家 矩計図

屋根型を現した空間をつくることで、屋根への意識が高まるとともに空間に包容感を出した。ここでは両側の空地に対して対称的に開口部を設けつつ、階段への入口でシンメトリーを崩した。

軒出=660
屋根:ガルバリウム鋼板 0.35t 瓦棒葺
アスファルトルーフィング 22kg
インシュレーションボード 9t
野地:構造用合板 12t

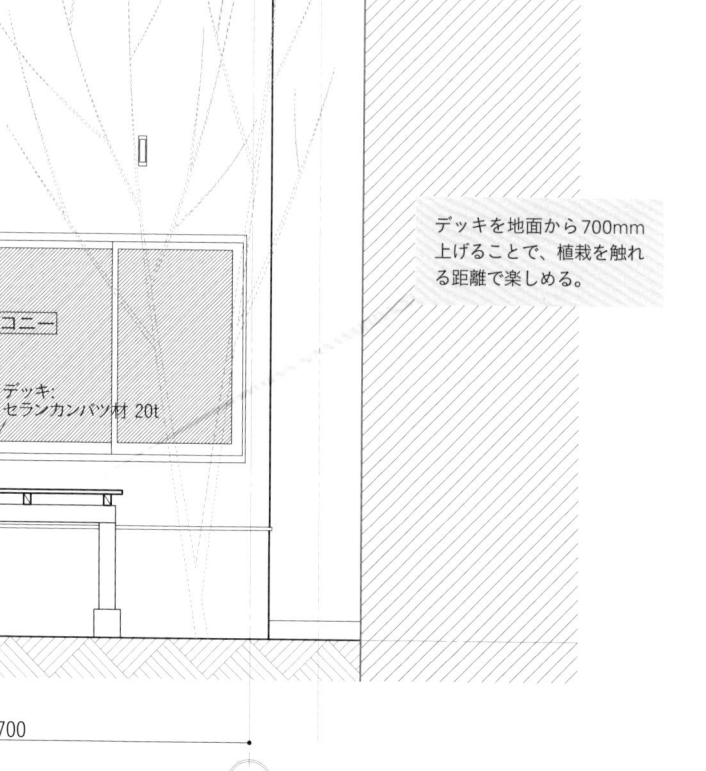

▽隣地境界線

軒桁:120×180

白い外壁に反射して光が室内に落ちる。

開口部廻り-サッシ詳細図
P188-189参照。

胴差:120×180

物干金物

壁:
漆喰塗り 3t
PB 15t

デッキを地面から700mm上げることで、植栽を触れる距離で楽しめる。

バルコニー
デッキ:
セランカンバツ材 20t

2,700

X2   X1

| 幡ヶ谷の家 | 矩計図 | S=1/40 | 095 / 094 |

矩計図 - B

寸法・レベル（左側）

- 棟高 ▽[GL+7,566.5]
- 787.5
- 軒高 ▽[GL+6,779]
- 300
- 2,700 / CH=2,400
- 2.5FL ▽[GL+4,079]
- 54
- 胴差 △[GL+4,025]
- 400
- 346, 15
- 階高=2,800 / CH=2,400
- 1.5FL ▽[GL+1,279]
- 土台 天端
- 基礎 天端 △[GL+1,100]
- 140, 39
- 779 / 550
- ▽[GL+500]
- 50
- 500
- ▽GL

註記

- 私道からの道路斜線。
- 開口部廻り-サッシ詳細図 P188-189参照。
- 笠木：ガルバリウム鋼板
- 板塀：米杉 15t
- エアコンは納戸側に埋め込んでいる。
- やや高めの床と開口部が私道に対して、距離感をもたせる。

右側（建物部）

- 軒出=660
- 2,250
- △道路斜線
- 棟木：120×270
- 棟換気
- 3.5 / 10
- 軒桁：120×180
- 3.5 / 10
- ケイカル板 12t E.P.（一部：有孔板）
- 444, 6
- 居間
- 1,420 / 2,400
- 床：カラマツ 18t O.F. / PB 15t / 構造用合板 24t
- 500, 30
- 梁：120×210
- 梁：120×
- 外壁：アクリル弾性リシン吹付 / ラスモルタル 21t / 構造用合板 9t
- 胴差：120×180
- 400
- 21, 9, 60 60, 15
- 天井：漆喰塗り 3t / 強化PB 15t
- 寝室
- 444, 6
- 1,070 / 2,400 / CH=2,400
- 25
- 床：ジュウタン敷 / 構造用合板 24t
- 855
- 82.5 / 82.5
- 1,800 / 900
- 4,500

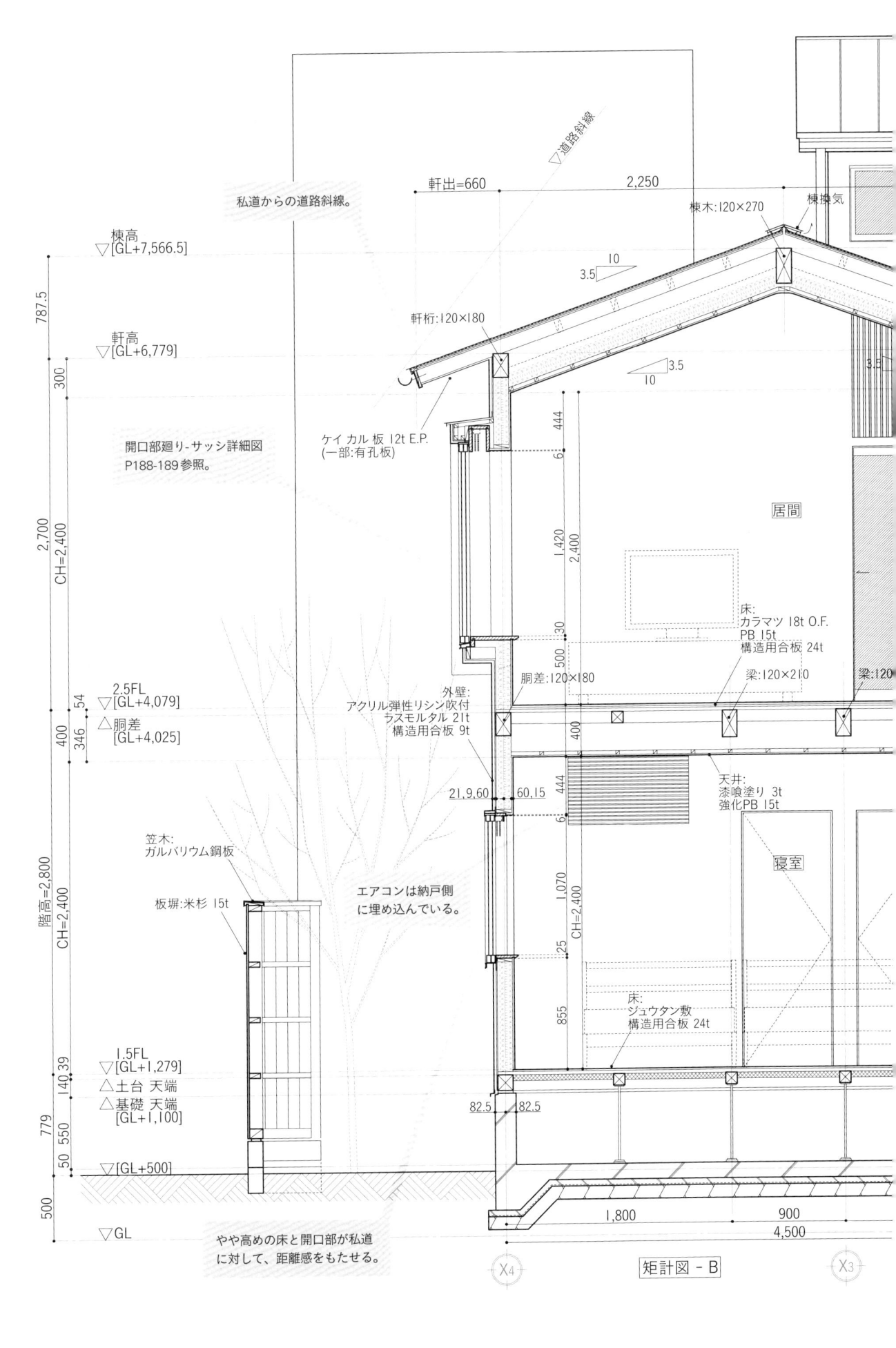

X4 / X3

敷地形状を活かしてフロアを構成する

第1篇 設計

永山の家 平面図

永山の家では、敷地中央にあった半階分のレベル差をそのまま利用してフロアを構成している。平面の形状はシンプルにまとめ、断面の構成を引き立たせた。

道路からの配管長さも考慮する。
水廻り詳細図 P224-231参照。

既存CB塀

[GL-90]
[GL-360]
[GL-285]

暖房用給湯器　給湯器

収納

砂利敷き

A.C.

板塀

寝室1
床：畳敷
[CH=2,160]

窓台

ヒーター

△道路境界線 6,280

前面道路 幅員 4.00m

飾り棚

収納

靴箱

ヒーター

玄関
ナ15t O.F.
H=2,160

[GL+465] [GL+125] [GL+115]

ポーチ
床：モルタル
豆砂利洗出し

[GL-20]
[GL+95]

擁壁

[GL±0]

外構・植栽詳細図
P266-269参照。

内部枠廻り詳細図
P144-147参照。

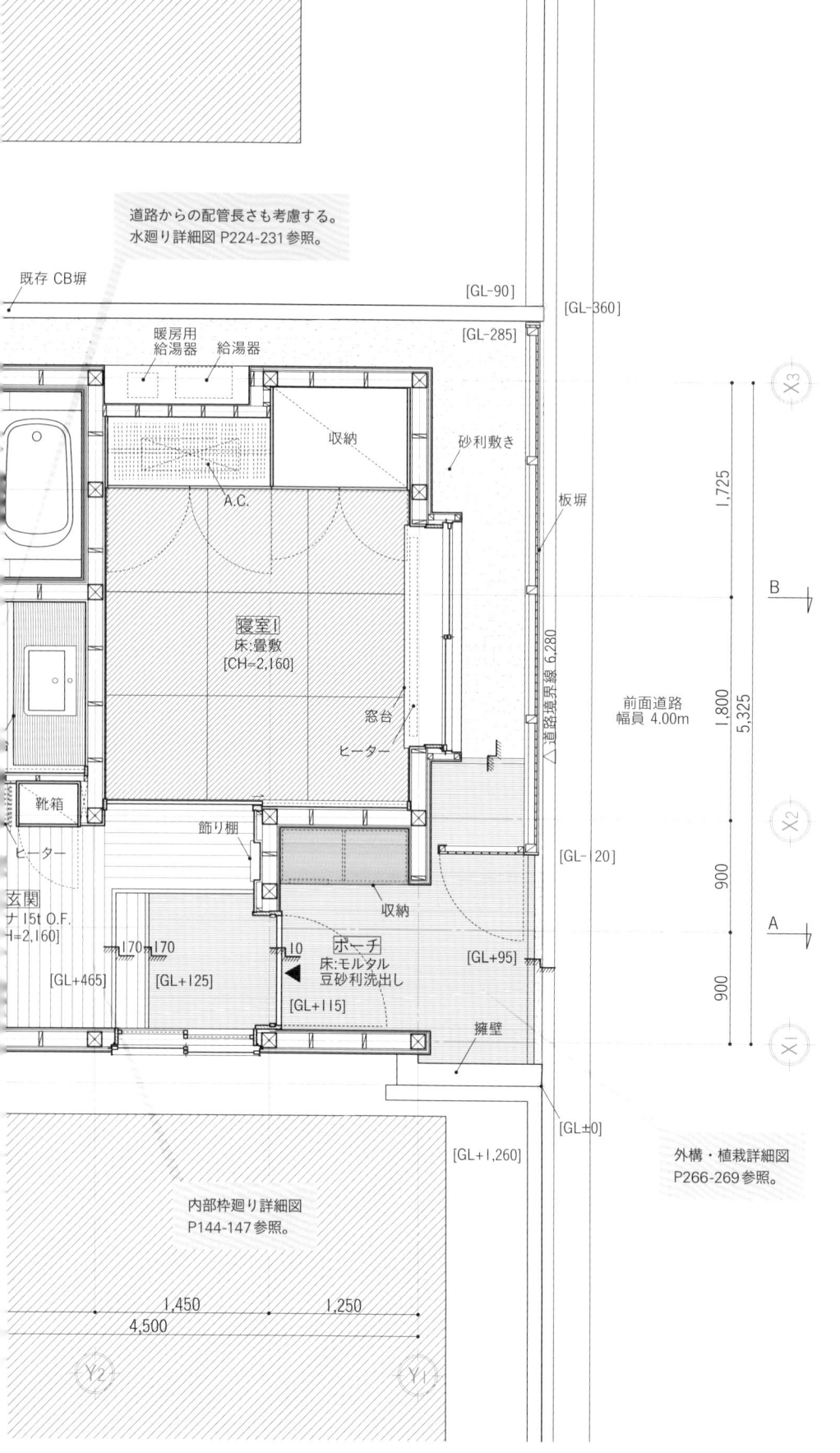

[GL+1,260]

1,450　1,250
4,500

1,725
1,800
900
900
5,325

永山の家 ／ 平面図-1F ／ S=1/50 ／ 097 / 096

隣地
木造 2F建

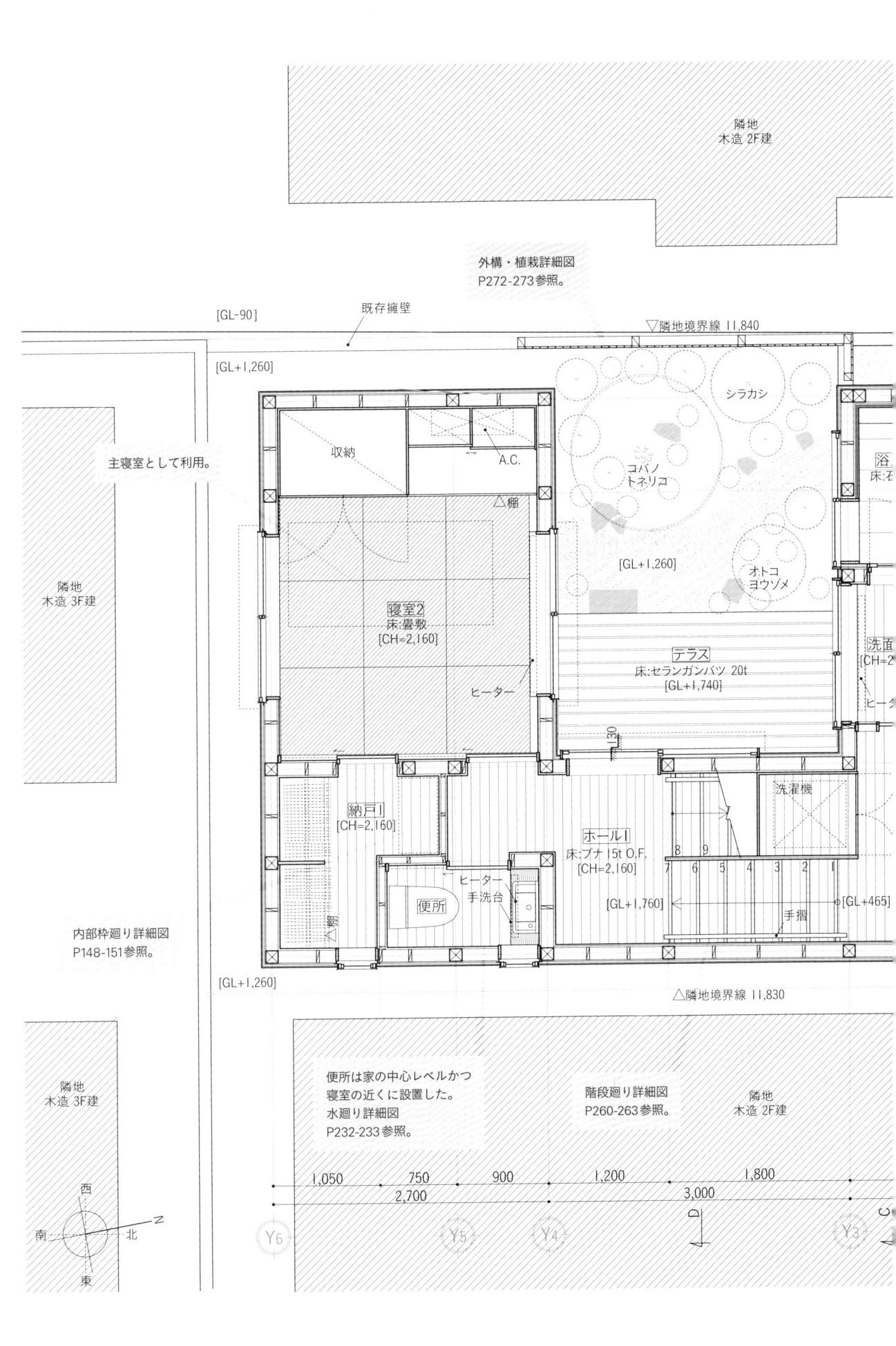

外構・植栽詳細図
P272-273参照。

既存擁壁

[GL-90]
▽隣地境界線 11,840
[GL+1,260]

シラカシ

主寝室として利用。

収納　A.C.

コバノ
トネリコ

隣地
木造 3F建

△棚

浴
床:石

[GL+1,260]

寝室2
床:畳敷
[CH=2,160]

オトコ
ヨウゾメ

洗面
[CH=2

テラス
床:セランガンバツ 20t
[GL+1,740]

ヒーター

ヒー

130

納戸1
[CH=2,160]

洗濯機

△棚

ホール1
床:ブナ 15t O.F.
[CH=2,160]

内部枠廻り詳細図
P148-151参照。

便所

ヒーター
手洗台

[GL+1,760]

8　9
7　6　5　4　3　2

手摺

[GL+465]

[GL+1,260]
△隣地境界線 11,830

便所は家の中心レベルかつ
寝室の近くに設置した。
水廻り詳細図
P232-233参照。

階段廻り詳細図
P260-263参照。

隣地
木造 2F建

隣地
木造 3F建

西　北
南　東

1,050　750　900　1,200　1,800
2,700　3,000

Y6　Y5　Y4　D　Y3

動的要素と静的要素をラインで分ける

玄関、階段、台所などの動的要素は東側の一間幅でまとめ、居間や寝室などの静的要素は西側に中庭を挟んでまとめた。対比をつくることで、各々の特徴を助長させている。

第1篇 設計

永山の家 平面図

耐力壁をコの字で設置して、空間を落ち着かせた。

▽軒先ライン

本棚

居間
床:ブナ15t O.F.
[CH=2,250～3,000]

中庭を挟んで開口部のラインを合わせて、奥行きをもたせた。

窓台
ヒーター

バックカウンター

A.C.

台所
[CH=2,100]

キッチンカウンター

冷蔵庫

塔屋部分

台所廻り詳細図
P244-251参照。

3,600
4,500

3,525
5,325
1,800

X3
B
X2
A
X1
Y3
Y2
C
Y1

| 永山の家 | 平面図-2F | S=1/50 | 099/098 |

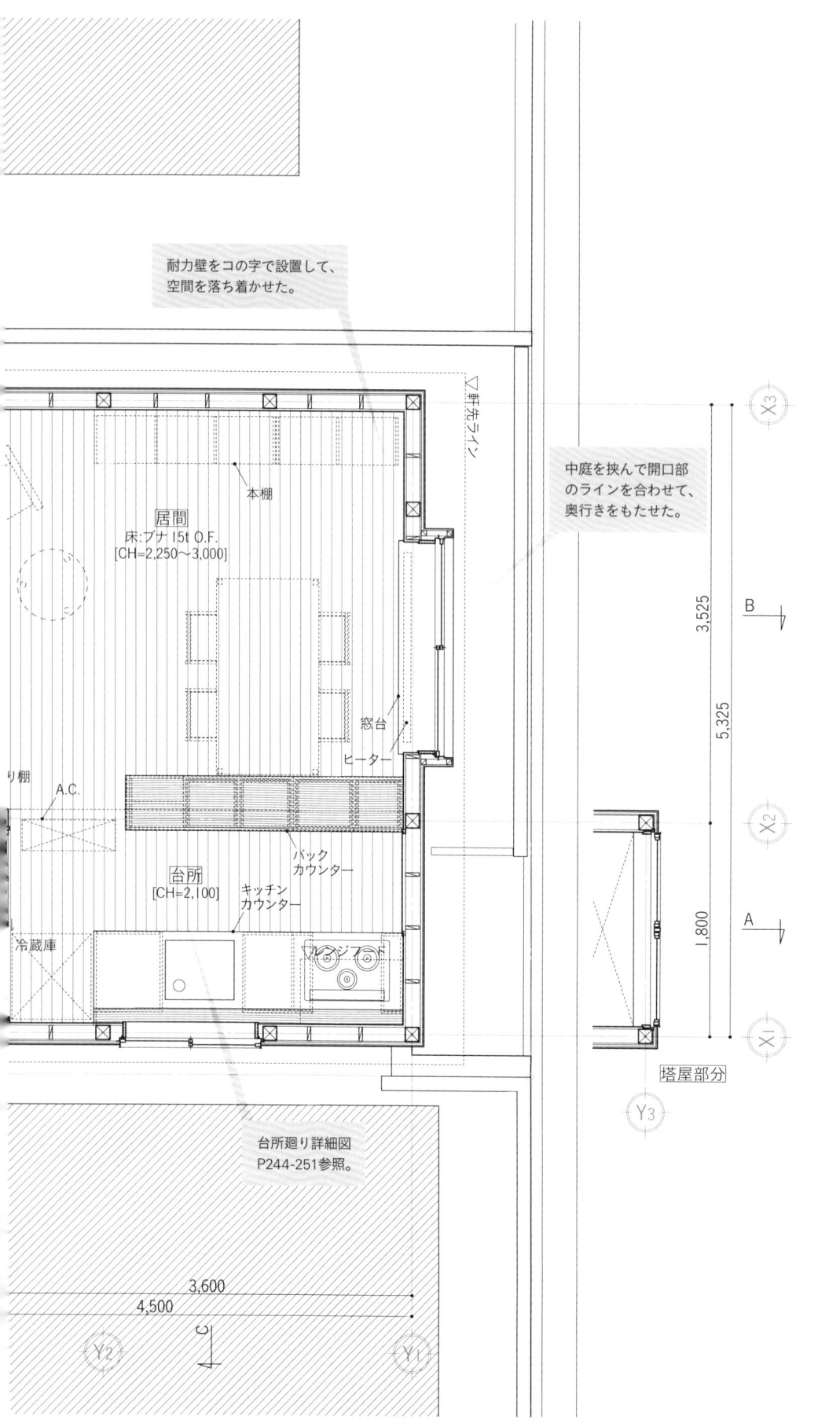

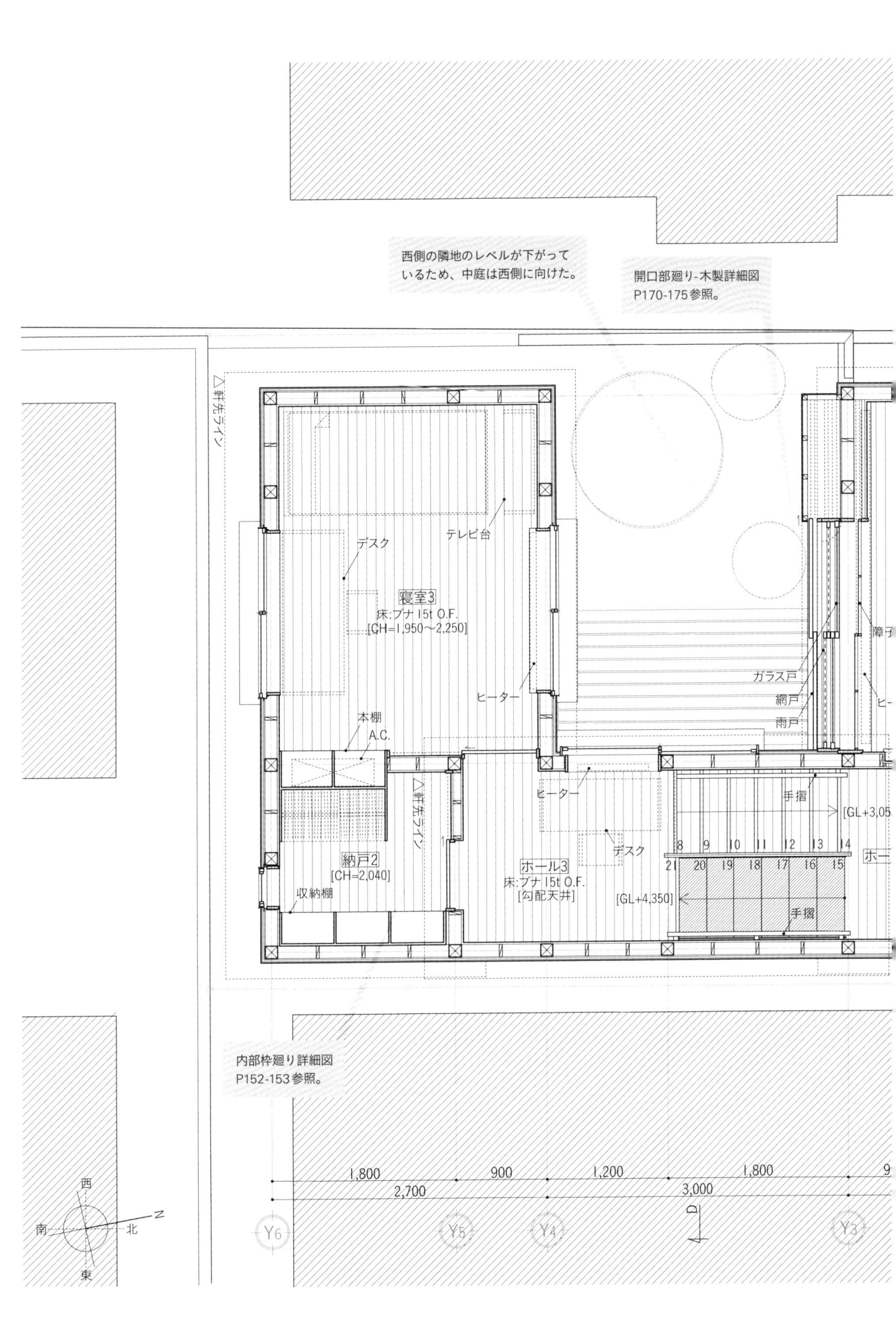

西側の隣地のレベルが下がって
いるため、中庭は西側に向けた。

開口部廻り-木製詳細図
P170-175参照。

△軒先ライン

デスク
テレビ台

寝室3
床:ブナ15t O.F.
[CH=1,950〜2,250]

障子
ガラス戸
網戸
雨戸

ヒーター

本棚
A.C.

ヒーター

手摺
[GL+3,05

△軒先ライン

デスク

納戸2
[CH=2,040]

ホール3
床:ブナ15t O.F.
[勾配天井]

収納棚

[GL+4,350]

手摺

内部枠廻り詳細図
P152-153参照。

1,800　900　1,200　1,800
2,700　　　3,000

Y6　Y5　Y4　Y3

西　北
南　東

目地を合わせていく

必要に応じて素材を変えた面において、外壁のガルバ角波板の目地、1階の板貼りの目地、台所のタイルの目地をサッシや階段の位置と合わせている。

第1篇 設計

永山の家 矩計図

屋根の流れを階段の登り方向と反転させて、方向性を多様化させた。

ストリップ階段にすることで、光を落とし、空気を循環させている。鋼製ささらが素材切り替えの見切になっている。

天井:
砂漆喰塗り(乾式) 3t
PB 12t

母屋:120×120
軒桁:120×120
軒桁:120×180
軒出=300
軒出=450

軒桁 ▽[GL+7,798]
軒桁 ▽[GL+7,330]

隣地境界線

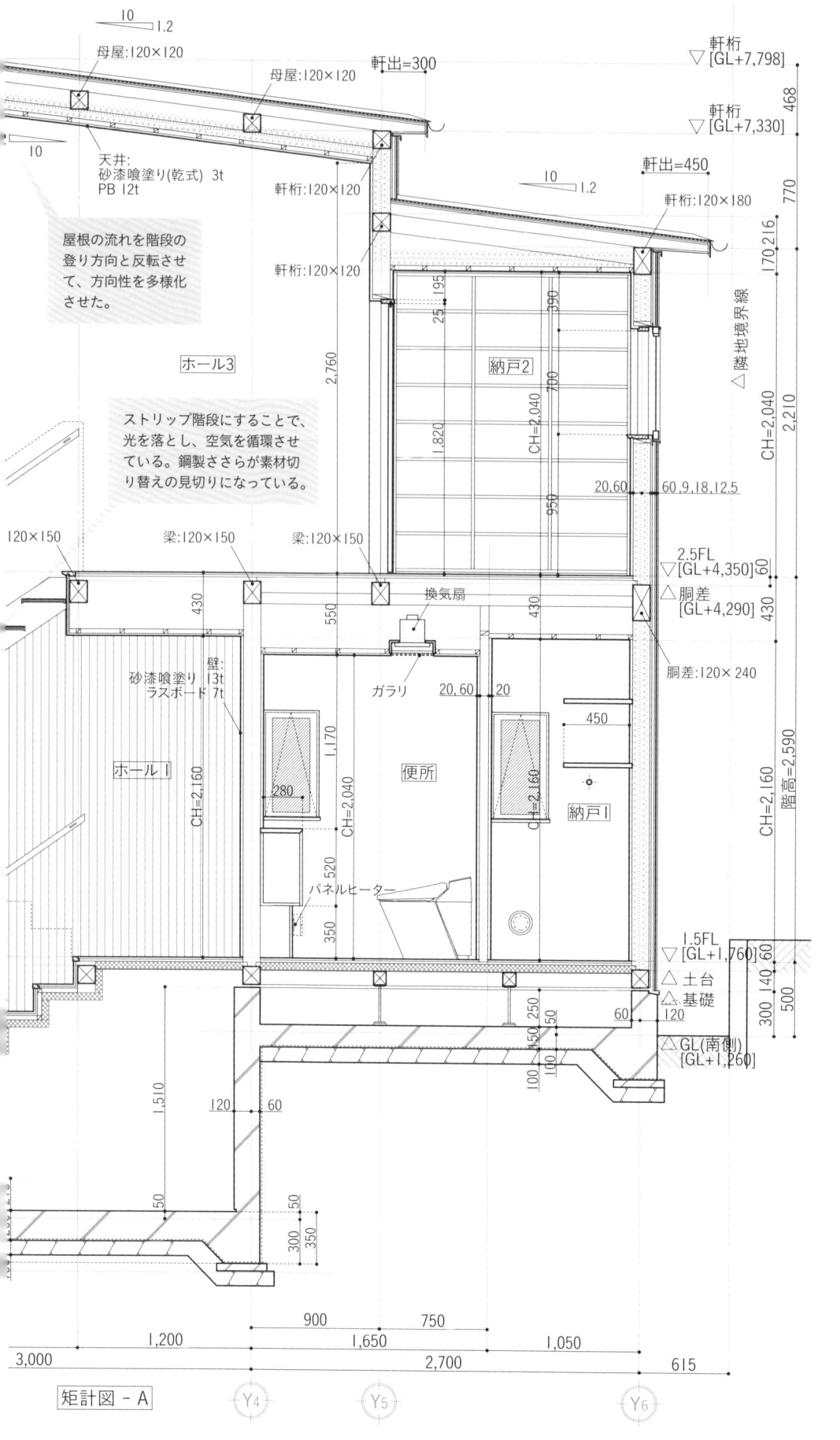

ホール3
納戸2
CH=2,040

梁:120×150

2.5FL ▽[GL+4,350]
胴差 [GL+4,290]
胴差:120×240

ホール1
CH=2,160

換気扇
ガラリ
便所
CH=2,040
パネルヒーター

納戸1
CH=2,160
階高=2,590

1.5FL ▽[GL+1,760]
土台
基礎

△GL(南側) [GL+1,260]

壁:
砂漆喰塗り 13t
ラスボード 7t

矩計図 - A

Y4 Y5 Y6

| 永山の家 | 矩計図 | S=1/40 | 101/100 |

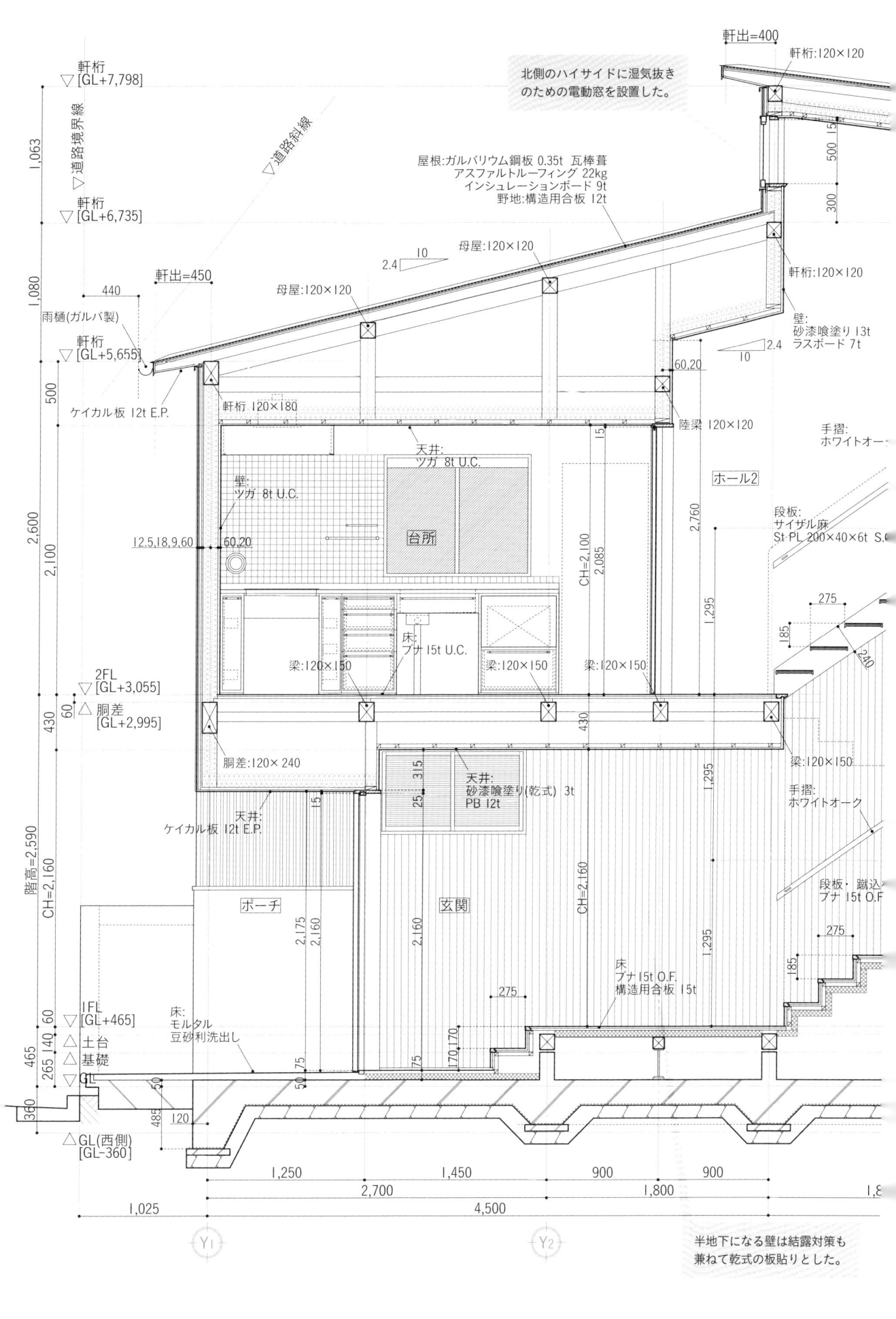

北側のハイサイドに湿気抜きのための電動窓を設置した。

軒出=400
軒桁:120×120

軒桁 ▽[GL+7,798]
道路境界線
軒桁 ▽[GL+6,735]
道路斜線

屋根:ガルバリウム鋼板 0.35t 瓦棒葺
アスファルトルーフィング 22kg
インシュレーションボード 9t
野地:構造用合板 12t

母屋:120×120
母屋:120×120
軒桁:120×120
壁:砂漆喰塗り 13t
ラスボード 7t

軒出=450
雨樋(ガルバ製)
軒桁 ▽[GL+5,655]
ケイカル板 12t E.P.
軒桁 120×180
陸梁 120×120

手摺:ホワイトオーク

壁:ツガ 8t U.C.
天井:ツガ 8t U.C.
台所
ホール2
CH=2,100

段板:サイザル床
St・PL 200×40×6t

床:ブナ 15t U.C.
梁:120×150
梁:120×150
梁:120×150

2FL ▽[GL+3,055]
胴差 △[GL+2,995]
胴差:120×240

天井:砂漆喰塗り(乾式) 3t
PB 12t
天井:ケイカル板 12t E.P.

手摺:ホワイトオーク

ポーチ
玄関
CH=2,160

段板・蹴込:ブナ 15t O.F.

床:ブナ 15t O.F.
構造用合板 15t

床:モルタル
豆砂利洗出し

階高=2,590
CH=2,160

1FL ▽[GL+465]
土台 △
基礎 △
▽GL

△GL(西側) [GL-360]

1,250 / 1,450 / 900 / 900
2,700 / 1,800
4,500
1,025

Y1 Y2

半地下になる壁は結露対策も兼ねて乾式の板貼りとした。

中庭を通して、各部屋をつなげる

中庭を設けることで視線が中庭に向き、その延長で各部屋の様子が伝わる。断面的に半階ずれているので2層分とつながりつつも、視線が直接的にならないように配慮している。

第1篇 設計

永山の家 矩計図

南側の3階建ての隣家がこの軒先で居間から隠れる。

- 軒出=300
- 軒桁：120×180
- 母屋：120×180
- 軒出=450
- 軒桁：120×180
- 軒桁 ▽[GL+6,560]
- 天井：ラワンベニヤ 4t O.F.
- ブラインド
- 寝室3
- パネルヒーター
- 床：ブナ 15t O.F. 構造用合板 15t
- 胴差：120×240
- 2.5FL ▽[GL+4,350]
- △胴差[GL+4,290]
- 梁：120×300
- 天井：ラワンベニヤ 4t O.F.
- 胴差：120×240
- ブラインド
- 寝室2
- パネルヒーター
- 床：畳敷 55t 杉板 12t
- CH=2,160
- 階高=2,590
- CH=2,040
- CH=2,210
- 1.5FL ▽[GL+1,760]
- △土台
- △基礎
- △GL(南側) [GL+1,260]
- 隣地境界線

開口部廻り-木製詳細図
P170-175参照。

矩計図 - B

Y4 / Y5 / Y6

3,000 / 900 / 1,800 / 615
2,700

永山の家　矩計図　S=1/40

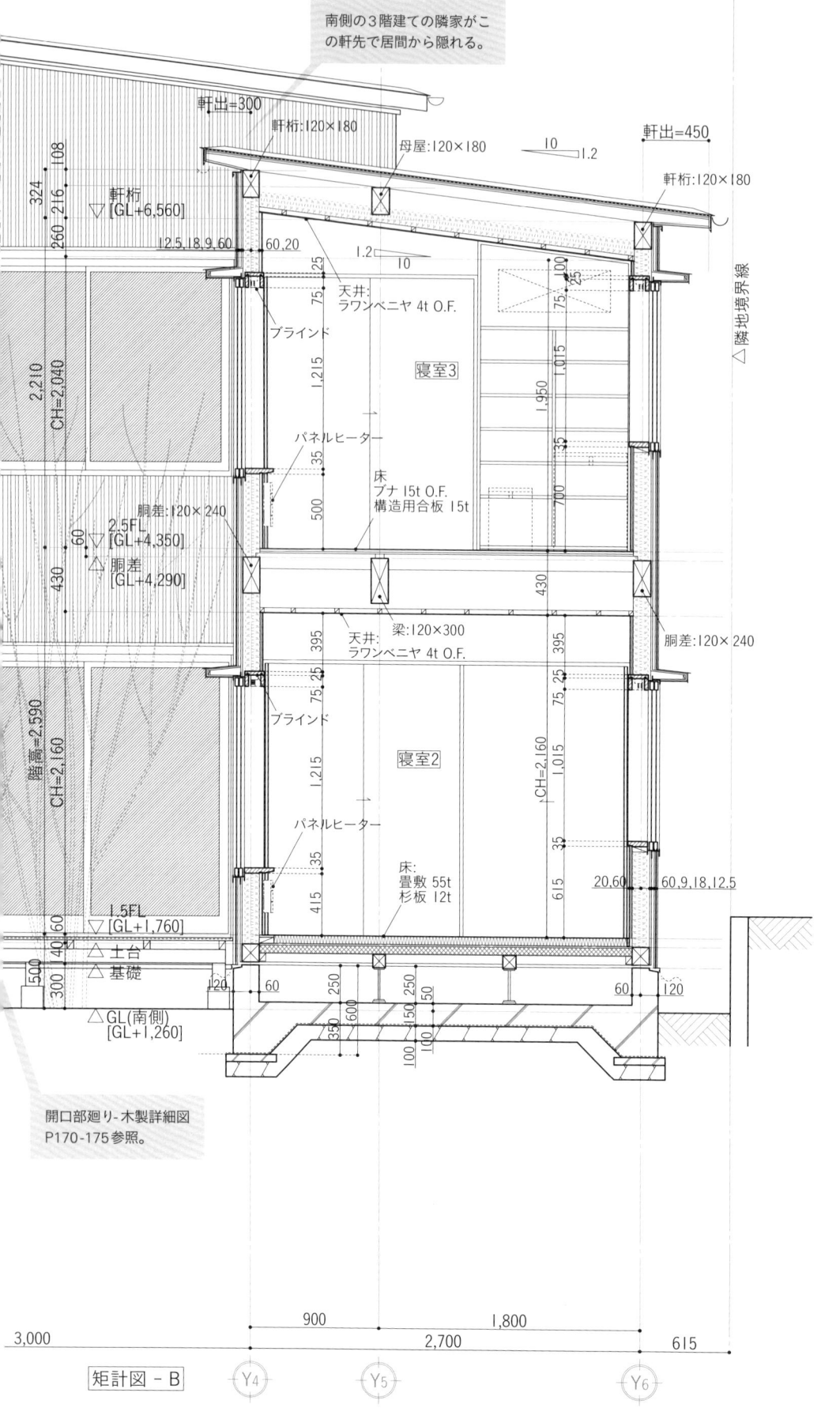

軒出=300

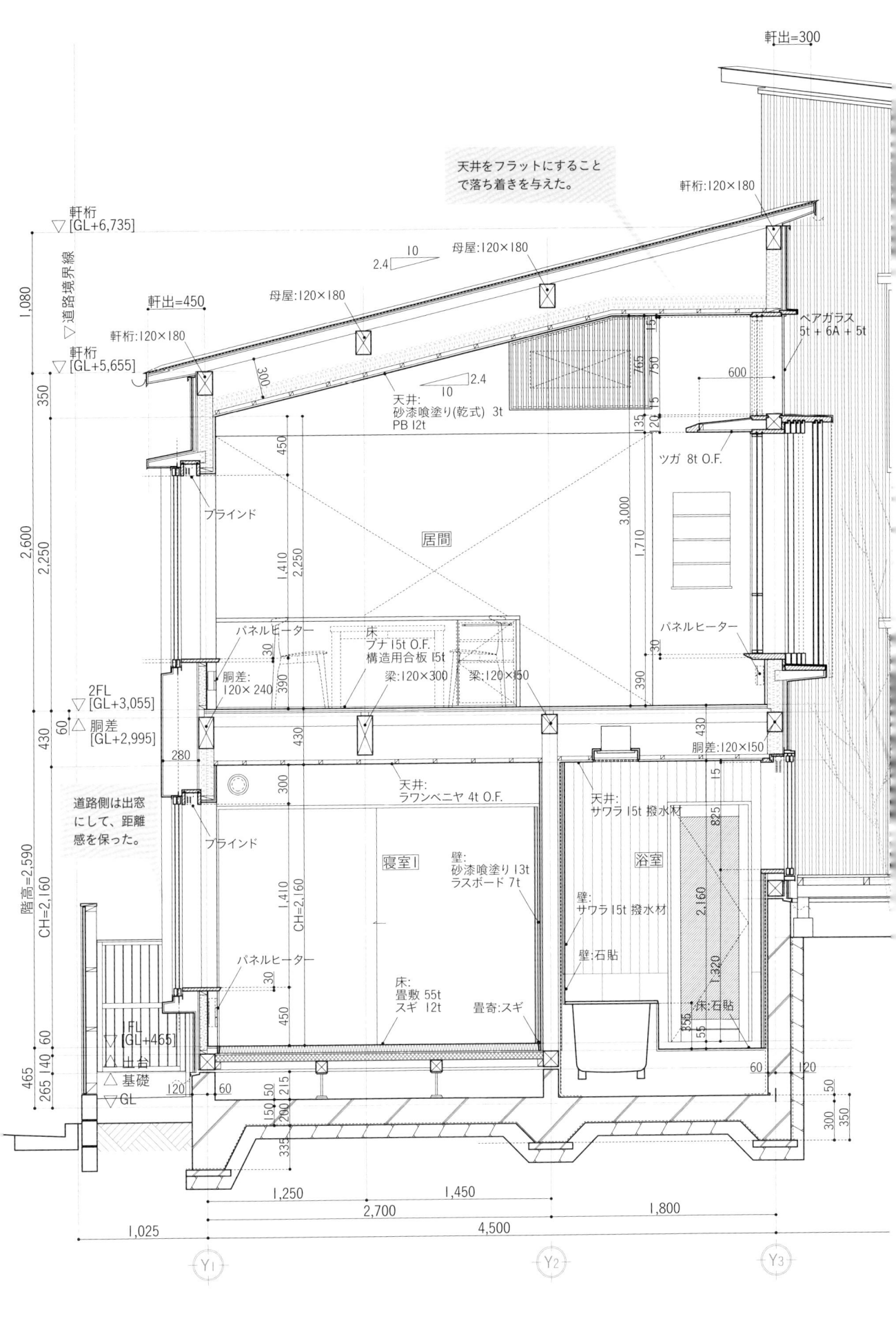

軒桁 ▽[GL+6,735]
道路境界線
軒桁 ▽[GL+5,655]

天井をフラットにすることで落ち着きを与えた。

軒桁:120×180
母屋:120×180
2.4/10
軒出=450
母屋:120×180
軒桁:120×180

ペアガラス 5t+6A+5t

天井:砂漆喰塗り(乾式) 3t PB 12t
2.4/10

ブラインド
ツガ 8t O.F.

居間

パネルヒーター
床
ブナ 15t O.F.
構造用合板 15t
梁:120×300
梁:120×150
パネルヒーター

2FL ▽[GL+3,055]
胴差 △[GL+2,995]
胴差:120×240
胴差:120×150

道路側は出窓にして、距離感を保った。

天井:ラワンベニヤ 4t O.F.
天井:サワラ 15t 撥水材

ブラインド
寝室1
壁:砂漆喰塗り 13t ラスボード 7t
浴室
壁:サワラ 15t 撥水材
壁:石貼

階高=2,590
CH=2,160

パネルヒーター
床:畳敷 55t スギ 12t
畳寄:スギ
床:石貼

FL ▽[GL+465]
基礎 △
▽GL

1,250 1,450 1,800
2,700
4,500
1,025

Y1 Y2 Y3

光の入り方や視線の抜けを多様化させる

メインの軸線と直角方向にサブの開口部を設けることで、光の入り方や視線の抜けを多様化させている。鴨居の高さは居室の開口部と合わせて、共通性をもたせている。

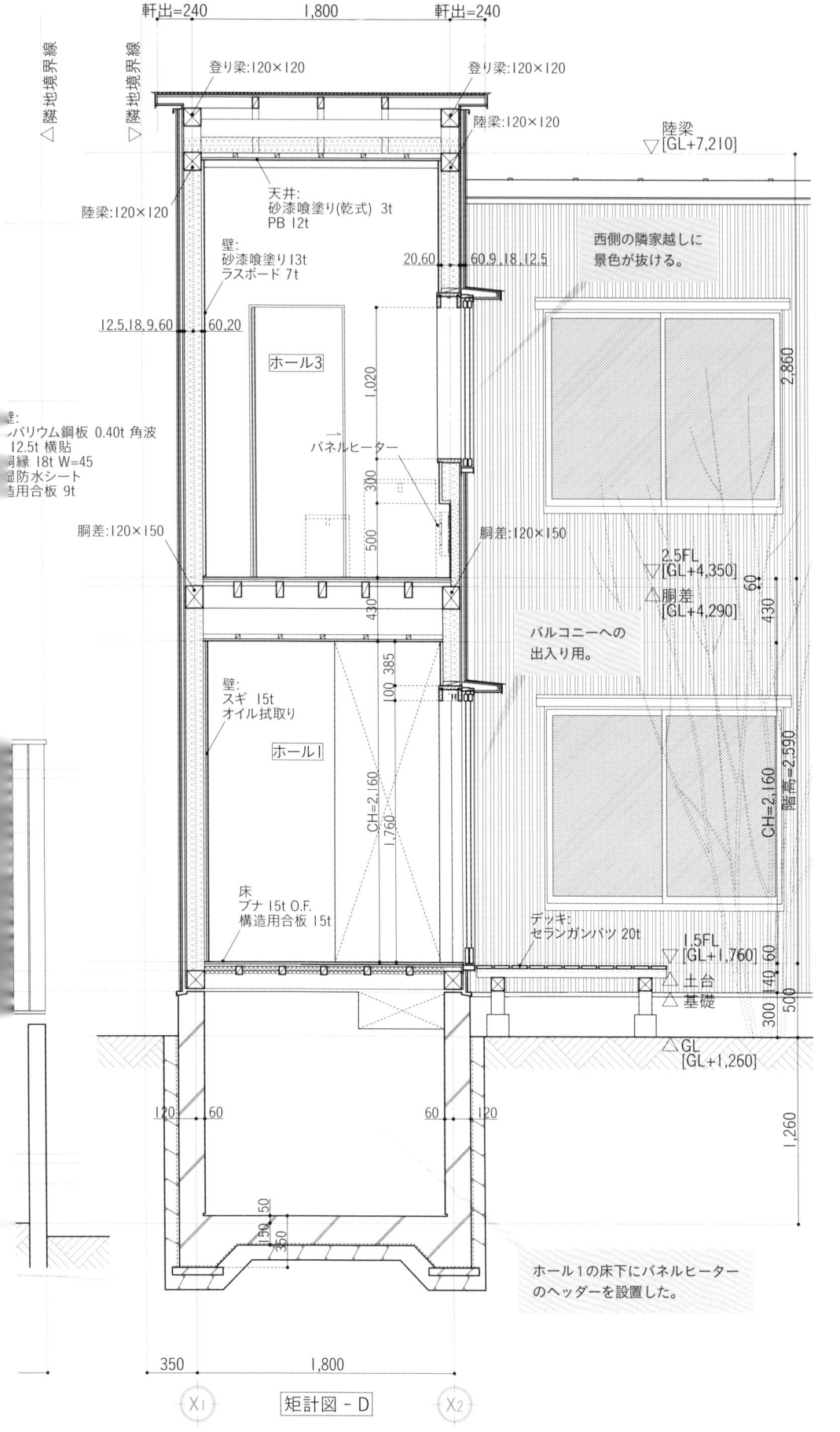

第1篇 設計

永山の家 矩計図

軒出=240　1,800　軒出=240

隣地境界線　隣地境界線

登り梁:120×120　登り梁:120×120

陸梁:120×120

陸梁 ▽[GL+7,210]

陸梁:120×120

天井:
砂漆喰塗り(乾式) 3t
PB 12t

壁:
砂漆喰塗り13t
ラスボード 7t

20,60　60,9,18,12.5

西側の隣家越しに景色が抜ける。

12.5,18,9,60　60,20

ホール3

1,020

パネルヒーター

壁:
ガルバリウム鋼板 0.40t 角波
12.5t 横貼
胴縁 18t W=45
透湿防水シート
構造用合板 9t

300

500

2,860

胴差:120×150　胴差:120×150

2.5FL ▽[GL+4,350]
△胴差[GL+4,290]

60

430　430

バルコニーへの出入り用。

壁:
スギ 15t
オイル拭取り

ホール1

100 385

CH=2,160
1,760

CH=2,160
階高=2,590

床
ブナ 15t O.F.
構造用合板 15t

デッキ:
セランガンバツ 20t

1.5FL ▽[GL+1,760]
△土台
△基礎

300 140 60
500

△GL [GL+1,260]

120 60　60 120

1,260

120 50
150 350

ホール1の床下にパネルヒーターのヘッダーを設置した。

350　1,800

X1　矩計図-D　X2

| 永山の家 | 矩計図 | S=1/40 | 105 / 104 |

矩計図 - C

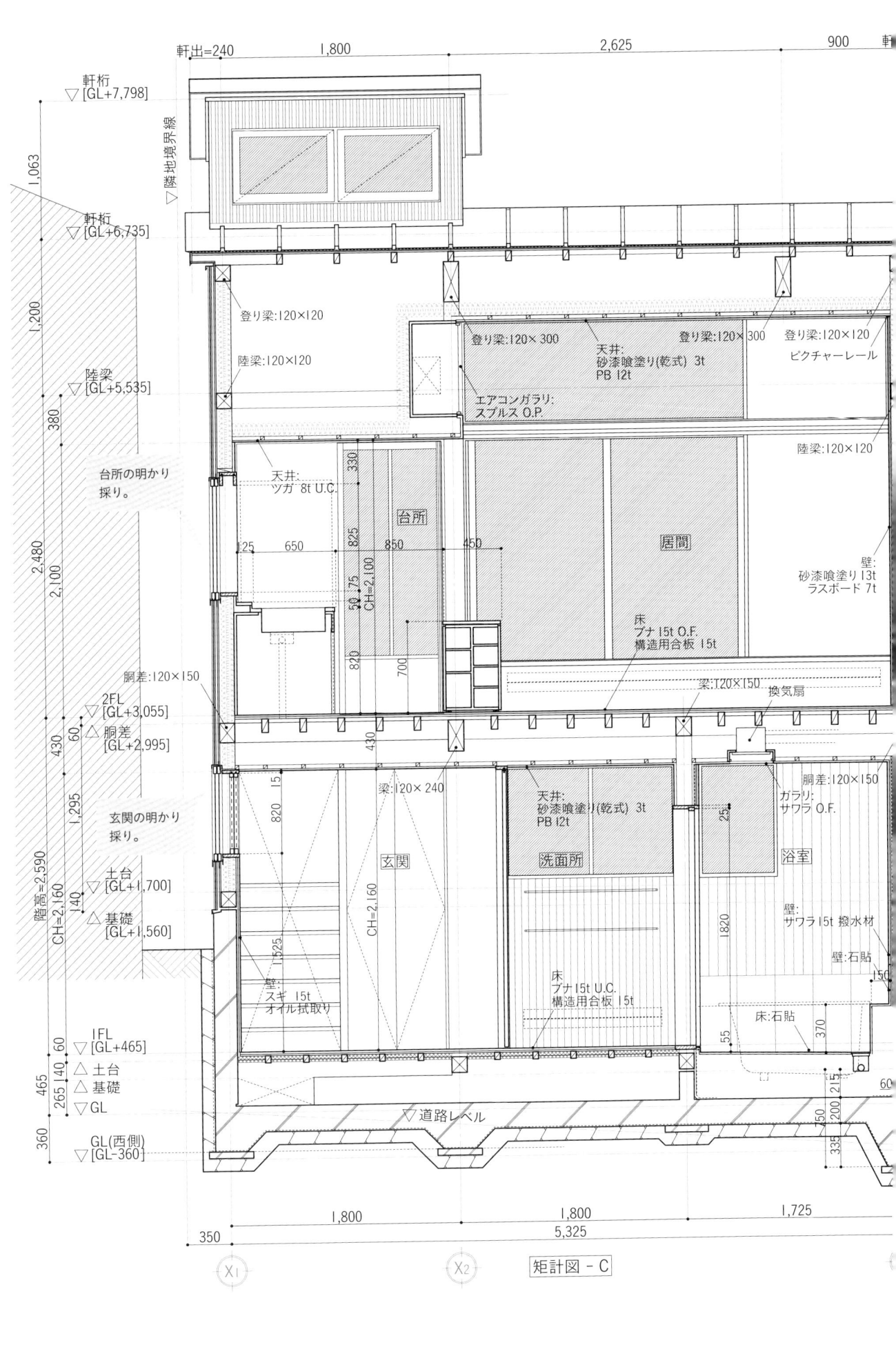

第1篇 設計

町田の家 平面図

回遊性をもたせつつ、居場所を点在させる

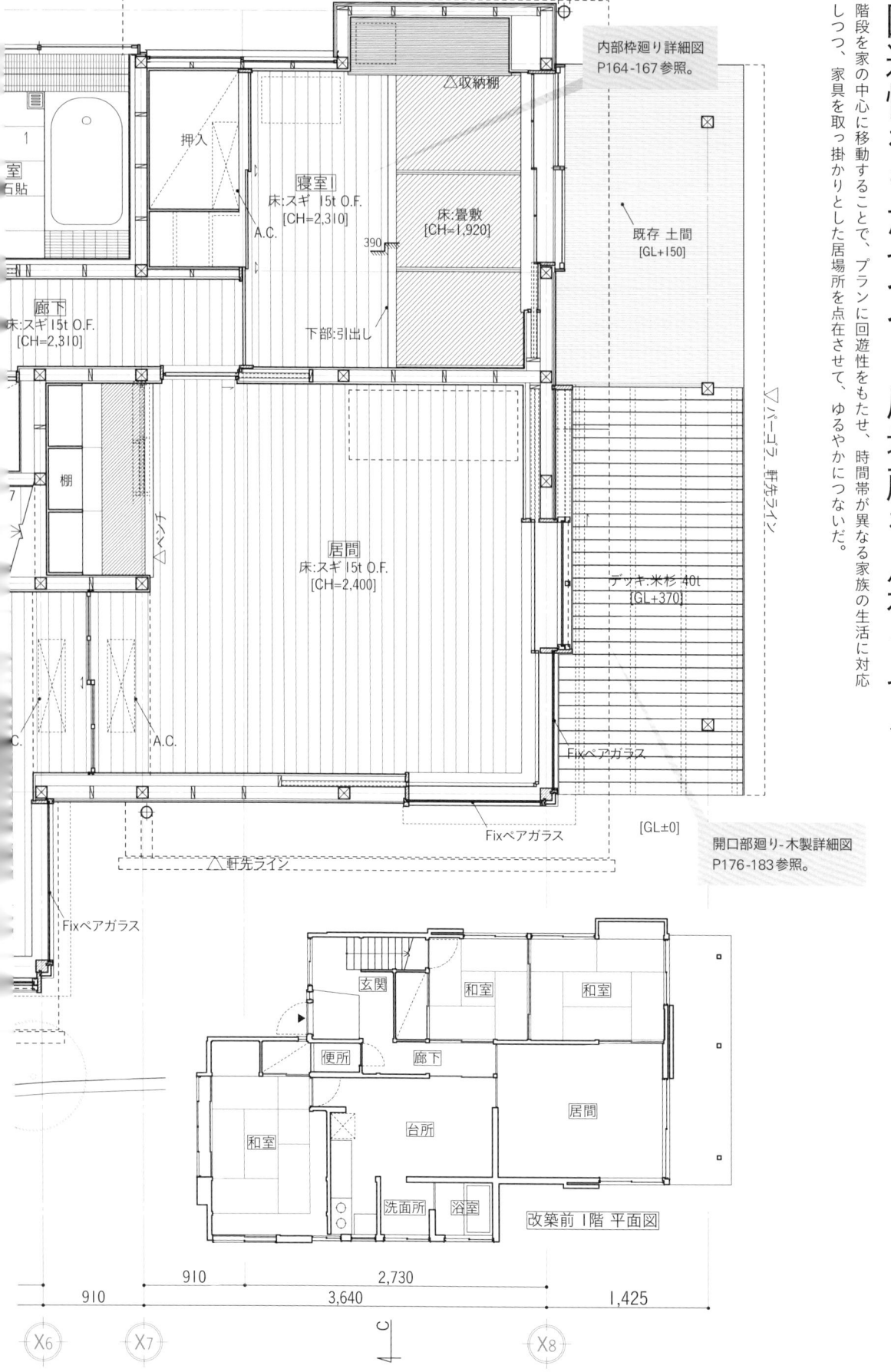

階段を家の中心に移動することで、プランに回遊性をもたせ、時間帯が異なる家族の生活に対応しつつ、家具を取っ掛かりとした居場所を点在させて、ゆるやかにつないだ。

図中注記:
- 浴室 石貼
- 押入
- 寝室1 床:スギ 15t O.F. [CH=2,310]
- A.C.
- 床:畳敷 [CH=1,920]
- 収納棚
- 既存 土間 [GL+150]
- 内部枠廻り詳細図 P164-167参照。
- 廊下 床:スギ 15t O.F. [CH=2,310]
- 下部:引出し
- 棚
- ベンチ
- 居間 床:スギ 15t O.F. [CH=2,400]
- デッキ:米杉 40t [GL+370]
- A.C.
- Fixペアガラス
- [GL±0]
- 開口部廻り-木製詳細図 P176-183参照。
- 軒先ライン
- パーゴラ 軒先ライン
- Fixペアガラス

改築前 1階 平面図:
- 玄関
- 和室
- 便所
- 廊下
- 和室
- 台所
- 居間
- 洗面所
- 浴室

寸法: 910 / 910 / 2,730 / 3,640 / 1,425

通り芯: X6, X7, X8

| 町田の家 | 平面図-1F | S=1/50 |

給湯器

便所
[CH=2,010]
手洗台

脱衣所
床:コルク貼

前面道路
[GL±0]

▽軒先ライン
▽既存屋根

駐車場
床:コンクリート直均し
[GL+50]　[GL+150]

水廻り詳細図
P234-239参照。

玄関廻り詳細図
P134-139参照。

洗面所
床:スギ15t O.F.
洗面台

格子
△ベンチ

ポーチ
床:モルタル
豆砂利洗い出し
[GL+235]

床:モルタル
豆砂利洗い出し
[GL+280]

▽上框
[GL+460]

玄関
床:スギ15t O.F.
[CH=2,310]

収納

既存建具

収納　収納

▽上框

冷蔵庫

食堂
床:スギ15t O.F.
[CH=2,310]

A.C.

[GL+630]
[CH=1,832]

台所
[CH=2,310]

△吊戸棚

キッチン
カウンター

バック
カウンター

離れ
床:サイザル麻敷
[CH=1,950〜2,160]

既存CB塀

△軒先ライン

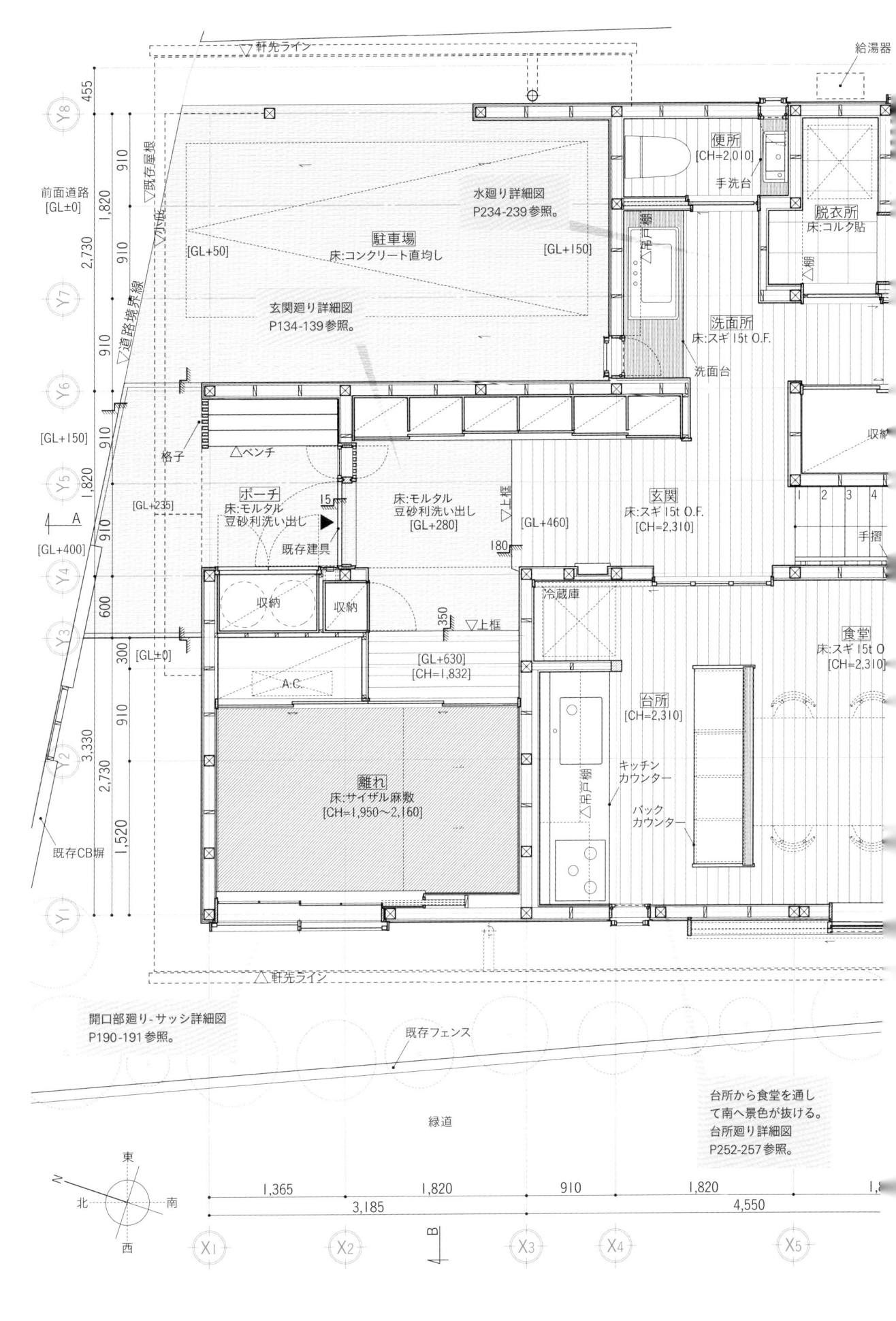

開口部廻り-サッシ詳細図
P190-191参照。

既存フェンス

緑道

台所から食堂を通して南へ景色が抜ける。
台所廻り詳細図
P252-257参照。

東
北　南
西

1,365 | 1,820 | 910 | 1,820 | 1,8
3,185 | 4,550

X1　X2　X3　X4　X5

廊下をホールに変えて、用途をもたせる

第1篇 設計 — 町田の家 平面図

階段と二部屋をつなぐ要素を廊下からホールに変えることで、移動だけのスペースではなく、ちょっとした居場所としている。寝室と書斎に間を挟むことで、距離感や音にも考慮している。

パーゴラ：ポリ小波板

階段廻り詳細図
P264-265参照

踊場の床近くに居間に
つながる通風窓がある。

開口部の位置は改修前と
極力変えていない。

軒先ライン

改築前 2階 平面図

廊下 / 和室 / 和室

3,640 | 1,425

X7 / X8

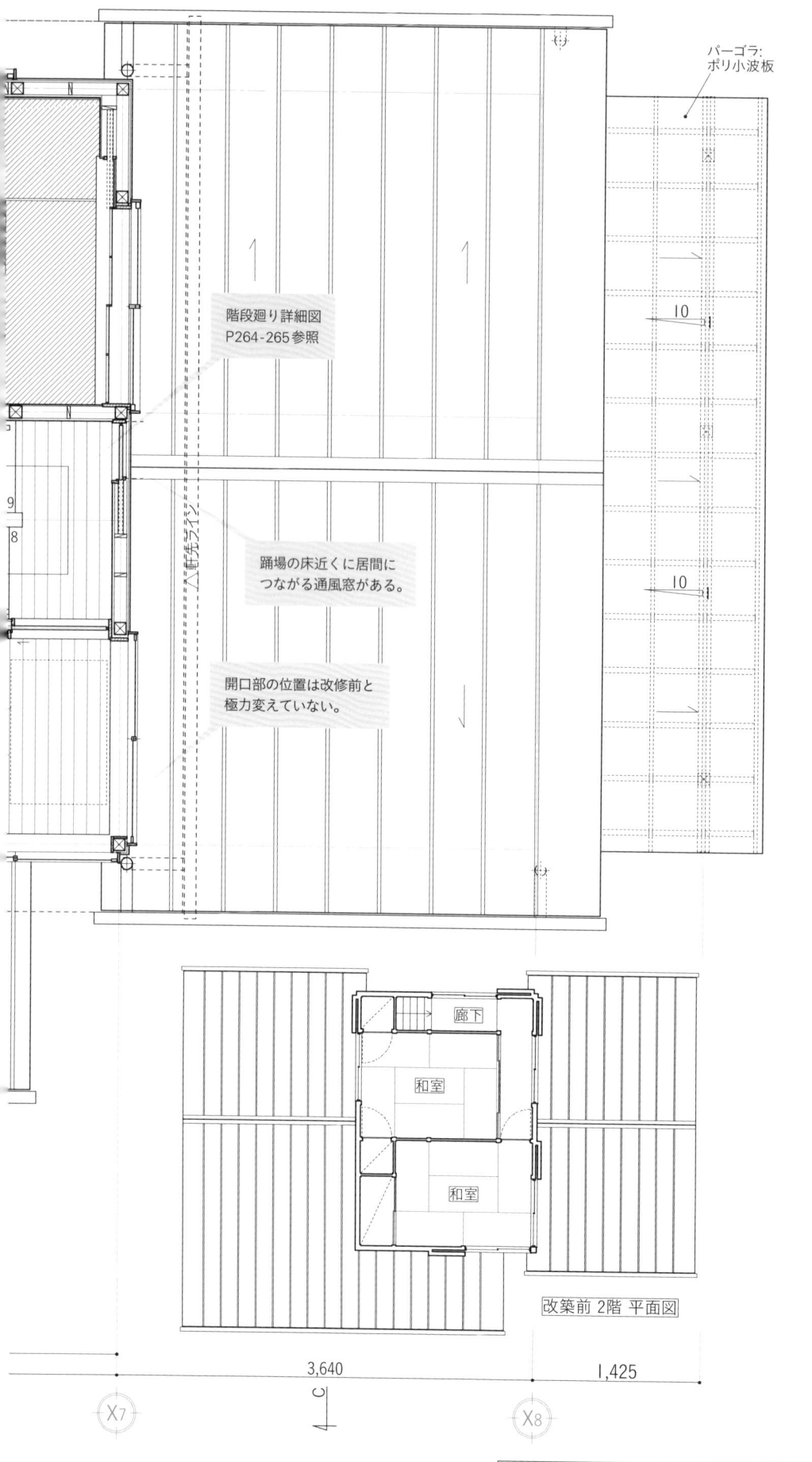

町田の家 | 平面図-2F | S=1/50

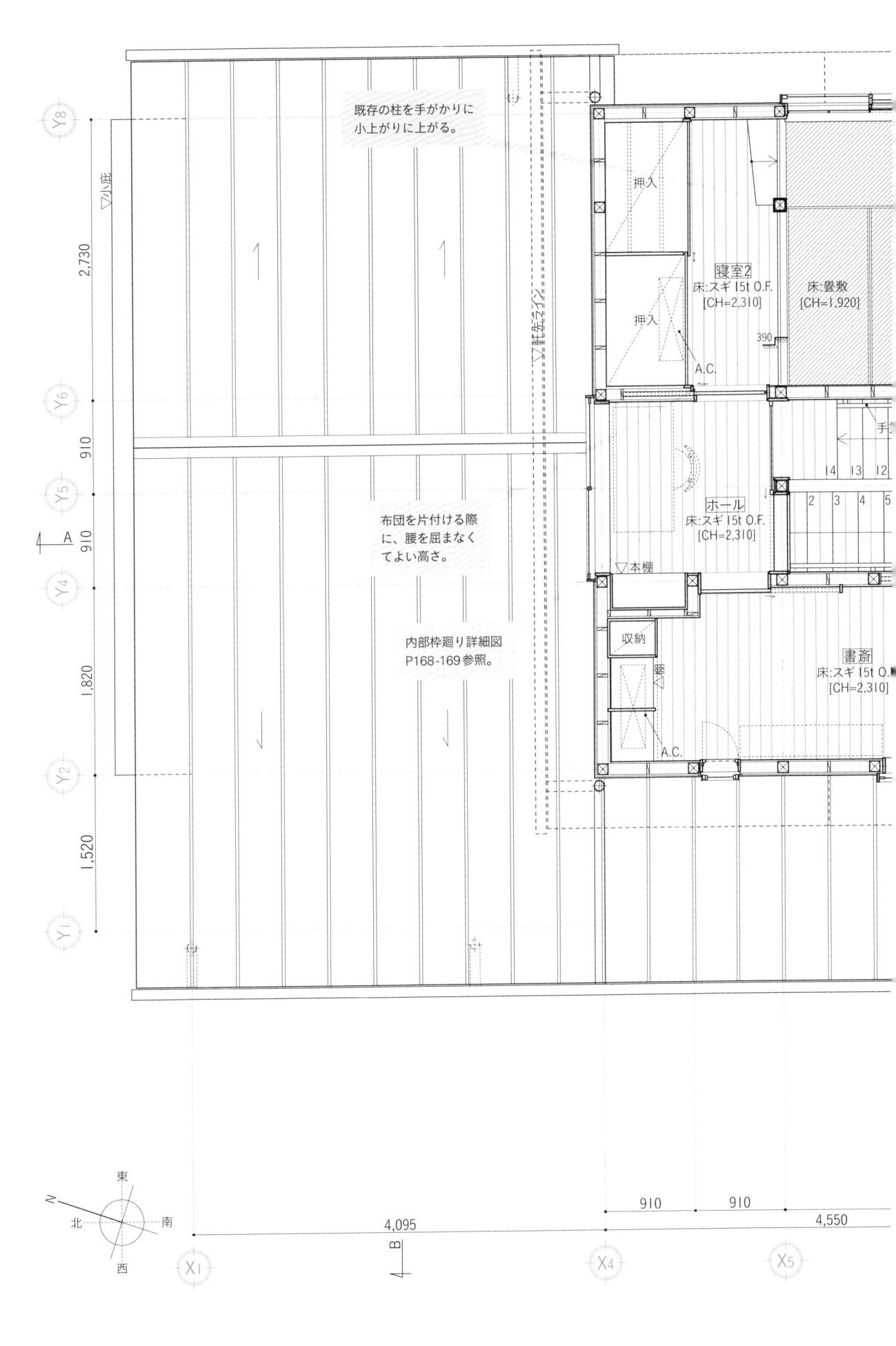

既存の柱を手がかりに
小上がりに上がる。

▽小庇

2,730

▽軒先ラインサイン

押入

押入

寝室2
床:スギ15t O.F.
[CH=2,310]

床:畳敷
[CH=1,920]

A.C.

390

910

手

14 13 12

ホール
床:スギ15t O.F.
[CH=2,310]

2 3 4 5

910

▽本棚

布団を片付ける際
に、腰を屈まなく
てよい高さ。

収納
要

書斎
床:スギ15t O.F.
[CH=2,310]

1,820

内部枠廻り詳細図
P168-169参照。

A.C.

1,520

東
北 ─ 南
西

4,095

910 910 4,550

X1 X4 X5

Y1 Y2 Y4 Y5 Y6 Y8

A B

天井高を操作して、ゆるやかに分節する

均一的な天井高のところに、一部、低く抑える箇所を設けてくぐる要素を取り入れた。そうすることで平面的な寸法以上の奥行き感を得るとともに、空間をゆるやかに分節した。

第1篇 設計

町田の家 断面図

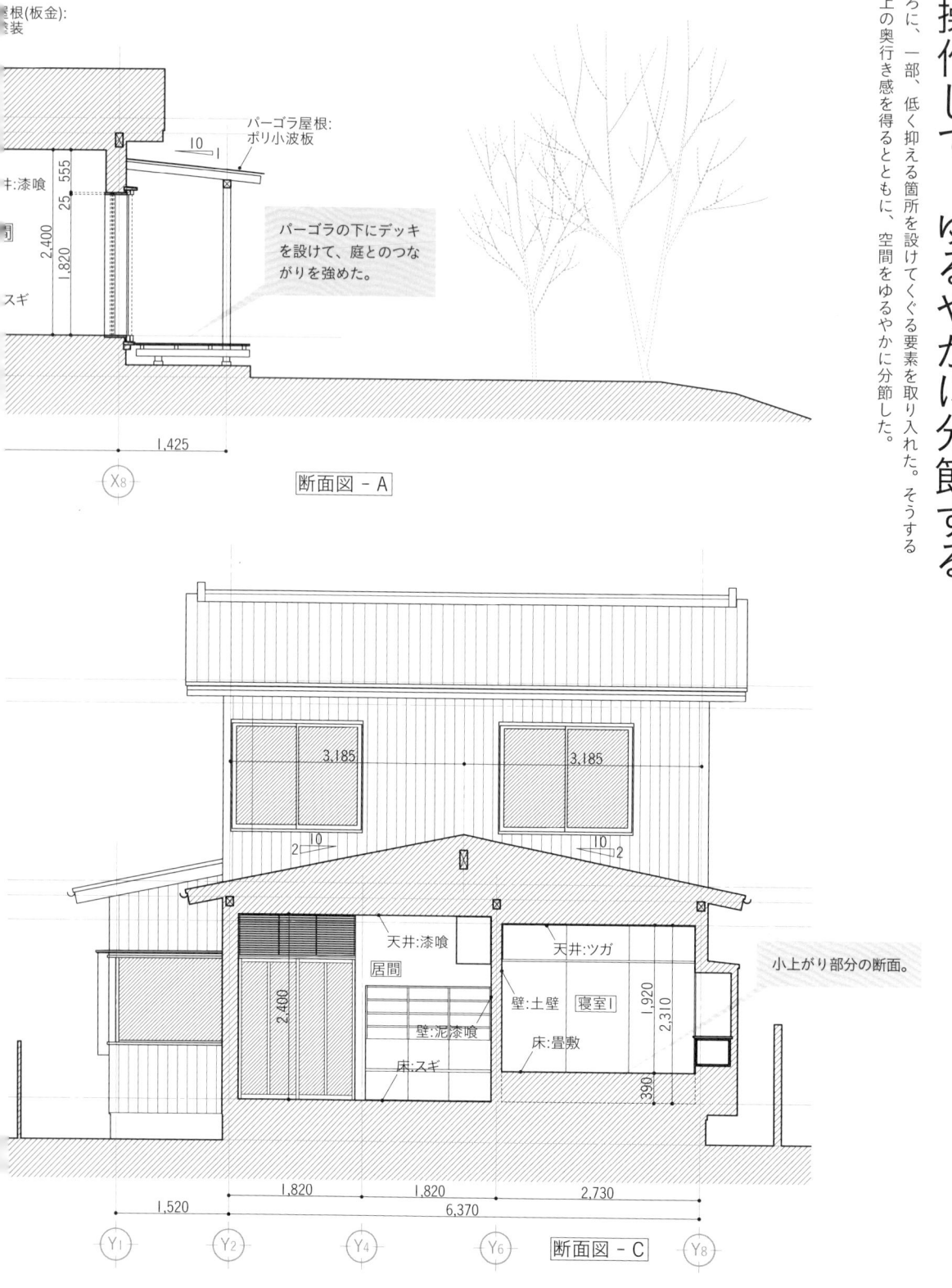

パーゴラ屋根：ポリ小波板

パーゴラの下にデッキを設けて、庭とのつながりを強めた。

断面図 - A

天井：漆喰
居間
壁：泥漆喰
床：スギ

天井：ツガ
寝室1
壁：土壁
床：畳敷

小上がり部分の断面。

断面図 - C

| 町田の家 | 断面図 | S=1/80 | 111/110 |

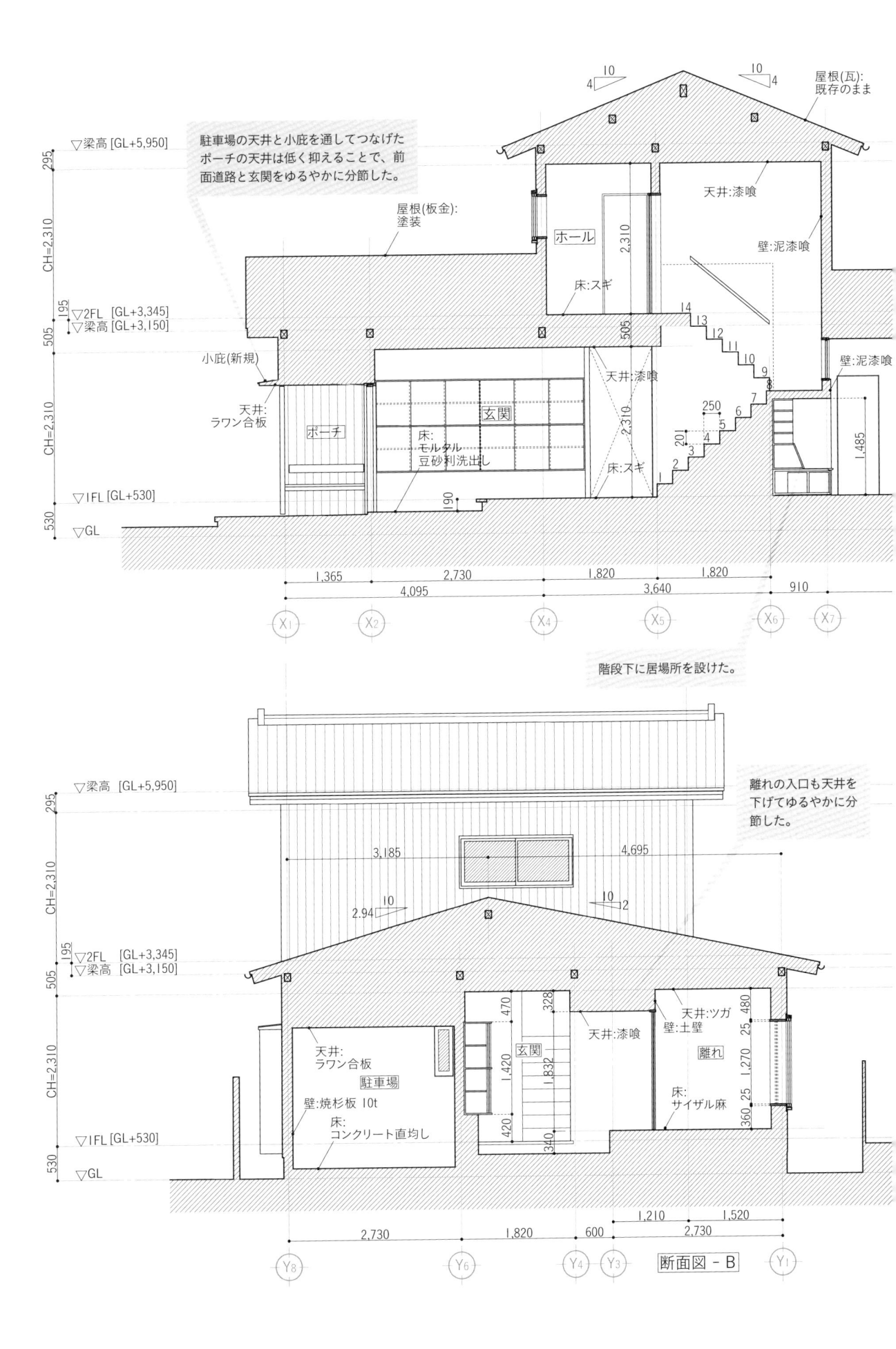

駐車場の天井と小庇を通してつなげたポーチの天井は低く抑えることで、前面道路と玄関をゆるやかに分節した。

▽梁高 [GL+5,950]
▽2FL [GL+3,345]
▽梁高 [GL+3,150]
▽1FL [GL+530]
▽GL

屋根(瓦):既存のまま
天井:漆喰
壁:泥漆喰
ホール
床:スギ
屋根(板金):塗装
小庇(新規)
天井:ラワン合板
ポーチ
玄関
床:モルタル 豆砂利洗出し
天井:漆喰
床:スギ
壁:泥漆喰

階段下に居場所を設けた。

離れの入口も天井を下げてゆるやかに分節した。

天井:ラワン合板
駐車場
壁:焼杉板 10t
床:コンクリート直均し
玄関
天井:漆喰
天井:ツガ
壁:土壁
離れ
床:サイザル麻

断面図 - B

[第2篇] 枠廻り詳細

第2篇では空間の分節とつながりをテーマにして、現場監理時に作図した詳細図から枠廻り詳細図を記載している。玄関廻り、内部枠廻り、開口部廻り‐木製、開口部廻り‐サッシの項目に分けて、各々の家から詳細図を取り上げている。図面は1／15と1／5で収録している。断面図には展開図を加筆することで空間の関係性を表現しつつ、建具や家具の詳細図を兼ねている。

居間から中庭を見る(永山の家)。各フロアは半階分ずれているので、中庭を介して2層分の様子を伺える。

玄関廻り

玄関（那須の家）。階段に通じる左奥の引戸を閉めると玄関が風除室となる。

ポーチ（那須の家）。荷物置場としてRCのベンチを設けている。ポーチからも物置へ入れる。

玄関（永山の家）。上がり框を2段にして段差を解消している。手前側は1段にして腰を掛けられるようにした。

ポーチ（町田の家）。玄関扉の脇には通風窓と格子網戸を設置している。

玄関からポーチを見る（幡ヶ谷の家）。Fixのスリガラスから入る光が姿見に反射して玄関を明るくする。

玄関（溝口の家）。格子戸のスリットに入れたガラスから光が漏れる。

玄関・格子戸（溝口の家）。延焼ラインを避けて、木製建具を設置した。車椅子の利用も考慮して引戸とした。

内部枠廻り

食堂から居間の薪ストーブを見る（那須の家）。棟の重なり部分が食堂と居間の中間領域になる。

居間の開口部からバルコニー見る（那須の家）。室内から建物の外観を見れることで周辺環境と建築との関係を感じ取れる。

居間から階段につながる通風窓（町田の家）。居間の南側の窓から2階ホールの北側の窓へ風が抜ける。

居間・階段踊場下の腰掛（町田の家）。サイザル麻を敷いている。

玄関から廊下を見る(鵠沼の家)。引戸に垂れ壁を設けることで各部屋に溜まりをつくった。

寝室3からホールを見る(溝口の家)。寝室3の前は天井を下げ、ホールと間をとっている。

ホール2から食堂を見る(幡ヶ谷の家)。垂れ壁に厚みをとることで造付けの家具を納めるとともに、空間の輪郭を強めた。

洗面所から台所を見る(町田の家)。台所の引戸の幅は大きめにとり、空調を使用しない時期は引戸を開けることで玄関とおおらかにつないだ。摺りガラスを入れることで閉めているときも玄関に光が入る。

ホール2から居間を見る（永山の家）。台所の天井高さを抑えることで、居間の広がりを演出した。

寝室1に入る引戸（永山の家）。大きめに設定した引戸幅により玄関とのつながりは強めつつ、垂れ壁を設けることで室内の落ち着きを確保した。

引戸（永山の家）。竹製のレール幅を3分にカットして枠廻りの印象を軽くした。

ホール3から寝室3を見る（永山の家）。寝室の天井はラワンベニヤ貼りとして、就寝時の落ち着きに考慮しつつ、ホールと空間の質を変えた。

台所から階段を見る(永山の家)。引戸はガラス戸として、様子が伝わるようにした。

納戸2(永山の家)。開口部の縦枠にシナベニヤの目地を合わせている。開口部の位置は外壁のガルバリウム角波板のピッチとも合わせている。

ホール3から中庭を通して居間を見る(永山の家)。ホール3にもデスクが置けて、居場所になる。

開口部廻り

居間・開口部の内庇（永山の家）。
室内側に向かって細くすることで
軽快さを与えている。

居間・開口部の窓台（永山の家）。
先端は丸みを帯びたテーパーを掛
けて、手触り感を大事にした。

居間・開口部の雨戸（永山の家）。外壁と同材のガルバリウム鋼板を使用した。

居間・開口部（永山の家）。室内側には障子が2枚。室外側にはガラス戸、網戸、雨戸が2枚ずつ戸袋に入る。

居間・開口部（永山の家）。内庇の下に飾り棚を設けて、外壁から続く壁の印象を柔らかくした。

居間・南面（町田の家）。改築前と開口部の位置は変えずに、垂れ壁を付けることで空間の重心を落とした。

居間・南面（町田の家）。障子の割付は縦割りとして空間のプロポーションとバランスをとることで存在を和らげた。

居間・開口部（町田の家）。内部の枠は床板に合わせてスギ、外部は米松を使用した。化粧柱は差し替えている。

居間・開口部（町田の家）。化粧柱廻りの矩折りをFixガラスにすることで、枠をシンプルに納め、軽快さを出した。

外観南側（町田の家）。居間と食堂の開口部が雁行して見える。

開口部（那須の家）。枠の素材は内側は漆喰壁に合わせてスギ、外部は耐久性に考慮して米松と切り替えている。

開口部（那須の家）。Fixと板戸、網戸の組み合わせ。開口部のつくりを統一することで、天候が変わりやすい別荘地ならではの使い勝手や施工性に考慮するとともに、外の風景を際立たせるために記号化させる意図があった。

ホールの開口部（溝口の家）。光庭に対して出窓にして、腰を掛けられるようにした。

寝室の開口部（鵠沼の家）。アプローチの植栽の影が障子に映る。

寝室・開口部の窓台（永山の家）。窓台を縦枠の真ん中で止めることで窓廻りを軽快な印象にした。

食堂の開口部（幡ヶ谷の家）。正面の開口部はアルミサッシの框を隠すとともに出窓にして家具的につくることでアルミサッシの存在を薄めた。

小窓のディテール（幡ヶ谷の家）。縦枠は壁を巻き込み見付を2分とした。窓台は先端にテーパーをかけて柔らかい印象とした。

寝室の開口部（幡ヶ谷の家）。開口部前の収納は簡単なデスクを兼ねている。

居間・北面開口部（永山の家）。出窓とすることで、南側の大開口部に対して奥行きのバランスをとっている。

居間・北面開口部（永山の家）。プリーツスクリーンをブラインドボックスに収納した。枠の塗装は色を調合したオイルの拭取りとしている。

寝室の開口部（永山の家）。出窓の下にパネルヒーターを設置して、コールドドラフトを防ぐとともに開口部全体を家具的に整えた。パネルヒーターの下は板敷きにして、配管に考慮している。

居間・北面開口部（永山の家）。アルミサッシの枠を隠すことで、枠面に光がフラットに入る。

玄関の飾り棚（町田の家）。飾り棚内の上部を欠き込むことで、陰影をつけている。

離れの天井（町田の家）。見切りを平天井と縁を切ることで陰影をつけ、下がり天井を軽快に見せている。

寝室の収納（町田の家）。収納を凹ますことで飾り棚としている。上部はエアコンを設置している。

寝室の開口部（町田の家）。収納棚と窓台の高さは、小上がりの畳のレベルから決めている。

居間・ソファからの風景（那須の家）。バルコニーの先まで延びる視線に合わせて天井を膨らませた。

解説文

玄関廻り

個の居場所から社会へとつながる場となる玄関は、靴の脱ぎ履きやコートの着脱など内外の装いを変える場でもあり、家人を見送るときや客人を迎えるときのコミュニケーションの場にもなる。

玄関廻りを考えるとき、それらに対応する仕組みを整えるとともに、ポーチを設けることで内と外との接点をはっきりつくるのではなく、"幾層"も重なり合わせて内と外とのグラデーションをつくっていく。

また家に帰り、はじめに接する玄関扉を木製でつくり、引手の質感にこだわることで、建築との接点を大事にしている。

内部枠廻り

各々の空間の性質を考えるとき、空間と空間の分節点であり、つなぎ目となる内部枠廻りについても設計を同時に行う。各空間の保ちたい重心や溜まり、空間へ移動する目的や頻度に応じて、「引き戸にするか開き戸にするか」「枠を見せるか、壁用するか」「袖壁や垂れ壁を付けるか」などを検討し、枠の位置や枠内寸法、見付やチリの大きさ、素材や塗装の種類を決めていく。仕上げとの無理のない納まり、建具の操作勝手やメンテナンス、製作寸法によるコストバランスも合わせて考えていく。

内部枠廻りの図面は1/10で、家全体のバランスを気にかけながら、水廻りや電気設備と一体的に設計を進めていく。

開口部廻り - 木製

開口部は、外から光や風を取り入れて、内から外は視線の抜けを確保するものである。目的をそれに限るのであれば、機能性や耐久性、コストメリットに優れる工業製品を使用するのがよい。

しかし開口部を内と外とをつなぐ場として捉えるのであれば、枠と建築を一体につくることができ、建具としての存在を和らげることができる木製建具をできるだけ採用するようにしている。

開口部廻り - サッシ

都市部では採光を得るために、2階に居間や食堂を配置することが増えるが、準防火地域では2階の開口部が延焼ラインにかかりやすくなり、木製の開口部は使いづらい。また外部にバルコニーがない場合は内と外とのつながりは視線のみとなるので、木製である必要性も薄れる。この場合、防水性や耐久性、コストメリットに優れる引違いのアルミサッシを採用する。

アルミサッシを使う開口部は出窓にして窓台を腰掛あるいは飾り棚として利用したり、隠し框にして見えがかりの線を減らしたり、木枠のディテールを軽快にすることで窓廻り一体を家具的に仕立てる。開口部としての存在を柔らかくすることで、内と外とのつながりをつくり出す。

通風口、出入口以外はFixのペアガラスを使用することで、気密性や使用勝手、メンテナンスしていく。

外部と内部の間にグラデーションをつくる

自然に囲われた外部から内部へと誘うとき、ポーチ、玄関、数段の階段…と、段階的にグラデーションをもたせることで内部空間に落ち着きをもたらした。

第2篇 枠廻り詳細　玄関廻り　那須の家

階段下から床下に入れる。

縦枠：ラワン O.F.

モルタルボーダー

壁：
漆喰 13t
ラスボード 7t

縦枠：スプルス O.P.

玄関が風除室にもなるように、階段に入る前に引戸を設けている。

玄関 [GL+192]
床：カラマツ 18t O.F.

土框：ヒーラ

玄関　CH=2,265

床：カラマツ 18t O.F.

竹製 Vレール

▽0.5FL

断面図 - B

| 那須の家 | 平面図 | S=1/15 | 131/130 |

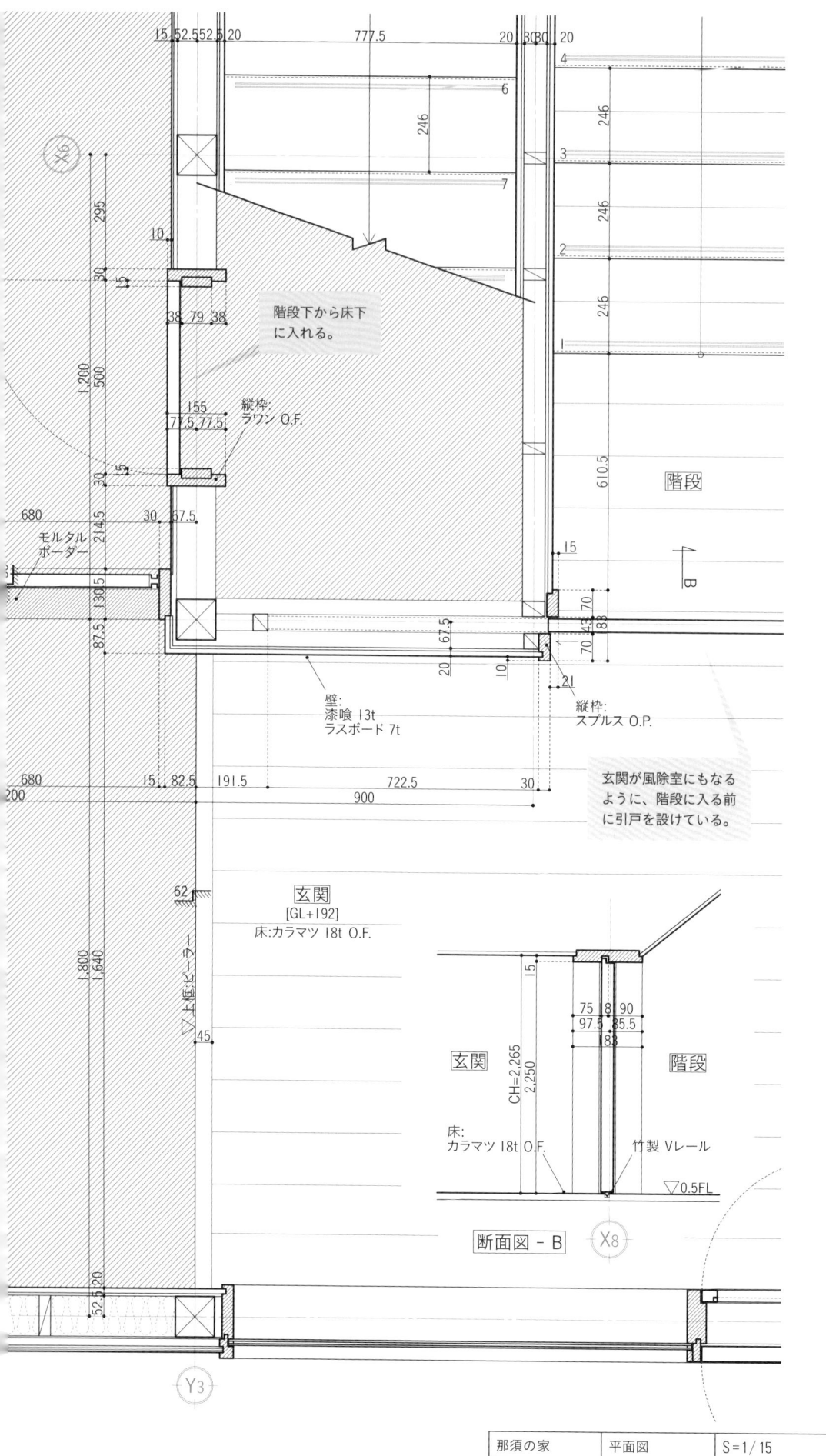

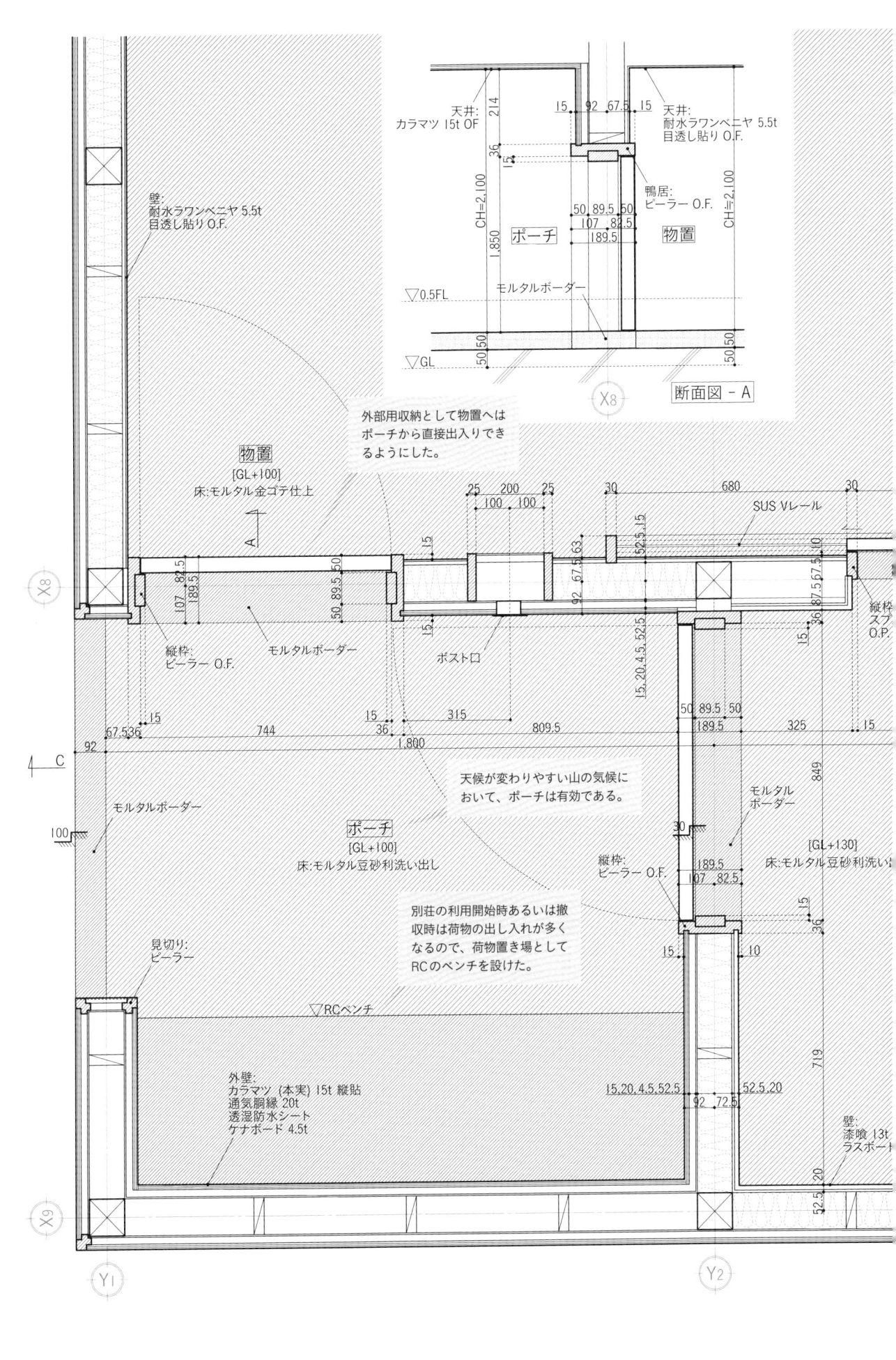

断面図 - A

天井:
カラマツ 15t OF

天井:
耐水ラワンベニヤ 5.5t
目透し貼り O.F.

鴨居:
ピーラー O.F.

ポーチ　CH=2,100
物置　CH=2,100

モルタルボーダー

▽0.5FL
▽GL

壁:
耐水ラワンベニヤ 5.5t
目透し貼り O.F.

外部用収納として物置へは
ポーチから直接出入りでき
るようにした。

物置
[GL+100]
床:モルタル金ゴテ仕上

SUS Vレール

縦枠
ピーラー O.F.

モルタルボーダー

ポストロ

縦枠
スプ
O.P.

天候が変わりやすい山の気候に
おいて、ポーチは有効である。

モルタルボーダー

ポーチ
[GL+100]
床:モルタル豆砂利洗い出し

縦枠
ピーラー O.F.

モルタル
ボーダー

[GL+130]
床:モルタル豆砂利洗い出し

別荘の利用開始時あるいは撤
収時は荷物の出し入れが多く
なるので、荷物置き場として
RCのベンチを設けた。

見切り:
ピーラー

▽RCベンチ

外壁:
カラマツ（本実）15t 縦貼
通気胴縁 20t
透湿防水シート
ケナボード 4.5t

壁:
漆喰 13t
ラスボード

天井高を抑えて広がりをもたせる

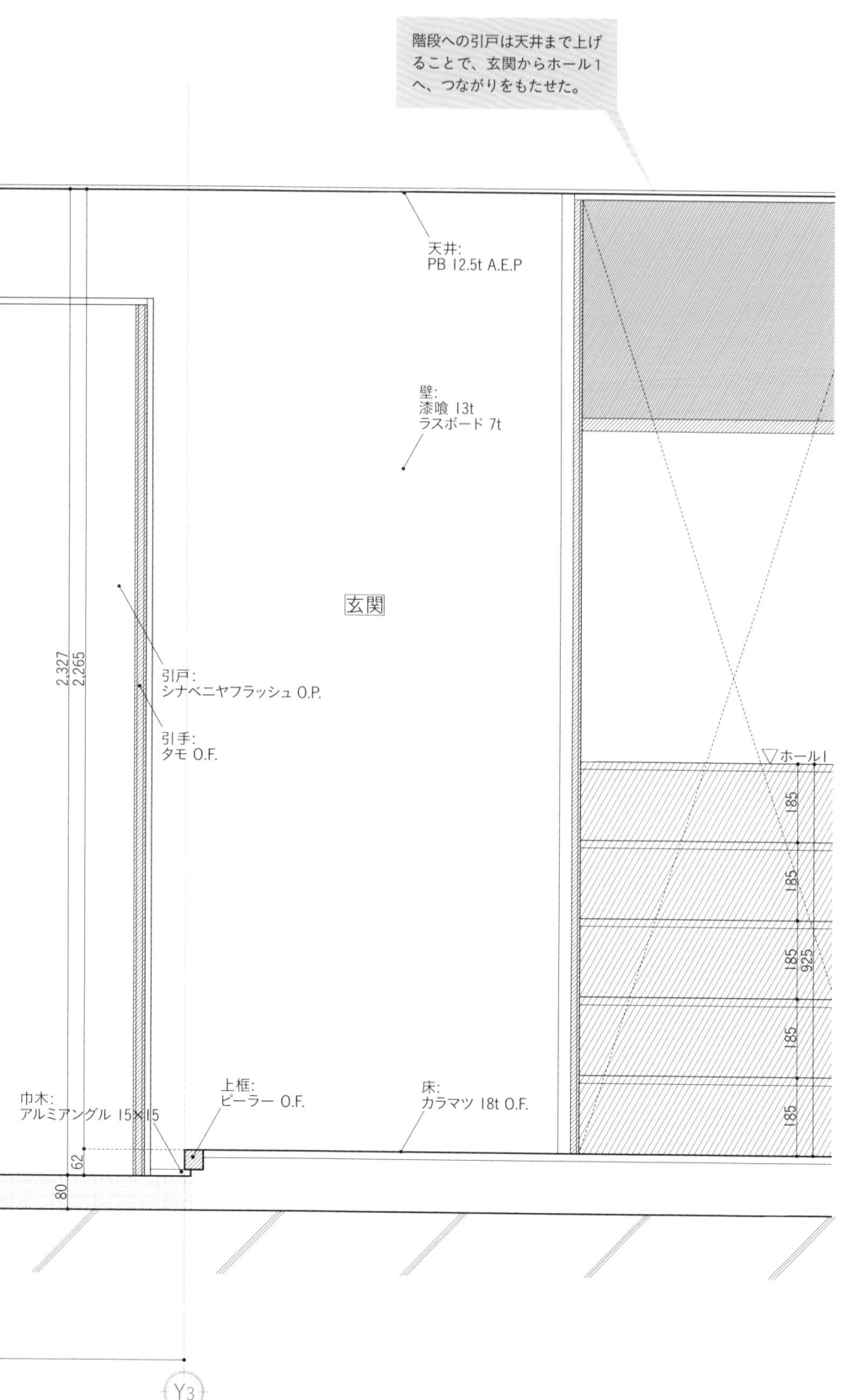

ポーチは物置と合わせて天井高を2,100mmに抑え、玄関に入ったときに天井高の変化によって広がりをもたせた。合わせて仕上げ材を固いイメージから柔らかく変化させている。

階段への引戸は天井まで上げることで、玄関からホール1へ、つながりをもたせた。

天井：
PB 12.5t A.E.P

壁：
漆喰 13t
ラスボード 7t

玄関

引戸：
シナベニヤフラッシュ O.P.

引手：
タモ O.F.

巾木：
アルミアングル 15×15

上框：
ピーラー O.F.

床：
カラマツ 18t O.F.

▽ホール1

第2篇 枠廻り詳細

玄関廻り　那須の家

| 那須の家 | 断面図 | S＝1/15 |

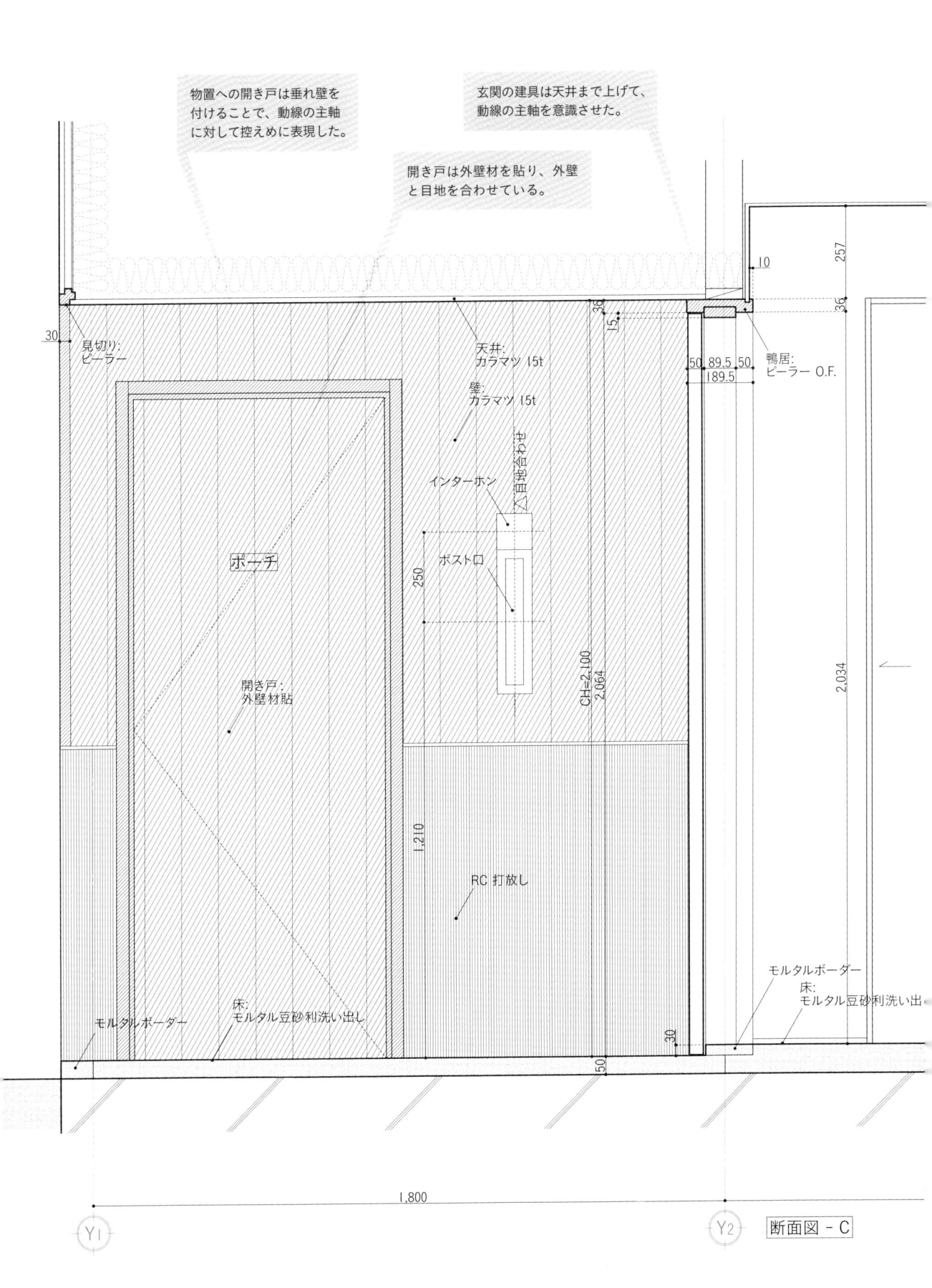

- 物置への開き戸は垂れ壁を付けることで、動線の主軸に対して控えめに表現した。
- 玄関の建具は天井まで上げて、動線の主軸を意識させた。
- 開き戸は外壁材を貼り、外壁と目地を合わせている。

見切り：ピーラー
天井：カラマツ 15t
壁：カラマツ 15t
鴨居：ピーラー O.F.
目地合わせ
インターホン
ポスト口
ポーチ
開き戸：外壁材貼
CH=2,100
RC 打放し
モルタルボーダー
床：モルタル豆砂利洗い出し
モルタルボーダー
床：モルタル豆砂利洗い出し

Y1 — 1,800 — Y2

断面図 - C

土間に機能をもたせる

交通量の多い前面道路に対して、ポーチを設けて格子で間をとっている。ポーチのベンチや離れの上框部分が腰掛となり、作業の場や社交の場となる。

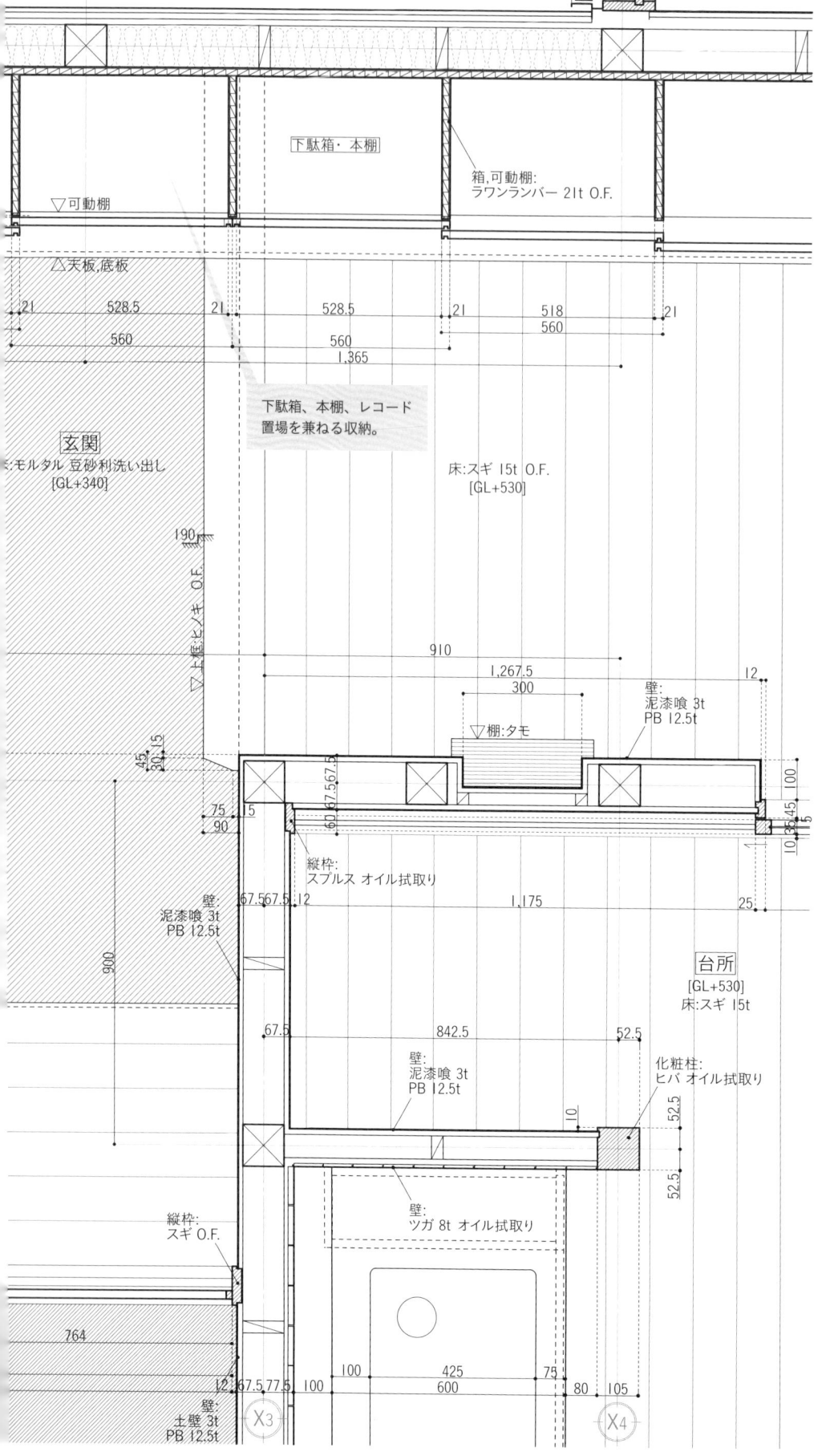

下駄箱・本棚

箱,可動棚:
ラワンランバー 21t O.F.

▽可動棚

△天板,底板

下駄箱、本棚、レコード置場を兼ねる収納。

玄関
モルタル 豆砂利洗い出し
[GL+340]

床:スギ 15t O.F.
[GL+530]

上框:ヒノキ O.F.

壁:
泥漆喰 3t
PB 12.5t

▽棚:タモ

縦枠:
スプルス オイル拭取り

壁:
泥漆喰 3t
PB 12.5t

台所
[GL+530]
床:スギ 15t

化粧柱:
ヒバ オイル拭取り

壁:
泥漆喰 3t
PB 12.5t

壁:
ツガ 8t オイル拭取り

縦枠:
スギ O.F.

壁:
土壁 3t
PB 12.5t

第2篇 枠廻り詳細

玄関廻り 町田の家

町田の家 | 平面図 | S=1/15

外壁:
焼杉板 10t

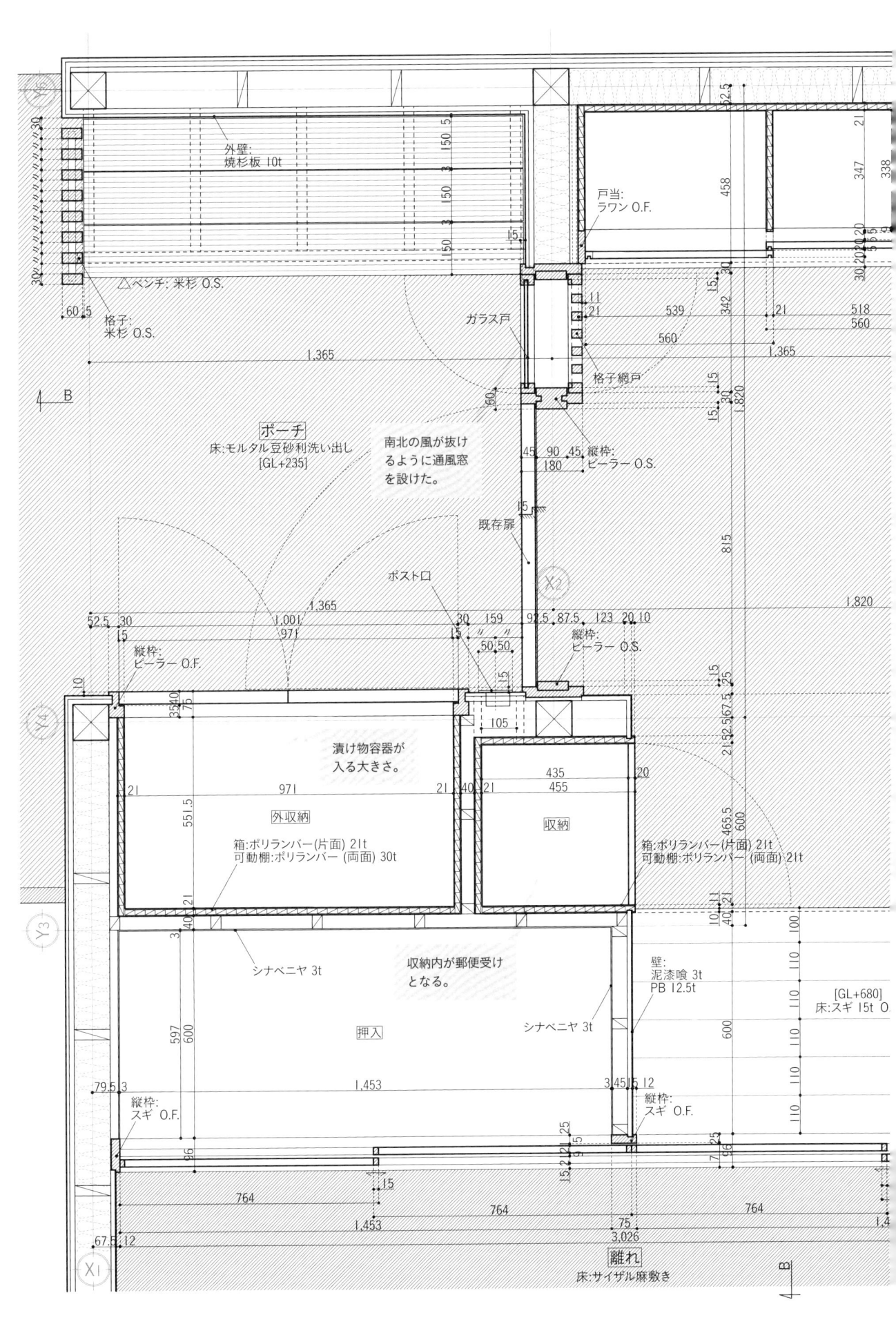

戸当:
ラワン O.F.

△ベンチ: 米杉 O.S.

格子:
米杉 O.S.

ガラス戸

格子網戸

ポーチ
床:モルタル豆砂利洗い出し
[GL+235]

南北の風が抜け
るように通風窓
を設けた。

縦枠:
ピーラー O.S.

既存扉

ポストロ

縦枠:
ピーラー O.S.

縦枠:
ピーラー O.F.

漬け物容器が
入る大きさ。

外収納

収納

箱:ポリランバー(片面) 21t
可動棚:ポリランバー (両面) 30t

箱:ポリランバー(片面) 21t
可動棚:ポリランバー (両面) 21t

シナベニヤ 3t

収納内が郵便受け
となる。

壁:
泥漆喰 3t
PB 12.5t

[GL+680]
床:スギ 15t O.

押入

シナベニヤ 3t

縦枠:
スギ O.F.

縦枠:
スギ O.F.

離れ
床:サイザル麻敷き

色の変化により奥行きをつける

ポーチの天井や収納扉、玄関の床板や長い収納など木の無地色を各面に散らすことで、空間を単調化させずに奥行きを出している。

第2篇　枠廻り詳細

玄関廻り　町田の家

天井：
漆喰 3t
PB 12.5t

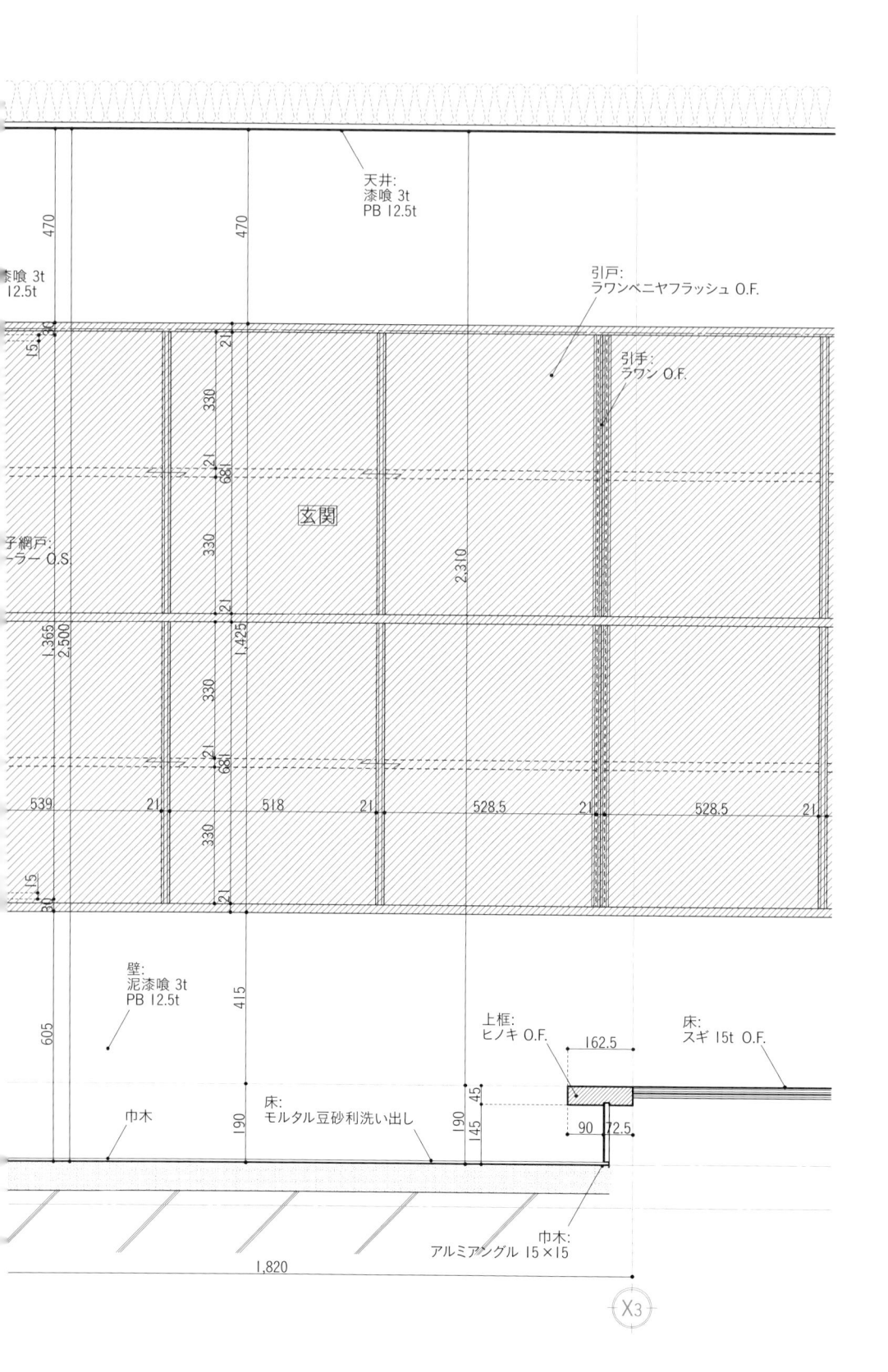

引戸：
ラワンベニヤフラッシュ O.F.

引手：
ラワン O.F.

玄関

漆喰 3t
12.5t

子網戸：
ラー O.S.

壁：
泥漆喰 3t
PB 12.5t

巾木

床：
モルタル豆砂利洗い出し

上框：
ヒノキ O.F.

床：スギ 15t O.F.

巾木：
アルミアングル 15×15

X3

町田の家　断面図　S=1/15

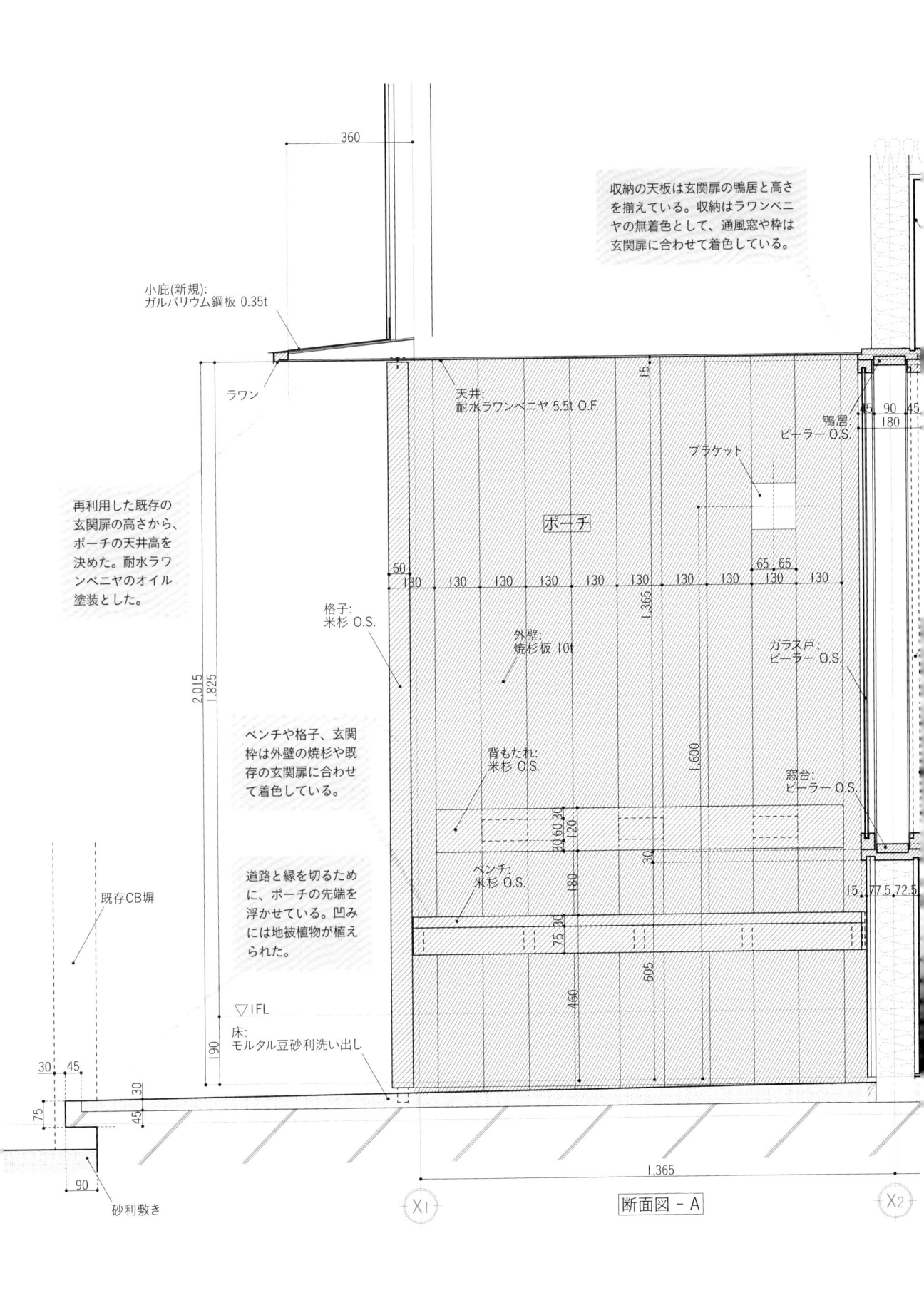

断面図 - A

寸法・数値
- 360
- 小庇(新規): ガルバリウム鋼板 0.35t
- ラワン
- 天井: 耐水ラワンベニヤ 5.5t O.F.
- 15
- 鴨居: ピーラー O.S.
- 45, 90, 45
- 180
- ブラケット
- ポーチ
- 2,015 / 1,825
- 60, 130×9, 65, 65
- 1,365
- 格子: 米杉 O.S.
- 外壁: 焼杉板 10t
- ガラス戸: ピーラー O.S.
- 1,600
- 背もたれ: 米杉 O.S.
- 窓台: ピーラー O.S.
- 30, 60, 30, 120, 30
- ベンチ: 米杉 O.S.
- 180
- 15, 77.5, 72.5
- 75, 30
- 460, 605
- ▽IFL
- 190
- 床: モルタル豆砂利洗い出し
- 既存CB塀
- 30, 45
- 75
- 45, 30
- 90
- 砂利敷き
- 1,365
- X1, X2

注記
- 収納の天板は玄関扉の鴨居と高さを揃えている。収納はラワンベニヤの無着色として、通風窓や枠は玄関扉に合わせて着色している。
- 再利用した既存の玄関扉の高さから、ポーチの天井高を決めた。耐水ラワンベニヤのオイル塗装とした。
- ベンチや格子、玄関枠は外壁の焼杉や既存の玄関扉に合わせて着色している。
- 道路と縁を切るために、ポーチの先端を浮かせている。凹みには地被植物が植えられた。

離れを設けて、日常とは異なる間をつくる

玄関から離れまで1,200mmの間をとり、断面的な変化をつけている。離れの入口部分は斜め天井とし、重心を落としている。

玄関の壁を垂れ壁でつないでいる。それにより動線の主軸を示し、離れに対して間をとっている。

収納の高さを抑え、天井や壁の左官を廻すことで玄関の広がりを確保した。収納上部に物が置かれることで、建築のかたさが中和される。

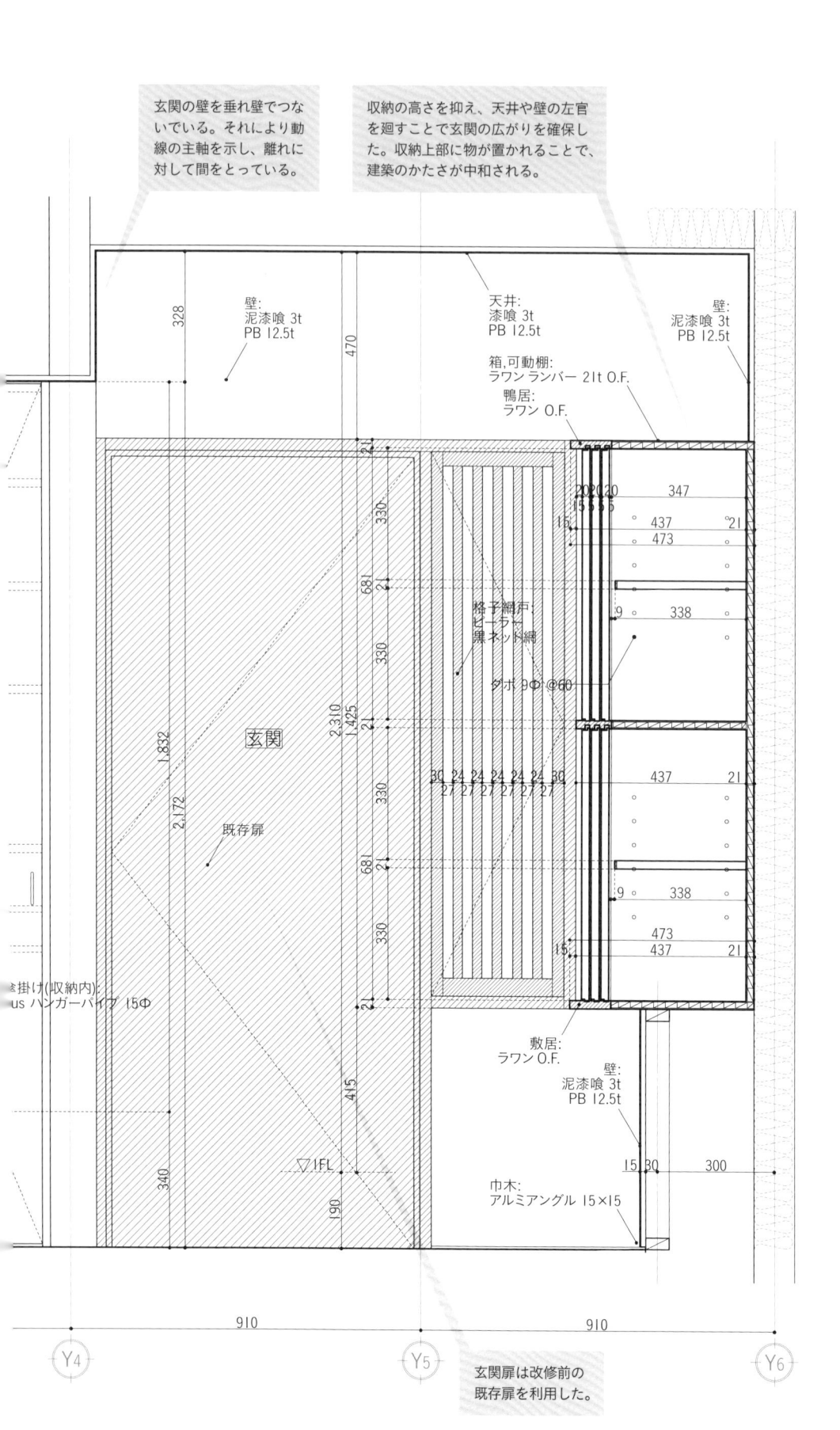

- 壁: 泥漆喰 3t / PB 12.5t
- 天井: 漆喰 3t / PB 12.5t
- 壁: 泥漆喰 3t / PB 12.5t
- 箱,可動棚: ラワンランバー 21t O.F.
- 鴨居: ラワン O.F.
- 格子網戸: ヒーラー 黒ネット網
- ダボ 9Φ @60
- 既存扉
- 衣掛け(収納内): sus ハンガーパイプ 15Φ
- 敷居: ラワン O.F.
- 壁: 泥漆喰 3t / PB 12.5t
- 巾木: アルミアングル 15×15

玄関扉は改修前の既存扉を利用した。

第2篇 枠廻り詳細　玄関廻り　町田の家

町田の家　断面図　S=1/15

押入側はエアコン置場となる。

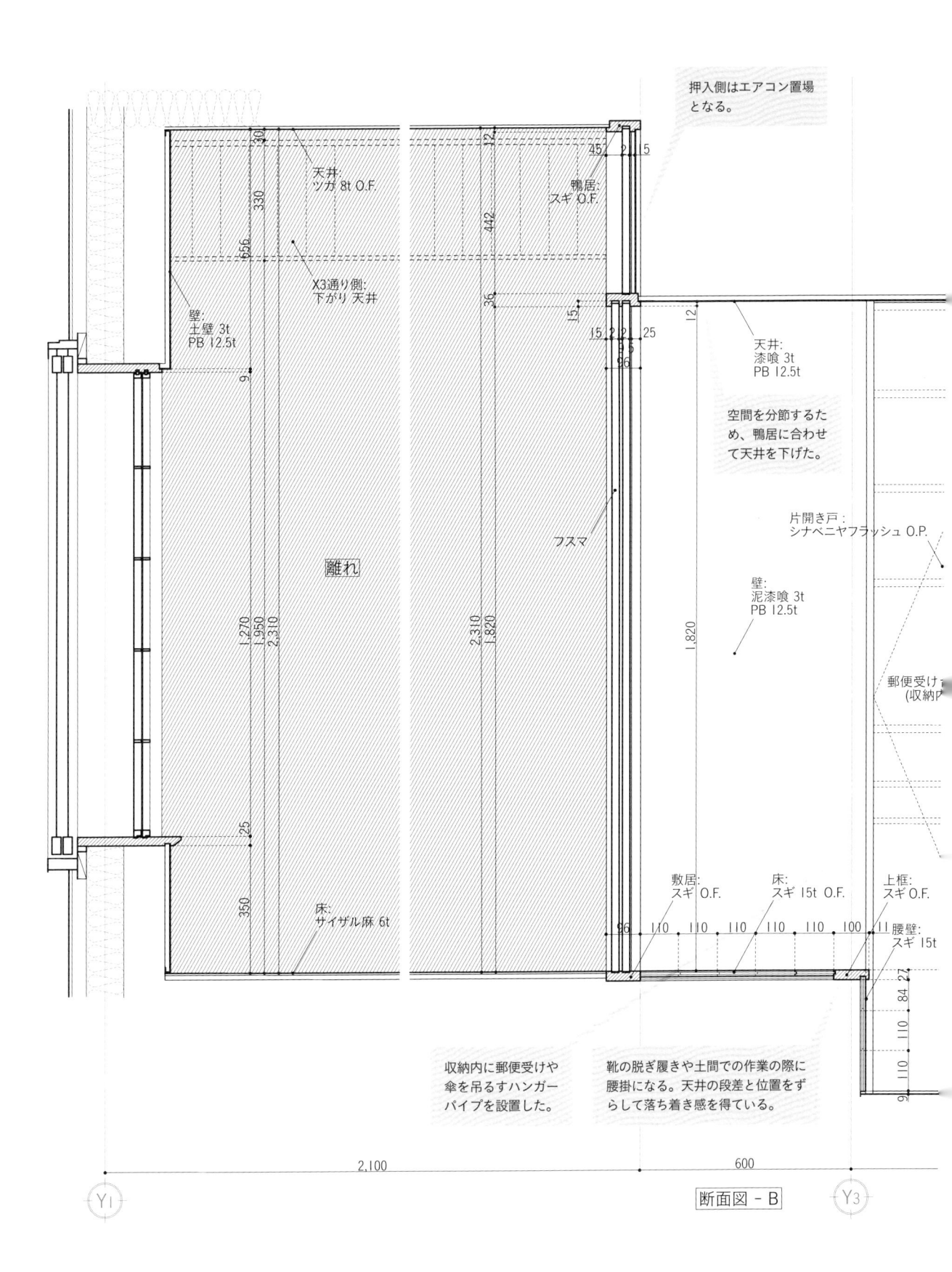

天井:
ツガ 8t O.F.

鴨居:
スギ O.F.

X3通り側:
下がり天井

壁:
土壁 3t
PB 12.5t

天井:
漆喰 3t
PB 12.5t

空間を分節するため、鴨居に合わせて天井を下げた。

片開き戸:
シナベニヤフラッシュ O.P.

離れ

フスマ

壁:
泥漆喰 3t
PB 12.5t

郵便受け
(収納内)

敷居:
スギ O.F.

床:
スギ 15t O.F.

上框:
スギ O.F.

腰壁:
スギ 15t

床:
サイザル麻 6t

収納内に郵便受けや傘を吊るすハンガーパイプを設置した。

靴の脱ぎ履きや土間での作業の際に腰掛になる。天井の段差と位置をずらして落ち着き感を得ている。

Y1 ── 2,100 ── 600 ── Y3

断面図 - B

玄関扉を木製でつくる

準防火地域に建つ住宅の場合、延焼ラインを避けた位置に玄関扉を配置して、建具屋造りの木製建具を採用している。この住宅では開閉のしやすさを考慮して形式は引戸としている。

玄関内で動線が折れて視線が抜けないので、スリットは透明ガラスとした。

天井:
Uトップ塗 2.5t
PB 12.5t

壁:
Uトップ塗 2.5t
PB 12.5t

手掛:
ピーラー O.F.

玄関

手摺
タモ O.F.

ポスト受:
スプルス O.F.

床:
カラマツ 15t O.F.

上框:
ピーラー O.F.

巾木:
アルミアングル

床:
コンクリート洗い出し

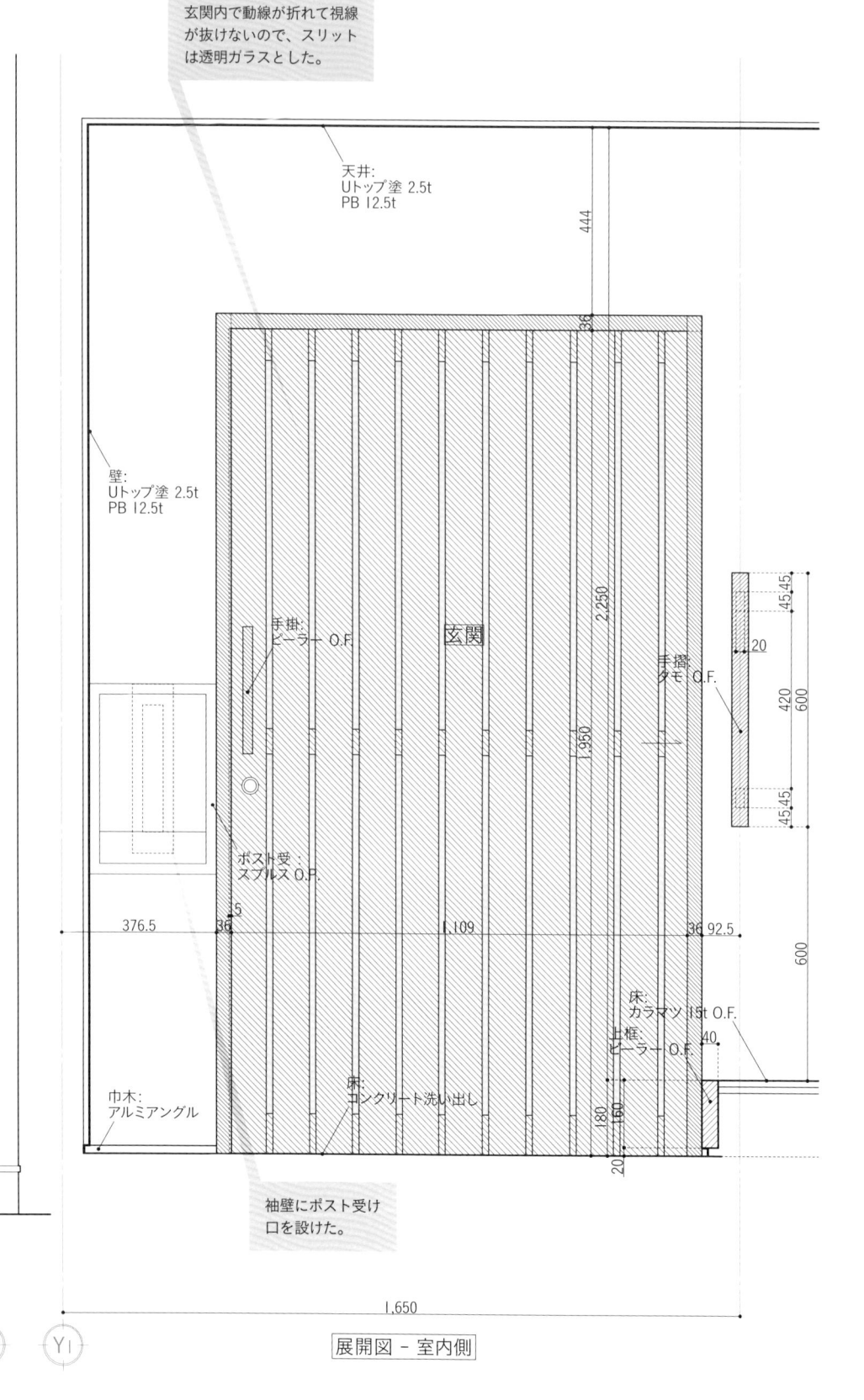

袖壁にポスト受け口を設けた。

展開図 – 室内側

| 溝口の家 | 展開図 | S=1/15 |

第2篇 枠廻り詳細　玄関廻り　溝口の家

玄関内の採光は、引戸のスリットから取り入れる。

縦枠:
ピーラー O.F.

縦枠:
ピーラー O.F.

縦枠:
ピーラー O.F.

ブラケット

ポーチ

インターホン

ポストロ

300
75
51

90 16 90 16 90 16 90 16 90 16 90 16 90 16 90 16 90 16 90 16 90

扉W=1,150
扉W=1,150
1,024　36　1,109　36
82.5 36

900

床:
コンクリート洗い出し

1,050　　　　1,650

Y2　　　展開図 - 室外側

枠とともに建具のディテールも決める

格子状の引戸とした場合、工事序盤の枠詳細図作成の段階で手掛けのつくり、ガラスの幅、引き残し寸法など建具のディテールを決める必要がある。

第2篇 枠廻り詳細

玄関廻り 溝口の家

- ガルバリウム鋼板 0.35t
- 構造用合板 12t
- カラマツ 15t O.F.
- 壁：Uトップ塗 2.5t　PB12.5t
- 鴨居：ピーラー O.F.
- 格子引戸：ピーラー O.F.
- FL 3t
- ボーダー：モルタル
- 床：コンクリート洗い出し
- 敷居：モルタル
- 床：コンクリート洗い出し

貫は縦框より2分（6mm）ほど面内にして、縦の意匠を強調させた。

エアタイト用に戸ジャクリを設けた。

[断面図]

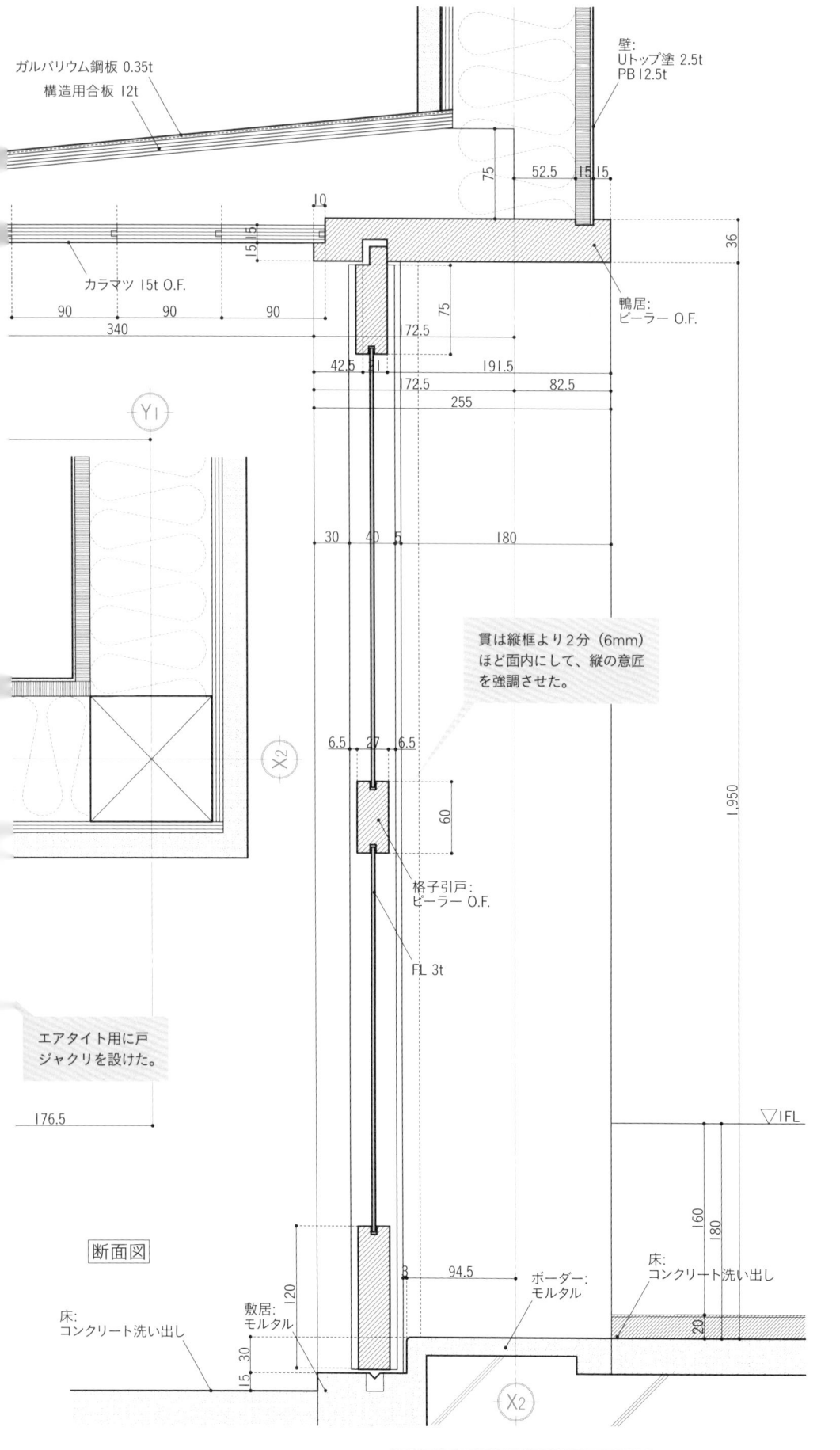

| 溝口の家 | 枠廻り詳細図‐平面図, 断面図 | S=1/5 |

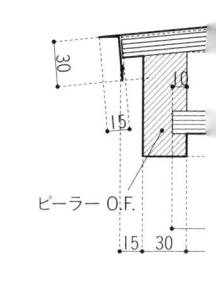

手掛けを凸型にして、指が入る寸法で引き残した。

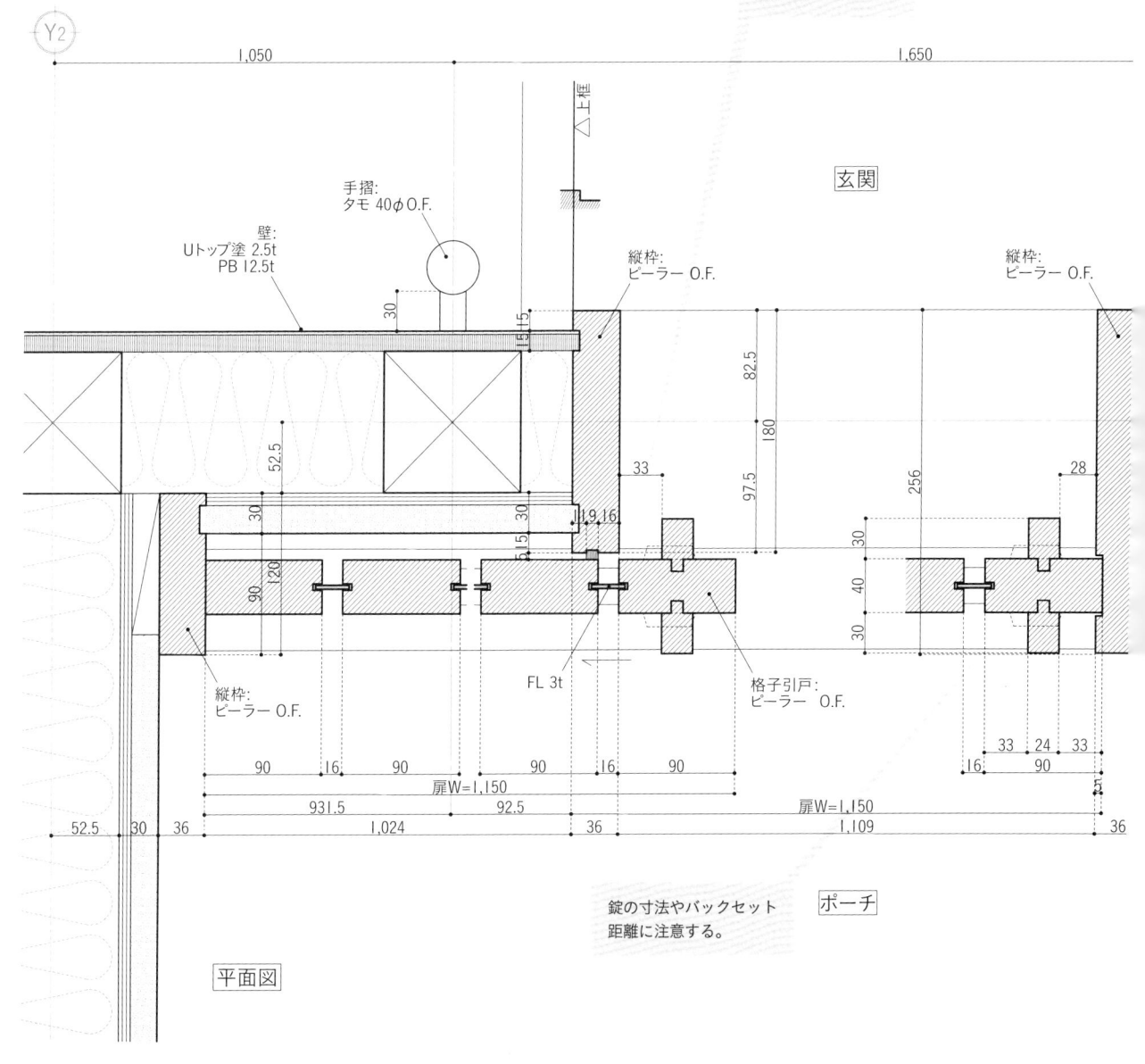

ピーラー O.F.

玄関

手摺: タモ 40φ O.F.

壁: Uトップ塗 2.5t
PB 12.5t

縦枠: ピーラー O.F.

縦枠: ピーラー O.F.

縦枠: ピーラー O.F.

FL 3t

格子引戸: ピーラー O.F.

扉W=1,150

扉W=1,150

錠の寸法やバックセット距離に注意する。

ポーチ

平面図

引戸で部屋の役割を変える

壁から壁まで引戸とすることで、「寝室1」を使用しないときは玄関から続く間となる。引戸前のスペースが靴の脱ぎ履き時の腰掛になる。

第2篇 枠廻り詳細

内部枠廻り 永山の家

畳寄：ブナ

壁：
砂漆喰 13t
ラスボード 7t

天井：
ダウンライト用ボックス

△天井：ラワンベニヤ 4t
（目地：4mm）

【寝室1】
床：畳 55t

△天井：ラワンベニヤ 4t
（目地：突き付け）

△天井：ラワンベニヤ 4t
（目地：4mm）

左官壁を縦枠まで巻き込むことで、窓台部分も砂漆喰に包まれる。

縦枠：ツガ オイル拭取り

窓下：パネルヒーター

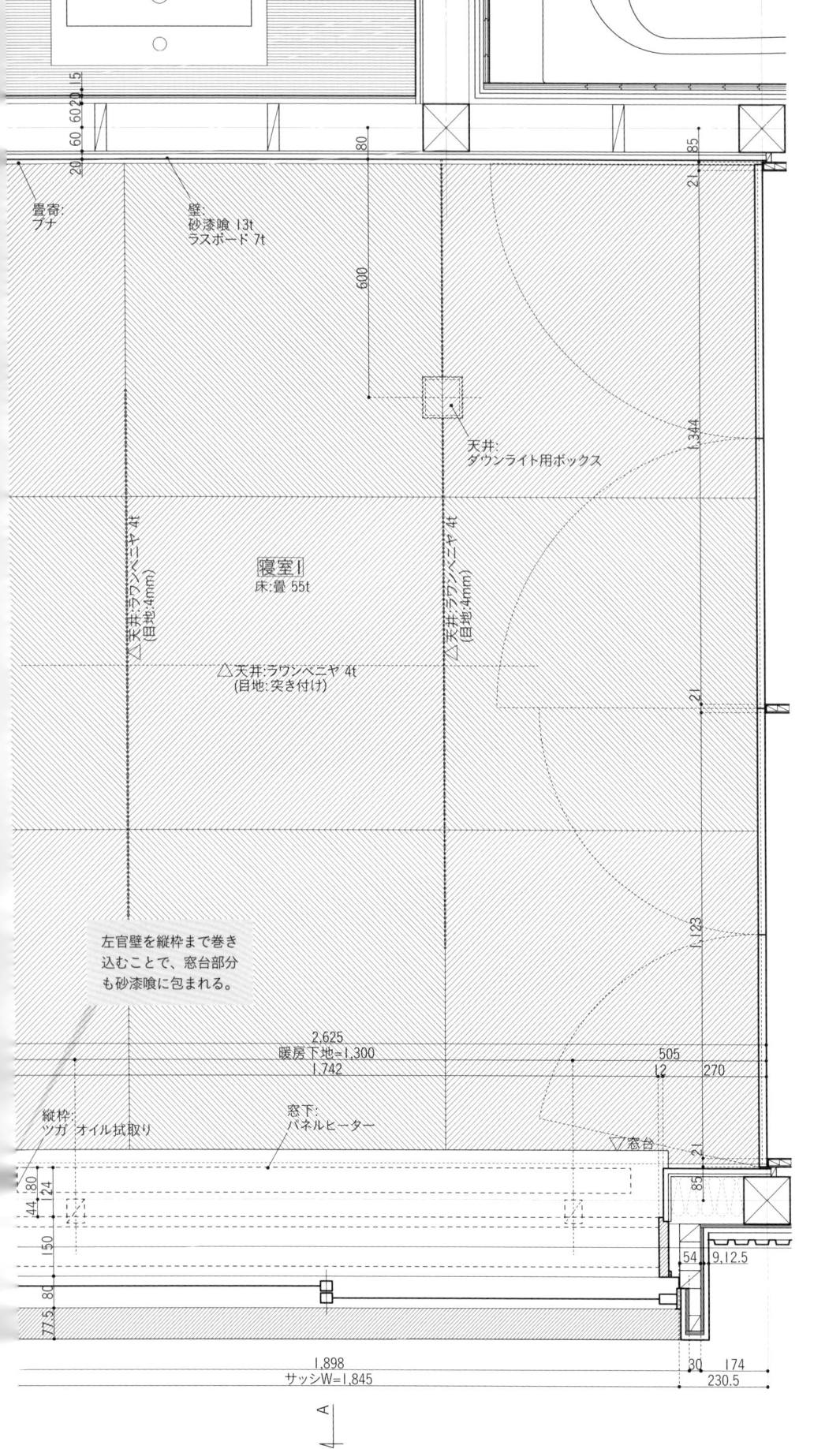

▽窓台

| 永山の家 | 平面図-1F 北棟 | S=1/15 | 145/144 |

玄関
床:ブナ 15t O.F.

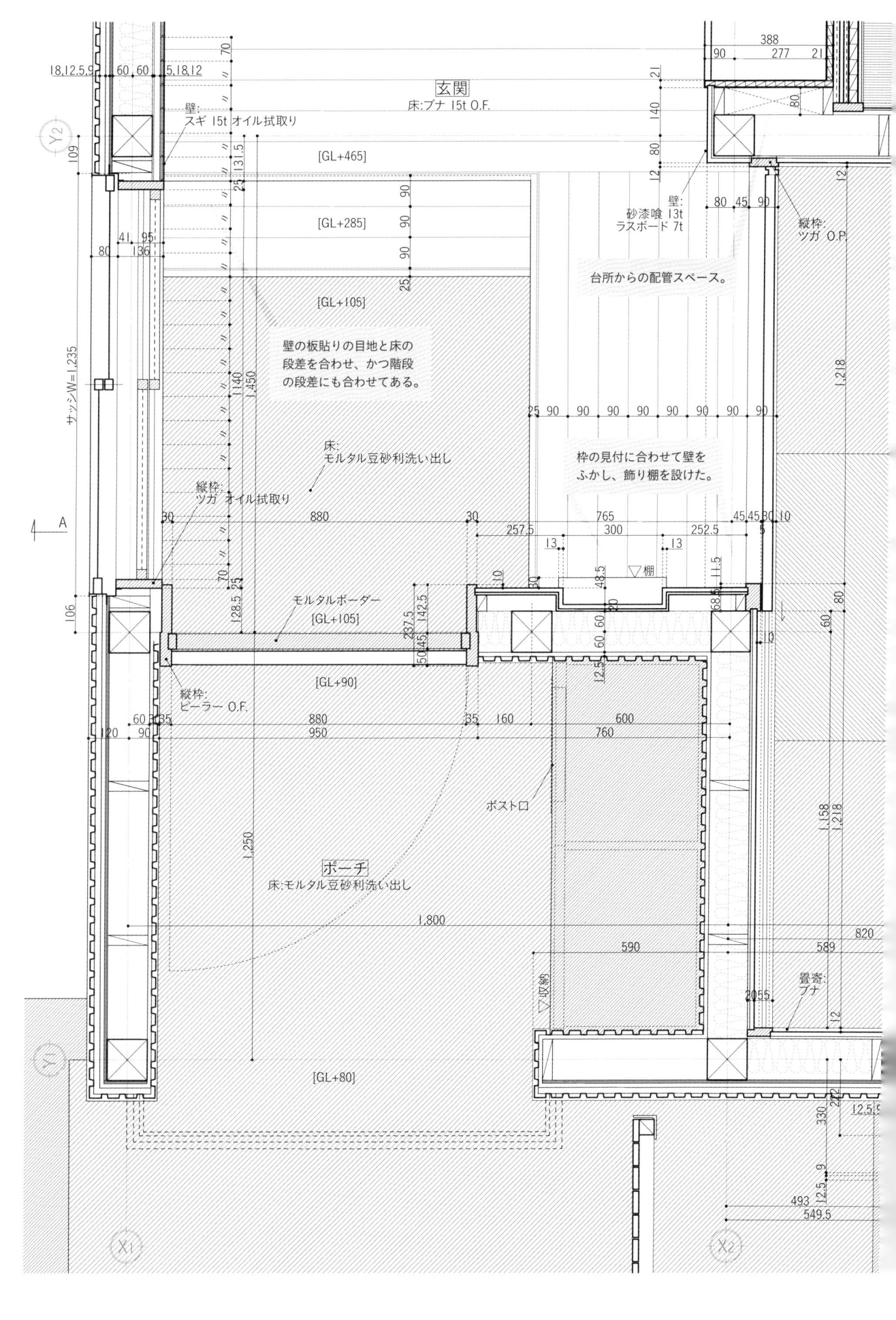

[GL+465]

壁:
スギ 15t オイル拭取り

[GL+285]

壁:
砂漆喰 13t
ラスボード 7t

[GL+105]

縦枠:
ツガ O.P.

台所からの配管スペース。

壁の板貼りの目地と床の
段差を合わせ、かつ階段
の段差にも合わせてある。

床:
モルタル豆砂利洗い出し

枠の見付に合わせて壁を
ふかし、飾り棚を設けた。

縦枠:
ツガ オイル拭取り

▽棚

モルタルボーダー
[GL+105]

[GL+90]

縦枠:
ピーラー O.F.

ポストロ

ポーチ
床:モルタル豆砂利洗い出し

▽収納

畳寄:
ブナ

[GL+80]

奥行きのある窓をつくる

「寝室1」の窓は前面道路に面するので、出窓形状にすることで、道路との距離感をもたせている。
また、先端にテーパーを掛けて家具的な存在としている。

スダレ戸を入れることで、風を通すときに隣地の存在を薄くした。

天井：
砂漆喰 3t
PB 12.5t

鴨居：
ツガ オイル拭取り

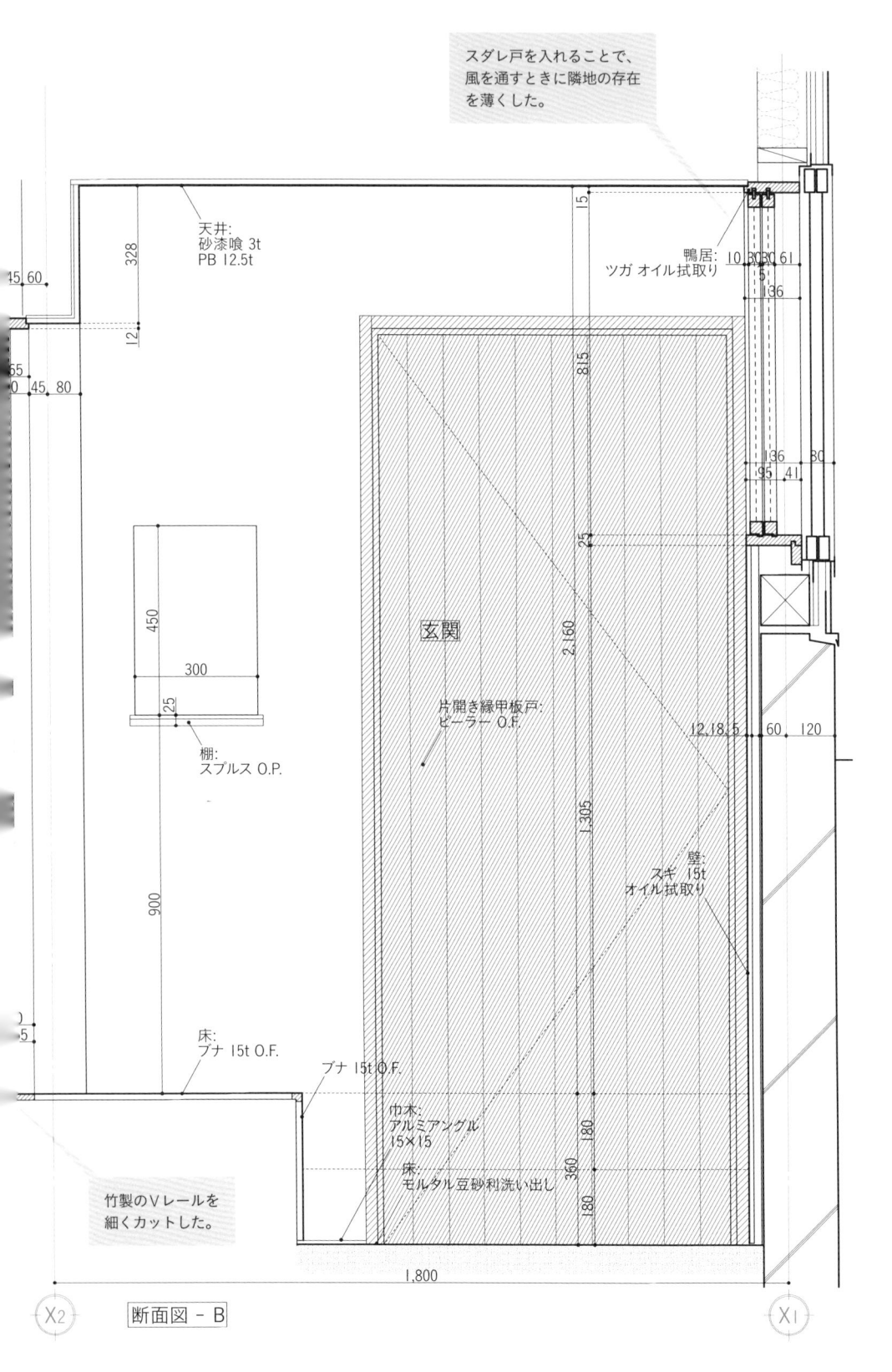

棚：
スプルス O.P.

片開き縁甲板戸：
ピーラー O.F.

壁：
スギ 15t
オイル拭取り

床：
ブナ 15t O.F.

ブナ 15t O.F.

巾木：
アルミアングル
15×15

床：
モルタル豆砂利洗い出し

竹製のVレールを細くカットした。

玄関

断面図 - B

第2篇 枠廻り詳細　内部枠廻り　永山の家

永山の家　断面図-1F 北棟　S=1/15

サッシの框の下端と
ブラインドボックス
を揃えている。

引戸の幅は大きめにとったが、
垂れ壁を付けることで空間の
重心は低く保った。

壁:
砂漆喰 13t
ラスボード 7t

天井:
ラワンベニヤ 4t O.F.

ブラインドボックス:
ツガ オイル拭取り

寝室1

窓台:
スギ オイル拭取り

窓下:
パネルヒーター

畳寄:
ブナ

床:
畳 55t

サッシの框の上端と窓台を合わ
せて、見えがかりの線を少なく
している。

窓下にパネルヒーターを
設けることで、コールド
ドラフトを防ぐ。

Y1 断面図－A

一坪半に機能を納めて、"奥まり感"をつくる

一間×一間半のスペースで芯を細かく設定することで、便所や手洗台、置き家具や洋服掛けを納めた。袖壁が便所までの奥まり感を演出している。

第2篇 枠廻り詳細

内部枠廻り 永山の家

「寝室2」の仕上げは砂漆喰、「納戸1」の仕上げはシナベニヤ貼なので、枠を2段階にして、寝室2側の枠はO.P、納戸1側の枠はO.Fと塗装を切り分けた。

両側からの引戸の戸当りとなる。

寝室2
床:畳 55t

△天井:ラワンベニヤ 4t
(目地:突き付け)

天井のラワンベニヤは長手方向は目地をとり、短手方向は突き付けとした。

縦枠:ツガ オイル拭取り
窓下:パネルヒーター

▽小庇
サッシW=1,640
▽窓台
▽小庇

暖房下地=1,200

| 永山の家 | 平面図-1F 南棟 | S=1/15 | 149 / 148 |

納戸1
床:ブナ 15t O.F.

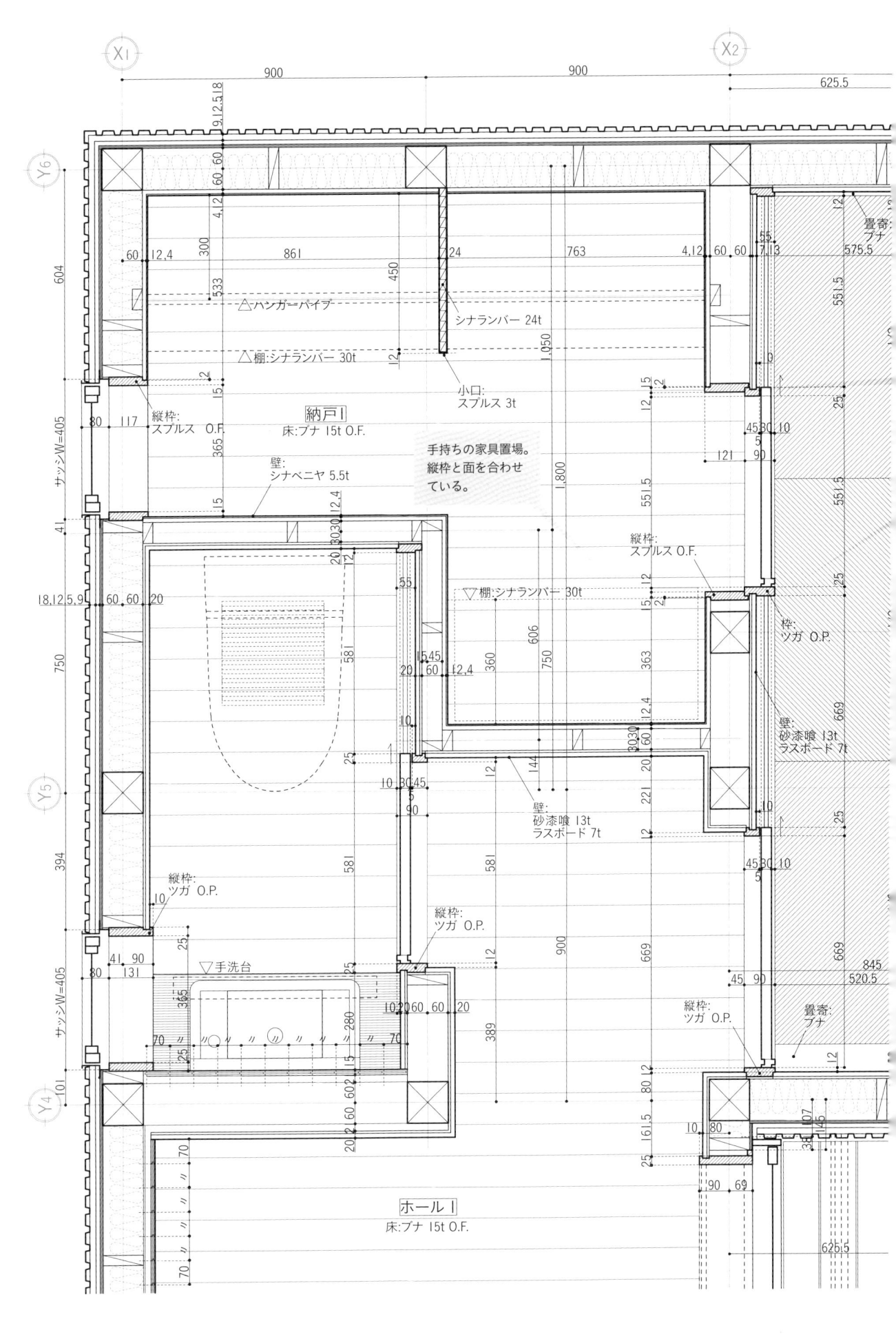

ハンガーパイプ
棚:シナランバー 30t
シナランバー 24t
小口:スプルス 3t

縦枠:スプルス O.F.
壁:シナベニヤ 5.5t

手持ちの家具置場。
縦枠と面を合わせ
ている。

縦枠:スプルス O.F.

棚:シナランバー 30t

枠:ツガ O.P.
壁:砂漆喰 13t
ラスボード 7t

畳寄:ブナ

壁:砂漆喰 13t
ラスボード 7t

縦枠:ツガ O.P.

▽手洗台

縦枠:ツガ O.P.

縦枠:ツガ O.P.

畳寄:ブナ

ホール1
床:ブナ 15t O.F.

垂れ壁と腰壁を付けて、空間の重心を下げる

垂れ壁を付けることで空間の重心が下がり、"包まれ感"が生まれる。バルコニーと床レベルは同じだが、腰壁を付けることで落ち着き感を得ている。

第2篇 枠廻り詳細

内部枠廻り 永山の家

天井:
ラワンベニヤ 4t O.F.

壁:
砂漆喰 13t
ラスボード 7t

引戸:
シナベニヤフラッシュ O.P.

引手:
タモ O.F.

室2

ブラインドボックス:
ツガ オイル拭取り

窓台:
スギ オイル拭取り

壁:
砂漆喰 13t
ラスボード 7t

床:
畳 55t

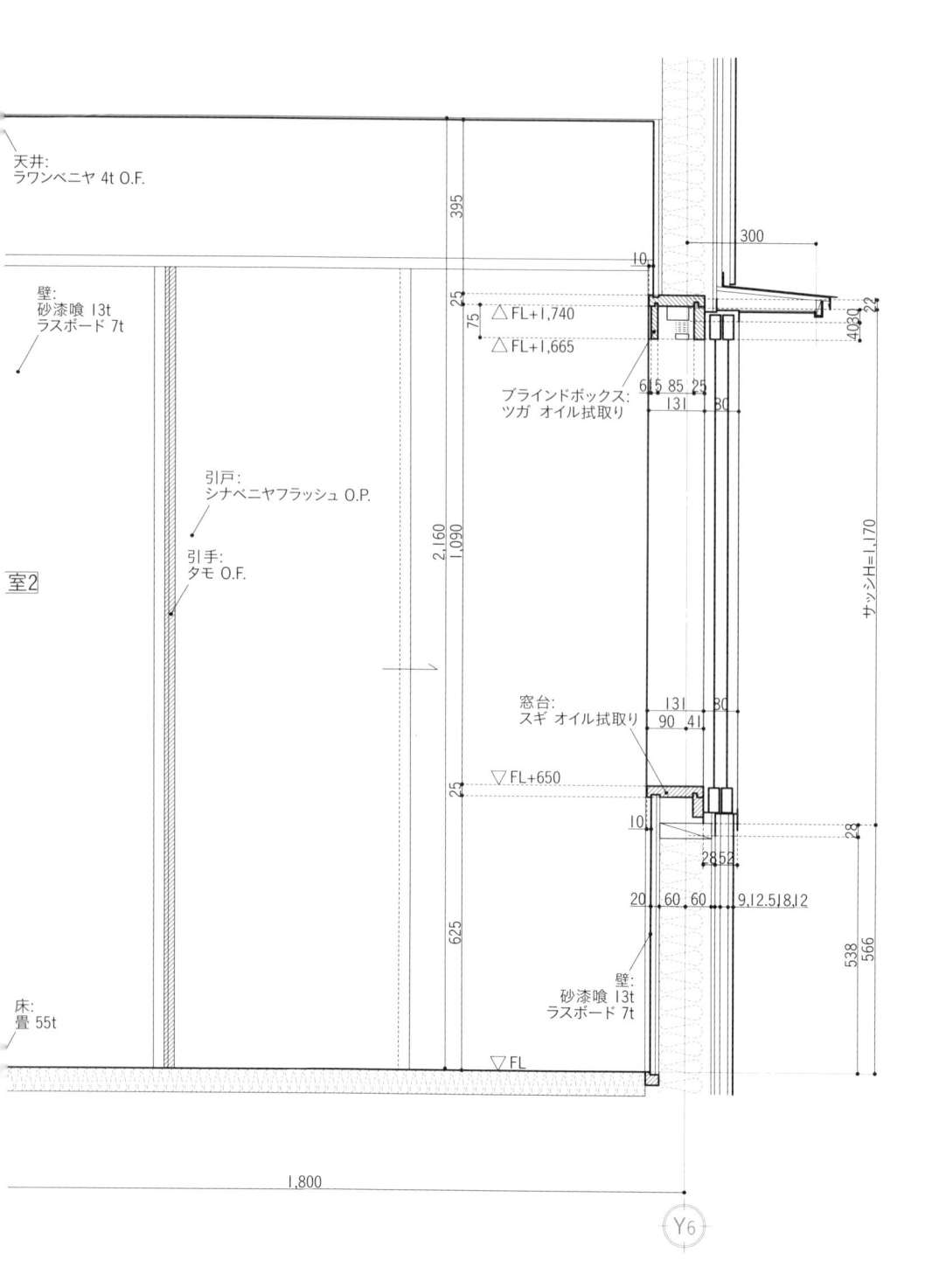

△FL+1,740
△FL+1,665
▽FL+650
▽FL

サッシH=1,170

永山の家 断面図-1F 南棟 S=1/15 151/150

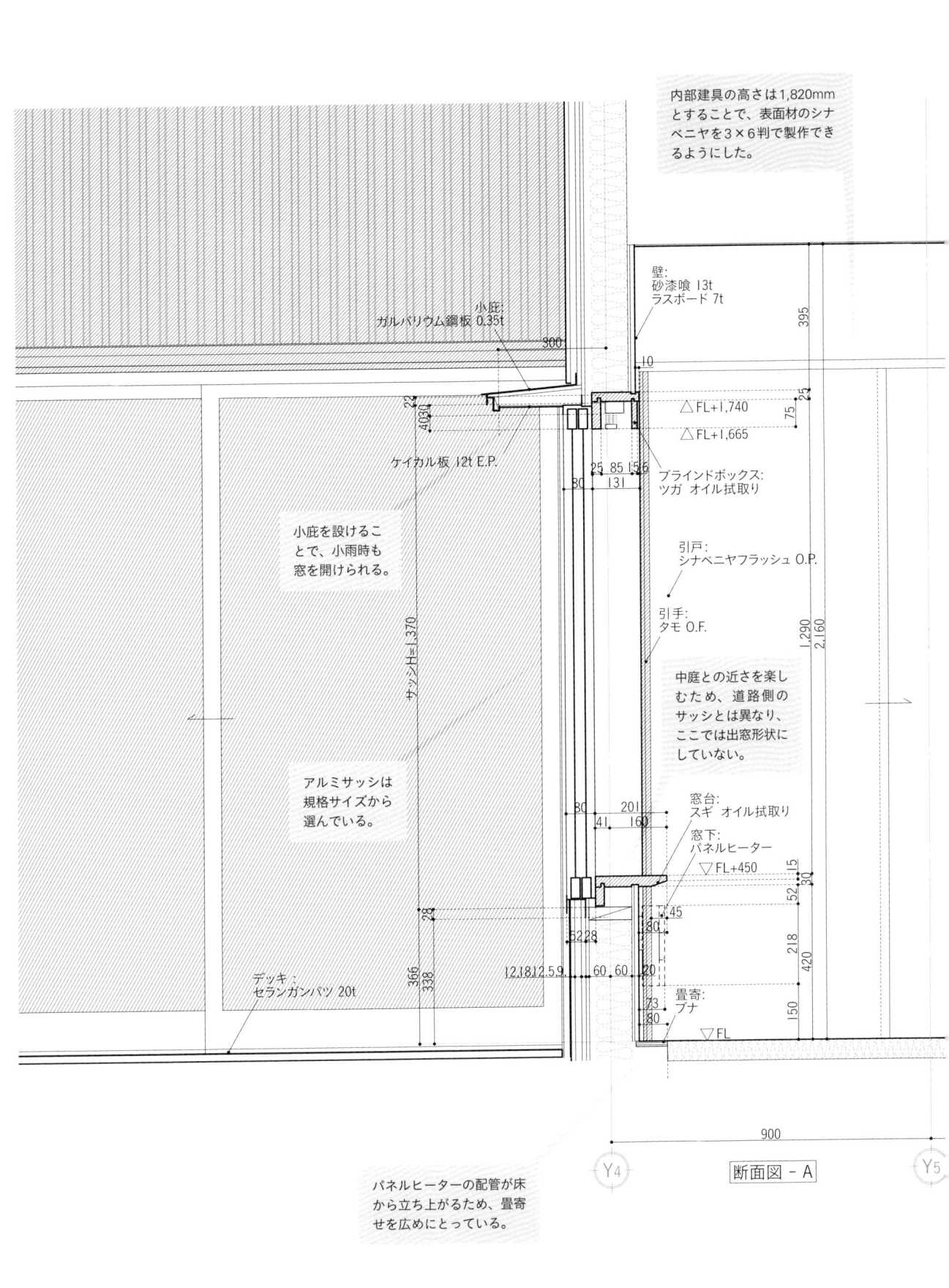

内部建具の高さは1,820mmとすることで、表面材のシナベニヤを3×6判で製作できるようにした。

壁:
砂漆喰 13t
ラスボード 7t

395

小庇:
ガルバリウム鋼板 0.35t

300

10

25

75

△FL+1,740
△FL+1,665

22
4030

ブラインドボックス:
ツガ オイル拭取り

ケイカル板 12t E.P.

25 85 15 6
80 131

小庇を設けることで、小雨時も窓を開けられる。

引戸:
シナベニヤフラッシュ O.P.

引手:
タモ O.F.

サッシH=1,370

1,290
2,160

中庭との近さを楽しむため、道路側のサッシとは異なり、ここでは出窓形状にしていない。

アルミサッシは規格サイズから選んでいる。

80 201
41 160

窓台:
スギ オイル拭取り
窓下:
パネルヒーター
▽FL+450

15
30
52
45
80
218
420

デッキ:
セランガンバツ 20t

366
338

28

12.18 12.5 9
60 60 20

52 28

畳寄:
ブナ
▽FL

73
80
150

900

パネルヒーターの配管が床から立ち上がるため、畳寄せを広めにとっている。

Y4　断面図 - A　Y5

収納の深さを変えて、物を納める

旅行鞄など奥行きのある物の置き場所をつくりつつ、一間の中に「寝室3」側から本棚（エアコン置場）、「納戸2」に洋服掛けと収納棚を設けている。

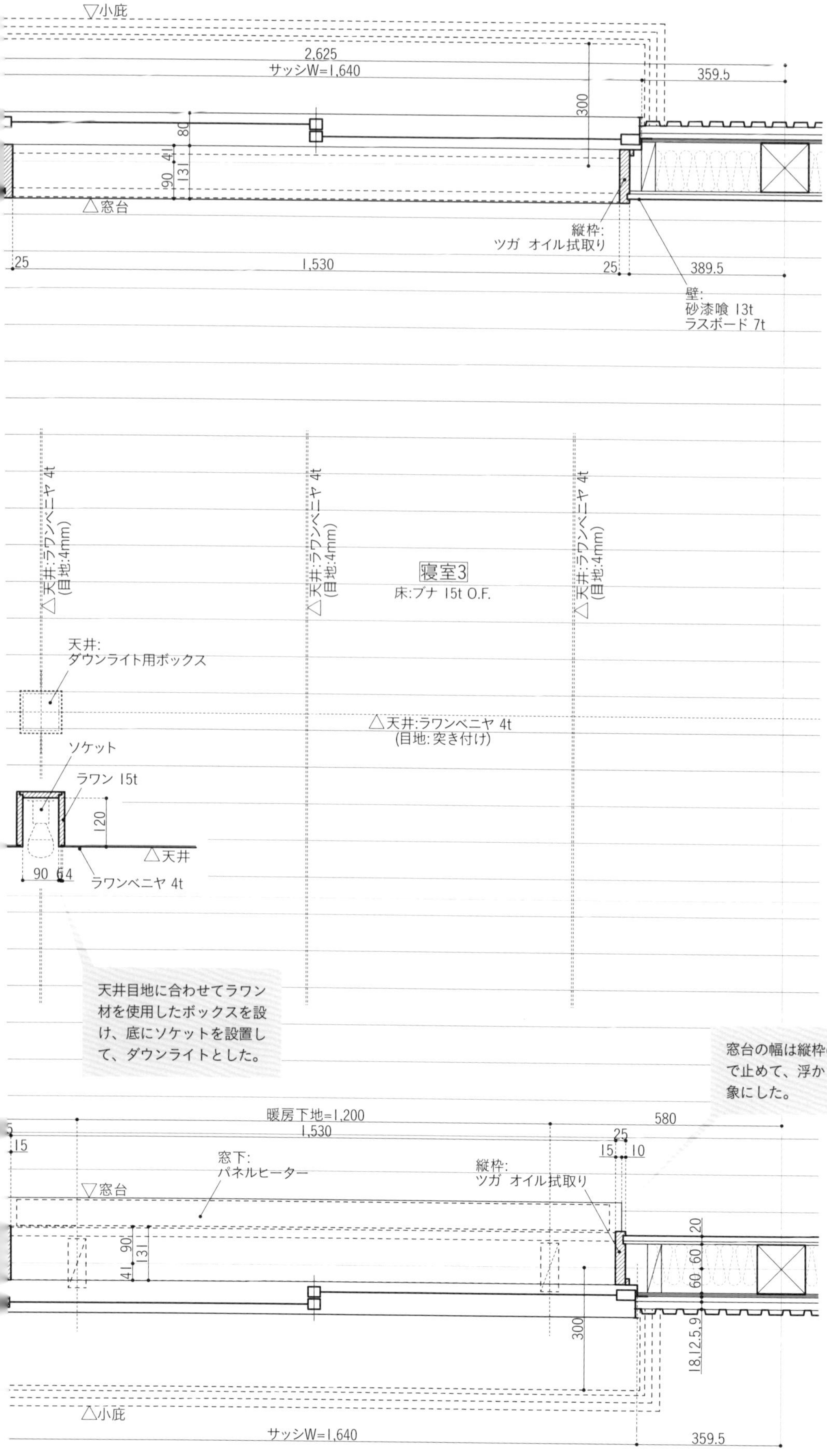

第2篇 枠廻り詳細
内部枠廻り 永山の家

図中注記（上図）:
- ▽小庇
- 2,625 / サッシW=1,640
- 359.5
- 300
- 80
- 90 / 41 / 131
- △窓台
- 25 / 1,530 / 25 / 389.5
- 縦枠：ツガ オイル拭取り
- 壁：砂漆喰 13t ラスボード 7t

中央部:
- △天井：ラワンベニヤ 4t
- 天井：ラワンベニヤ 4t（目地:4mm）
- 寝室3
- 床：ブナ 15t O.F.
- △天井：ラワンベニヤ 4t（目地:突き付け）
- 天井：ダウンライト用ボックス
- ソケット
- ラワン 15t
- 120
- △天井
- 90 / 64
- ラワンベニヤ 4t

天井目地に合わせてラワン材を使用したボックスを設け、底にソケットを設置して、ダウンライトとした。

窓台の幅は縦枠の半分で止めて、浮かした印象にした。

図中注記（下図）:
- 暖房下地=1,200
- 580
- 1,530
- 15 / 25 / 15 / 10
- ▽窓台
- 窓下：パネルヒーター
- 縦枠：ツガ オイル拭取り
- 41 / 90 / 131
- 60 / 60 / 20
- 18.12.5.9
- 300
- △小庇
- サッシW=1,640
- 359.5

永山の家 ｜ 2F 南棟・平面図 ｜ S=1/15

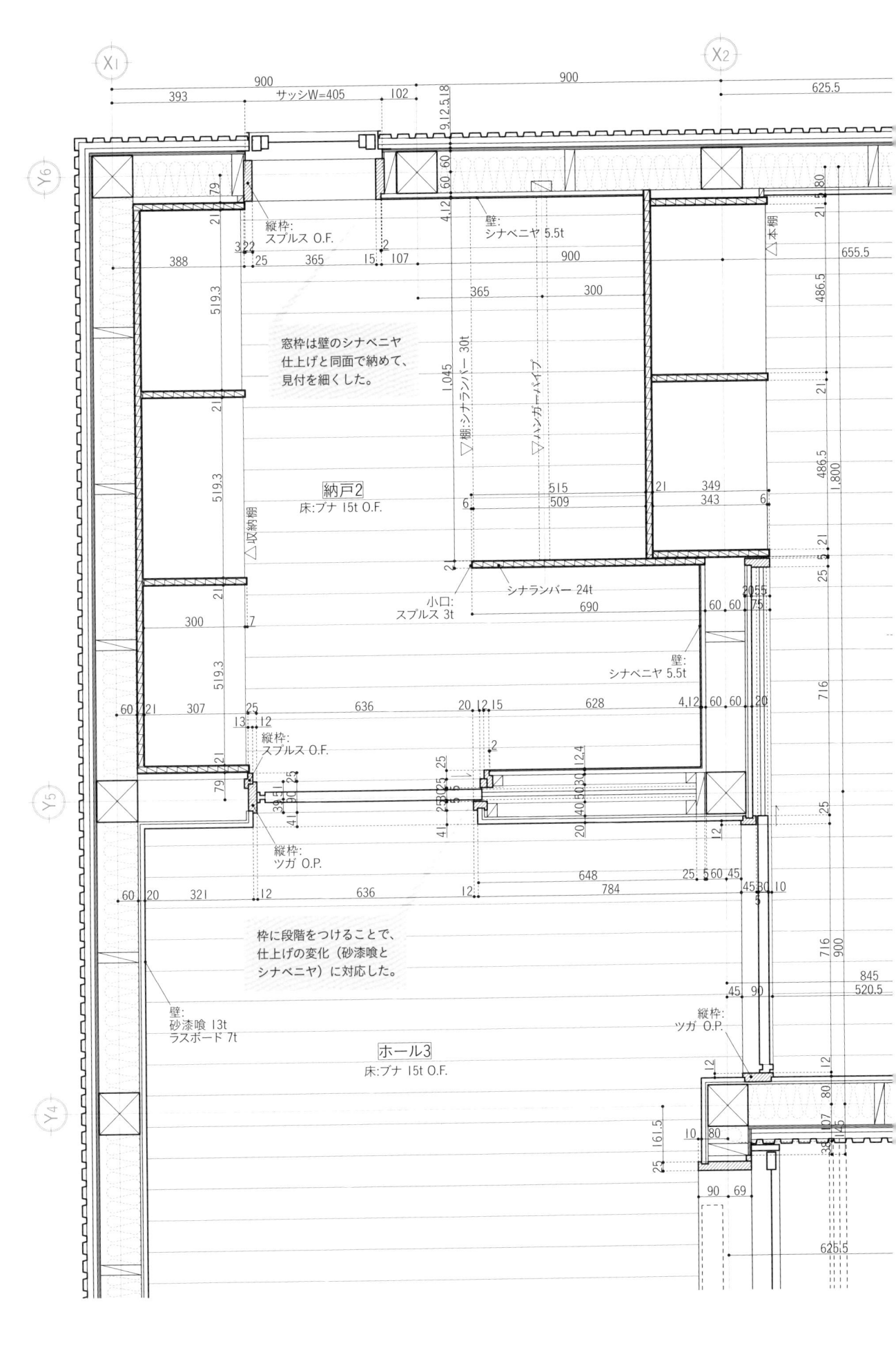

窓枠は壁のシナベニヤ
仕上げと同面で納めて、
見付を細くした。

納戸2
床:ブナ 15t O.F.

縦枠:
スプルス O.F.

壁:
シナベニヤ 5.5t

△本棚

▽棚:シナランバー 30t
▽ハンガーパイプ

小口:
スプルス 3t

シナランバー 24t

壁:
シナベニヤ 5.5t

△収納棚

縦枠:
スプルス O.F.

縦枠:
ツガ O.P.

枠に段階をつけることで、
仕上げの変化（砂漆喰と
シナベニヤ）に対応した。

壁:
砂漆喰 13t
ラスボード 7t

縦枠:
ツガ O.P.

ホール3
床:ブナ 15t O.F.

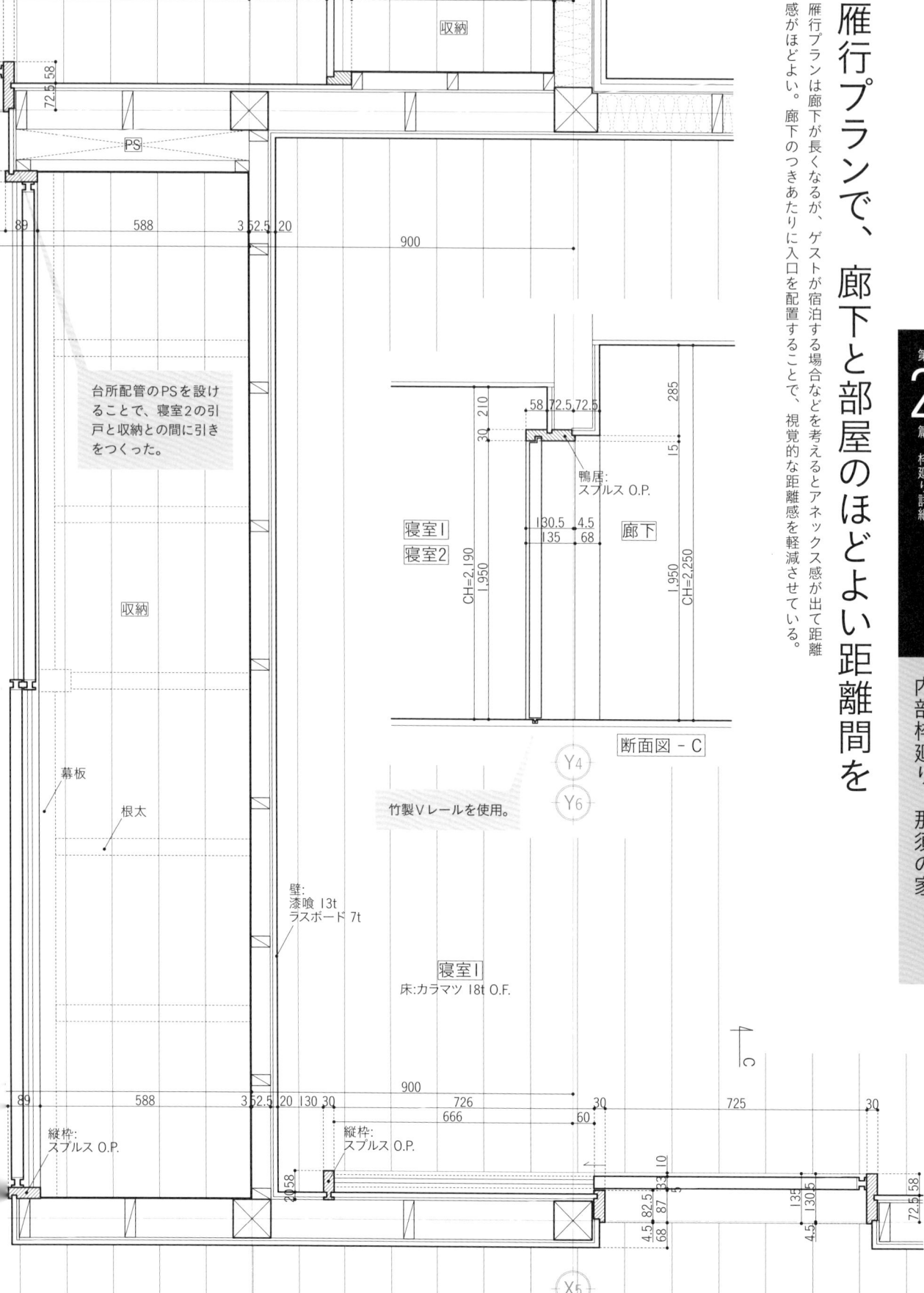

雁行プランで、廊下と部屋のほどよい距離間を

雁行プランは廊下が長くなるが、ゲストが宿泊する場合などを考えるとアネックス感が出て距離感がほどよい。廊下のつきあたりに入口を配置することで、視覚的な距離感を軽減させている。

第2篇 枠廻り詳細

内部枠廻り 那須の家

収納

PS

台所配管のPSを設けることで、寝室2の引戸と収納との間に引きをつくった。

収納

幕板

根太

壁：
漆喰 13t
ラスボード 7t

寝室1
寝室2
CH=2,190

鴨居：
スプルス O.P.

廊下
CH=2,250

断面図－C

竹製Vレールを使用。

寝室1
床：カラマツ 18t O.F.

縦枠：
スプルス O.P.

縦枠：
スプルス O.P.

| 那須の家 | 平面図-1F | S=1/15 |

寝室2
床:カラマツ 18t O.F.

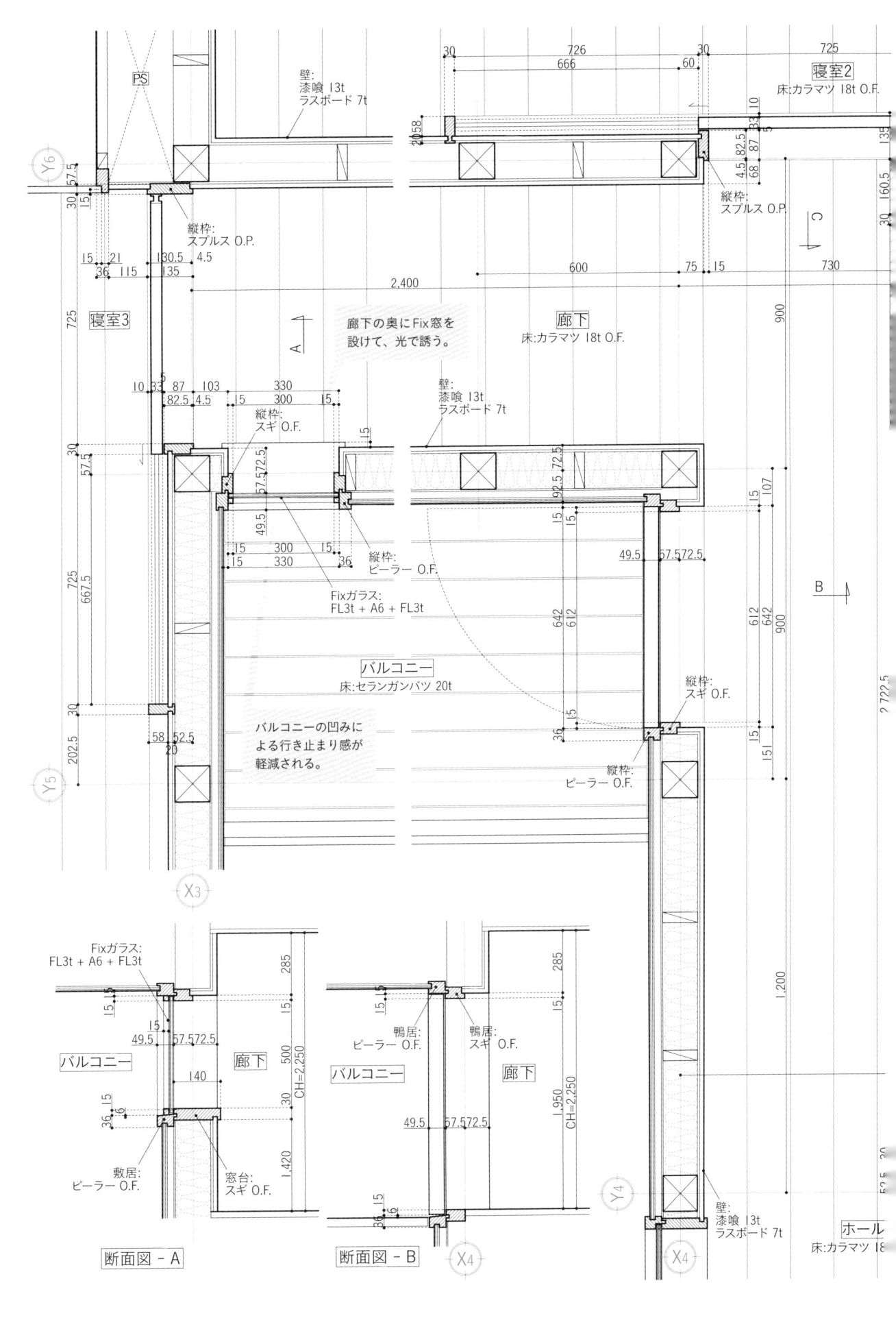

縦枠:
スプルス O.P.

壁:
漆喰 13t
ラスボード 7t

PS

縦枠:
スプルス O.P.

寝室3

廊下
床:カラマツ 18t O.F.

廊下の奥にFix窓を
設けて、光で誘う。

壁:
漆喰 13t
ラスボード 7t

縦枠:
スギ O.F.

縦枠:
ピーラー O.F.

Fixガラス:
FL3t + A6 + FL3t

バルコニー
床:セランガンバツ 20t

バルコニーの凹みに
よる行き止まり感が
軽減される。

縦枠:
スギ O.F.

縦枠:
ピーラー O.F.

Fixガラス:
FL3t + A6 + FL3t

バルコニー　廊下

鴨居:
ピーラー O.F.

鴨居:
スギ O.F.

バルコニー　廊下

敷居:
ピーラー O.F.

窓台:
スギ O.F.

壁:
漆喰 13t
ラスボード 7t

ホール
床:カラマツ 18t

断面図 - A　　断面図 - B

広がり与える入隅窓。視線を外へと誘う

部屋の入隅に窓を配置することで、視線を窓の外に導いて広がりを得ることができる。植栽の影を映し込んだ障子越しの光が袖の壁にうっすら入る。

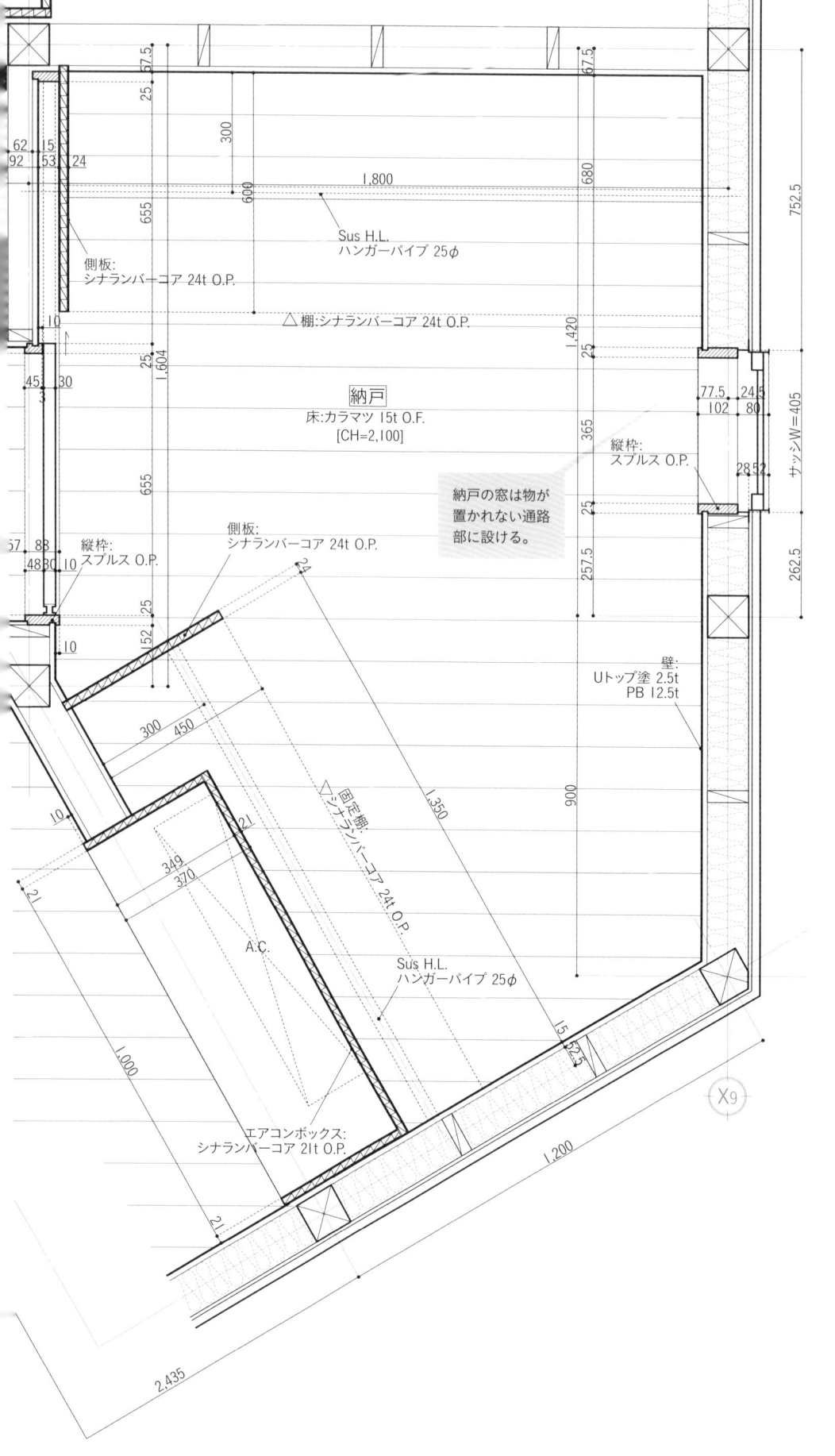

第2篇 枠廻り詳細

内部枠廻り 鵠沼の家

納戸
床:カラマツ 15t O.F.
[CH=2,100]

側板:シナランバーコア 24t O.P.
△棚:シナランバーコア 24t O.P.
Sus H.L. ハンガーパイプ 25φ
縦枠:スプルス O.P.
壁:Uトップ塗 2.5t PB 12.5t
サッシW=405

納戸の窓は物が置かれない通路部に設ける。

固定棚:シナランバーコア 24t O.P.
A.C.
Sus H.L. ハンガーパイプ 25φ
エアコンボックス:シナランバーコア 21t O.P.

鵠沼の家　平面図-1F　S=1/15

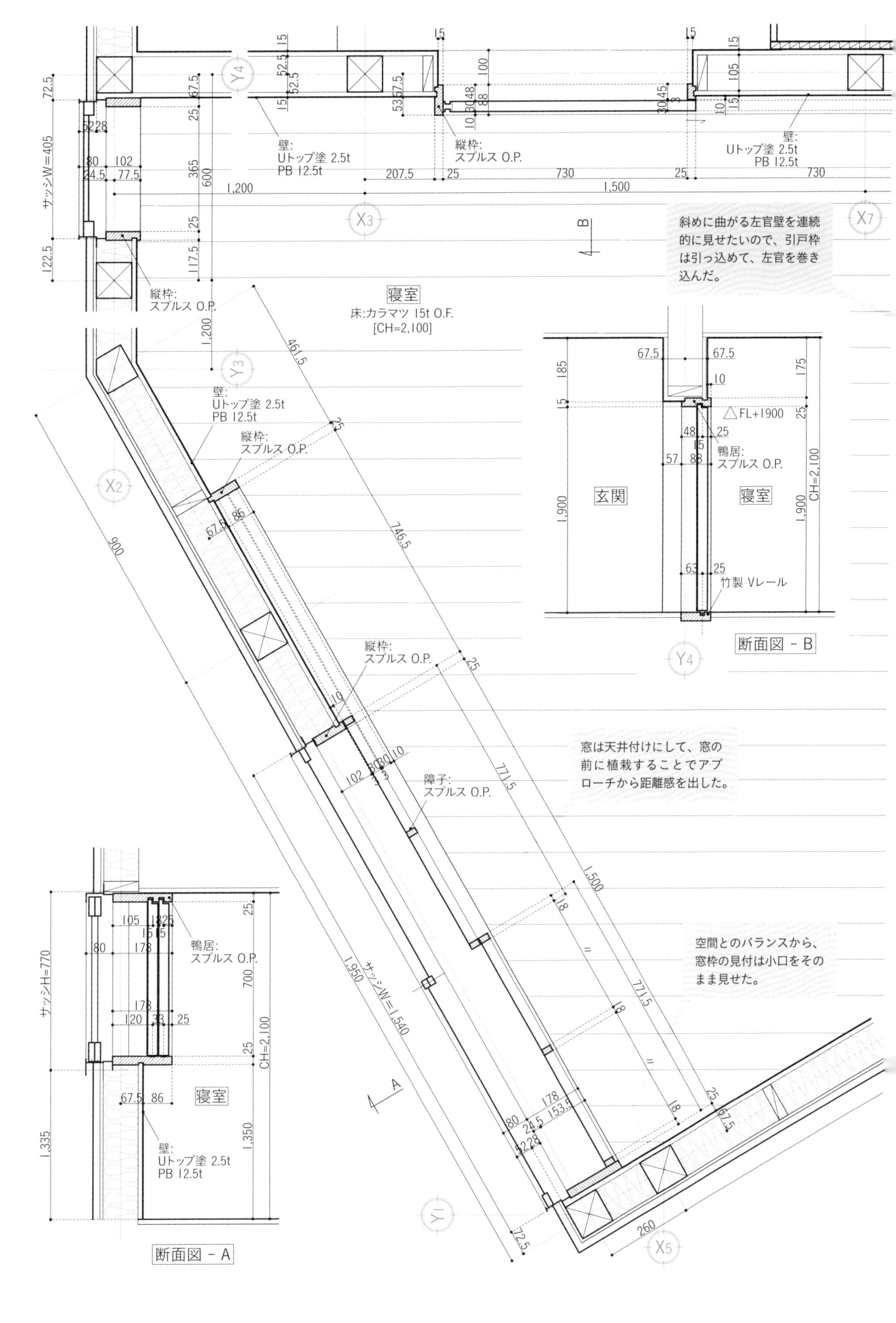

寝室
床:カラマツ 15t O.F.
[CH=2,100]

壁:
Uトップ塗 2.5t
PB 12.5t

縦枠:
スプルス O.P.

壁:
Uトップ塗 2.5t
PB 12.5t

縦枠:
スプルス O.P.

縦枠:
スプルス O.P.

壁:
Uトップ塗 2.5t
PB 12.5t

縦枠:
スプルス O.P.

障子:
スプルス O.P.

斜めに曲がる左官壁を連続的に見せたいので、引戸枠は引っ込めて、左官を巻き込んだ。

△FL+1900

鴨居:
スプルス O.P.

玄関　　寝室
CH=2,100

竹製 Vレール

断面図 - B

窓は天井付けにして、窓の前に植栽することでアプローチから距離感を出した。

空間とのバランスから、窓枠の見付は小口をそのまま見せた。

鴨居:
スプルス O.P.

寝室

壁:
Uトップ塗 2.5t
PB 12.5t

断面図 - A

開き戸＋左官壁で、距離感を得る

主動線となる「ホール1」から「寝室」への距離感を得るため、引戸ではなく戸締まり感が強い開き戸とした納まり。壁をふかして左官壁を巻き込むことで、より間接的にした。

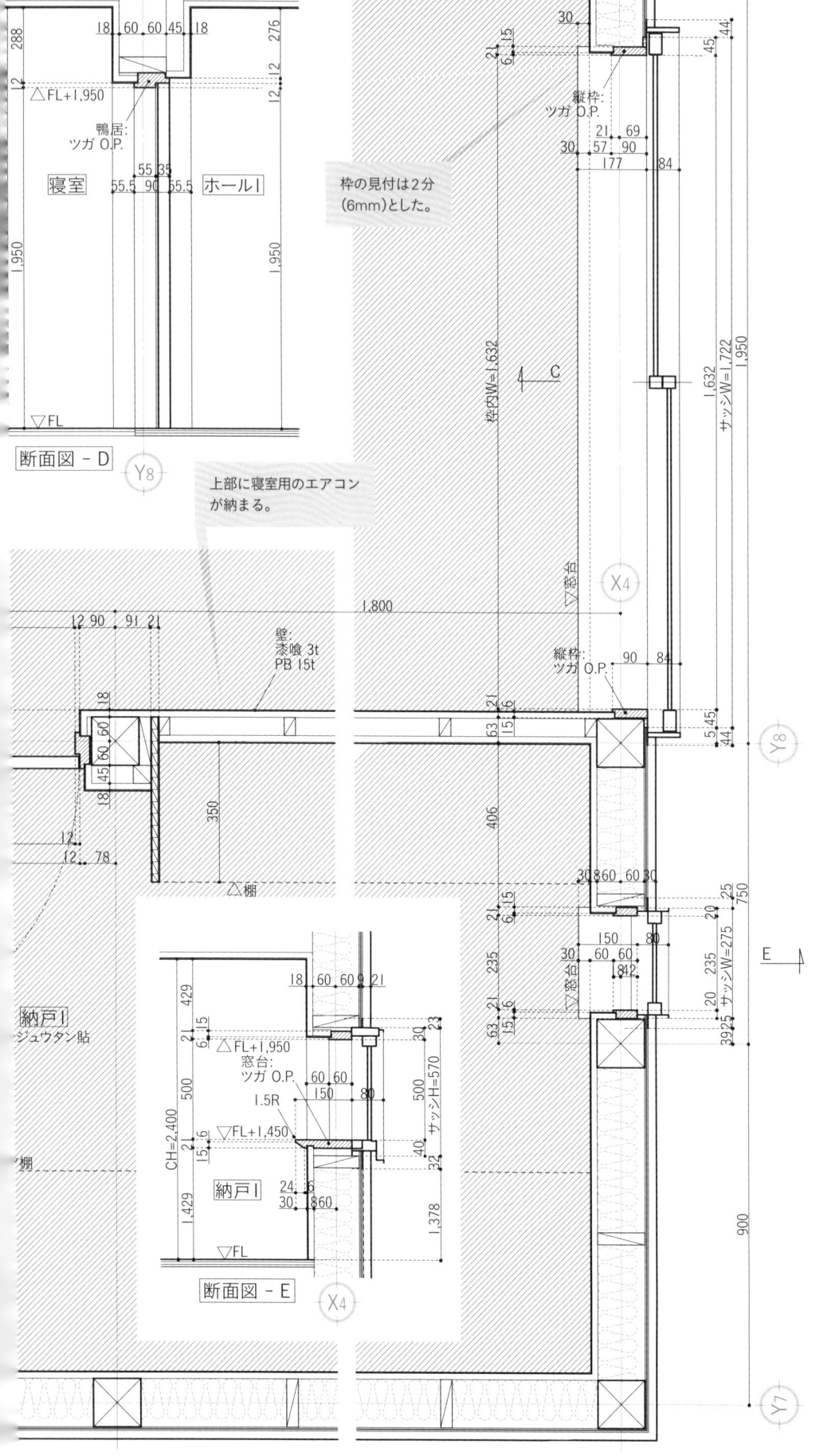

第2篇 枠廻り詳細　内部枠廻り　幡ヶ谷の家

断面図 - D

寝室　ホール1

鴨居：ツガ O.P.

枠の見付は2分（6mm）とした。

上部に寝室用のエアコンが納まる。

縦枠：ツガ O.P.

壁漆喰 3t
PB 15t

縦枠：ツガ O.P.

納戸1
ジュウタン貼

断面図 - E

窓台：ツガ O.P.

納戸1

幡ヶ谷の家　平面図-1F　S=1/15

寝室
床:ジュウタン貼

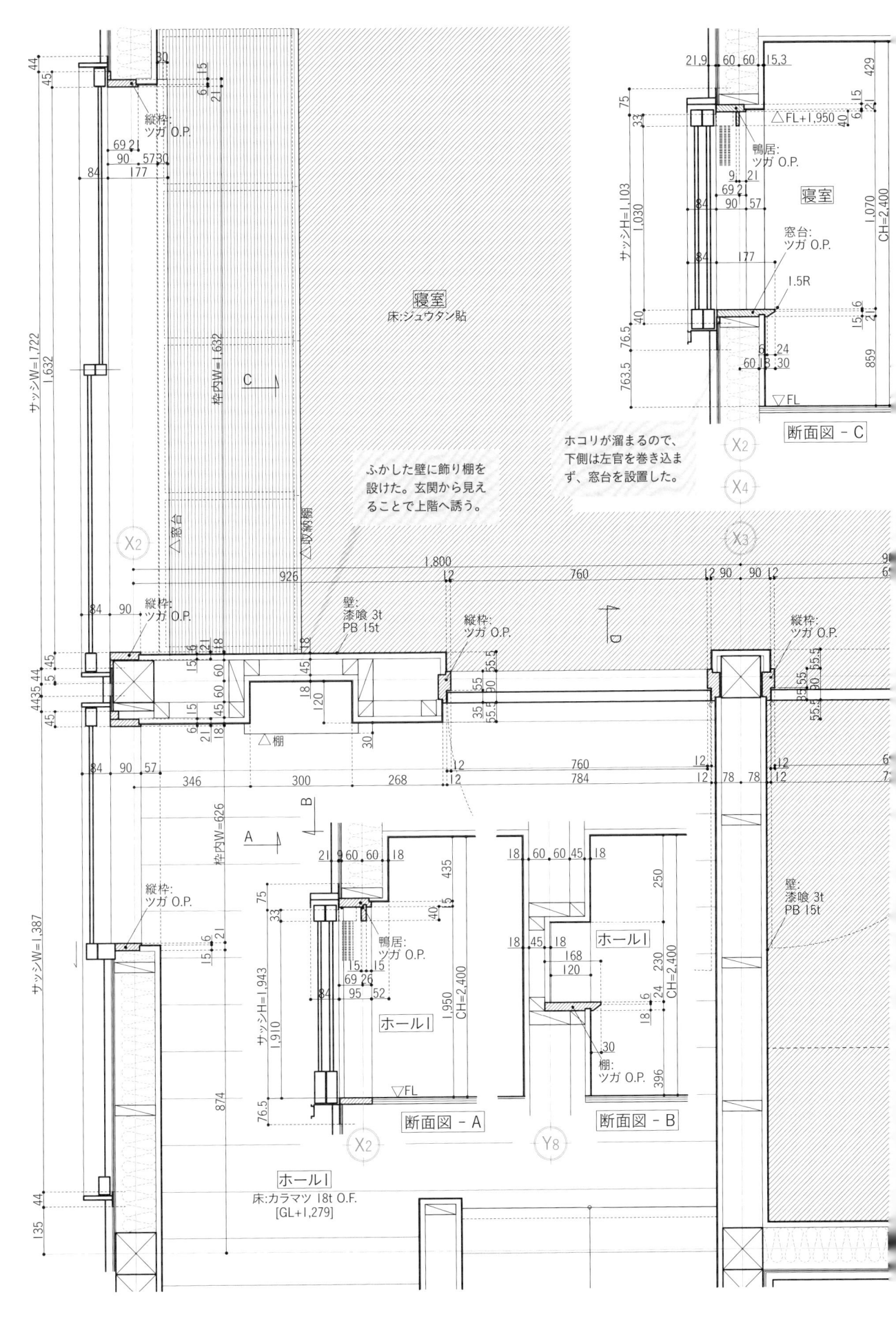

鴨居:
ツガ O.P.

寝室

窓台:
ツガ O.P.

断面図 - C

ふかした壁に飾り棚を設けた。玄関から見えることで上階へ誘う。

ホコリが溜まるので、下側は左官を巻き込まず、窓台を設置した。

△窓台　△収納棚

縦枠:
ツガ O.P.

壁:
漆喰 3t
PB 15t

縦枠:
ツガ O.P.

縦枠:
ツガ O.P.

△棚

壁:
漆喰 3t
PB 15t

縦枠:
ツガ O.P.

鴨居:
ツガ O.P.

ホール1

ホール1

棚:
ツガ O.P.

断面図 - A

断面図 - B

ホール1
床:カラマツ 18t O.F.
[GL+1,279]

引込み戸にして空間に静けさを

「広間」では空間の静けさがほしいため、框戸を壁に引き込んだ納まり。食堂ではキッチンカウンターを納めた壁から垂れ壁がつながっていき、そのふかした壁の中に引戸を引き込んだ。

第2篇　枠廻り詳細

内部枠廻り　幡ヶ谷の家

デスクや本棚を支える壁になる。

壁：
漆喰 3t
PB 15t

ホール2
床：カラマツ 18t O.F.
[GL+3,079]

内部枠の見付は4分
（12mm）で統一した。

縦枠：
ツガ O.P.

縦枠：
ツガ O.P.

台所

キッチンカウンター

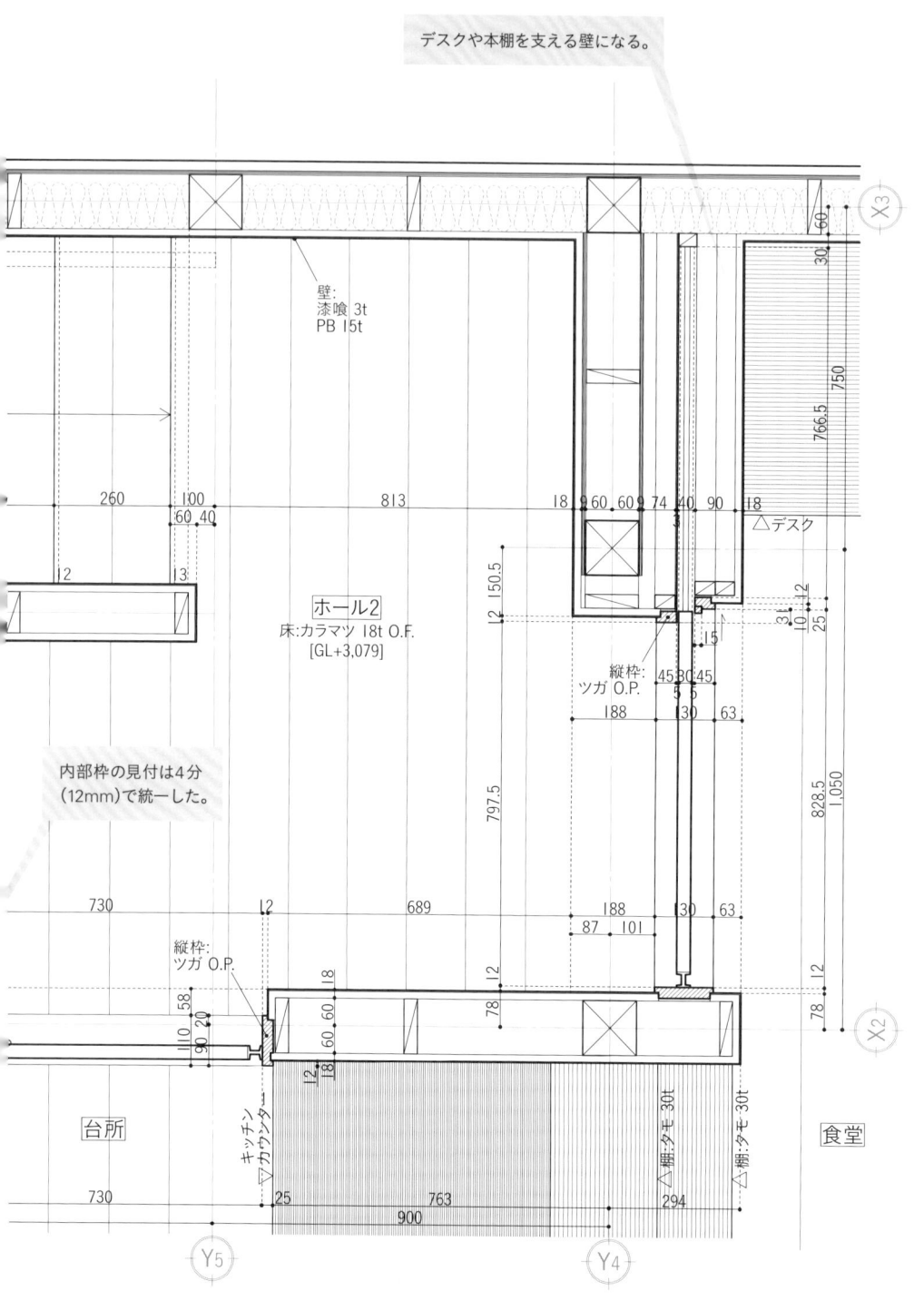

△棚：タモ 30t
△棚：タモ 30t

食堂

幡ヶ谷の家　平面図-2F　S=1/15

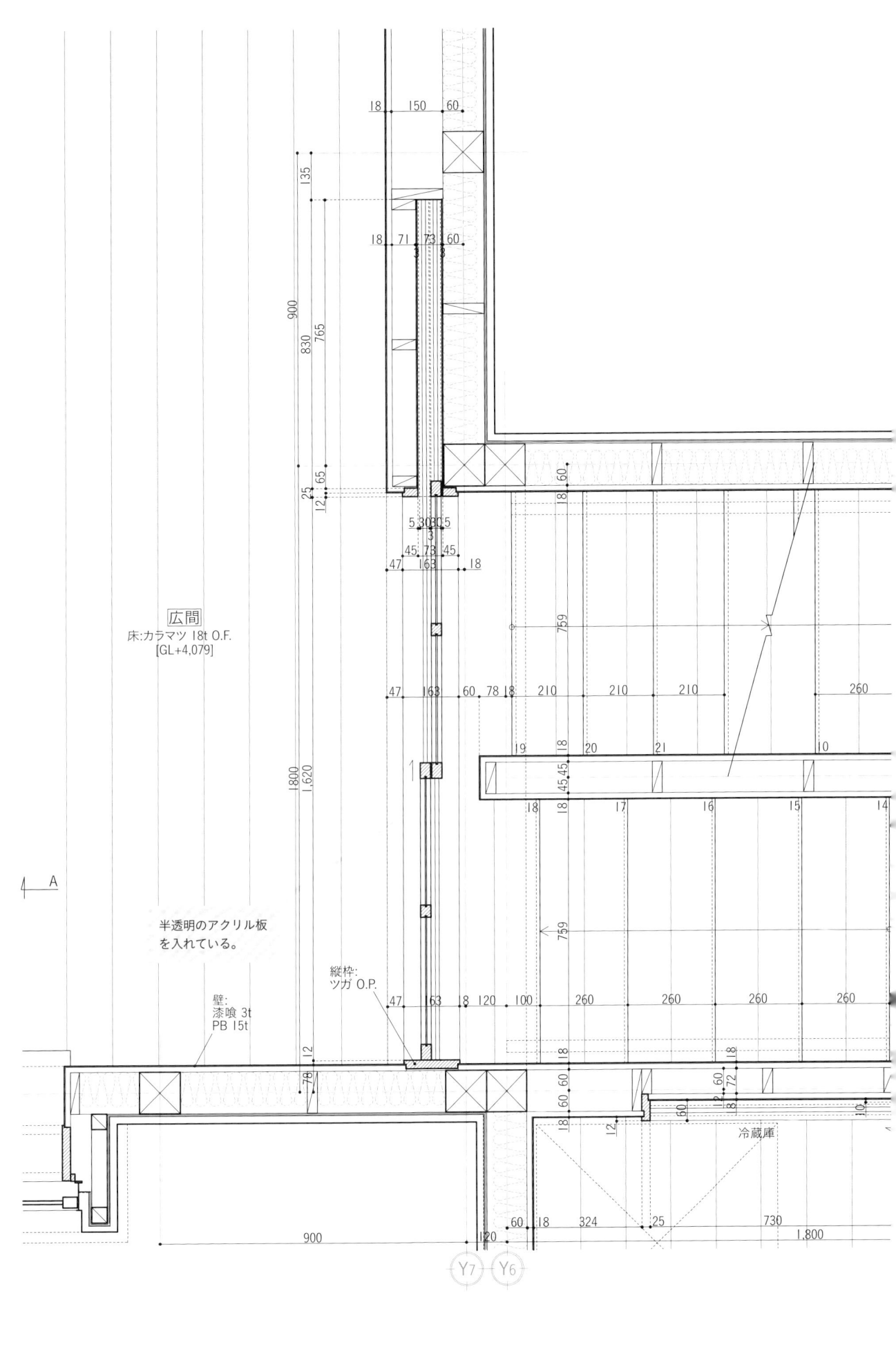

広間
床:カラマツ 18t O.F.
[GL+4,079]

半透明のアクリル板
を入れている。

壁:
漆喰 3t
PB 15t

縦枠:
ツガ O.P.

冷蔵庫

Y7 Y6

引戸の高さを揃え、統一感とリズムを出す

天井高の違いや垂れ壁の有無、引戸の形状にかかわらず、内部の開口部の高さを揃えている。共通項をつくることで、家全体に統一感とリズムが出てくる。

第2篇 枠廻り詳細

内部枠廻り　幡ヶ谷の家

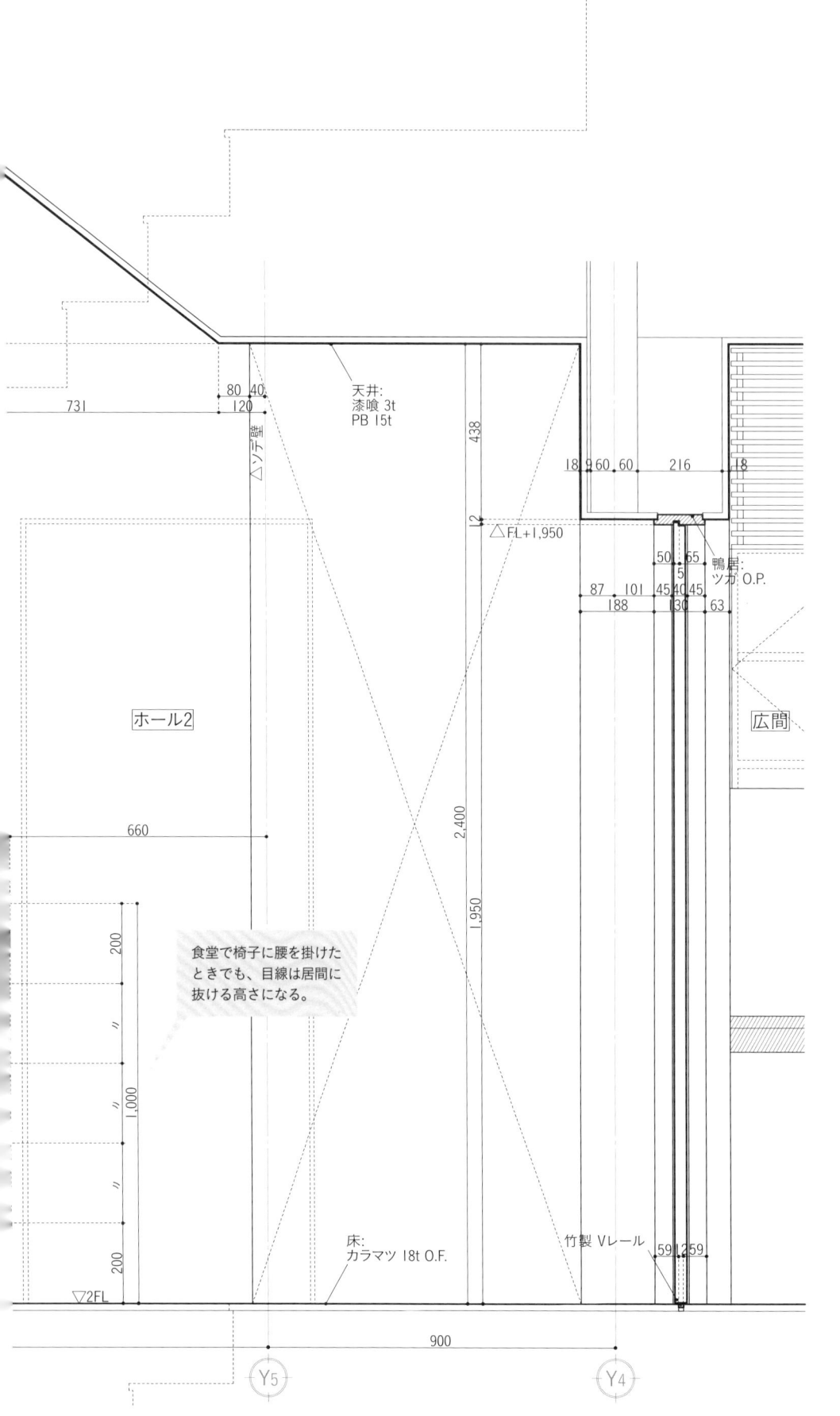

天井:
漆喰 3t
PB 15t

△ソデ壁

731　80　40
　　　120

438

18 9 60 60　216　18

△FL+1,950

鴨居:
ツカ O.P.

50 65
　5
87　101　45 40 45　63
　188　　130

ホール2

広間

660

2,400

1,950

食堂で椅子に腰を掛けたときでも、目線は居間に抜ける高さになる。

200

1,000

200

床:
カラマツ 18t O.F.

竹製 Vレール

59 259

▽2FL

900

Y5　Y4

| 幡ヶ谷の家 | 断面図 | S=1/15 |

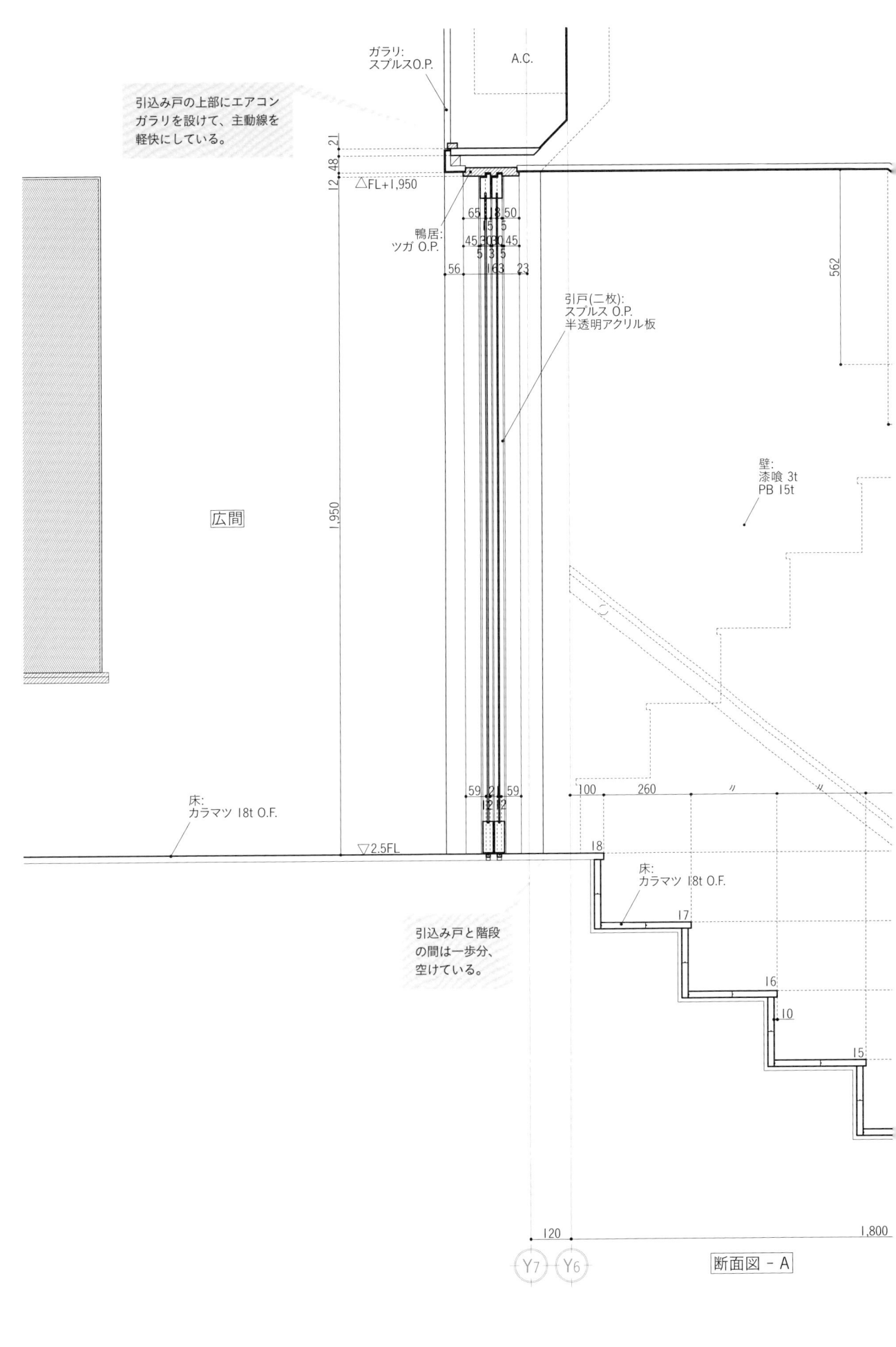

引込み戸の上部にエアコンガラリを設けて、主動線を軽快にしている。

ガラリ:
スプルス O.P.

A.C.

△FL+1,950

鴨居:
ツガ O.P.

引戸(二枚):
スプルス O.P.
半透明アクリル板

壁:
漆喰 3t
PB 15t

広間

床:
カラマツ 18t O.F.

▽2.5FL

床:
カラマツ 18t O.F.

引込み戸と階段の間は一歩分、空けている。

Y7 Y6

断面図 - A

枠の素材や塗装を切り替える

仕上げによって枠の素材と塗装を変えた。泥漆喰に接する枠はスプルスを使用して、調合した白系のオイルで塗装し、拭取りをした。土壁に接する枠は杉を使用して、クリア塗装とした。

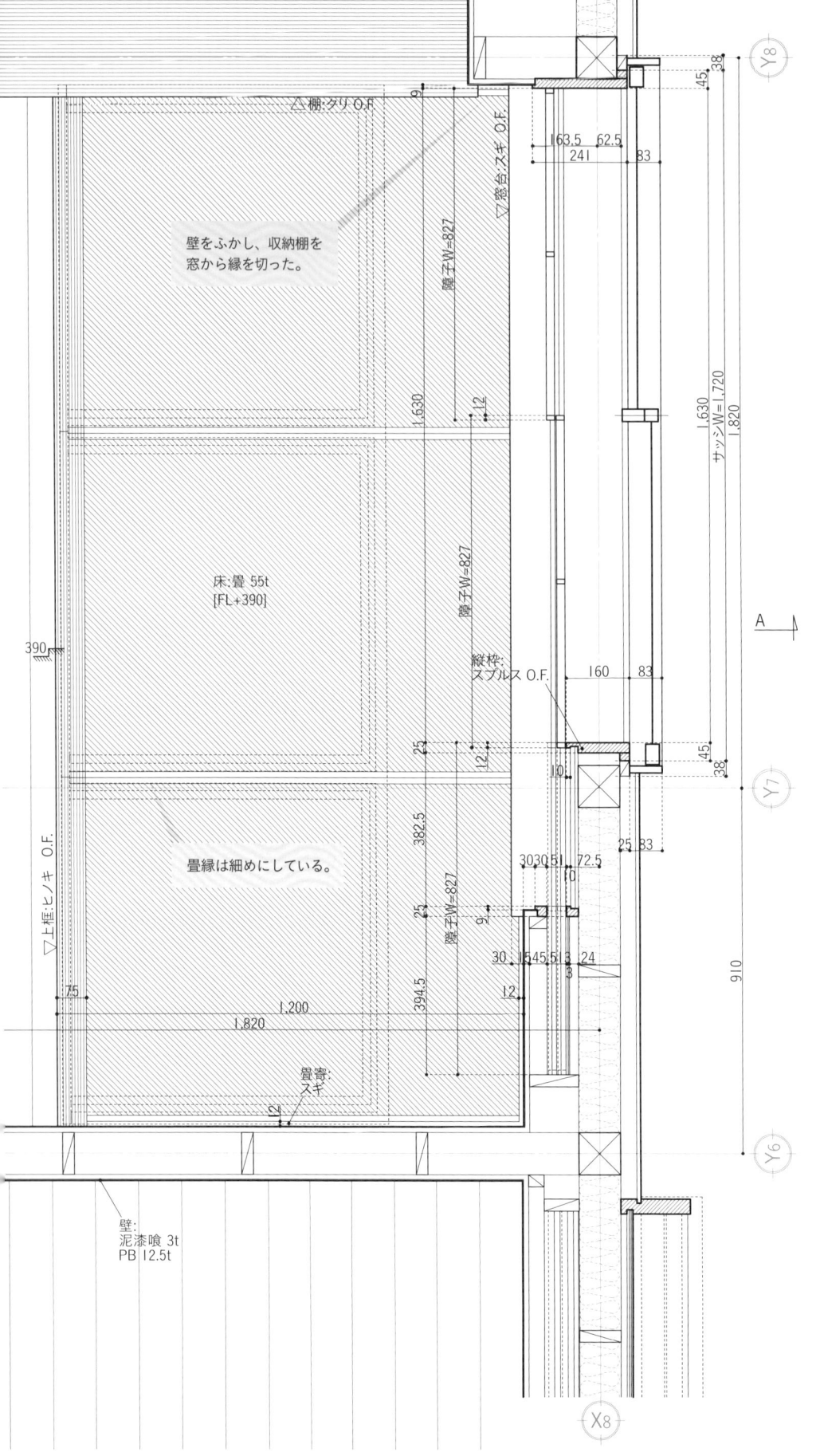

第2篇　枠廻り詳細

内部枠廻り　町田の家

図中注記：
- △棚：クリ O.F.
- ▽窓台：スギ O.F.
- 障子W=827
- サッシW=1,720
- 縦枠：スプルス O.F.
- 壁をふかし、収納棚を窓から縁を切った。
- 床：畳 55t [FL+390]
- 畳縁は細めにしている。
- ▽土框：ヒノキ O.F.
- 畳寄：スギ
- 壁：泥漆喰 3t　PB 12.5t

| 町田の家 | 平面図-1F | S=1/15 | 165 / 164 |

浴室		

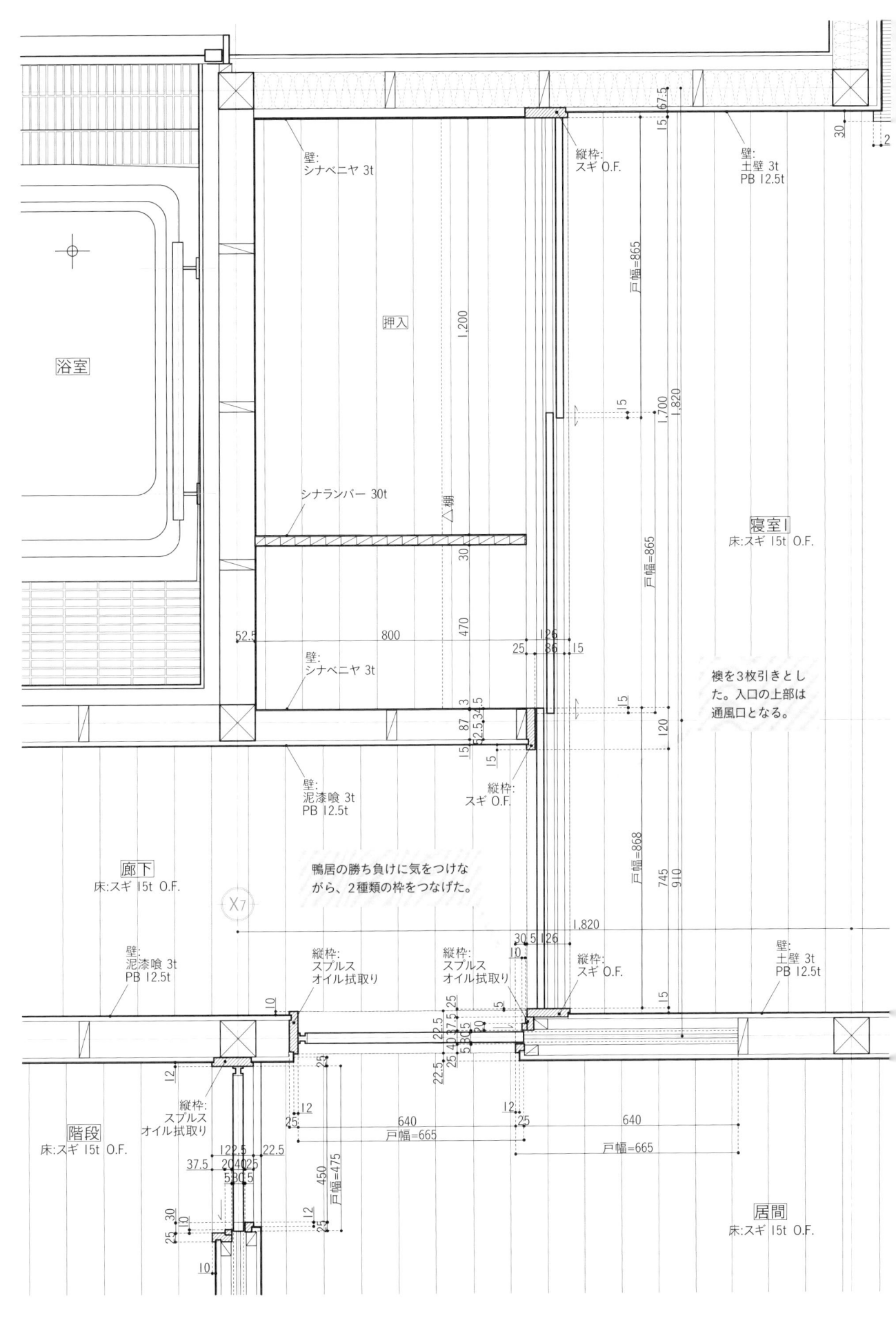

壁:
シナベニヤ 3t

押入

縦枠:
スギ O.F.

壁:土壁 3t
PB 12.5t

シナランバー 30t

△棚

寝室1
床:スギ 15t O.F.

戸幅=865

襖を3枚引きとした。入口の上部は通風口となる。

壁:
シナベニヤ 3t

壁:
泥漆喰 3t
PB 12.5t

縦枠:
スギ O.F.

廊下
床:スギ 15t O.F.

鴨居の勝ち負けに気をつけながら、2種類の枠をつなげた。

戸幅=868

壁:
泥漆喰 3t
PB 12.5t

縦枠:
スプルス
オイル拭取り

縦枠:
スプルス
オイル拭取り

縦枠:
スギ O.F.

壁:土壁 3t
PB 12.5t

階段
床:スギ 15t O.F.

縦枠:
スプルス
オイル拭取り

戸幅=665

戸幅=665

戸幅=475

居間
床:スギ 15t O.F.

落ち着きのある床座。窓の高さは畳から決める

畳を床から上げることによって、布団の出し入れの負担が軽減されるとともに、床座部分に落ち着きを与えた。窓の高さは畳の高さから決めている。

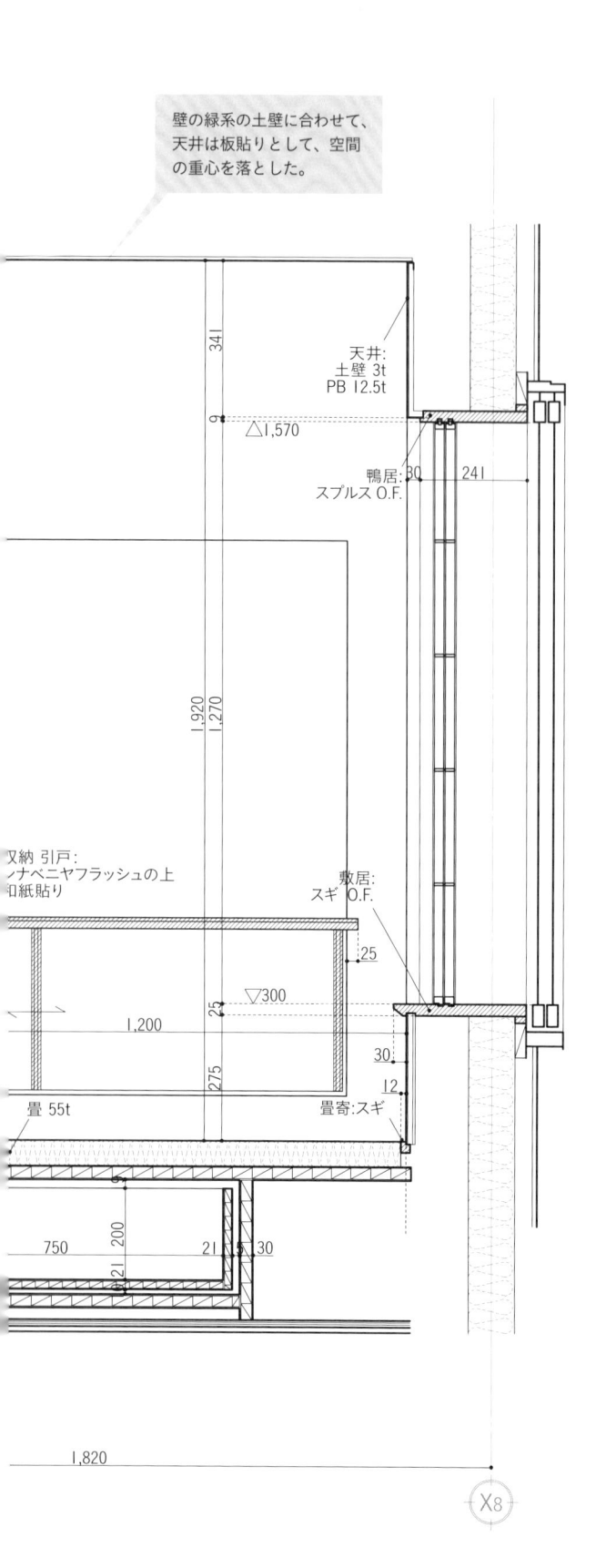

壁の緑系の土壁に合わせて、天井は板貼りとして、空間の重心を落とした。

天井:
土壁 3t
PB 12.5t

△1,570

鴨居:30
スプルス O.F.

241

341
9

1,920
1,270

収納 引戸:
シナベニヤフラッシュの上
和紙貼り

敷居:
スギ O.F.

1,200

25
25

▽300

30
12

275

畳 55t

畳寄:スギ

750　200
21　30

1,820

X8

第2篇　枠廻り詳細

内部枠廻り　町田の家

町田の家　断面図　S=1/15

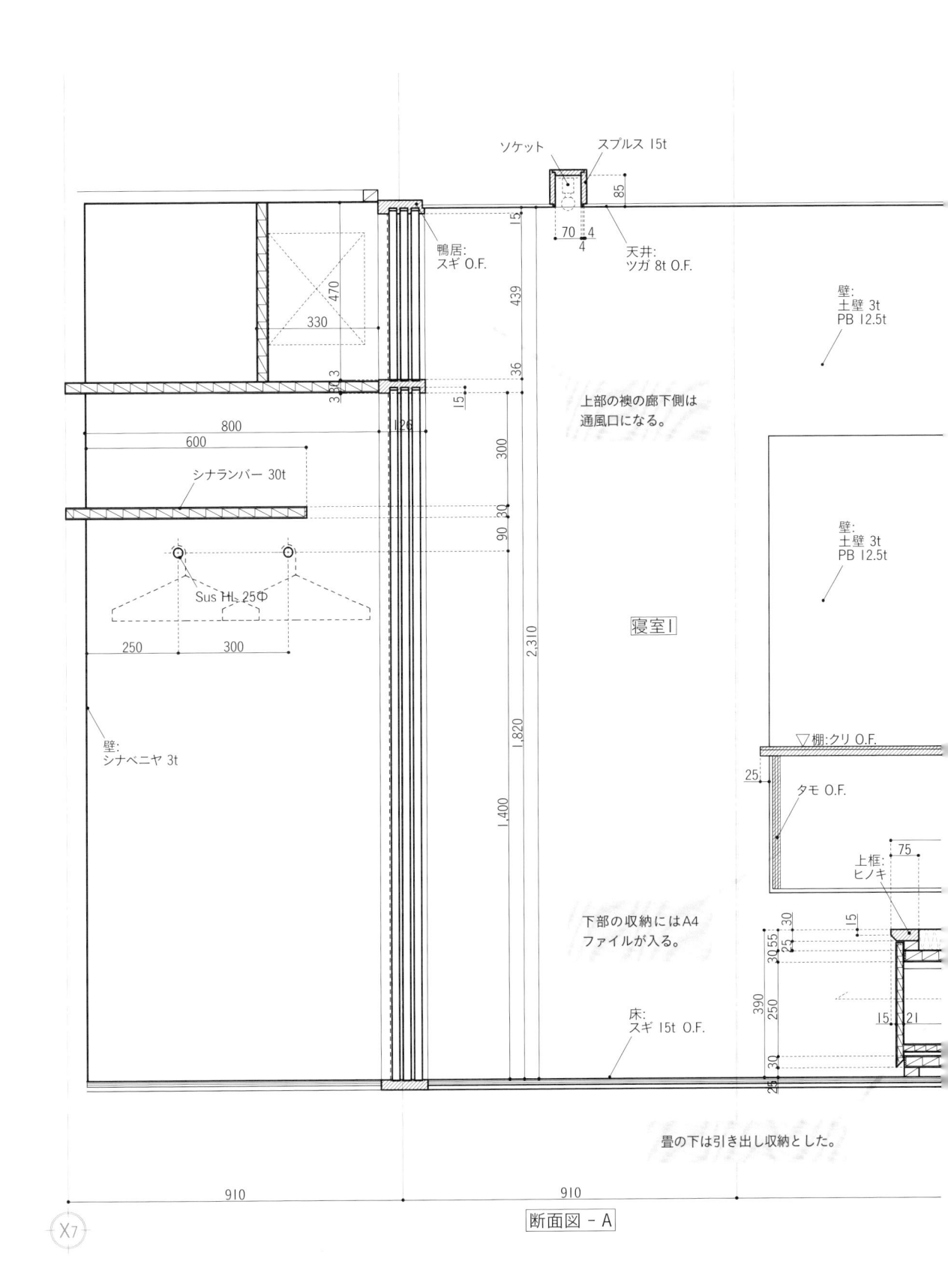

ソケット
スプルス 15t
鴨居: スギ O.F.
天井: ツガ 8t O.F.
壁: 土壁 3t PB 12.5t
上部の襖の廊下側は通風口になる。
壁: 土壁 3t PB 12.5t
シナランバー 30t
Sus HL 25Φ
寝室1
棚: クリ O.F.
タモ O.F.
上框: ヒノキ
壁: シナベニヤ 3t
下部の収納にはA4ファイルが入る。
床: スギ 15t O.F.
畳の下は引き出し収納とした。

断面図 - A

動線の中心にホールを配し居場所をつくる

引戸や窓に囲われたホール。簡単な書斎としても使えるように、鴨居の高さや家具の高さを揃えて垂れ壁で囲うことで、落ち着きを得た。

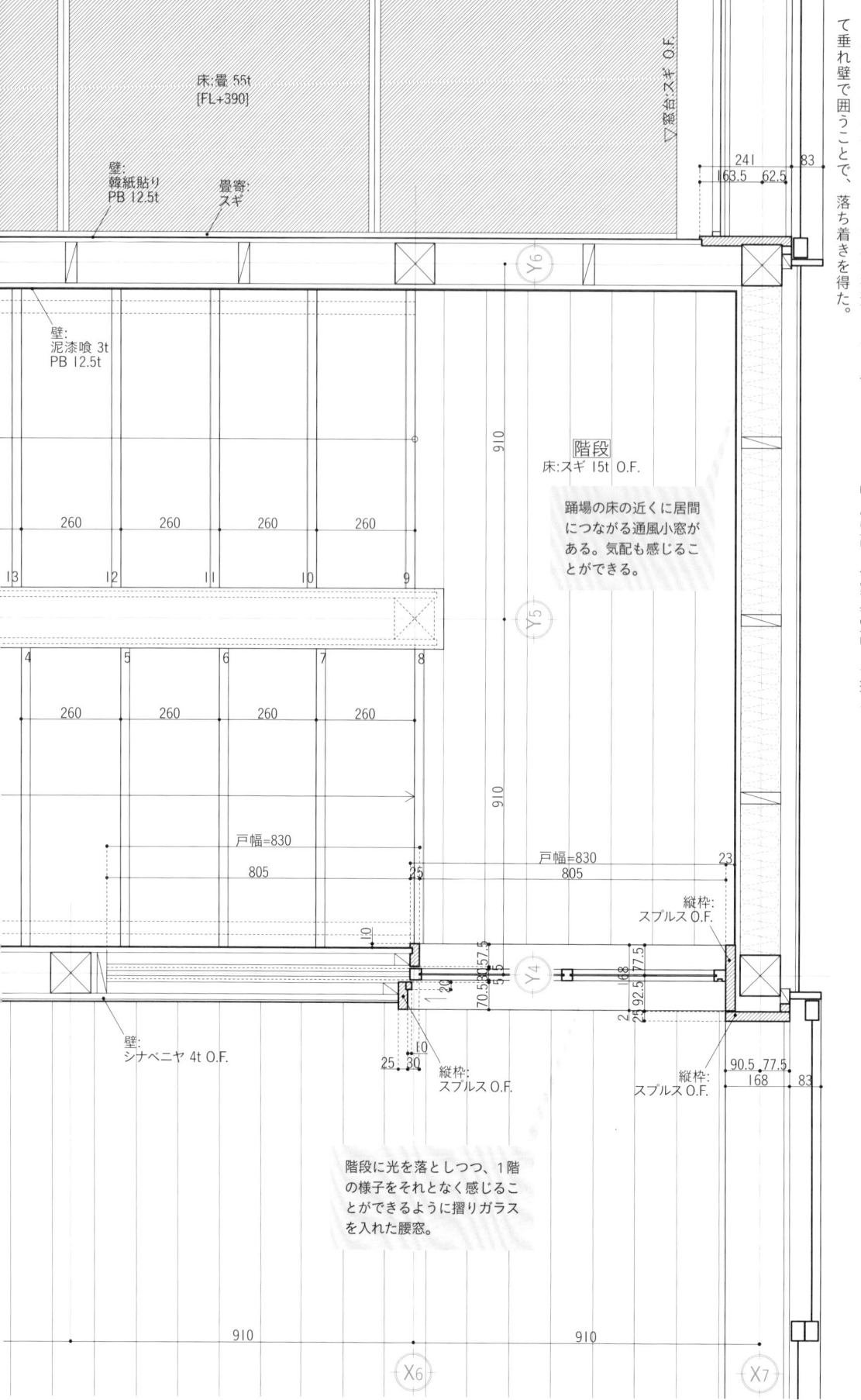

第2篇 枠廻り詳細

内部枠廻り　町田の家

床:畳 55t
[FL+390]

壁:
韓紙貼り
PB 12.5t

畳寄:スギ

▽窓台:スギ O.F.

241 | 163.5 | 62.5 | 83

壁:
泥漆喰 3t
PB 12.5t

階段
床:スギ 15t O.F.

踊場の床の近くに居間につながる通風小窓がある。気配も感じることができる。

260 | 260 | 260 | 260

910

戸幅=830
805

戸幅=830
805

縦枠:
スプルス O.F.

壁:
シナベニヤ 4t O.F.

縦枠:
スプルス O.F.

縦枠:
スプルス O.F.

階段に光を落としつつ、1階の様子をそれとなく感じることができるように摺りガラスを入れた腰窓。

910 | 910

町田の家 | ホール 平面図-2F | S=1/15

押入

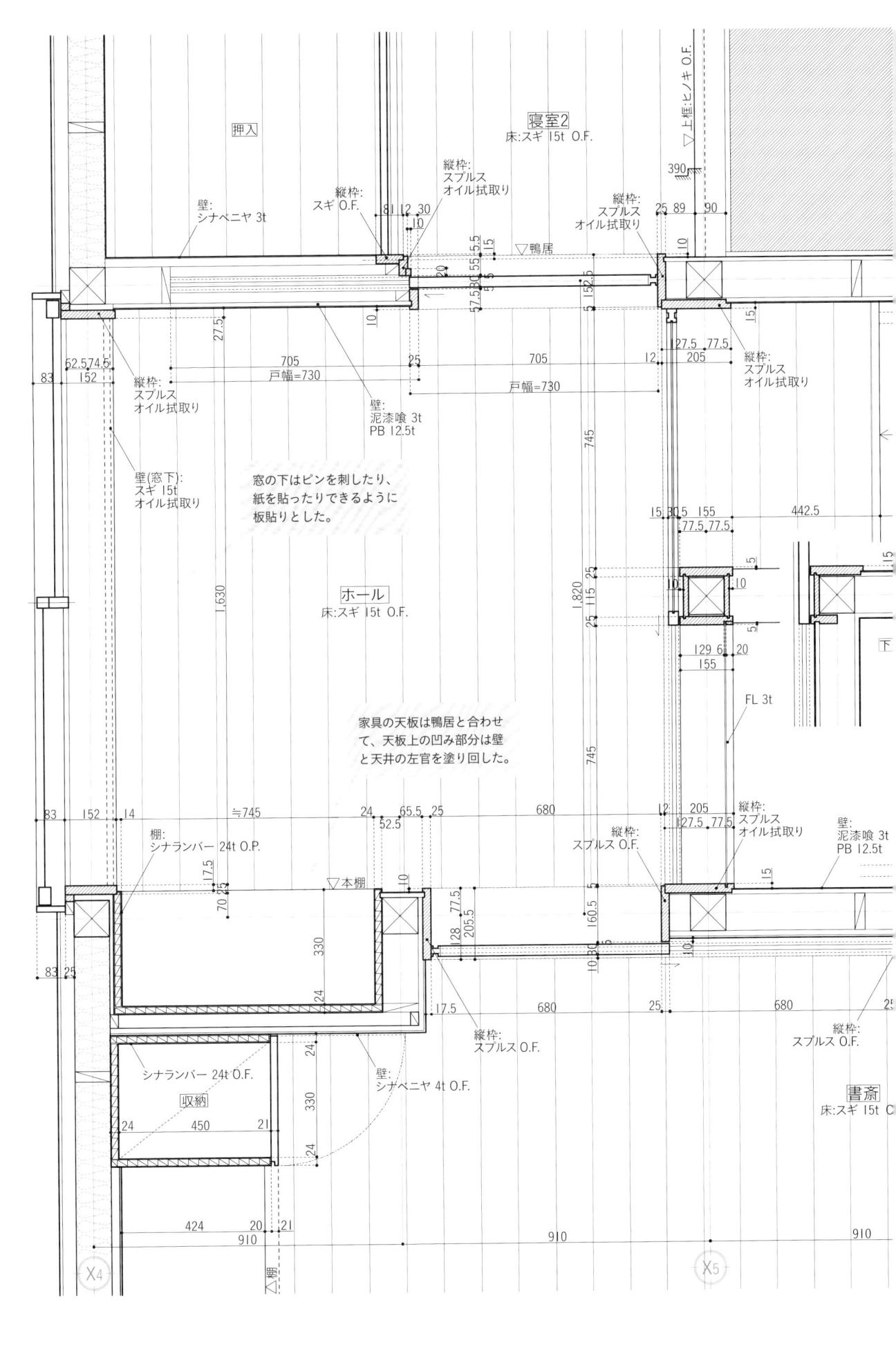

寝室2
床:スギ 15t O.F.

上框:ヒノキ O.F.

壁:シナベニヤ 3t

縦枠:スギ O.F.

縦枠:スプルス オイル拭取り

縦枠:スプルス オイル拭取り

▽鴨居

縦枠:スプルス オイル拭取り

戸幅=730

戸幅=730

壁:泥漆喰 3t PB 12.5t

壁(窓下):スギ 15t オイル拭取り

窓の下はピンを刺したり、紙を貼ったりできるように板貼りとした。

ホール
床:スギ 15t O.F.

家具の天板は鴨居と合わせて、天板上の凹み部分は壁と天井の左官を塗り回した。

FL 3t

縦枠:スプルス オイル拭取り

壁:泥漆喰 3t PB 12.5t

棚:シナランバー 24t O.P.

▽本棚

縦枠:スプルス O.F.

縦枠:スプルス O.F.

シナランバー 24t O.F.

収納

壁:シナベニヤ 4t O.F.

書斎
床:スギ 15t O.F.

X4   X5

内庇を設けて、窓辺に居場所をつくる

室内側に小庇を設けることでライトシェルフとして機能させるとともに、窓辺の重心を落とすことで、縁側のような空間を設えている。

第2篇　枠廻り詳細

開口部廻り - 木製　永山の家

庭から1.5階の高さで植栽と接する。

900

Y3

永山の家　展開図　S=1/15

垂れ壁部分にエアコンガラリを設けて、動線を軽快な印象にしている。

飾り棚を設けて、同じ面で続く外壁面を柔らかい印象にした。

木製建具を壁内に引き込む

中庭への開放性を考えて、雨戸、網戸、ガラス戸を戸袋内に引き込めるようにした納まり。室内の落ち着きを得るため、障子も室内側の壁内に引き込めるようにしている。

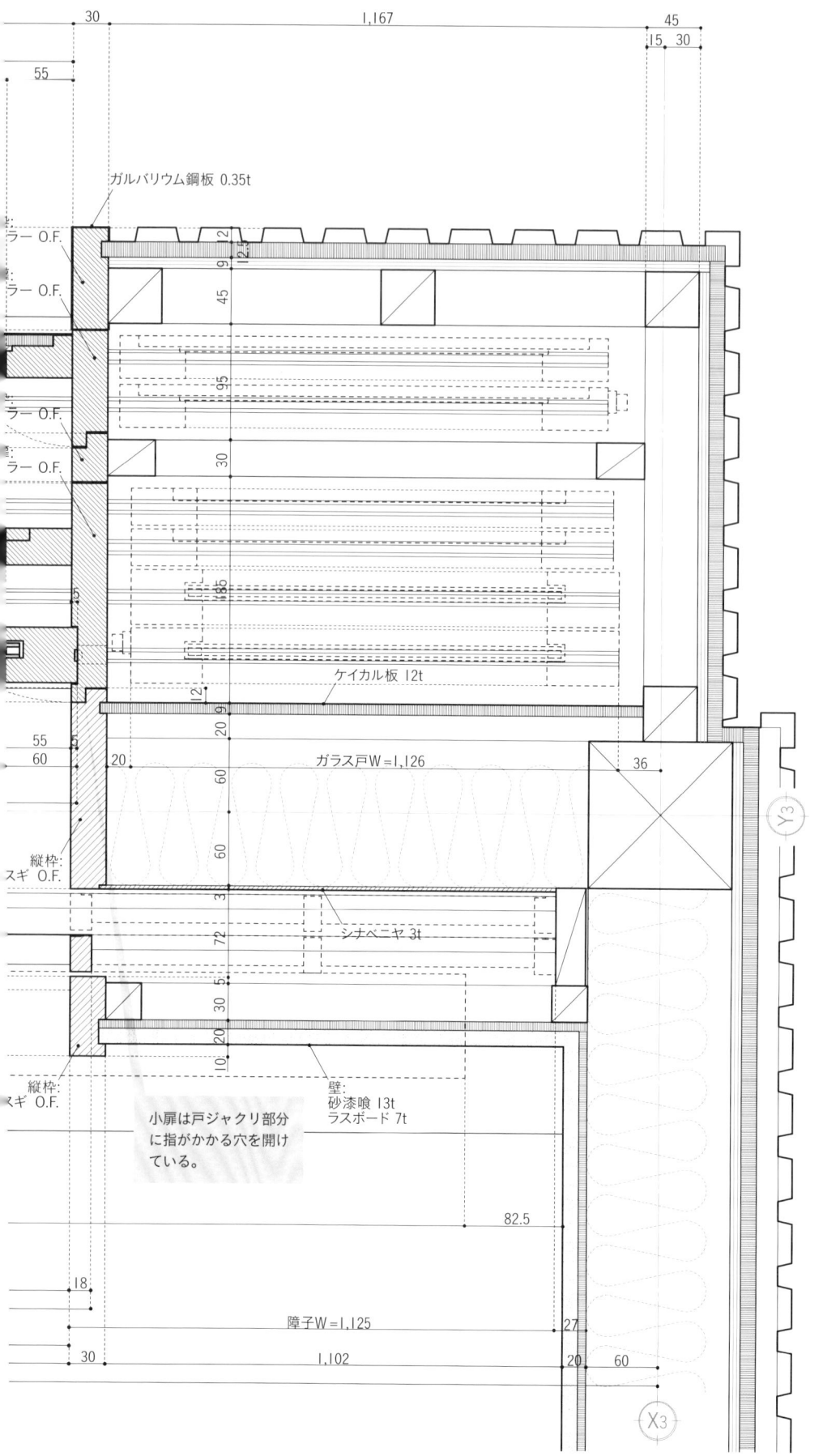

第2篇　枠廻り詳細

開口部廻り - 木製　永山の家

ガルバリウム鋼板 0.35t

ケイカル板 12t

ガラス戸 W=1,126

縦枠：スギ O.F.

シナベニヤ 3t

縦枠：スギ O.F.

壁：砂漆喰 13t
ラスボード 7t

小扉は戸ジャクリ部分に指がかかる穴を開けている。

障子 W=1,125

| 永山の家 | 枠廻り詳細図 - 平面図 | S=1/5 |

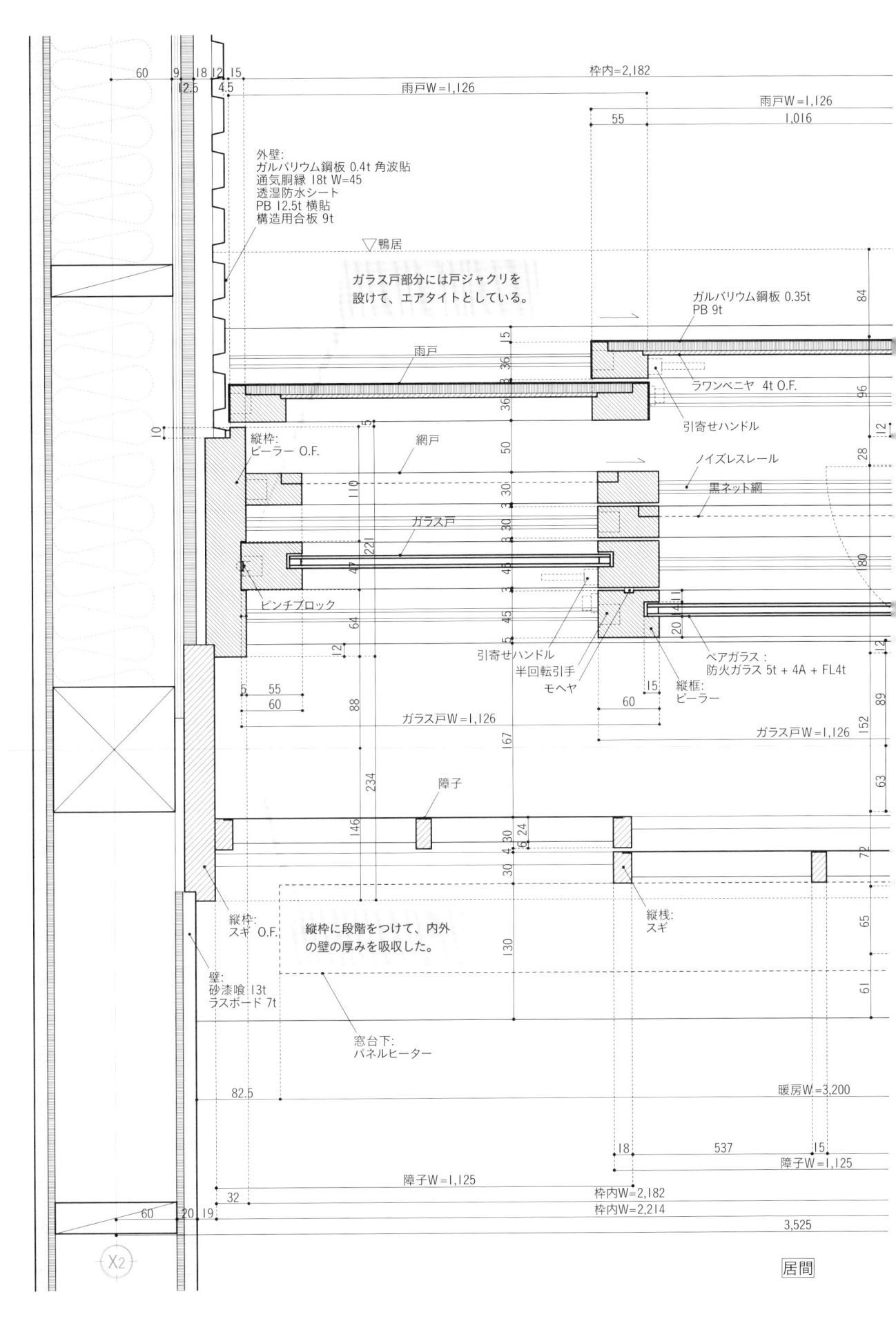

外壁:
ガルバリウム鋼板 0.4t 角波貼
通気胴縁 18t W=45
透湿防水シート
PB 12.5t 横貼
構造用合板 9t

▽鴨居

ガラス戸部分には戸ジャクリを
設けて、エアタイトとしている。

ガルバリウム鋼板 0.35t
PB 9t

雨戸

ラワンベニヤ 4t O.F.

引寄せハンドル

縦枠:
ピーラー O.F.

網戸

ノイズレスレール

黒ネット網

ガラス戸

ピンチブロック

ペアガラス:
防火ガラス 5t + 4A + FL4t

引寄せハンドル
半回転引手
モヘヤ

縦框:
ピーラー

障子

縦枠:
スギ O.F.

縦桟:
スギ

縦枠に段階をつけて、内外
の壁の厚みを吸収した。

壁:
砂漆喰 13t
ラスボード 7t

窓台下:
パネルヒーター

居間

ゆったり座れる開口部をつくる

窓台下にパネルヒーターを設けてコールドドラフトを防ぐとともに、窓台は腰を掛けられる高さにしている。窓台にはゆったり座れて、植栽を楽しむことができる。

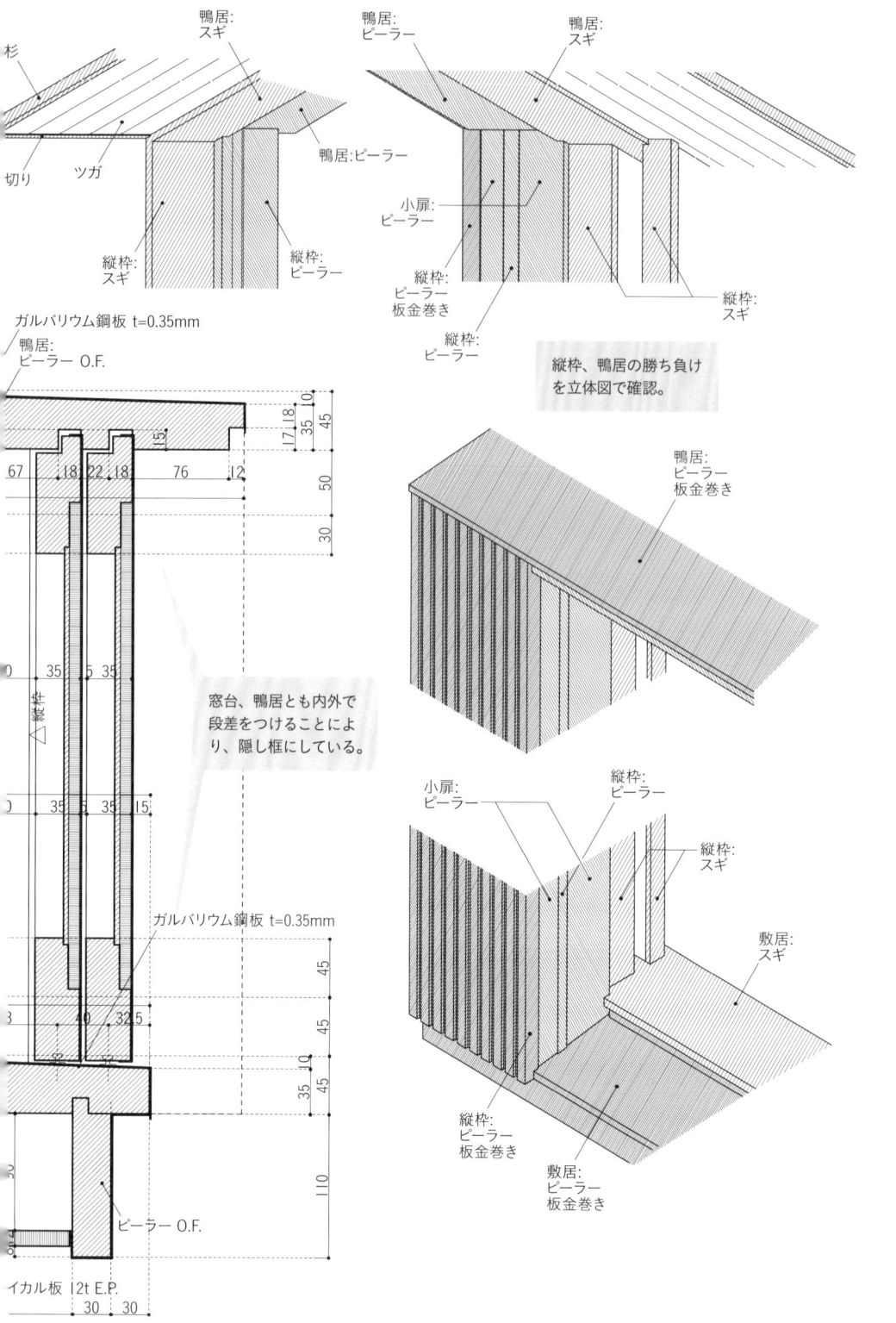

第2篇 枠廻り詳細

開口部廻り‐木製 永山の家

図中ラベル（左上立体図）:
- 杉
- 鴨居：スギ
- ツガ
- 切り
- 縦枠：スギ
- 縦枠：ピーラー

（中央上立体図）:
- 鴨居：ピーラー
- 鴨居：スギ
- 小扉：ピーラー
- 鴨居：ピーラー
- 縦枠：ピーラー板金巻き
- 縦枠：ピーラー
- 縦枠：スギ

縦枠、鴨居の勝ち負けを立体図で確認。

（中央図）:
- 鴨居：ピーラー板金巻き

（下立体図）:
- 小扉：ピーラー
- 縦枠：ピーラー
- 縦枠：スギ
- 敷居：スギ
- 縦枠：ピーラー板金巻き
- 敷居：ピーラー板金巻き

窓台、鴨居とも内外で段差をつけることにより、隠し框にしている。

断面図注記:
- ガルバリウム鋼板 t=0.35mm
- 鴨居：ピーラー O.F.
- ガルバリウム鋼板 t=0.35mm
- ピーラー O.F.
- イカル板 12t E.P.

永山の家 　枠廻り詳細図‐断面図 　S=1/5

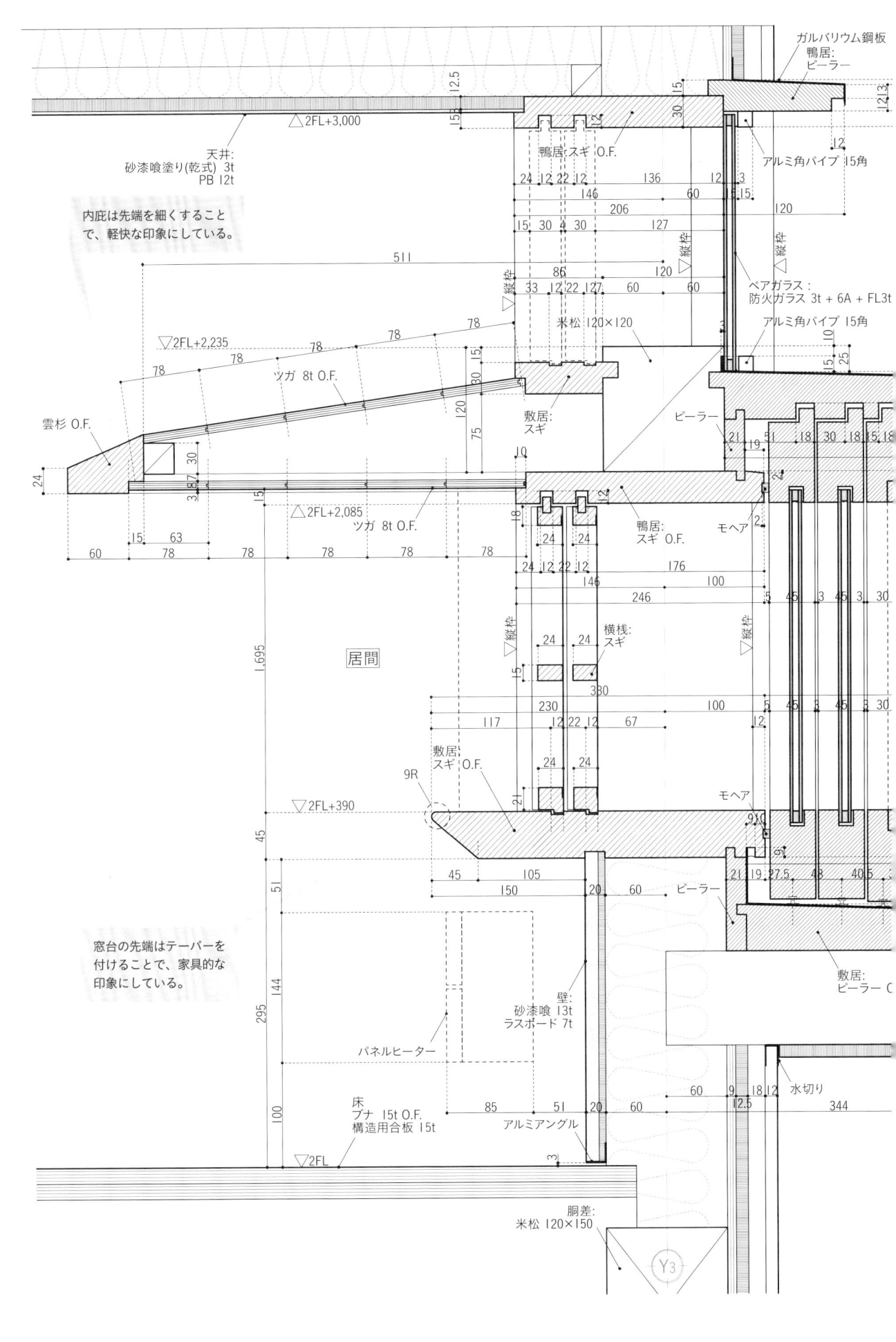

天井:
砂漆喰塗り(乾式) 3t
PB 12t

△2FL+3,000

ガルバリウム鋼板
鴨居: ピーラー
鴨居: スギ O.F.
アルミ角パイプ 15角
ペアガラス:
防火ガラス 3t + 6A + FL3t
アルミ角パイプ 15角

内庇は先端を細くすることで、軽快な印象にしている。

▽2FL+2,235

ツガ 8t O.F.
雲杉 O.F.
米松 120×120
敷居: スギ
ピーラー

△2FL+2,085
ツガ 8t O.F.

鴨居: スギ O.F.
モヘア

居間

横桟: スギ
敷居: スギ O.F.
モヘア

▽2FL+390

窓台の先端はテーパーを付けることで、家具的な印象にしている。

パネルヒーター

壁:
砂漆喰 13t
ラスボード 7t

敷居: ピーラー O

床
ブナ 15t O.F.
構造用合板 15t

アルミアングル
水切り

▽2FL

胴差:
米松 120×150

Y3

開口部のプロポーションと障子の割付を調整する

改修前から開口部の位置は変えずに、高さを調整することによって、空間に合わせたプロポーションとした。障子も空間の質に合わせた割付とした。

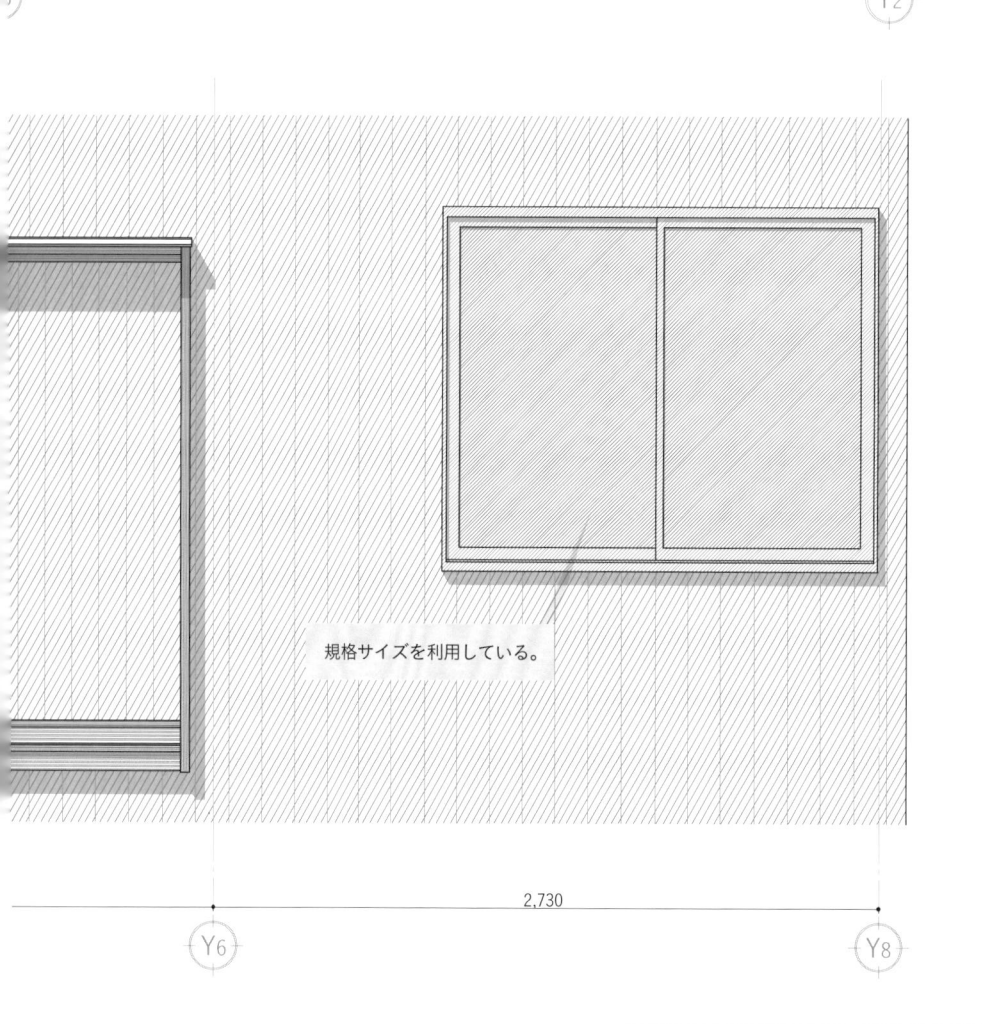

垂れ壁部分をふさいで、重心を落とし、包まれ感を出した。

居間

3,640

Y2

規格サイズを利用している。

2,730

Y6　Y8

第2篇　枠廻り詳細

開口部廻り-木製　町田の家

| 町田の家 | 展開図 | S=1/30 |

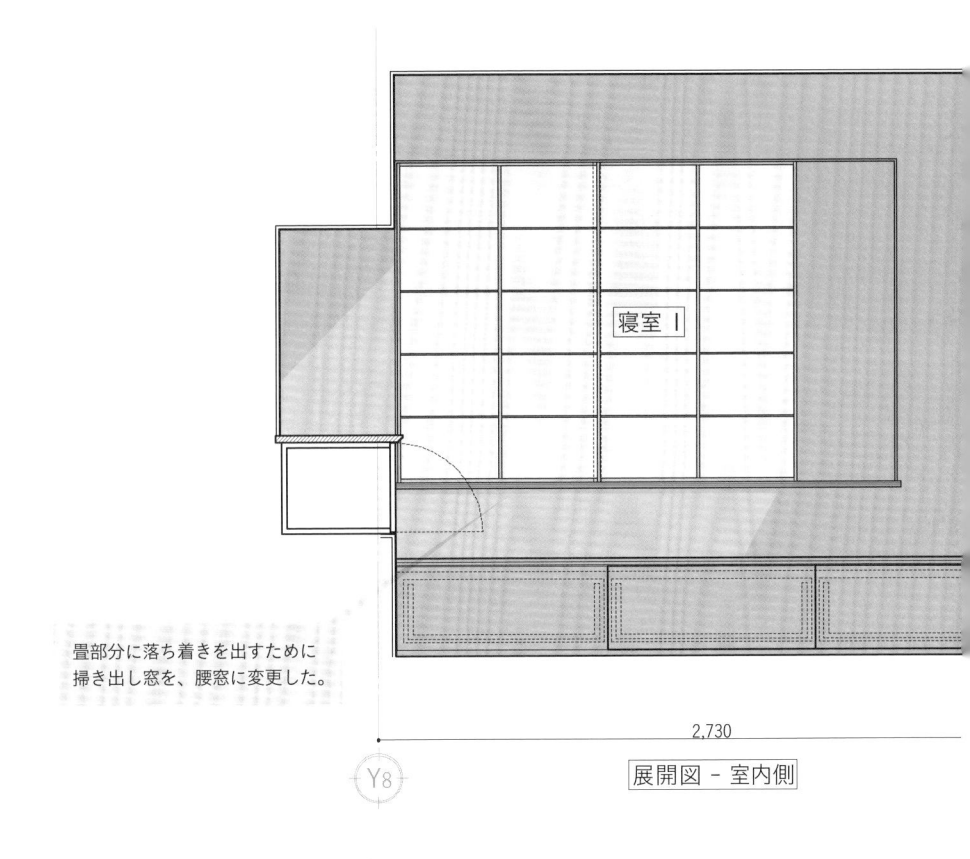

畳部分に落ち着きを出すために
掃き出し窓を、腰窓に変更した。

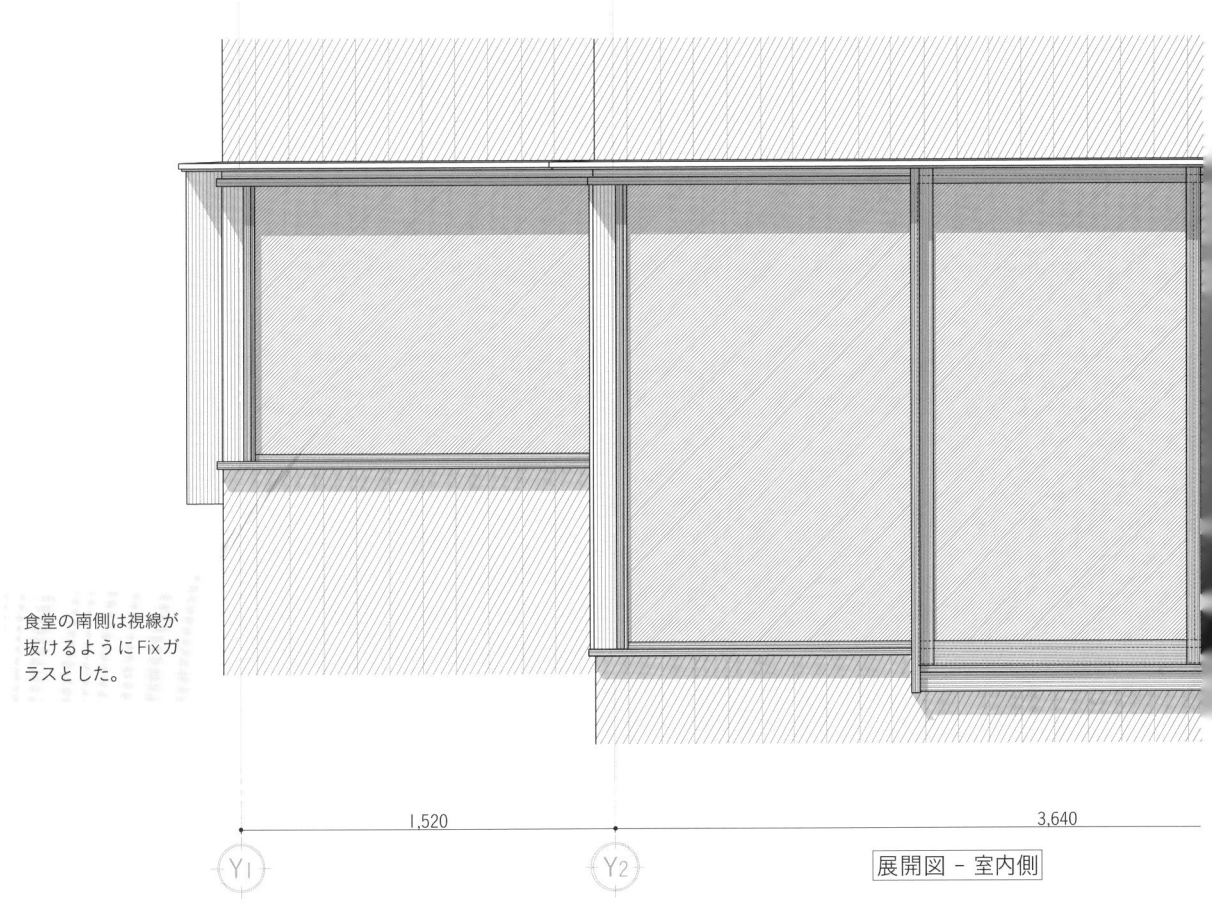

2,730

Y8　　展開図 – 室内側

食堂の南側は視線が
抜けるようにFixガ
ラスとした。

1,520　　　3,640

Y1　Y2　　展開図 – 室内側

光の溜まり場をつくる

台所ではキッチンカウンターに、食堂ではダイニングテーブルに光が溜まるように設計した。一方、居間では静かな場所から窓廻りに溜まる光を眺めて、落ち着きを得ている。

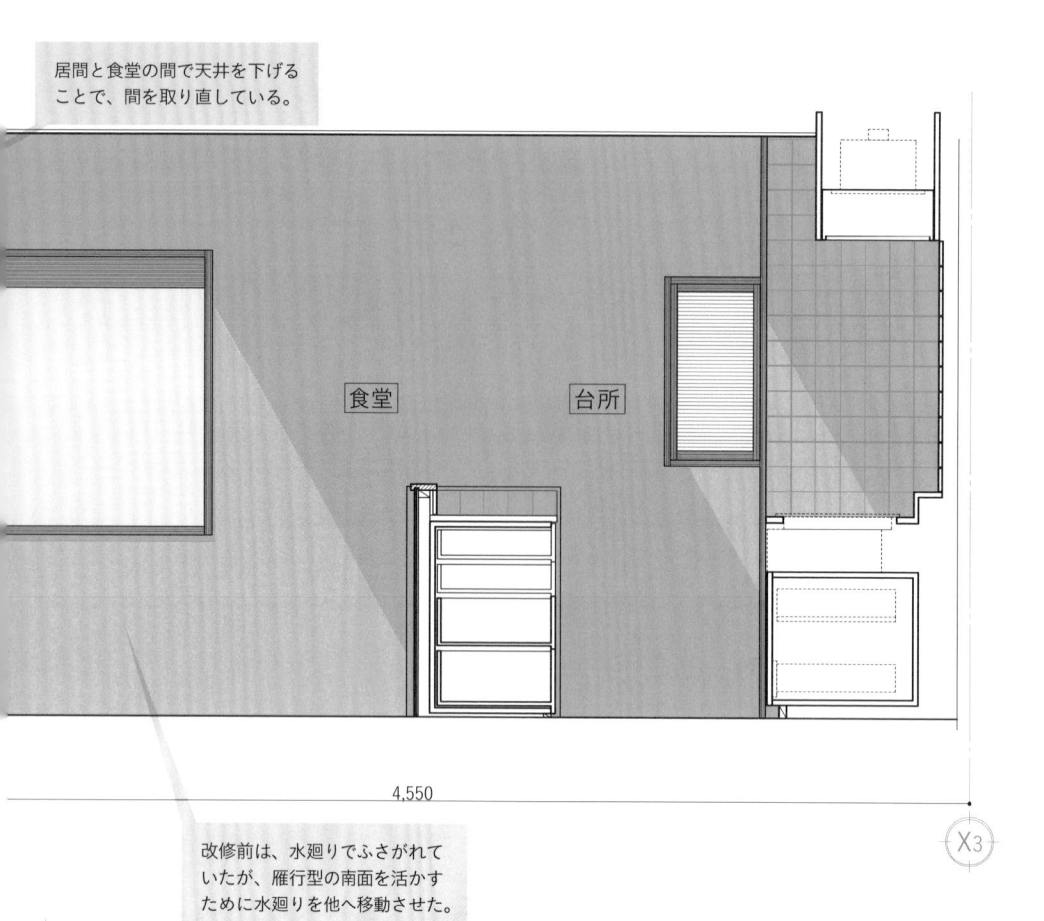

居間と食堂の間で天井を下げることで、間を取り直している。

食堂　台所

4,550

X3

改修前は、水廻りでふさがれていたが、雁行型の南面を活かすために水廻りを他へ移動させた。

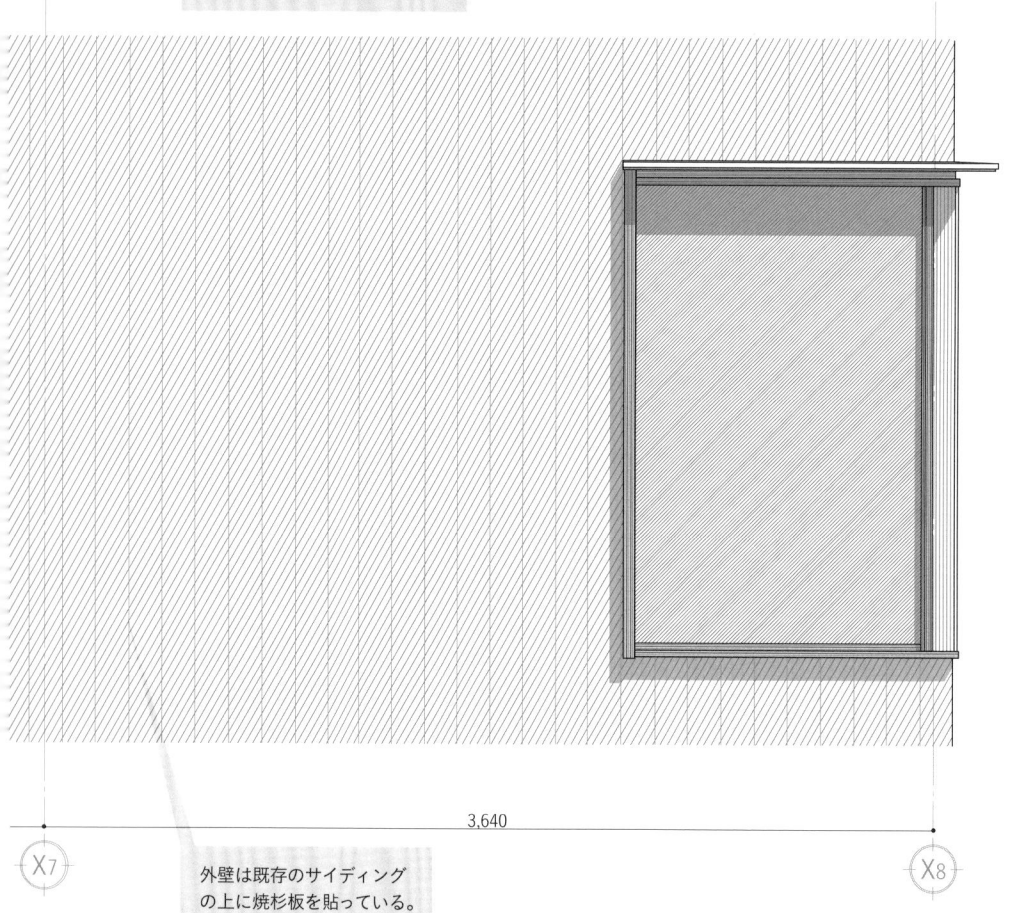

3,640

X7　　X8

外壁は既存のサイディングの上に焼杉板を貼っている。

第2篇　枠廻り詳細

開口部廻り - 木製　町田の家

| 町田の家 | 展開図 | S = 1/30 |

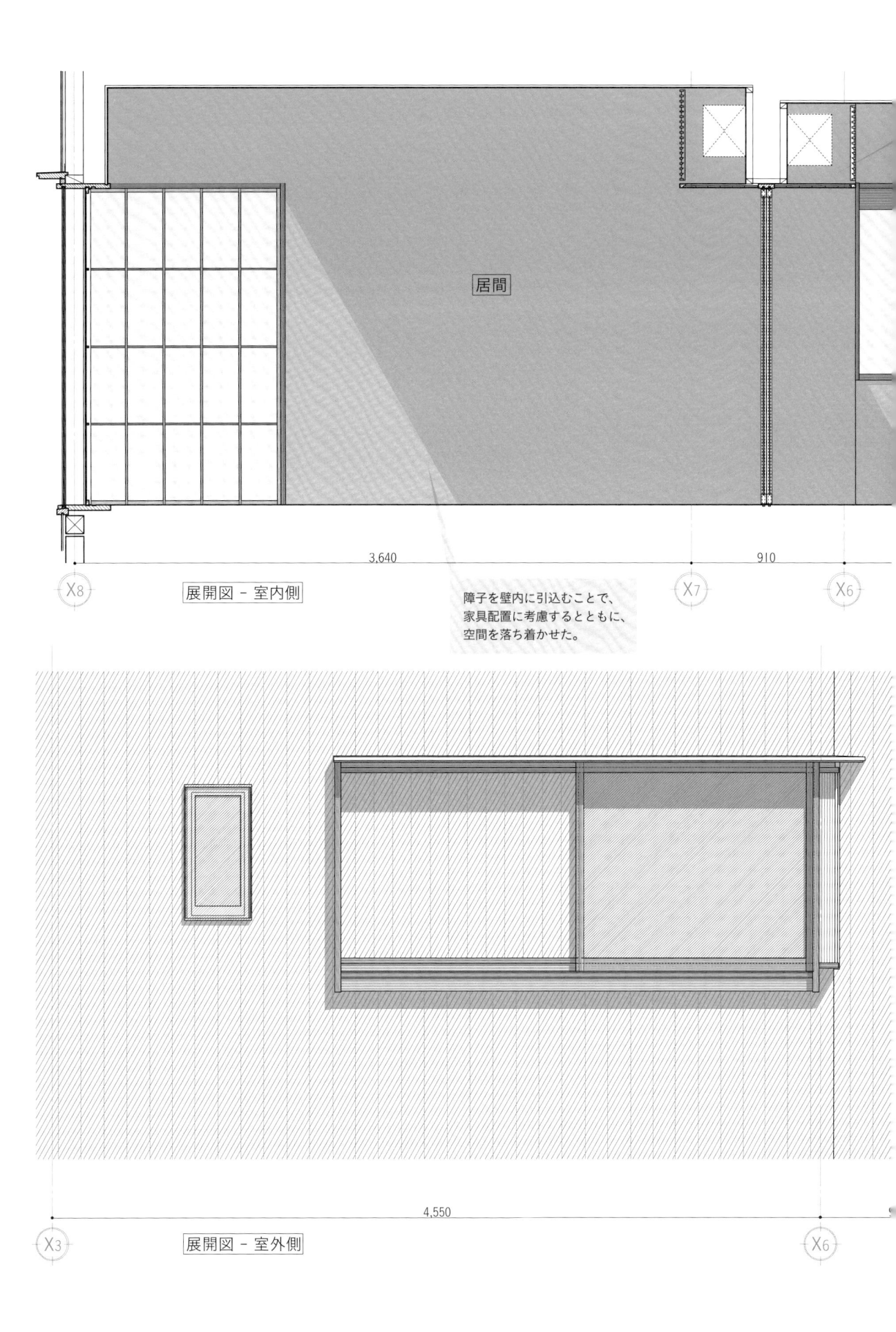

居間

3,640　910

X8　展開図 - 室内側　　　X7　X6

障子を壁内に引込むことで、
家具配置に考慮するとともに、
空間を落ち着かせた。

4,550

X3　展開図 - 室外側　　　X6

Fix窓を併用して柱廻りをすっきり見せる

入隅二面にFixガラスを設置することで、化粧柱廻りをすっきり見せるとともに、引戸を動線部分に絞ることで開閉のしやすさと気密性に考慮した。

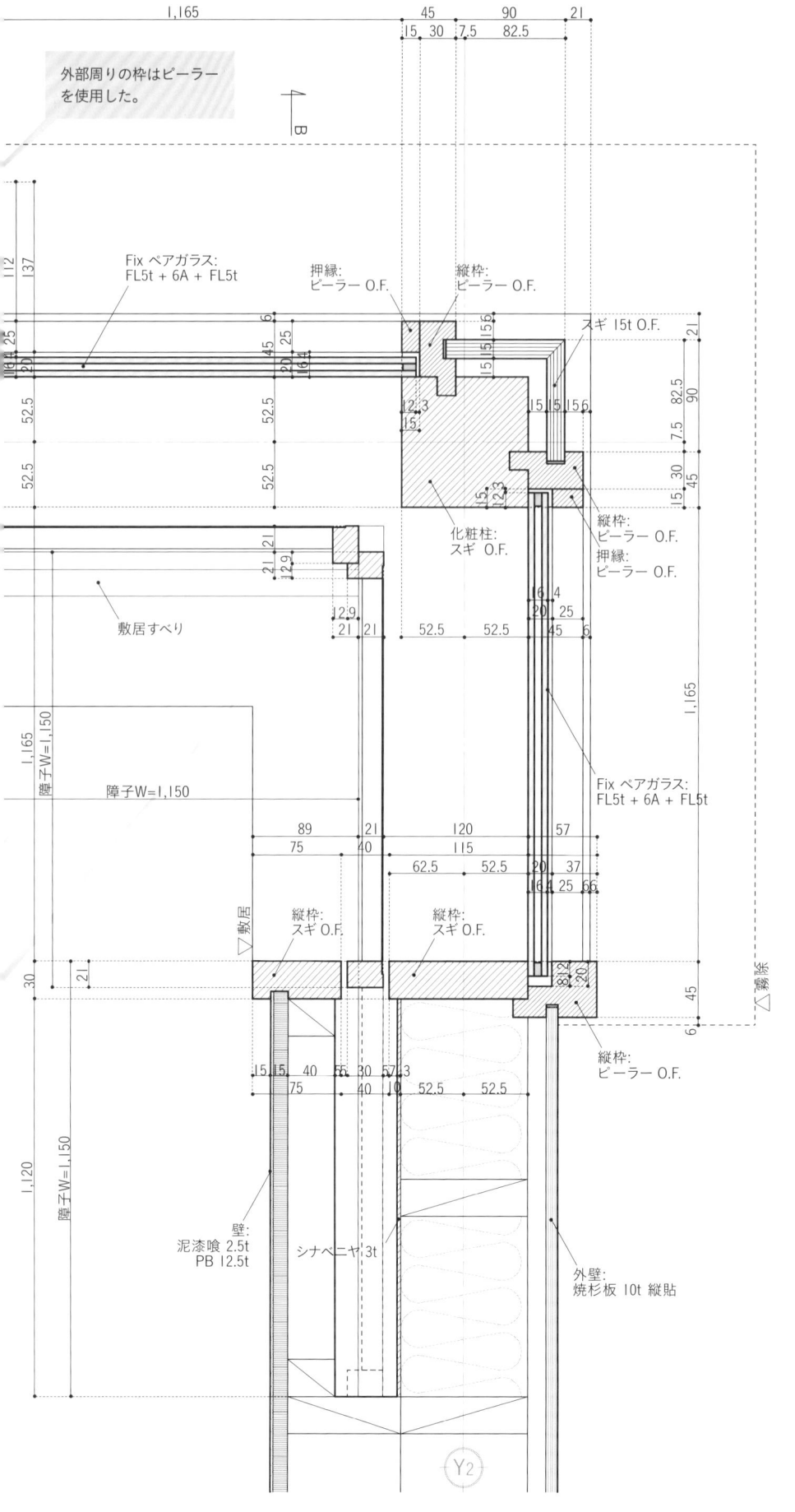

第2篇 枠廻り詳細

開口部・木製廻り　町田の家

外部周りの枠はピーラーを使用した。

Fix ペアガラス: FL5t + 6A + FL5t
押縁: ピーラー O.F.
縦枠: ピーラー O.F.
スギ 15t O.F.
化粧柱: スギ O.F.
縦枠: ピーラー O.F.
押縁: ピーラー O.F.
敷居すべり
障子W=1,150
Fix ペアガラス: FL5t + 6A + FL5t
縦枠: スギ O.F.
縦枠: スギ O.F.
敷居
縦枠: ピーラー O.F.
障子W=1,150
壁: 泥漆喰 2.5t PB 12.5t
シナベニヤ 3t
外壁: 焼杉板 10t 縦貼

| 町田の家 | 枠廻り詳細図 - 平面図 | S=1/5 | 181 / 180 |

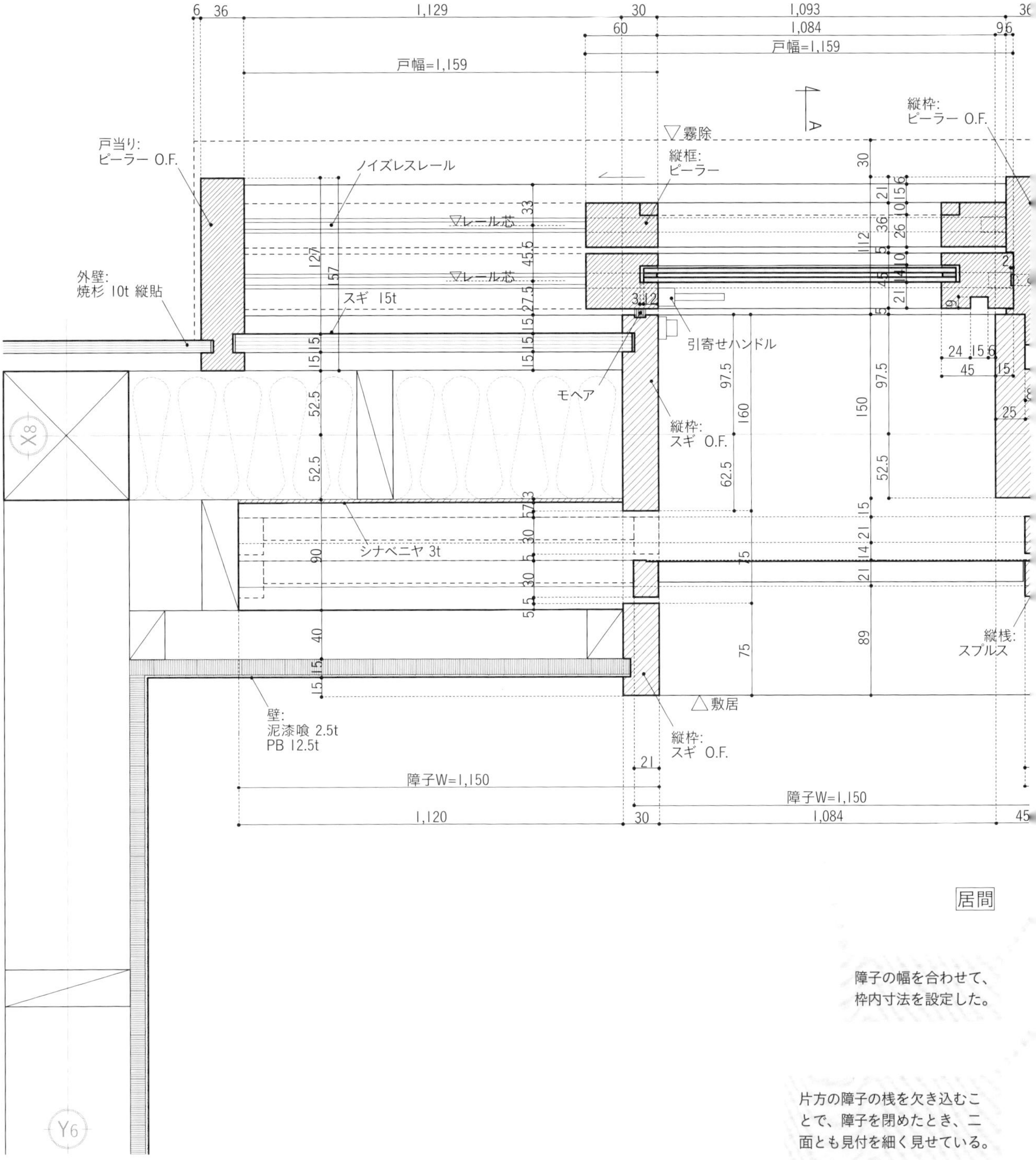

戸幅=1,159
戸当り:
ピーラー O.F.
ノイズレスレール
▽霧除
縦框:
ピーラー
縦枠:
ピーラー O.F.
▽レール芯
外壁:
焼杉 10t 縦貼
スギ 15t
引寄せハンドル
モヘア
縦枠:
スギ O.F.
シナベニヤ 3t
縦桟:
スプルス
△敷居
壁:
泥漆喰 2.5t
PB 12.5t
障子W=1,150
居間

障子の幅を合わせて、枠内寸法を設定した。

片方の障子の桟を欠き込むことで、障子を閉めたとき、二面とも見付を細く見せている。

隠し框にして、より視覚的なつながりを

鴨居と敷居に段差をつけて隠し框にすることで、内部からの見えがかりの線を減らし視覚的なつながりを増した。手掛けになる縦框は使い勝手を考慮して、隠し框にはしていない。

外壁:
焼杉 10t 縦貼

ガルバリウム鋼板 0.35t

鴨居:
ピーラー O.F.

ピーラー O.F.

壁:
泥漆喰 2.5t
PB 12.5t

△FL+2,400

△FL+1,820

鴨居:
スギ O.F.

霧除けの先端は欠き込んで、板金を細く見せている。

Fix ペアガラス:
FL5t + 6A + FL5t

居間

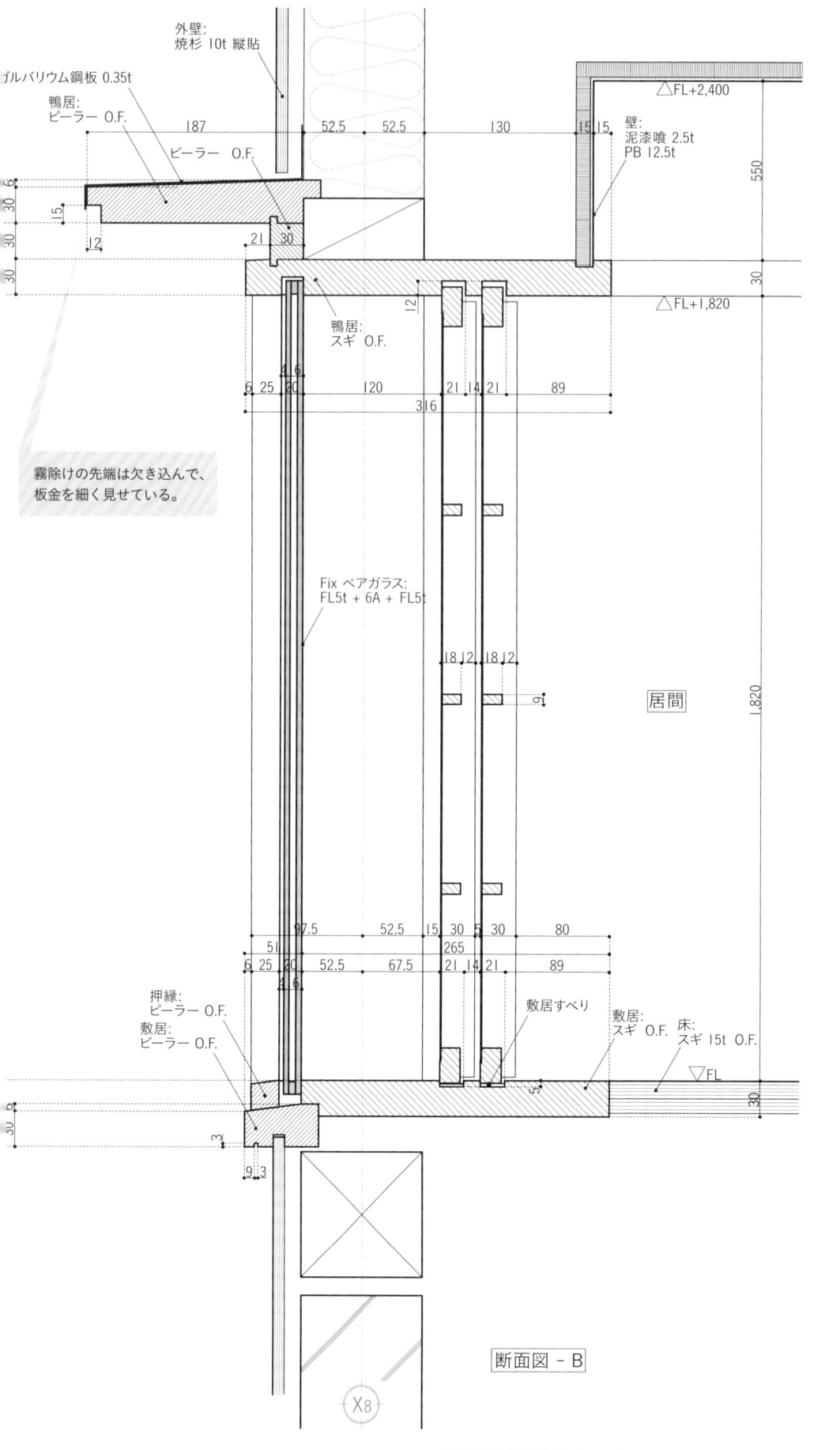

押縁:
ピーラー O.F.

敷居:
ピーラー O.F.

敷居すべり

敷居:
スギ O.F.

床:
スギ 15t O.F.

▽FL

断面図 - B

第2篇 枠廻り詳細

開口部廻り - 木製　町田の家

| 町田の家 | 枠廻り詳細図 - 断面図 | S=1/5 |

外壁:
焼杉 10t 縦貼

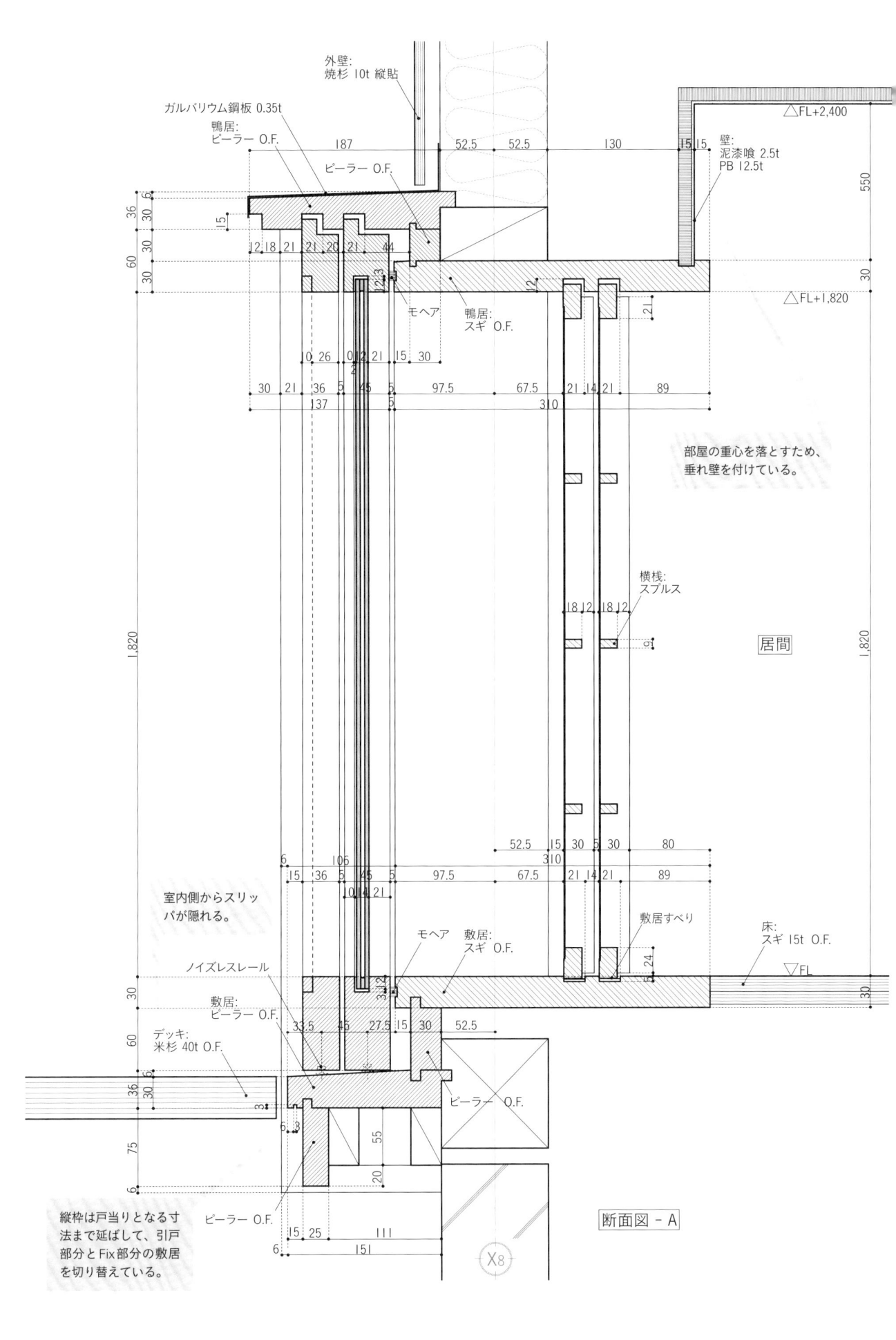

ガルバリウム鋼板 0.35t

鴨居:
ピーラー O.F.

ピーラー O.F.

壁:
泥漆喰 2.5t
PB 12.5t

△FL+2,400

△FL+1,820

モヘア

鴨居:
スギ O.F.

部屋の重心を落とすため、垂れ壁を付けている。

横桟:
スプルス

居間

室内側からスリッパが隠れる。

モヘア

敷居:
スギ O.F.

敷居すべり

床:
スギ 15t O.F.

▽FL

ノイズレスレール

敷居:
ピーラー O.F.

デッキ:
米杉 40t O.F.

ピーラー O.F.

縦枠は戸当りとなる寸法まで延ばして、引戸部分とFix部分の敷居を切り替えている。

ピーラー O.F.

断面図 - A

開口部のつくりを揃え、連続性を生み出す

一部を除き、開口部のつくりを統一することで、施工性と別荘地ならではの気候にも配慮している。管理のしやすさに考慮するとともに、空間の連続性を生み出している。

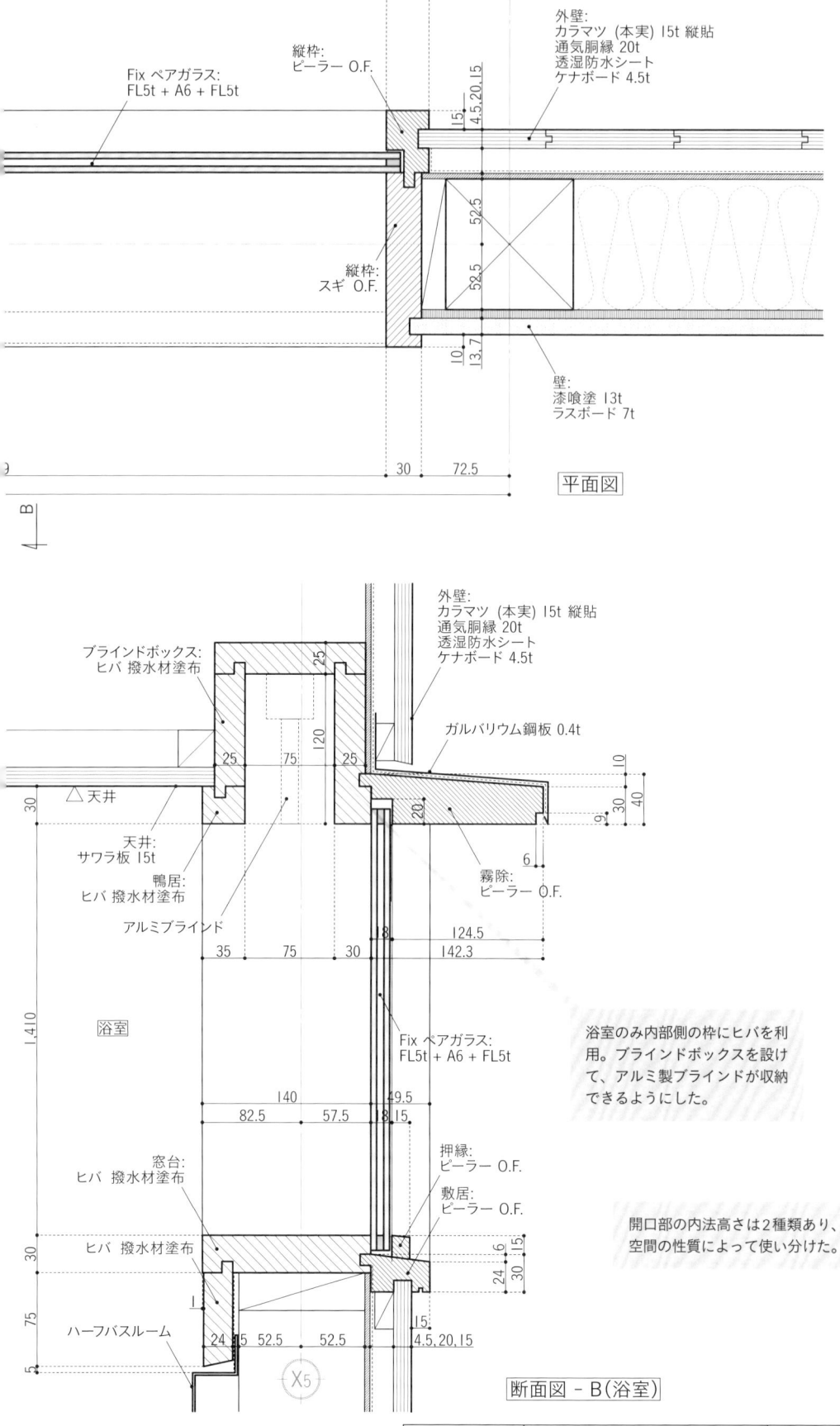

第2篇 枠廻り詳細　開口部廻り - 木製　那須の家

平面図

- Fix ペアガラス: FL5t + A6 + FL5t
- 縦枠: ピーラー O.F.
- 外壁: カラマツ（本実）15t 縦貼 / 通気胴縁 20t / 透湿防水シート / ケナボード 4.5t
- 縦枠: スギ O.F.
- 壁: 漆喰塗 13t / ラスボード 7t

断面図 - B(浴室)

- ブラインドボックス: ヒバ 撥水材塗布
- 外壁: カラマツ（本実）15t 縦貼 / 通気胴縁 20t / 透湿防水シート / ケナボード 4.5t
- ガルバリウム鋼板 0.4t
- △天井
- 天井: サワラ板 15t
- 鴨居: ヒバ 撥水材塗布
- アルミブラインド
- 霧除: ピーラー O.F.
- 浴室
- Fix ペアガラス: FL5t + A6 + FL5t
- 窓台: ヒバ 撥水材塗布
- 押縁: ピーラー O.F.
- 敷居: ピーラー O.F.
- ヒバ 撥水材塗布
- ハーフバスルーム

浴室のみ内部側の枠にヒバを利用。ブラインドボックスを設けて、アルミ製ブラインドが収納できるようにした。

開口部の内法高さは2種類あり、空間の性質によって使い分けた。

| 那須の家 | 枠廻り詳細図 - 平面図, 断面図 | S=1/5 |

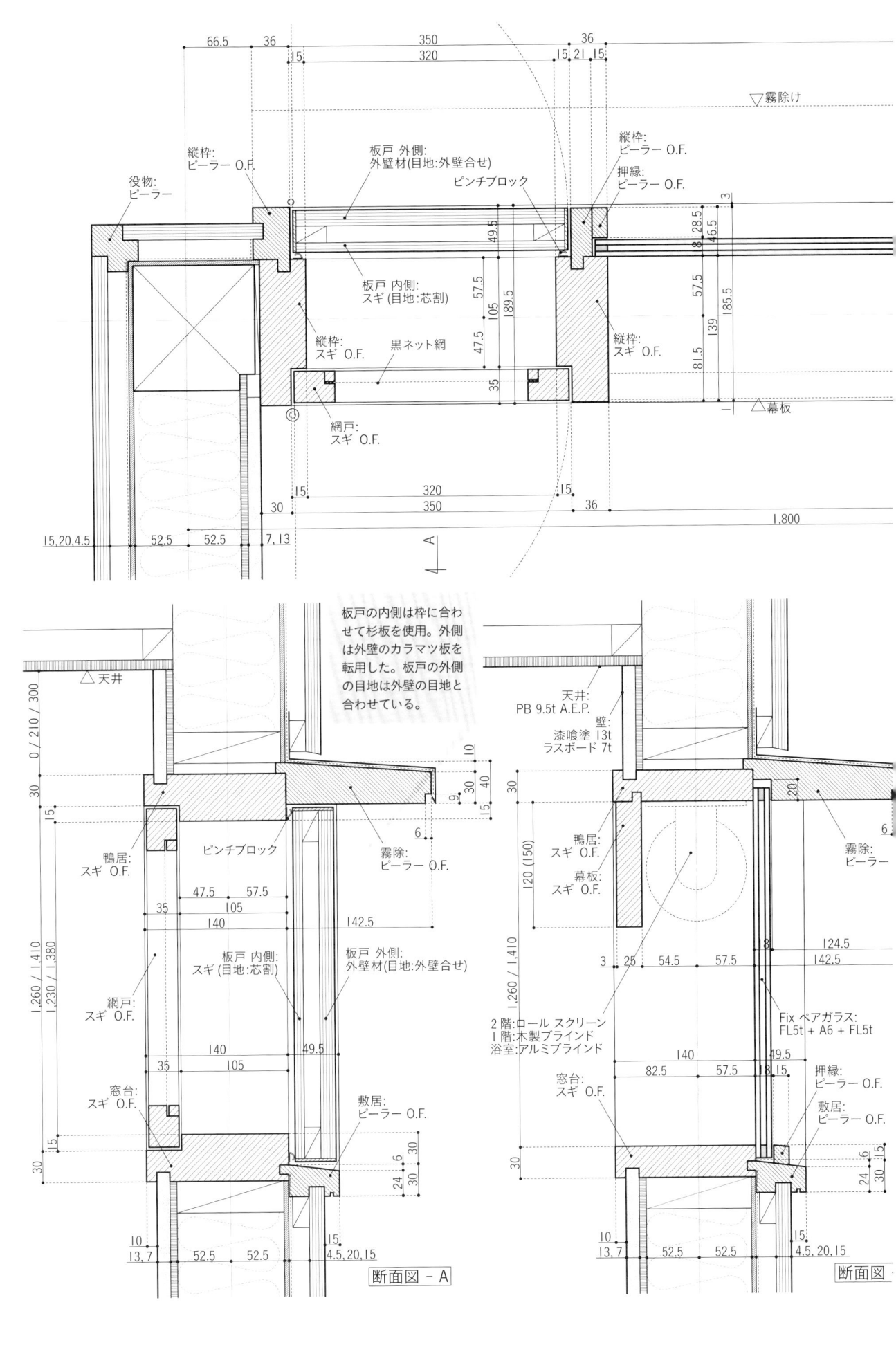

板戸の内側は枠に合わせて杉板を使用。外側は外壁のカラマツ板を転用した。板戸の外側の目地は外壁の目地と合わせている。

断面図 - A

断面図

木製建具で入隅を抜く

薄型の木製ブラインドを使用して、幕板の寸法を抑えている。

木製建具を使用することで、化粧柱の廻りを木材で固めて一体感を出すことができる。床座でも圧迫感のない高さに窓台を設定した。

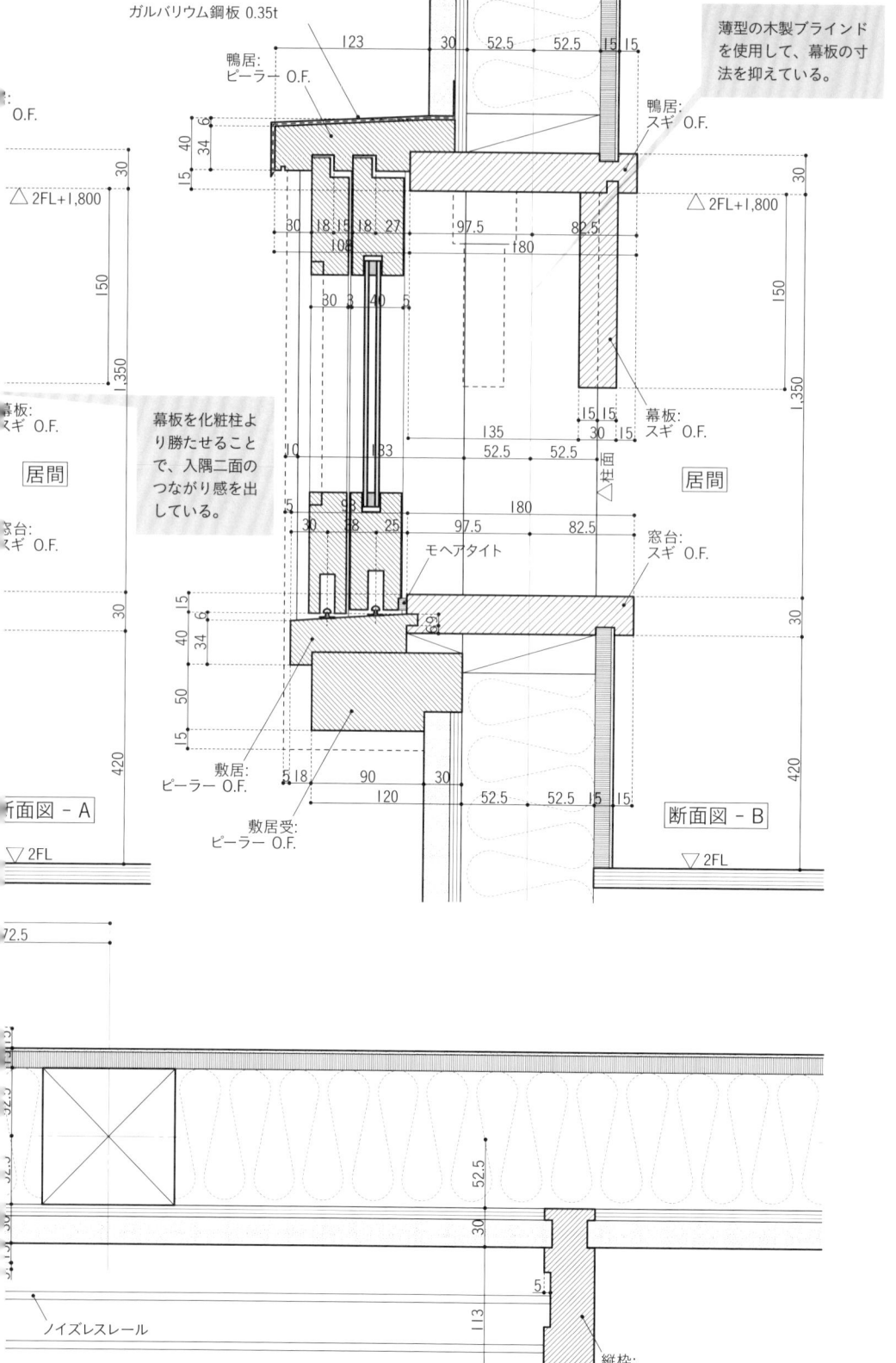

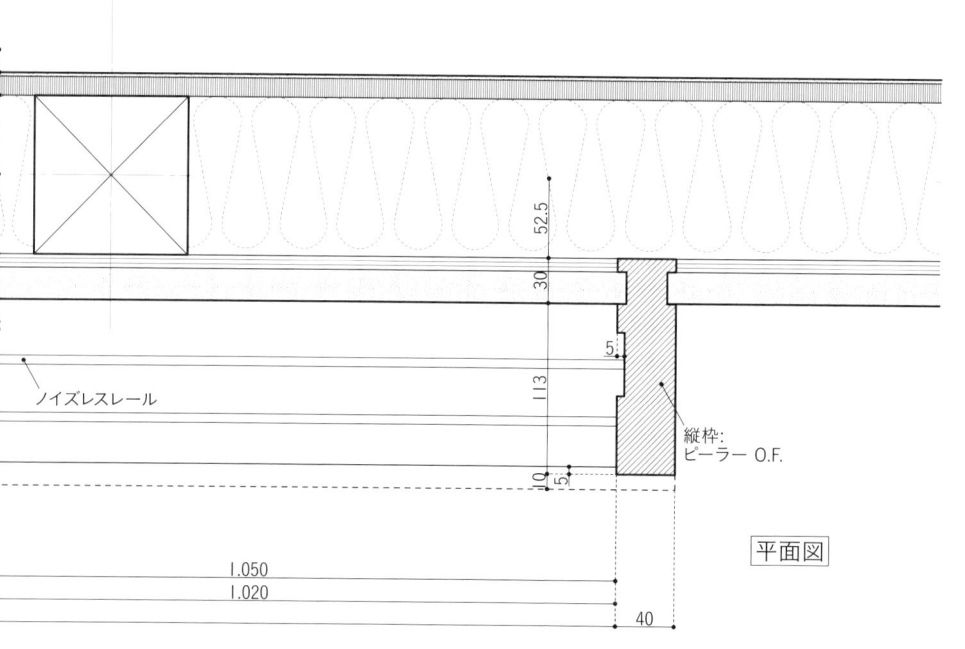

幕板を化粧柱より勝たせることで、入隅二面のつながり感を出している。

ガルバリウム鋼板 0.35t
鴨居：ピーラー O.F.
鴨居：スギ O.F.
幕板：スギ O.F.
窓台：スギ O.F.
モヘアタイト
敷居：ピーラー O.F.
敷居受：ピーラー O.F.
ノイズレスレール
縦枠：ピーラー O.F.

居間　居間
断面図 - A　断面図 - B
平面図

第2篇　枠廻り詳細
開口部廻り - 木製　鵠沼の家

鵠沼の家　枠廻り詳細図 - 平面図, 断面図　S=1/5

ガルバリウム鋼板 0.35t

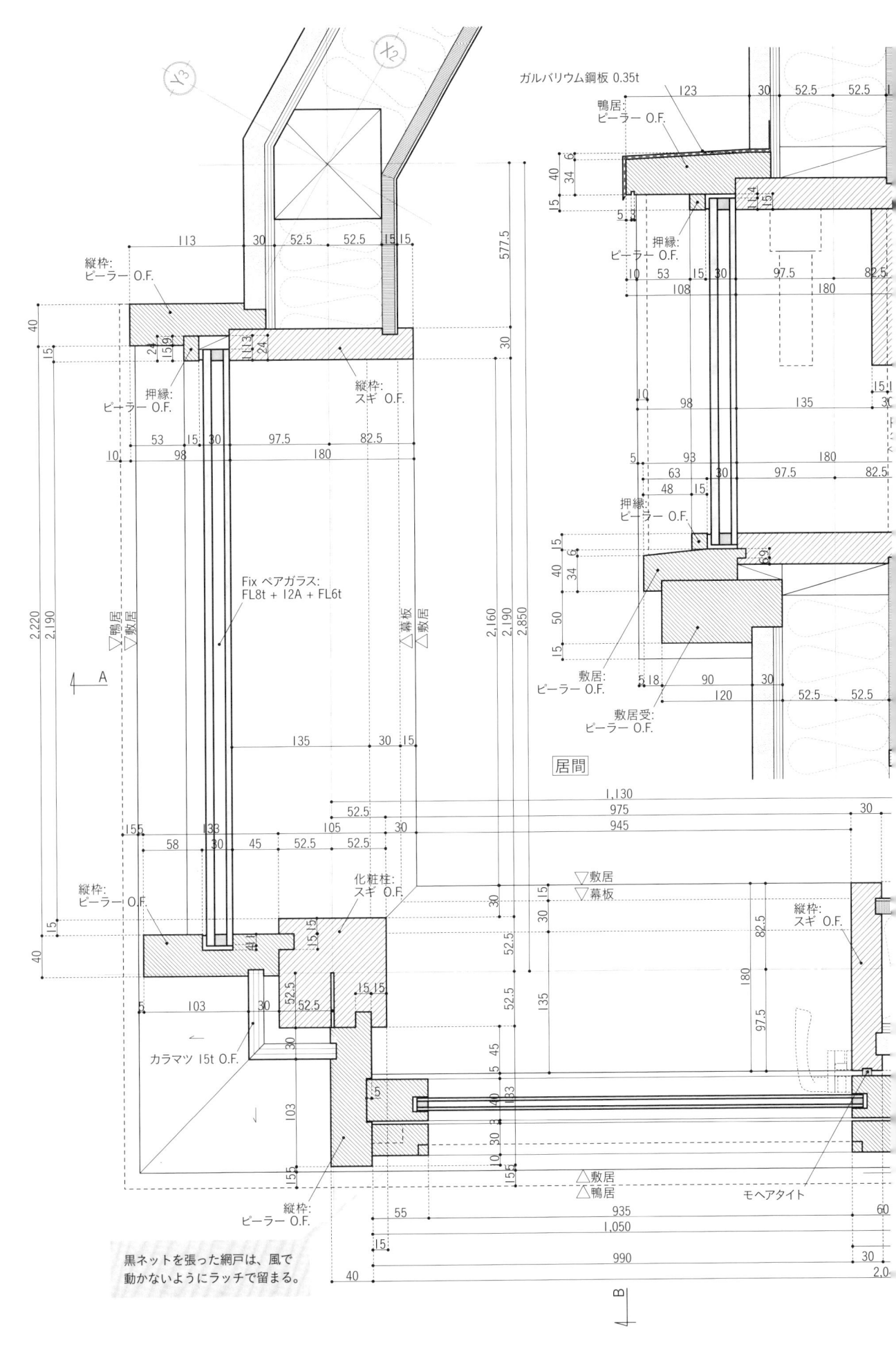

縦枠: ピーラー O.F.
押縁: ピーラー O.F.
縦枠: スギ O.F.
鴨居: ピーラー O.F.
押縁: ピーラー O.F.
敷居: ピーラー O.F.
敷居受: ピーラー O.F.
化粧柱: スギ O.F.
縦枠: ピーラー O.F.
縦枠: スギ O.F.

Fix ペアガラス: FL8t + 12A + FL6t

カラマツ 15t O.F.

モヘアタイト

▽鴨居
▽敷居
△幕板
△敷居
△敷居
△鴨居

[居間]

黒ネットを張った網戸は、風で動かないようにラッチで留まる。

アルミサッシの見えがかりの線を少なくする

腰を掛けられるように出窓形状にした開口部の納まり。枠を内側にずらすことでサッシの框を隠し、Fixガラスのように見えがかりの線を少なくすることで、サッシの存在を和らげた。

平面図

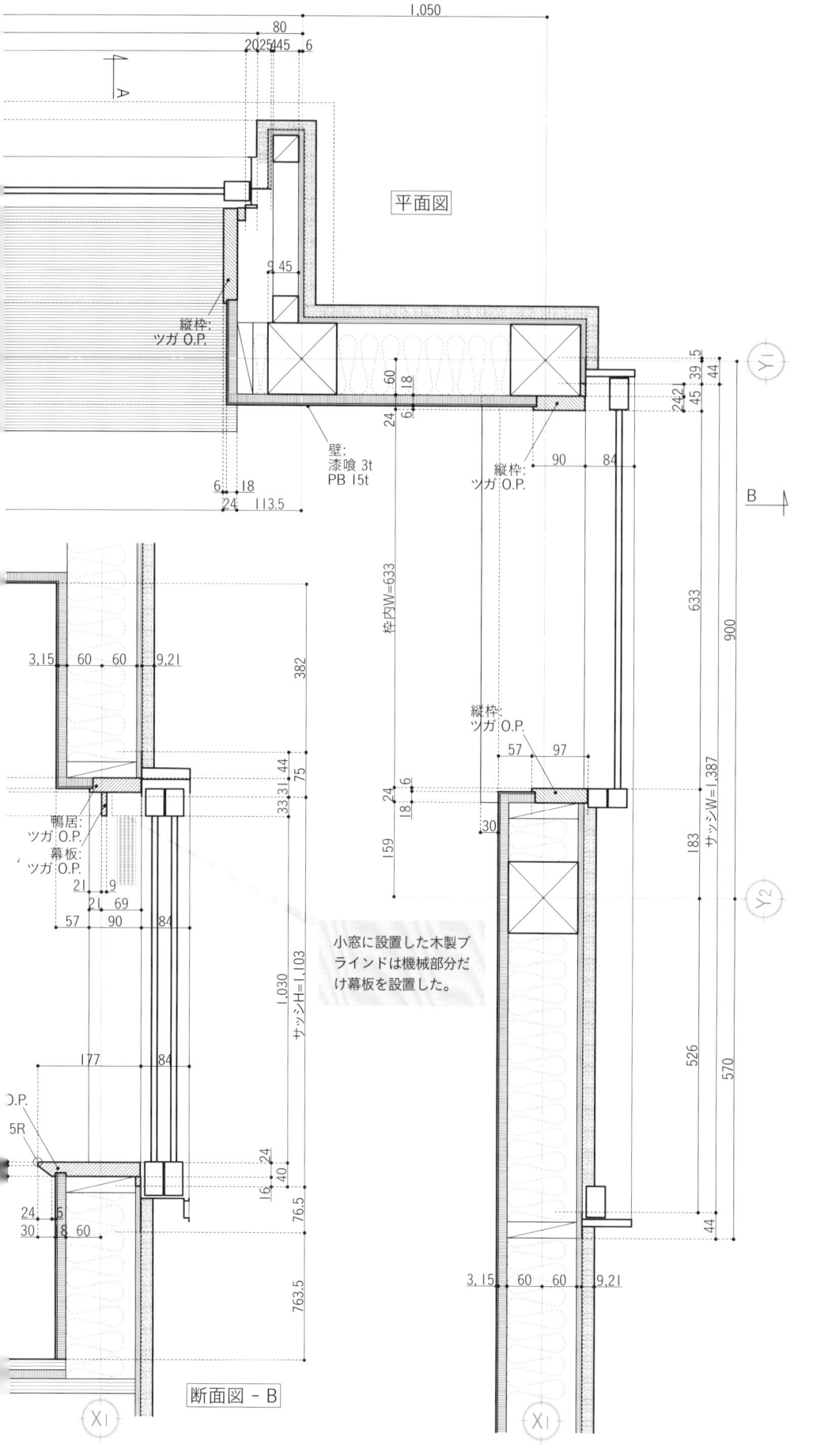

断面図-B

壁：漆喰3t PB 15t
縦枠：ツガO.P.
鴨居：ツガO.P.
幕板：ツガO.P.

小窓に設置した木製ブラインドは機械部分だけ幕板を設置した。

第2篇　枠廻り詳細

開口部廻り-サッシ　幡ヶ谷の家

幡ヶ谷の家　平面図,断面図　S=1/10

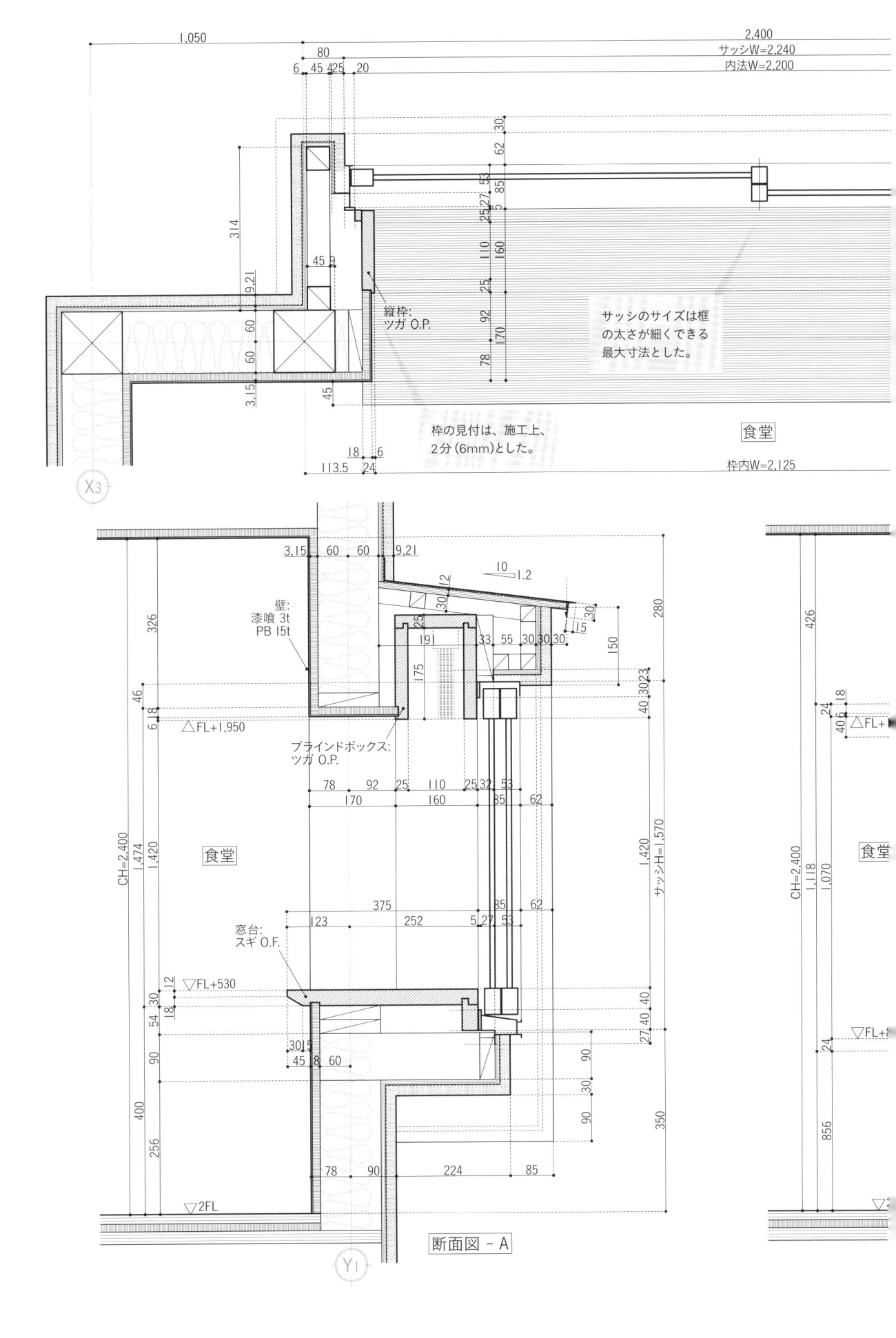

サッシW=2,240
内法W=2,200

サッシのサイズは框の太さが細くできる最大寸法とした。

縦枠：ツガ O.P.

枠の見付は、施工上、2分（6mm）とした。

食堂

枠内W=2,125

壁：
漆喰 3t
PB 15t

ブラインドボックス：ツガ O.P.

食堂

窓台：スギ O.F.

△FL+1,950
▽FL+530

CH=2,400
サッシH=1,570

▽2FL

断面図-A

CH=2,400
食堂

△FL+
▽FL+

障子を半分引き残して窓廻りに階層をつくる

障子が半分引き残るように壁の位置をずらして、開閉のしやすさに考慮した納まり。半分現しになっている障子が壁と開口部の中間的な存在になり、窓廻りに階層が生まれる。

第2篇 枠廻り詳細

開口部廻り - サッシ 町田の家

1,820
サッシW=1,720
1,630
38
45
83
62.5
236
158.5
21
2
縦枠：スプルス O.F.
W=827
12
障子W=827
1,630
9

天井：ツガ 8t O.F.
45
30
8
15
30
8
2 12
見切り：スプルス
2 12
廻り縁：スプルス

1,942

離れ

3,185
床：サイザル麻 6t

展開図 S=1/15　X1

町田の家　平面図, 断面図, 展開図　S=1/10, 1/15

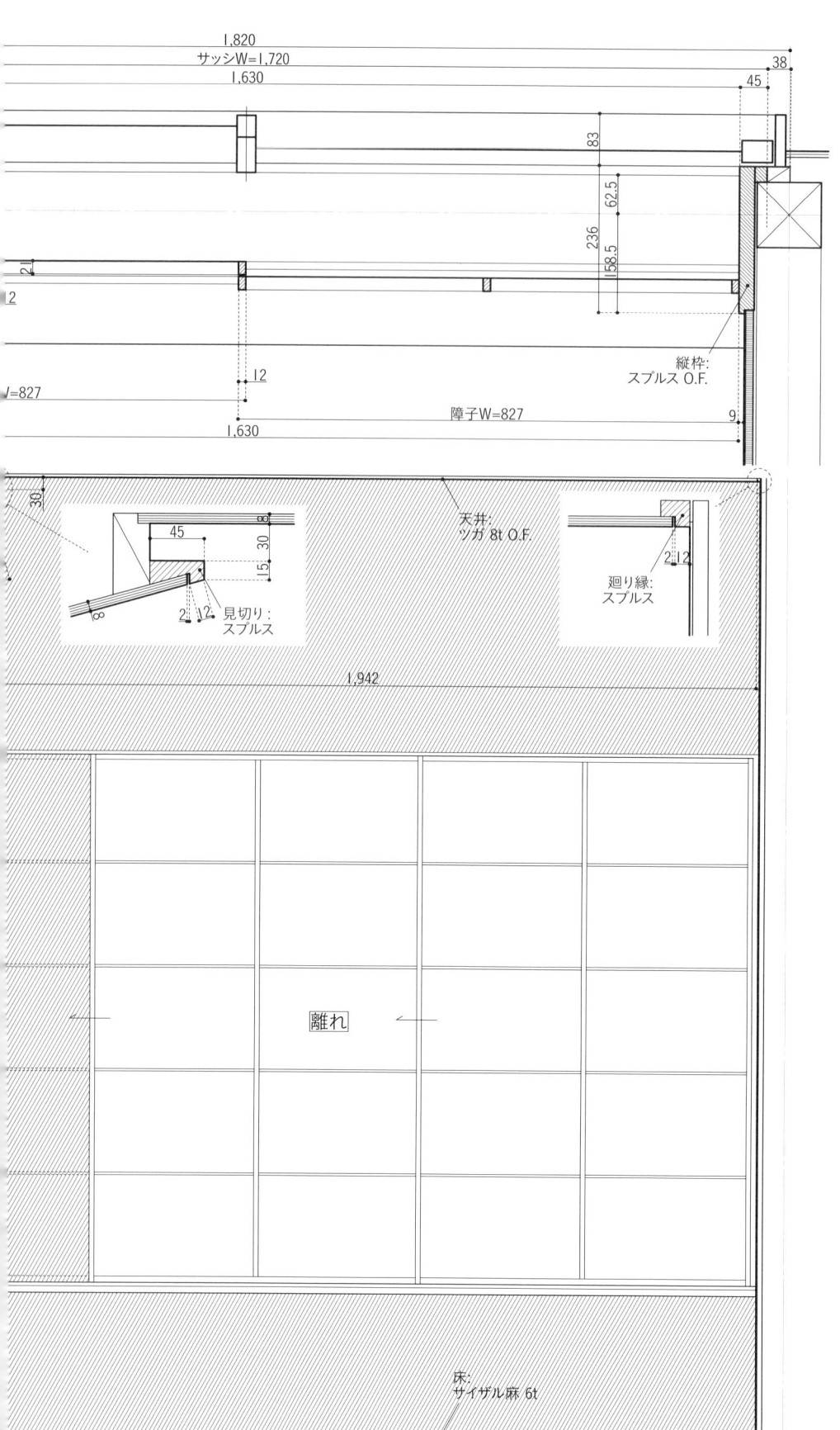

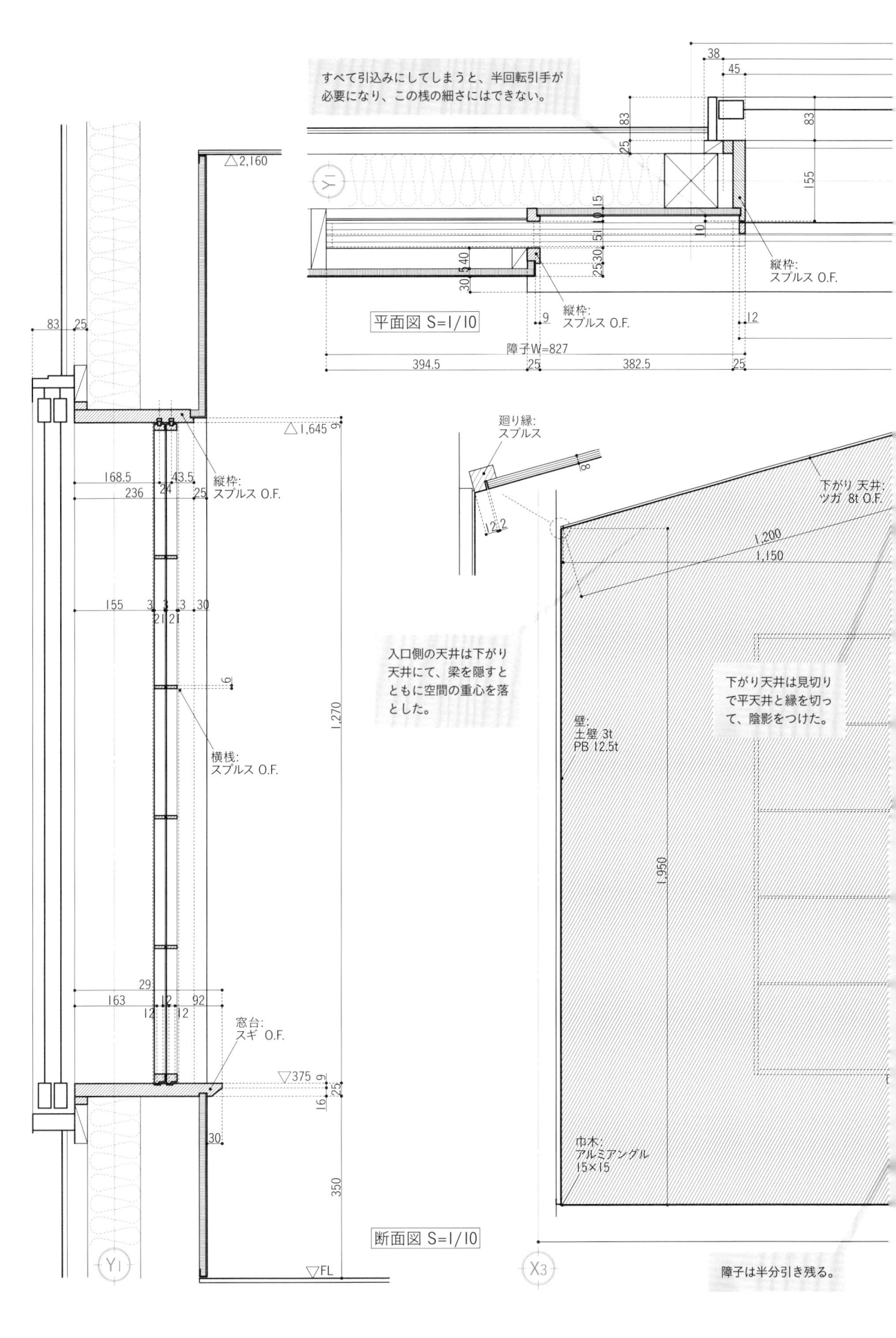

すべて引込みにしてしまうと、半回転引手が
必要になり、この桟の細さにはできない。

平面図 S=1/10

縦枠:
スプルス O.F.

縦枠:
スプルス O.F.

障子W=827

縦枠:
スプルス O.F.

横桟:
スプルス O.F.

廻り縁:
スプルス

下がり天井:
ツガ 8t O.F.

入口側の天井は下がり
天井にて、梁を隠すと
ともに空間の重心を落
とした。

下がり天井は見切り
で平天井と縁を切っ
て、陰影をつけた。

壁:
土壁 3t
PB 12.5t

窓台:
スギ O.F.

巾木:
アルミアングル
15×15

断面図 S=1/10

障子は半分引き残る。

[第3篇] 水廻り詳細・その他

第3篇では家具と建築の関係をテーマにして、各々の家から水廻り、台所廻り、階段廻りの詳細図、そして外構・植栽計画、電気・照明計画を記載している。図面は1／15で収録している。家具を建築への手がかりとするため、枠廻りと同時進行に水廻りや台所廻りの詳細図を描き進め、現場で建築と一体的につくっている。

水廻り

洗面所（永山の家）。中庭に対して半地下に埋まった洗面所からは低木を下から眺めることになる。植栽を通り抜けて柔らかい光が洗面所に入ってくる。

洗面台（那須の家）。アプローチに面する東側の窓から朝の光が入り込む。

浴室（那須の家）。開口部の室内側の枠はヒバを使用している。正面のカツラの木は夜になるとライトアップされる。

洗面所からホール2を見る（那須の家）。奥行きの異なる収納を配置して、空間のつながり感とプライベート性を操作している。

便所（那須の家）。開口部は外壁の入隅部に設置し、内部は吊戸棚で奥まらせることで中2階とはいえ外部との距離感を保っている。

物置（那須の家）。メンテナンスに考慮して水廻りの下階は物置としている。壁と天井はラワンベニヤを貼り、取り外しできる。

玄関から洗面所を見る（幡ヶ谷の家）。奥まらせることで距離感をとりつつも、鴨居を天井まで上げることで流動性に考慮した。

便所（幡ヶ谷の家）。手洗台を壁に埋め込むことで、通路幅を確保するとともに家具と建築を一体化させた。

洗面所（永山の家）。洗面所への引戸は天井まで上げて玄関とのつながりと光量を確保した。浴室への開き戸は浴室の落ち着きを得るため袖壁と垂れ壁を設けた。タオルバーの下にはパネルヒーターを設けている。

浴室（永山の家）。浴室の窓からも中庭の植栽が楽しめる。

浴室（永山の家）。石貼りとサワラ板貼りの目地を合わせている。浴槽はホーロー製。

洗面所（永山の家）。鏡越しに中庭が目に入る。洗面台の天板はホワイトオークの無垢材とした。

引戸ディテール（町田の家）。引手にはタペストリーガラスを入れて、もれる光で人の気配を伝える。

浴室（町田の家）。換気扇は天井に埋め込んでいる。壁にはタイル、天井にはヒバを貼った。

洗面所（町田の家）。動線の溜まり場に設けることで、離れていても気配がわかるようにした。

台所廻り

台所・北面（永山の家）。天井を抑えて板貼りとすることで、台所ならではの家具の密度感と呼応させた。

台所・東面（永山の家）。居間と一体空間でありつつも天井高さの違いで空間の質を分けた。

台所の開口部（町田の家）。泥漆喰とタイルの見切りと、開口部の縦枠を兼ねている。

台所ディテール（永山の家）。砂漆喰との見切りは台所入り口の引戸の縦枠とつながっている。

棚の下にはレールを設けて、調理器具を掛けられるようにした（永山の家）。

ペーパーホルダーのベースはタイルの大きさに合わせている（永山の家）。

床板の芋目地とダイニングテーブルの脚の位置を合わせている（永山の家）。

大皿は縦に収納した（永山の家）。5mm単位で大工が製作した。

台所（幡ヶ谷の家）。ダイニングテーブル側の飾り棚を二段設けることで、食堂の重心を落とした。

カウンター間の幅を広めにとったキッチン（幡ヶ谷の家）。家具はすべて大工造り。

中庭に面する窓（幡ヶ谷の家）。

台所からは南側の開口部を通して、庭や川沿いの風景を眺めることができる（町田の家）。

台所（鵠沼の家）。洗濯室を台所の近くに配置して家事動線に考慮しつつ、居間の様子を伺えるようにした。

台所から洗面所を見る（町田の家）。引戸は大きめの幅にしながらも、バックカウンターの側板でバッファをつくっている。

階段廻り

ホール2からホール1を見る（那須の家）。南北を通して風が抜けていく。

居間からホール2を見る（那須の家）。開口部の前に広がる広葉樹の向こうに低木や地被植物が見える。

居間からの食堂を見る（幡ヶ谷の家）。階段入口の上にエアコン置場を設けて、動線部分を軽快に見せている。

食堂から居間を見る（幡ヶ谷の家）。1mの段差でつながっている。居間の入り口には半透明アクリル板を挟んだ引戸を設置している。

階段（鵠沼の家）。間仕切り壁はランバーコアを重ねて薄くつくり、軽快に見せた。

階段（永山の家）。半地下部分の壁はスギ板貼りとして、目地を階段の段鼻と合わせた。

書斎から階段を見る（町田の家）。建具に摺りガラスをはめ込むことで、視線の抜けに配慮した。

階段（町田の家）。書斎への開口部と居間への開口部。光と風を通すとともに気配を伝える。

外構・植栽

アプローチ（幡ヶ谷の家）。コンクリートの目地に芝生を植えて柔らかい印象にした。人の動線部分は豆砂利の洗い出しとしている。

アプローチ（鵠沼の家）。植栽を居間から眺めることができる。

ポーチ（町田の家）。蹴込部分に地被植物が植えられて、建築のかたさが中和されている。

ポーチ（永山の家）。板塀や小扉の小口に外壁と同じ板金を巻くことで、建物との一体感を出した。

中庭から居間を見る（永山の家）。半階分の段差なので、テラスから開口部に手が届く。

中庭から見上げる（永山の家）。間口3mの中庭に十分な光が落ちてくる。

居間からの中庭を見る（永山の家）。コバノトネリコの葉が手に届く。

中庭からテラス見る（永山の家）。植栽の立体感が各部屋を結ぶ。

居間・東面（那須の家）。各開口部の脇にはブラケットを設置している。ソファの横にはスイッチコンセントにつないだスタンドを設置している。

電気・照明

寝室1・西面（那須の家）。ベッドの横には3路スイッチを設置して、ブラケットの調光ができる。

書斎からもれる光（町田の家）。摺りガラスの模様が泥漆喰壁に映る。

階段の照明（那須の家）。各階段ごとに照明とスイッチを設置した。

アクリル紙を使わずに障子紙を貼ることで、柔らかい光がもれる（町田の家）。

北側外観・夜景（那須の家）。同じつくりの開口部から光がもれる。

東側外観・夜景（那須の家）。外部用スポットライトを設置して、ライトアップされた植栽がもたらす立体感を楽しめるようにした。

解説文

水廻り

水廻りの要素は浴室、脱衣室、洗面所、便所、洗濯機置場とあり、住宅の中で設計の密度が上がるところである。住まい手の生活や敷地条件に合わせてその組み合わせを構成していく。また枠廻りと同時に考えることで、箇所箇所で必要とされる収納の奥行きを用いて、空間と空間のつなぎ方もコントロールしていく。

洗面所は、使用が重なる時間帯の状況を考慮して洗面台は広くとり、かつ化粧道具や着替えなど物を置けるようにする。便所は寝室からの動線を考慮しつつ、人の居場所から奥まらせたところに配置して落ち着きを得るなど、一日を通した家族の生活リズムや家全体の動きを考えながら設計を進める。

台所廻り

台所と食堂とのつながり方は住まい手により設計の按配を調整するが、ここに記載された家では台所を家の中心に配置して、食堂と一体的につくり、台所から家族の様子がわかるような視野の広さを確保している。また主動線の近くに配置することで、さまざまな時間での使用に考慮している。

カウンターの奥行き寸法、作業人数による通路関までの引き合具合、あるいは内と庭との関係を図りながら、段差の加減、庇の有無、素材の切替、方向性の変化によって階層をつけていく。それと同時に空間の重心の異なる台所、食堂、居間の関係性や平面的な距離感を整えていく。

階段廻り

階段は、昇降の負担を考えて段高を抑えて段数を減らしたり、踊り場を設けたり、スキップフロアの構成にして、階段をいかに分割するかを検討している。その上で、上下階の気配が分断されないように心がけている。

階段の上がり口の前には引戸を設置して、冬場の冷気に備えている。階段下のスペースも収納や居場所として適宜利用していく。平面移動に比べてダイナミックな移動となる階段の昇降をそっと支えるような安定感を心がけている。

外構・植栽

外構は内と外という相反する要素をつなぐ場であり、フロアから道路までのレベル差を擦り合わせる場でもある。道路から玄関までの引き合具合、あるいは内と庭との関係を図りながら、段差の加減、庇の有無、素材の切替、方向性の変化によって階層をつけていく。

植栽は季節や自然を感じさせるものであると同時に、建築と外構との緩衝材としての役割を担っている。面積が制限される都心部の庭においては、植栽の立体感や陰影が内部からの視線に奥行き感をもたらすことを期待している。

電気・照明

家で過ごす時間の中で、照明の光の下で過ごす時間も長い。日が落ちれば窓の外は暗くなり見えなくなるので、自ずと視線や意識は内側へと向かう。つまり照明の光によって、日中とは異なる空間をつくる必要がある。平面的になるべく均一的に続く光は避け、明かりと明かりの間には暗やみを設けることで溜まりと奥行きをつくり、明かりの高さや距離感を慎重に設定して、重心を整える。

階層性のある水廻りのつくり方

中2階を設ける場合、各階から様子が伝わるように、洗面所は階段ホールと一体的につくる。枠内や家具の寸法を調整することで、脱衣所や便所のプライベート性を高めている。

収納
532.3

シナランバーコア 21t

ホール3
床:カラマツ 18t O.F.

ダウンライト

洗面所は階段ホールと一体的になるように、引戸の枠内寸法を広めに設定している。

収納

壁:漆喰 13t
ラスボード 7t

枠:スプルス O.P.

棚:タモ 30t U.C.

天井:副吸入グリル
ガラリ:スプルス O.P.

洗面所側の袖壁に照明のスイッチを設置。

シナベニア 3t O.P.

収納

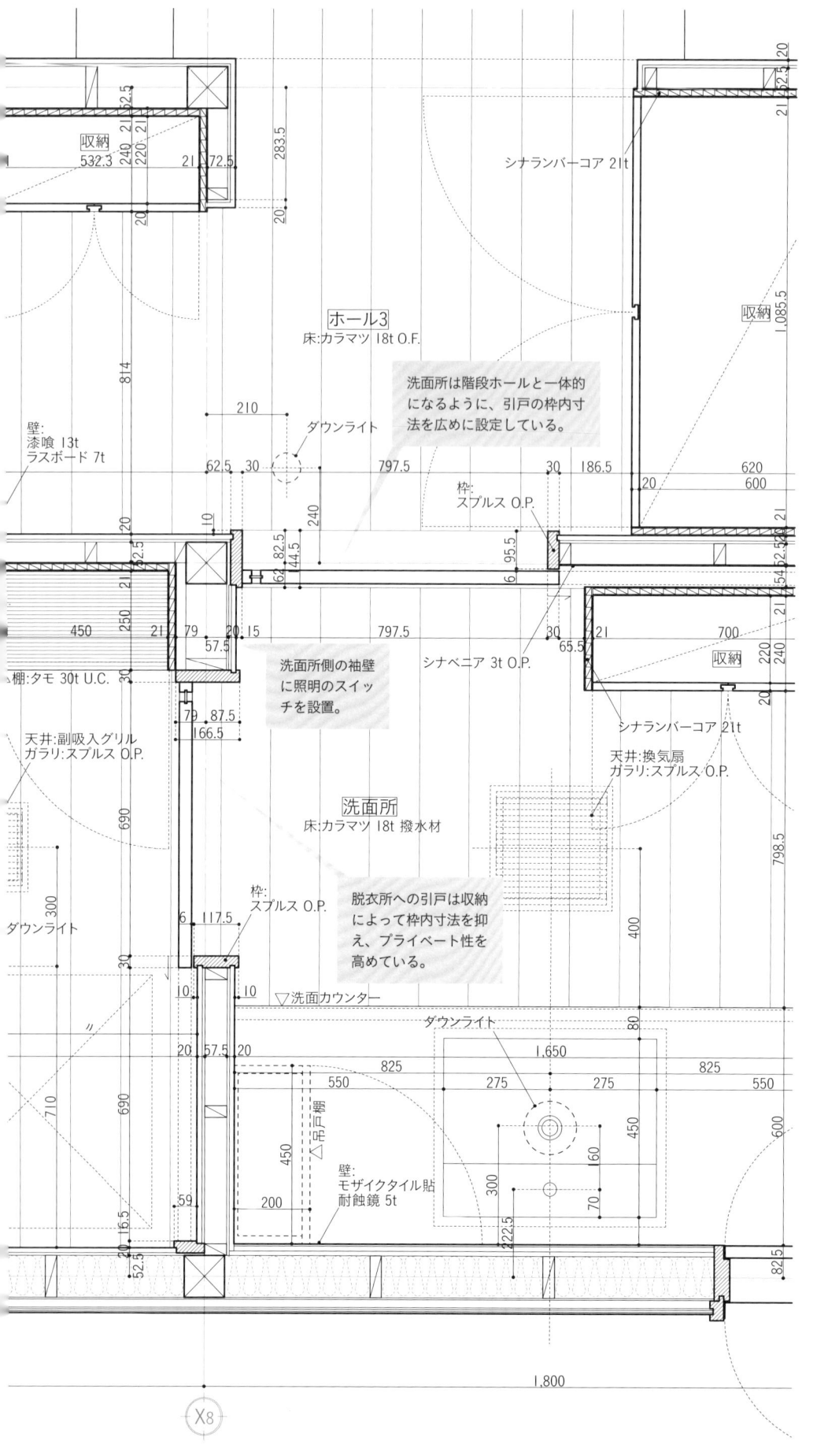

シナランバーコア 21t

洗面所
床:カラマツ 18t 撥水材

天井:換気扇
ガラリ:スプルス O.P.

ダウンライト

枠:スプルス O.P.

脱衣所への引戸は収納によって枠内寸法を抑え、プライベート性を高めている。

▽洗面カウンター

ダウンライト

△吊戸棚

壁:モザイクタイル貼
耐蝕鏡 5t

X8

| 那須の家 | 平面図 | S=1/15 | 211/210 |

第3篇 水廻り詳細・その他

水廻り 那須の家

収納
シナランバーコア 21t

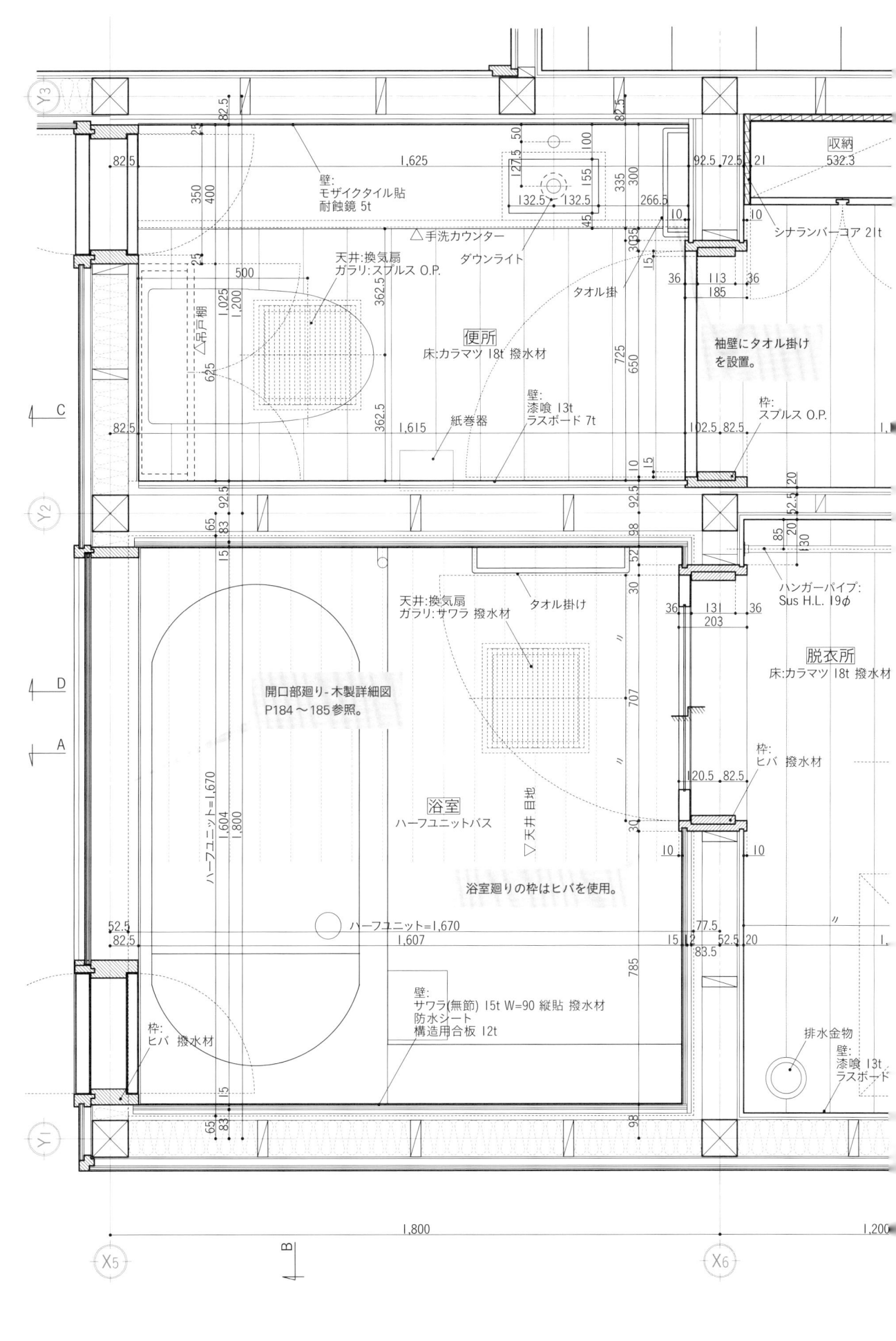

壁:
モザイクタイル貼
耐蝕鏡 5t

△手洗カウンター
ダウンライト
タオル掛

天井:換気扇
ガラリ:スプルス O.P.

△吊戸棚

便所
床:カラマツ 18t 撥水材

紙巻器

壁:
漆喰 13t
ラスボード 7t

袖壁にタオル掛け
を設置。

枠:
スプルス O.P.

ハンガーパイプ:
Sus H.L. 19φ

脱衣所
床:カラマツ 18t 撥水材

タオル掛け

天井:換気扇
ガラリ:サワラ 撥水材

開口部廻り-木製詳細図
P184〜185参照。

ハーフユニット=1,670

浴室
ハーフユニットバス

▽天井目地

浴室廻りの枠はヒバを使用。

枠:
ヒバ 撥水材

ハーフユニット=1,670

枠:
ヒバ 撥水材

壁:
サワラ(無節) 15t W=90 縦貼 撥水材
防水シート
構造用合板 12t

排水金物

壁:
漆喰 13t
ラスボード

人の動きに合わせたスケール感

水廻りにおいては、人の動きは身体に沿ったものとなり、それに合わせたスケール感が必要である。ここでは低めに抑えた軒高に合わせて天井高を1,980mmに設定している。

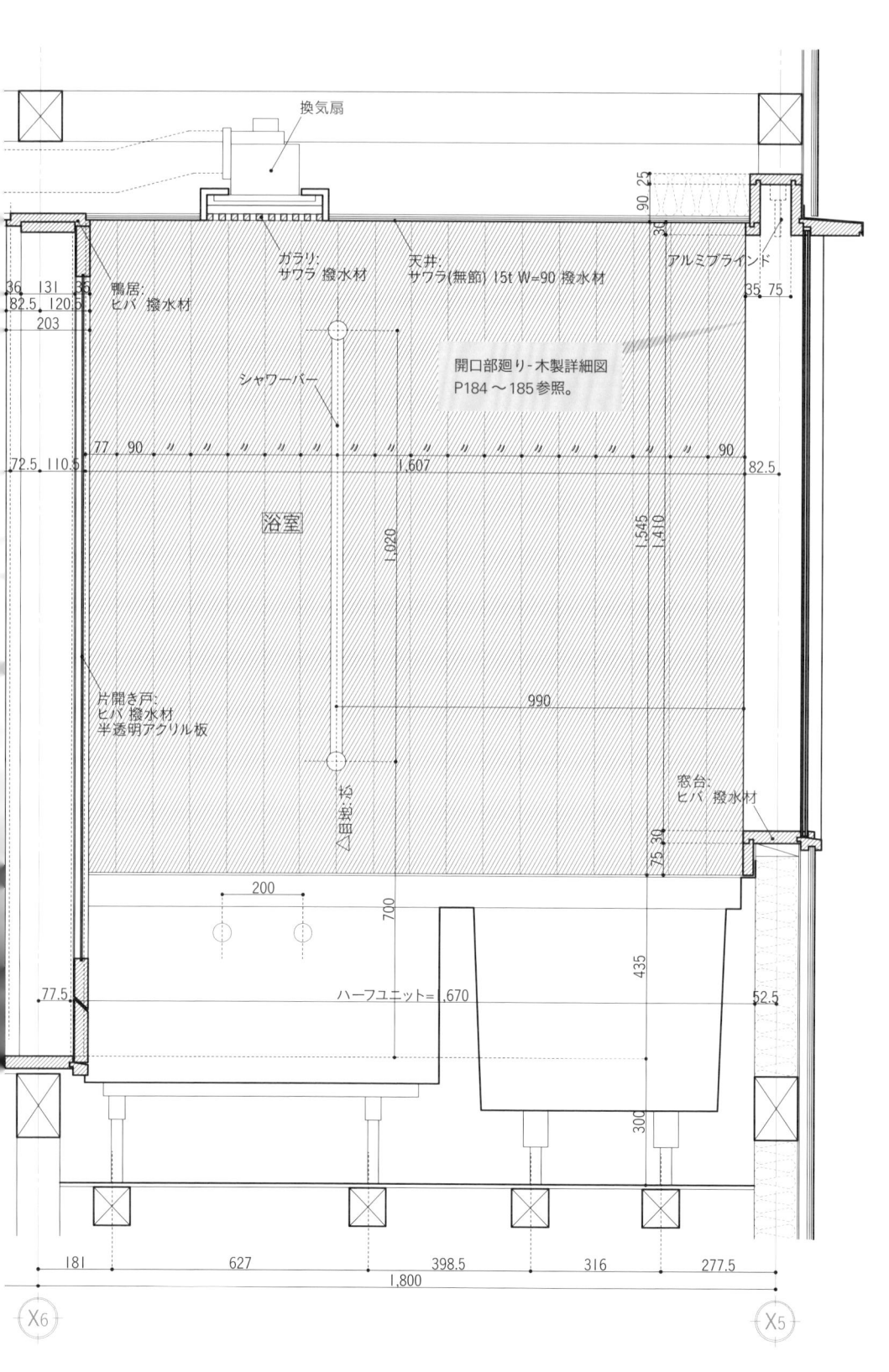

- 換気扇
- ガラリ：サワラ 撥水材
- 天井：サワラ(無節) 15t W=90 撥水材
- アルミブラインド
- 鴨居：ヒバ 撥水材
- シャワーバー
- 開口部廻り-木製詳細図 P184〜185参照。
- 浴室
- 片開き戸：ヒバ 撥水材 半透明アクリル板
- 窓台：ヒバ 撥水材
- ハーフユニット=1,670

第3篇 水廻り詳細・その他

水廻り 那須の家

| 那須の家 | 展開図 | S=1/15 | 213 / 212 |

軒桁と天井野縁の間に換気ダクトを設けて、北面の軒下にベントキャップを設けた。

脱衣所の引戸は幅を狭めながらも、鴨居を天井まで上げることで、空間のつながりを確保する。

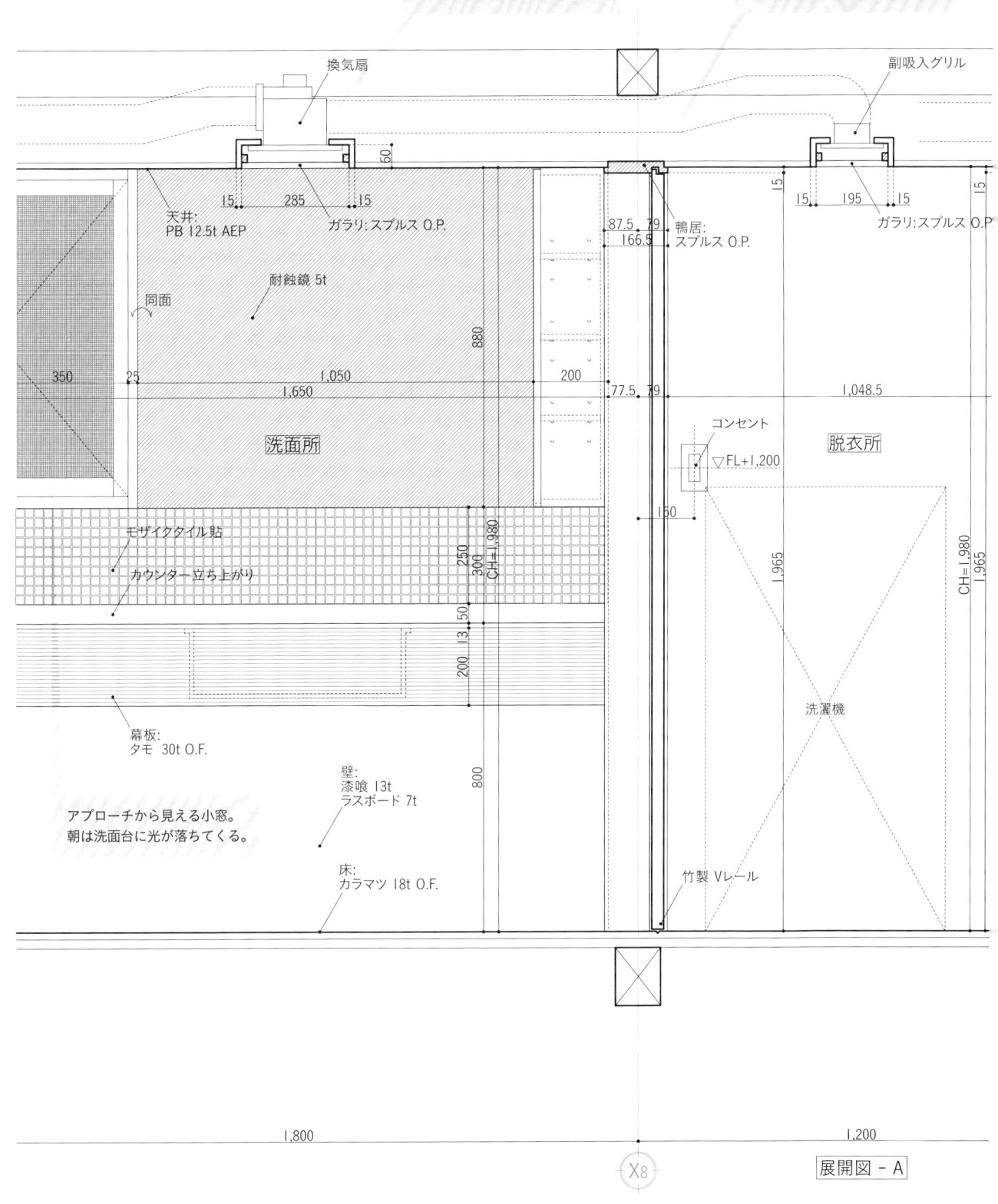

換気扇
副吸入グリル

天井：PB 12.5t AEP
ガラリ：スプルス O.P.
鴨居：スプルス O.P.
ガラリ：スプルス O.P.

耐蝕鏡 5t
同面

洗面所
脱衣所

モザイクタイル貼
カウンター立ち上がり
コンセント ▽FL+1,200
CH=1,980
CH=1,980

幕板：タモ 30t O.F.
壁：漆喰 13t ラスボード 7t
洗濯機

アプローチから見える小窓。朝は洗面台に光が落ちてくる。

床：カラマツ 18t O.F.
竹製 Vレール

1,800 | 1,200
X8
展開図 – A

水廻り開口部のつくり方

中2階のレベルと外部環境を活かし、浴室の窓は開放的にした。一方、便所の窓は外壁の入隅部分に設置し、吊戸棚で奥行きをつくることでプライベート性を高めた。

洗面所の窓と同様に小窓はガラス窓にしてある。日中を通して、うっすらと光が入る。

天井:
PB 12.5t A.E.P.

耐蝕鏡 5t

便所

同面

モザイクタイル貼

カウンター立ち上がり

同面

幕板:
タモ 30t O.F.

壁:
漆喰 13t
ラスボード 7t

床:
カラマツ 18t O.F.

開き網戸
ビ O.F.
ネット網

展開図 - C

第3篇 水廻り詳細・その他

水廻り 那須の家

| 那須の家 | 展開図 | S=1/15 |

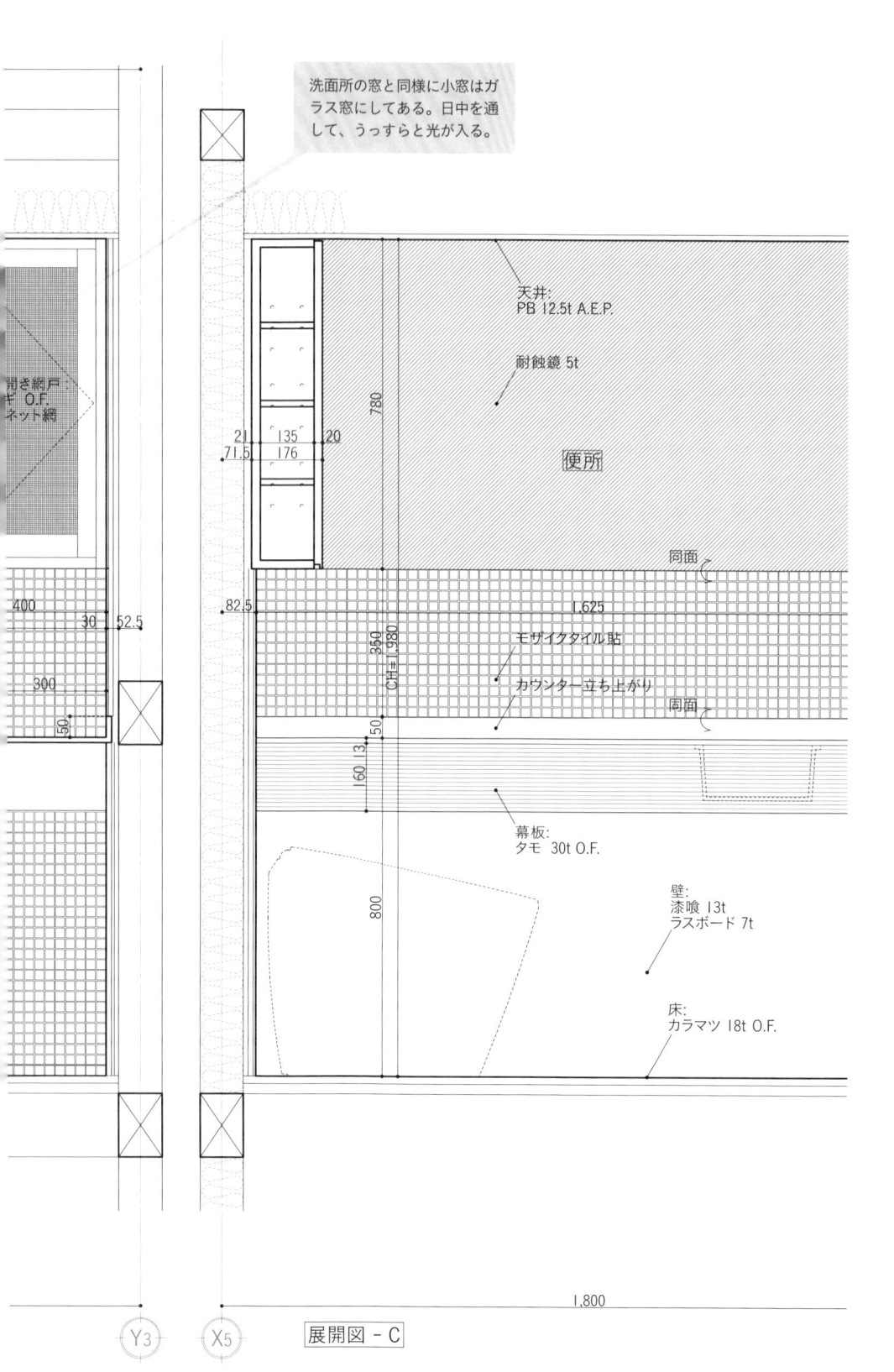

開き窓は板戸なので、Fix部にのみブラインドを設置。板戸を開いても、カラン台（足元）側なので気にならない。

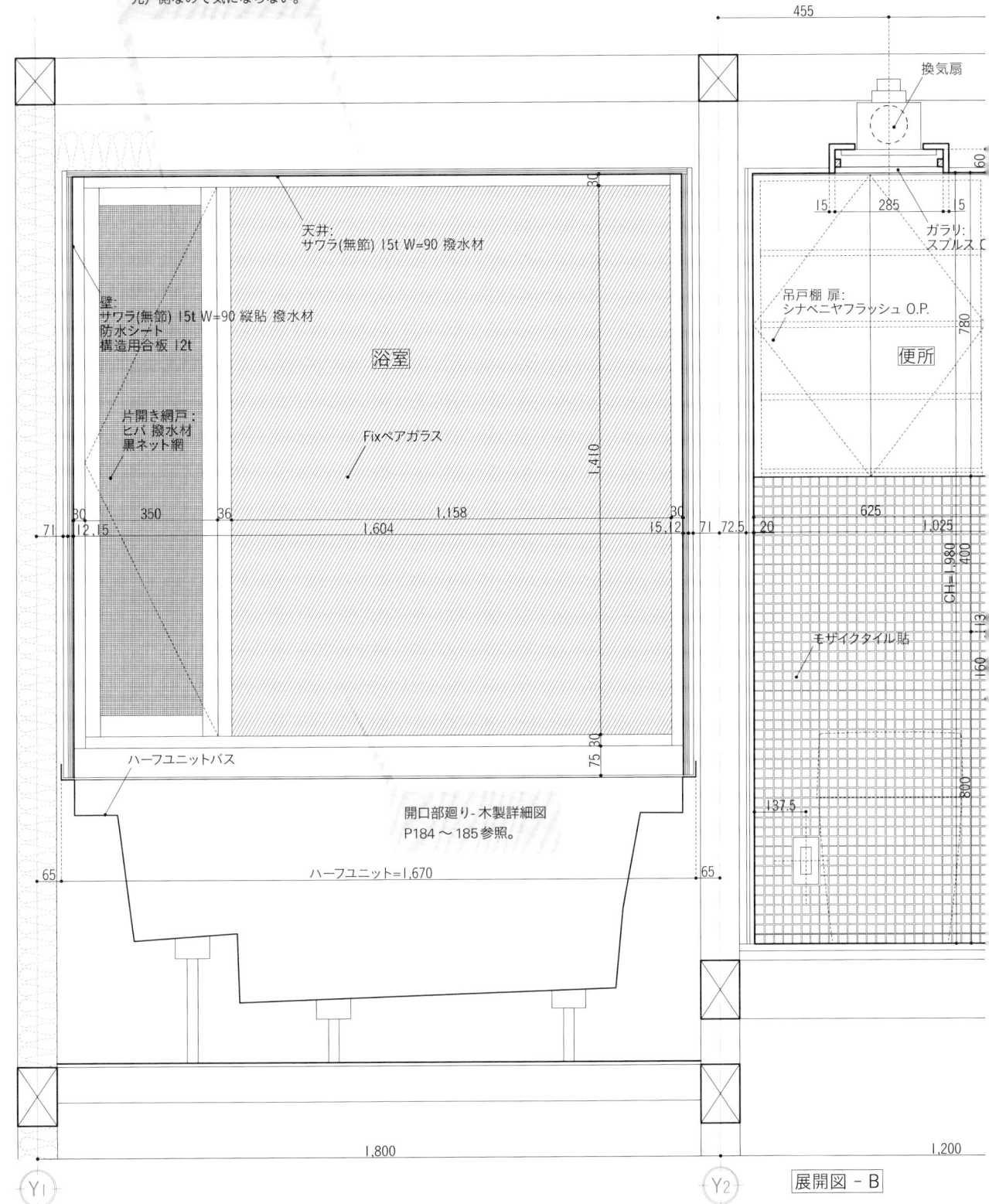

天井:
サワラ(無節) 15t W=90 撥水材

壁:
サワラ(無節) 15t W=90 縦貼 撥水材
防水シート
構造用合板 12t

片開き網戸:
ヒバ 撥水材
黒ネット網

浴室

Fixペアガラス

ハーフユニットバス

開口部廻り-木製詳細図
P184～185参照。

ハーフユニット=1,670

換気扇

ガラリ:
スプルス

吊戸棚 扉:
シナベニヤフラッシュ O.P.

便所

モザイクタイル貼

CH=1,980

Y1 Y2 展開図 - B

無意識に使えるように手を掛ける高さを揃える

引戸の手掛けや開き戸のレバーハンドル、棚の高さや手摺の高さ、照明のスイッチなど手を掛けるものの高さを揃えて、無意識な動作で使えるようにしている。

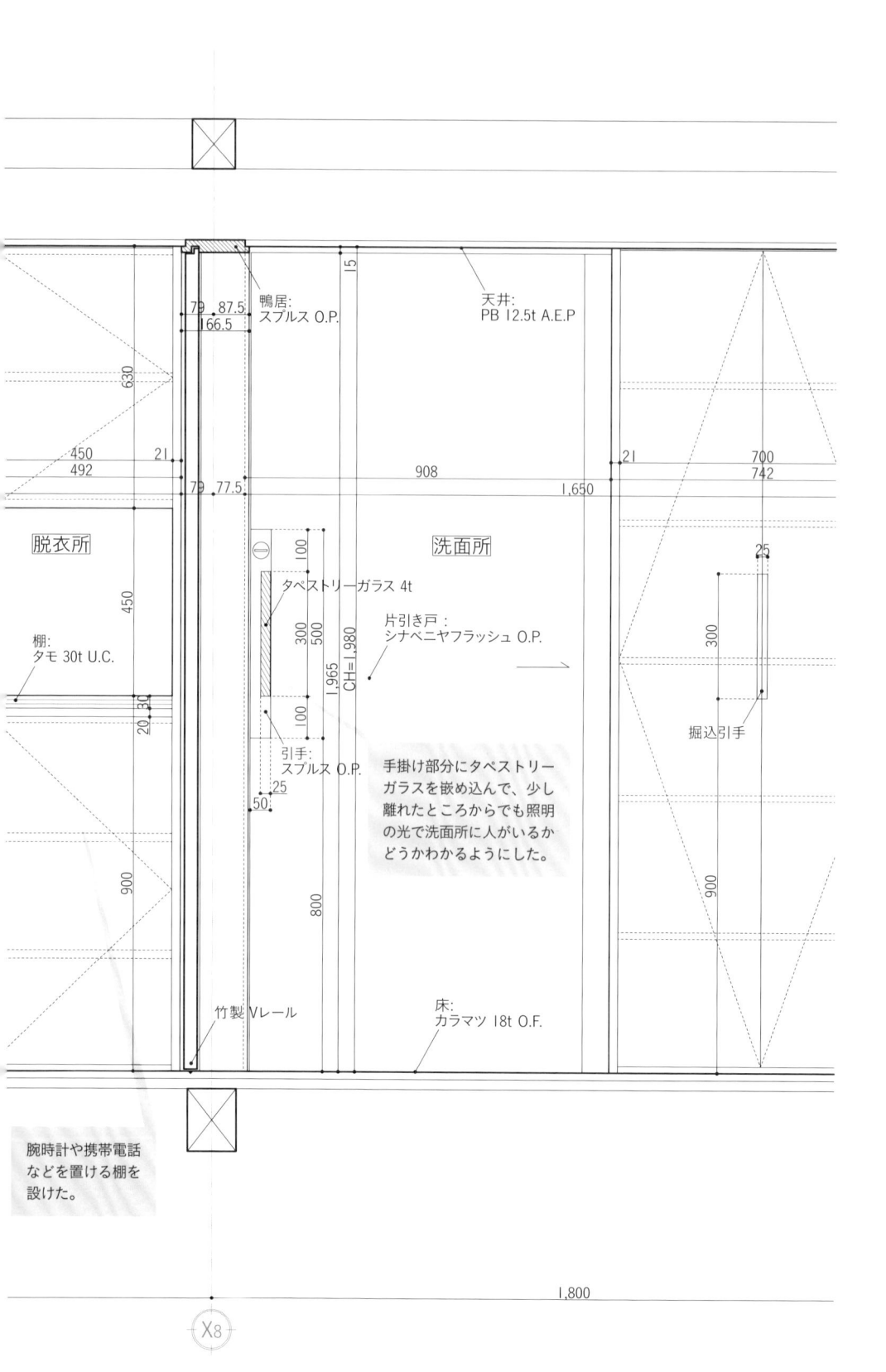

鴨居：スプルス O.P.
天井：PB 12.5t A.E.P
脱衣所
洗面所
棚：タモ 30t U.C.
タペストリーガラス 4t
片引き戸：シナベニヤフラッシュ O.P.
CH=1,980
引手：スプルス O.P.
掘込引手
竹製Vレール
床：カラマツ 18t O.F.

手掛け部分にタペストリーガラスを嵌め込んで、少し離れたところからでも照明の光で洗面所に人がいるかどうかわかるようにした。

腕時計や携帯電話などを置ける棚を設けた。

X8

那須の家　展開図　S=1/15

第3篇　水廻り詳細・その他

水廻り　那須の家

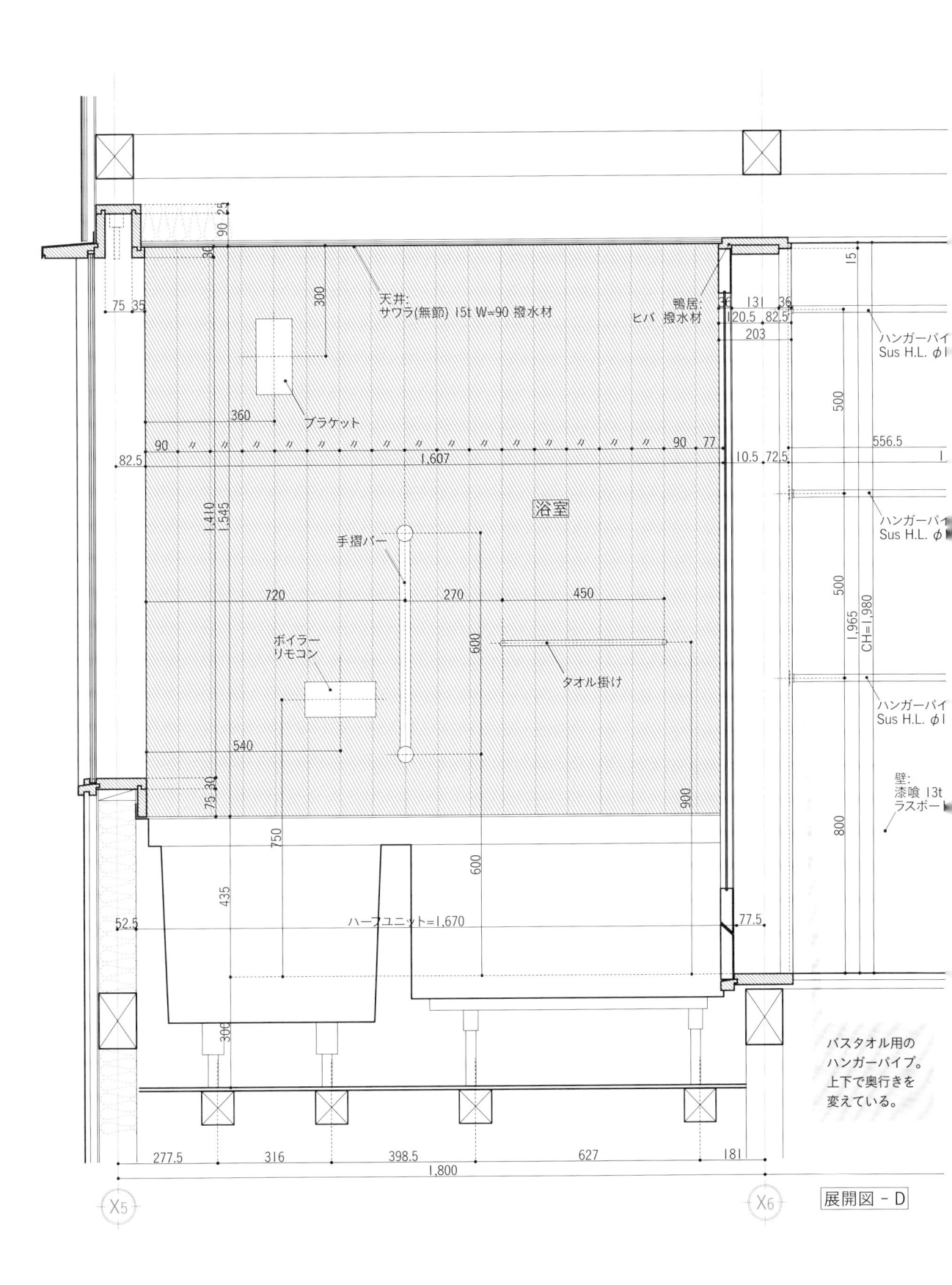

天井: サワラ(無節) 15t W=90 撥水材
鴨居: ヒバ 撥水材
ハンガーパイプ Sus H.L. φ1
浴室
手摺バー
ブラケット
ボイラーリモコン
タオル掛け
壁: 漆喰 13t ラスボード
ハーフユニット=1,670
CH=1,980

バスタオル用のハンガーパイプ。上下で奥行きを変えている。

展開図 - D

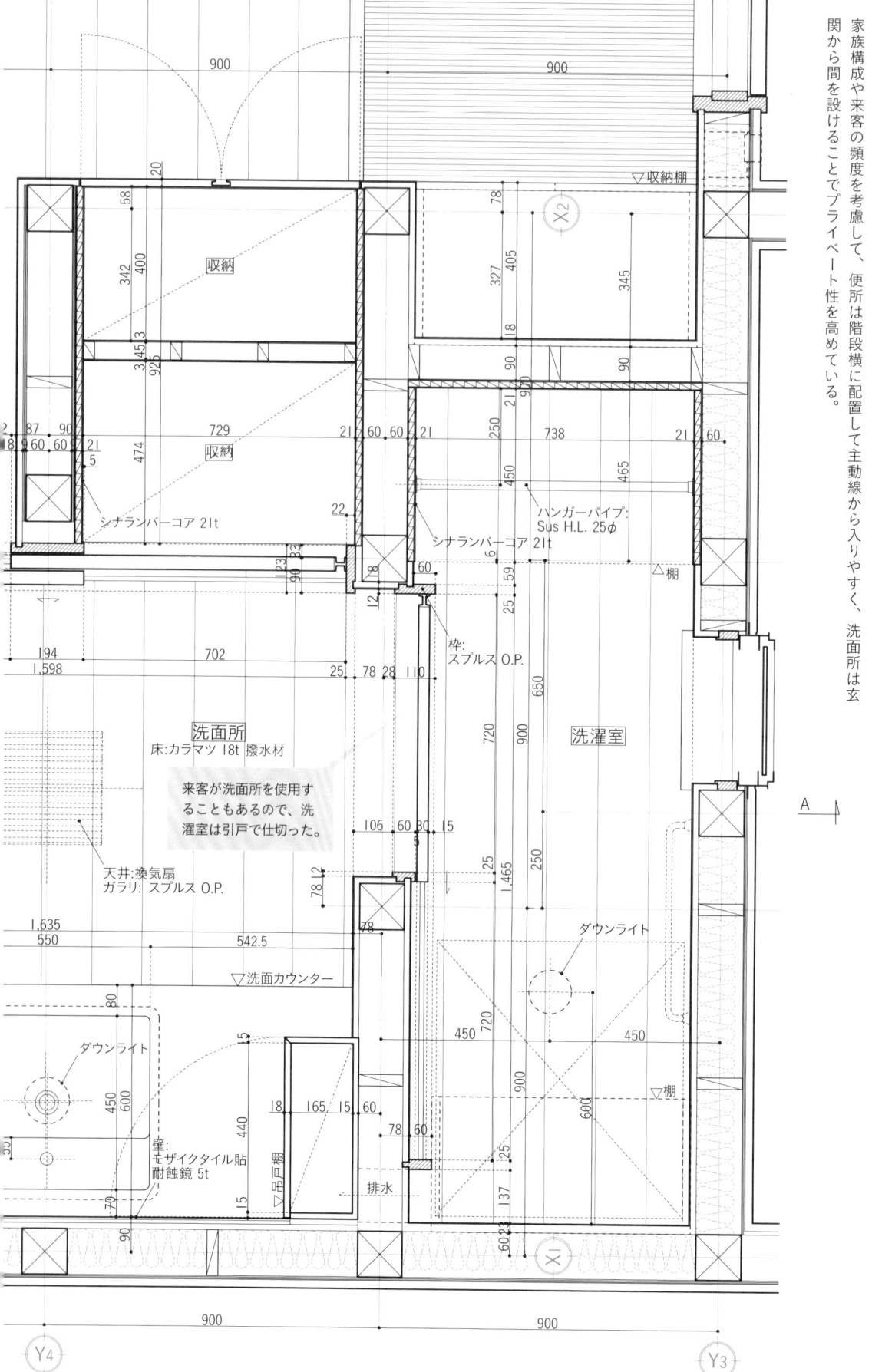

使い分けのできる動線を設計する

家族構成や来客の頻度を考慮して、便所は階段横に配置して主動線から入りやすく、洗面所は玄関から間を設けることでプライベート性を高めている。

収納棚 ▽

収納

収納

シナランバーコア 21t

シナランバーコア 21t

ハンガーパイプ:
Sus H.L. 25φ

棚 △

枠:
スプルス O.P.

洗面所
床:カラマツ 18t 撥水材

来客が洗面所を使用することもあるので、洗濯室は引戸で仕切った。

洗濯室

天井:換気扇
ガラリ: スプルス O.P.

A

ダウンライト

▽ 洗面カウンター

ダウンライト

棚 ▽

壁:
モザイクタイル貼
耐蝕鏡 5t

排水

第3篇 水廻り詳細・その他

水廻り 幡ヶ谷の家

| 幡ヶ谷の家 | 平面図 | S=1/15 |

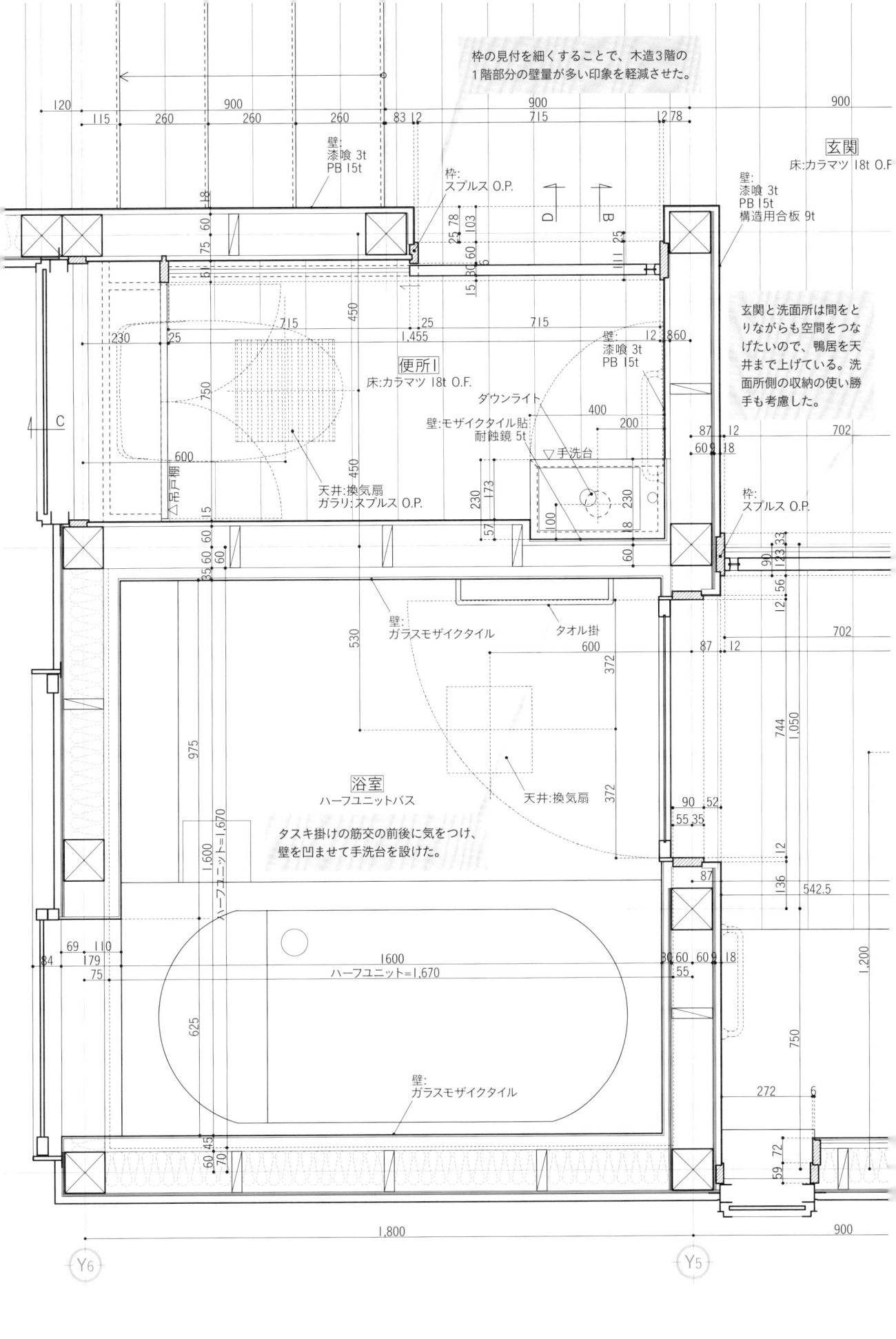

枠の見付を細くすることで、木造3階の1階部分の壁量が多い印象を軽減させた。

玄関
床:カラマツ 18t O.F.

壁:漆喰 3t
PB 15t

枠:スプルス O.P.

壁:漆喰 3t
PB 15t
構造用合板 9t

玄関と洗面所は間をとりながらも空間をつなげたいので、鴨居を天井まで上げている。洗面所側の収納の使い勝手も考慮した。

便所1
床:カラマツ 18t O.F.

壁:漆喰 3t
PB 15t

ダウンライト

壁:モザイクタイル貼
耐蝕鏡 5t

▽手洗台

△吊戸棚

天井:換気扇
ガラリ:スプルス O.P.

枠:スプルス O.P.

壁:ガラスモザイクタイル

タオル掛

浴室
ハーフユニットバス

天井:換気扇

タスキ掛けの筋交の前後に気をつけ、壁を凹ませて手洗台を設けた。

ハーフユニット=1,670

ハーフユニット=1,670

壁:ガラスモザイクタイル

建具の高さを使い分ける

玄関から洗面所への引戸の鴨居は天井まで上げた一方で、脱衣所と浴室への入口には垂れ壁を設けて、各々の部屋の独立性と包まれ感を維持した。

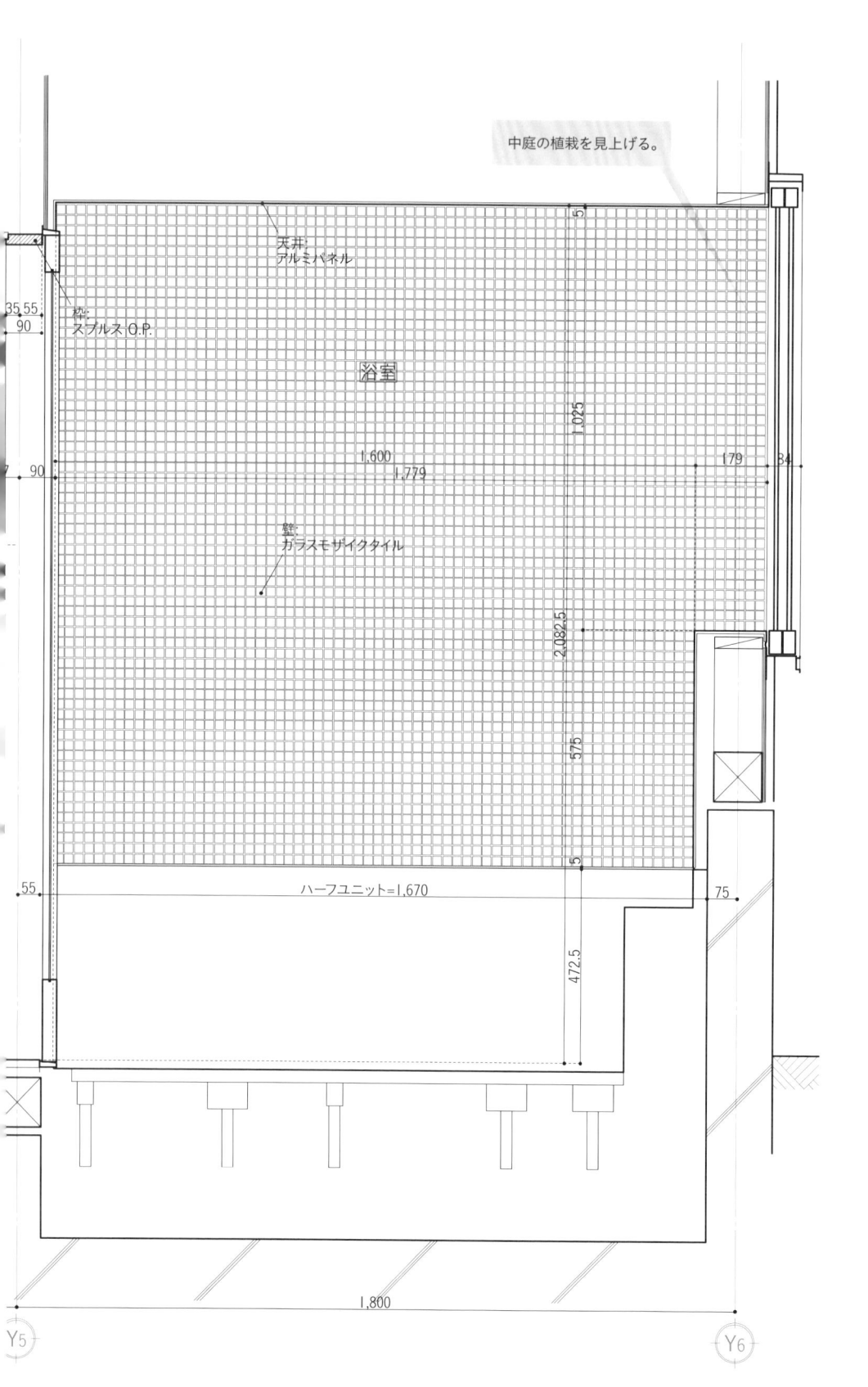

中庭の植栽を見上げる。

天井：アルミパネル

枠：スプルスO.P.

浴室

壁：ガラスモザイクタイル

ハーフユニット=1,670

第3篇 水廻り詳細・その他

水廻り 幡ヶ谷の家

幡ヶ谷の家　展開図　S=1/15

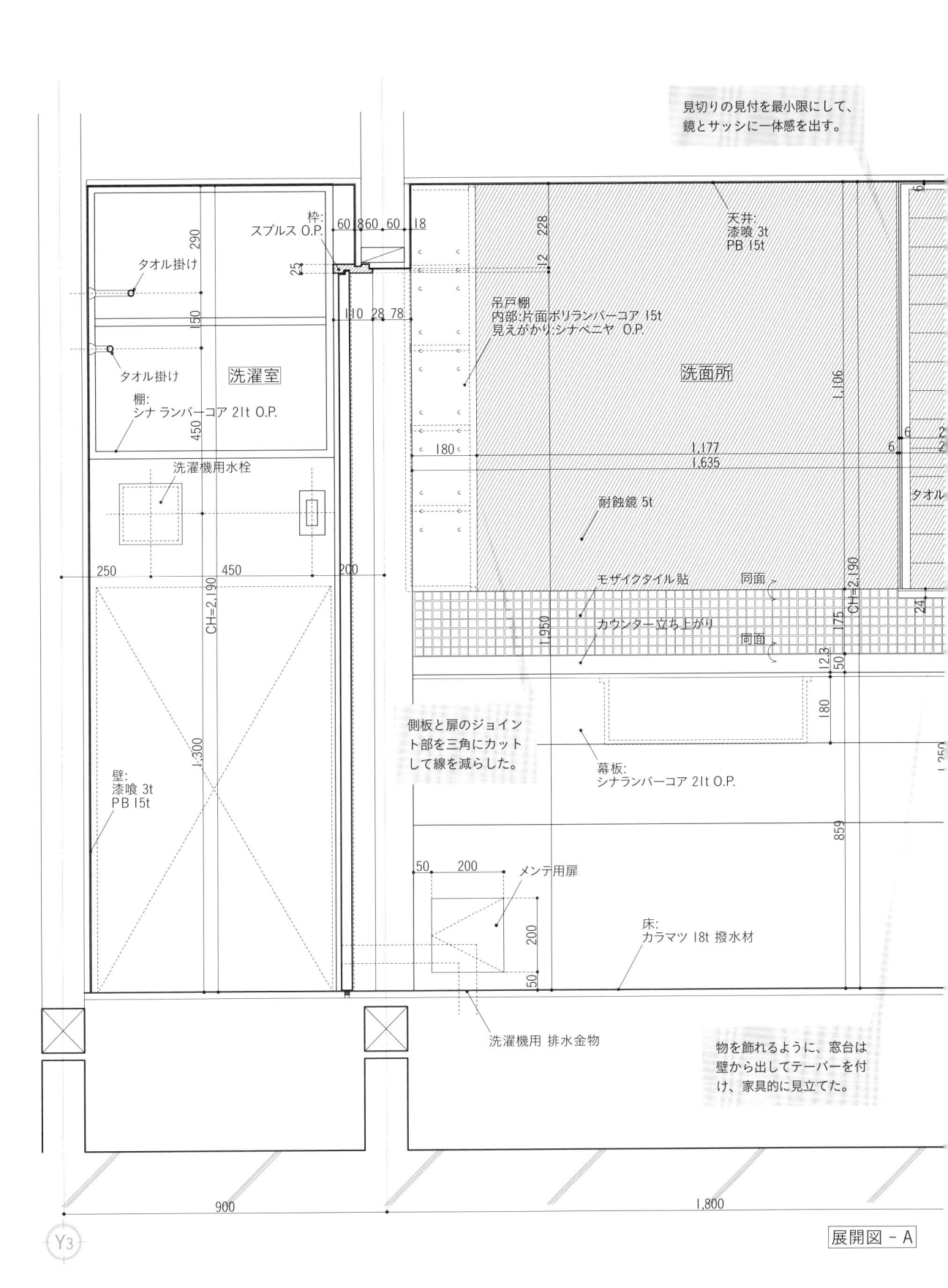

見切りの見付を最小限にして、鏡とサッシに一体感を出す。

枠:スプルス O.P.

タオル掛け

タオル掛け

洗濯室

棚:シナ ランバーコア 21t O.P.

洗濯機用水栓

天井:
漆喰 3t
PB 15t

吊戸棚
内部:片面ポリランバーコア 15t
見えがかり:シナベニヤ O.P.

洗面所

耐蝕鏡 5t

モザイクタイル貼　　同面

カウンター立ち上がり　　同面

タオル

壁:
漆喰 3t
PB 15t

側板と扉のジョイント部を三角にカットして線を減らした。

幕板:
シナランバーコア 21t O.P.

メンテ用扉

床:
カラマツ 18t 撥水材

洗濯機用 排水金物

物を飾れるように、窓台は壁から出してテーパーを付け、家具的に見立てた。

Y3

展開図 - A

家具と建築を一体化させて、スケール感を抑える

手洗台は壁に埋め込み、吊戸棚は窓廻りや引戸の枠と一体的につくった。家具を大工造りにして建築を一体化させることで、空間のスケール感を落としている。

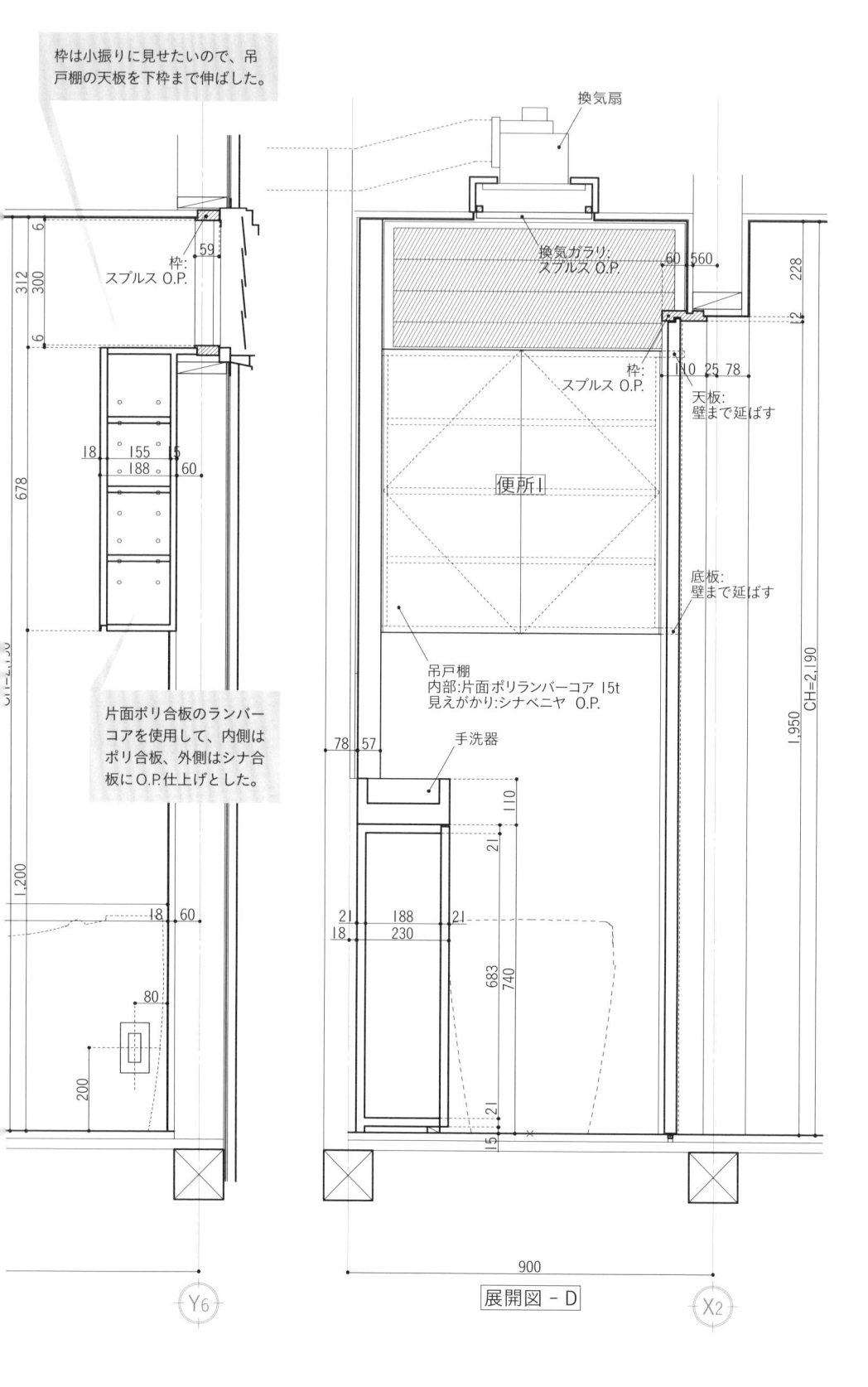

枠は小振りに見せたいので、吊戸棚の天板を下枠まで伸ばした。

片面ポリ合板のランバーコアを使用して、内側はポリ合板、外側はシナ合板にO.P.仕上げとした。

換気扇

換気ガラリ:スプルス O.P.

枠:スプルス O.P.

枠:スプルス O.P.

天板:壁まで延ばす

便所1

底板:壁まで延ばす

吊戸棚
内部:片面ポリランバーコア 15t
見えがかり:シナベニヤ O.P.

手洗器

第3篇 水廻り詳細・その他

水廻り 幡ヶ谷の家

展開図 - D

| 幡ヶ谷の家 | 展開図 | S=1/15 | 223 / 222 |

展開図 - B

垂れ壁を設けて、便所のスケール感を抑えるとともに、玄関から階段への壁をつないで主動線の方向性を明示した。

- 天井：漆喰 3t PB 15t
- 枠：スプルス O.P.
- 壁：漆喰 3t PB 15t
- 便所1
- タオル掛け
- モザイクタイル貼
- 手洗器
- 棚：シナランバーコア 21t O.P.

CH=2,190
1,950

228
12
60 15 60
78 25 110
300 175
18 60
230 18 60
350
250
110
21
21 188 21
230 18
900
740 683
21
15
900

X2 展開図 - B

展開図 - C

- 天井：漆喰 3t PB 15t
- 壁：漆喰 3t PB 15t
- 耐蝕鏡 5t
- 便所1
- モザイクタイル貼
- 手洗器
- リモコン
- 紙巻器

1,090
250
200
110
60 18 400
1,24
740 750
1,800

Y5 展開図 - C

側板と扉のジョイント部を三角にカットして線を減らし、手洗器と一体的な箱に見せる。

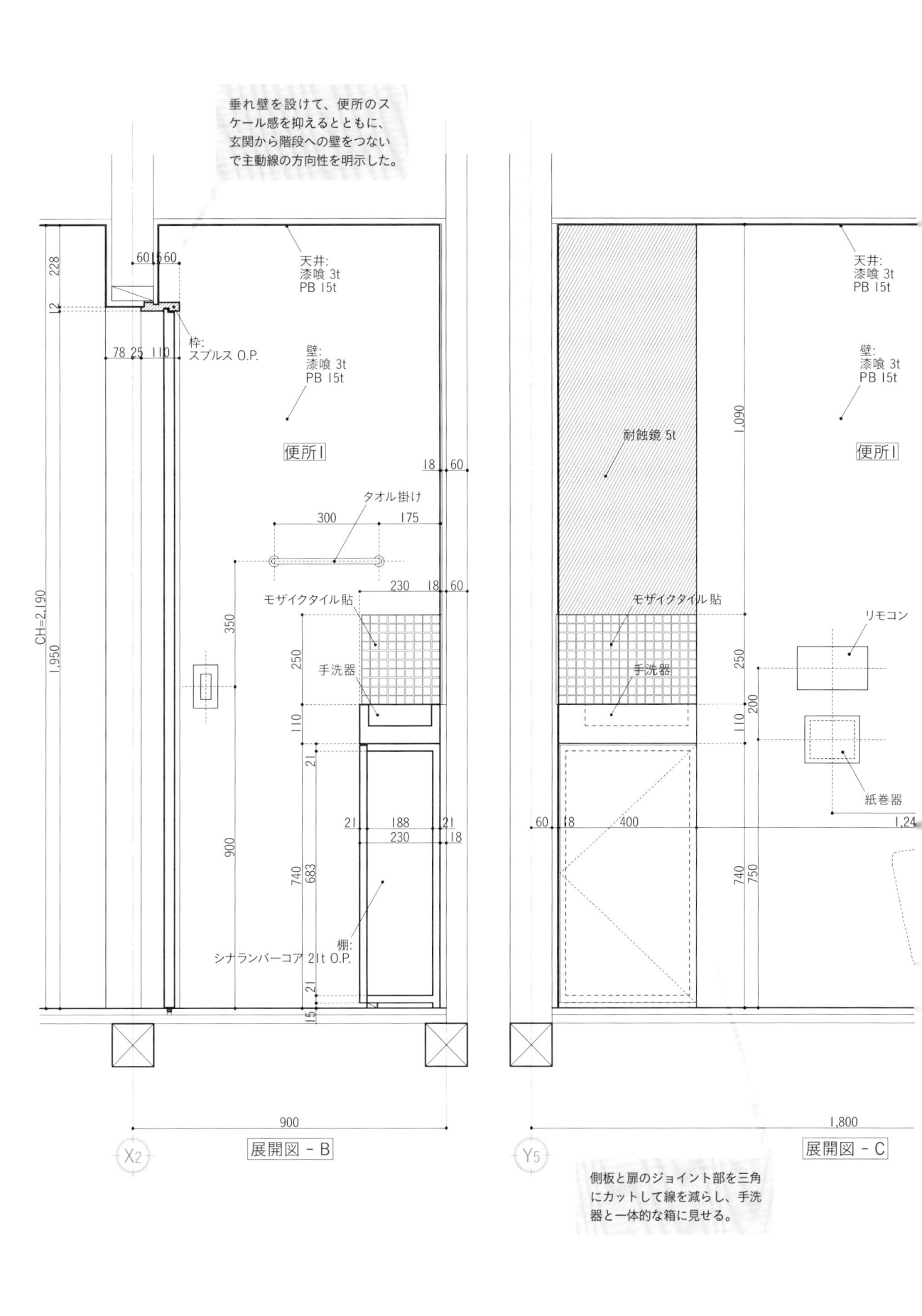

壁の位置や長さを微調整して物を納める

壁の位置や長さを微調整して、給湯器やタオル掛けなど、物をすっきりと納めるとともに視線や間をコントロールしている。

構造壁を設けて、隣地からの視線を閉じる。

サッシW=1,265

タオル掛け

縦枠:ヒバ 撥水材

撥水材

浴室
床:石貼 15t

排水金物

天井:換気扇
ガラリ:サワラ 撥水材
▽浴槽:ホーロー製

掛け

壁:サワラ板貼 15t撥水材

収納部分の外壁を凹ませて、給湯器を納めている。

収納

第3篇 水廻り詳細・その他

水廻り 永山の家

永山の家 | 平面図 | S=1/15 | 225 / 224

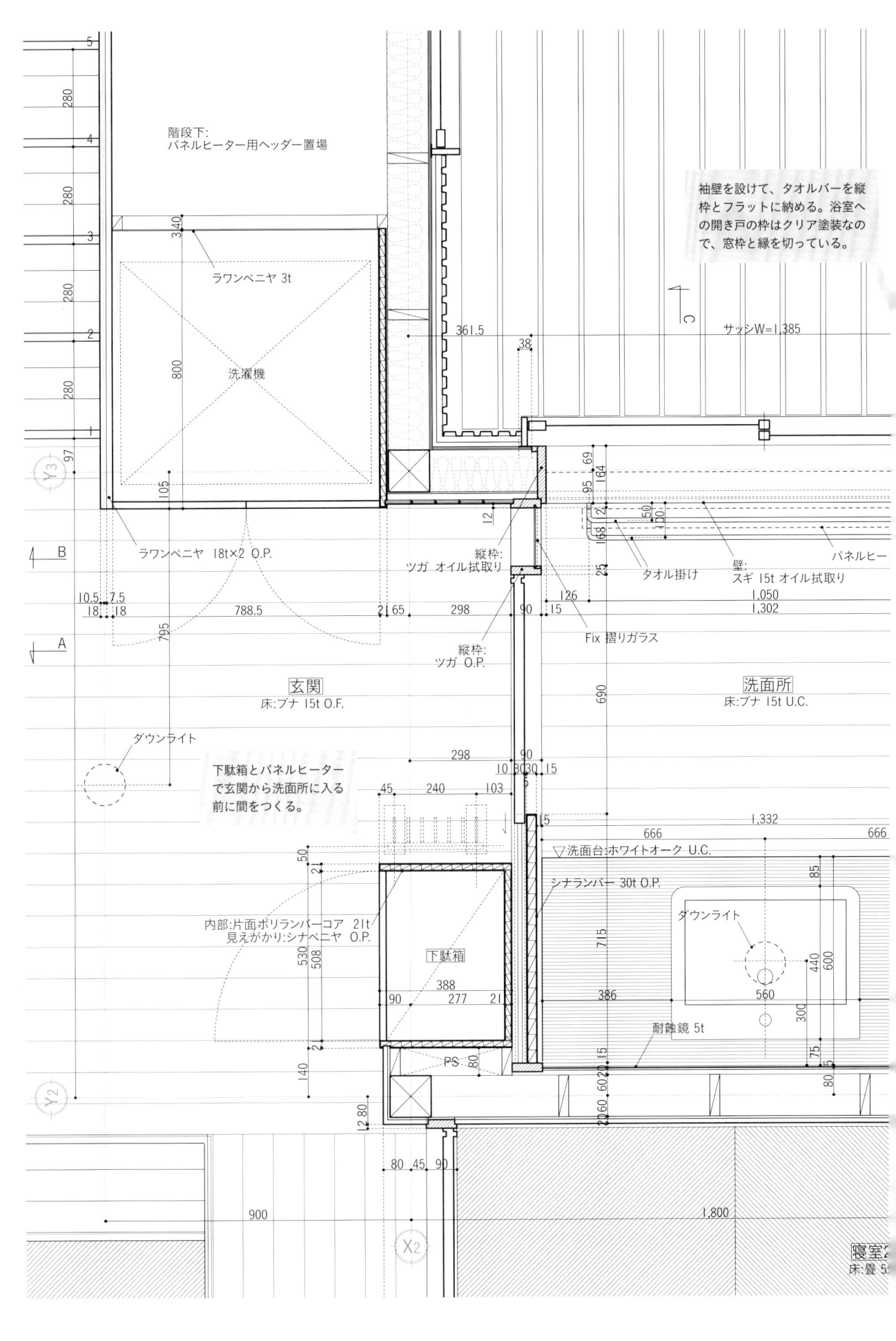

袖壁を設けて、タオルバーを縦枠とフラットに納める。浴室への開き戸の枠はクリア塗装なので、窓枠と縁を切っている。

階段下：
パネルヒーター用ヘッダー置場

ラワンベニヤ 3t

洗濯機

サッシW=1,385

ラワンベニヤ 18t×2 O.P.

縦枠：
ツガ オイル拭取り

タオル掛け

壁：
スギ 15t オイル拭取り

パネルヒー

Fix 摺りガラス

縦枠：
ツガ O.P.

玄関
床：ブナ 15t O.F.

洗面所
床：ブナ 15t U.C.

ダウンライト

下駄箱とパネルヒーターで玄関から洗面所に入る前に間をつくる。

洗面台 ホワイトオーク U.C.

シナランバー 30t O.P.

内部：片面ポリランバーコア 21t
見えがかり：シナベニヤ O.P.

ダウンライト

下駄箱

耐蝕鏡 5t

PS

寝室
床：畳

一間グリッドをずらして建具を納める

建具の位置を一間グリッドからずらすことで、一間の中で洗面所と玄関の間をつくり、洗面所を落ち着かせた。

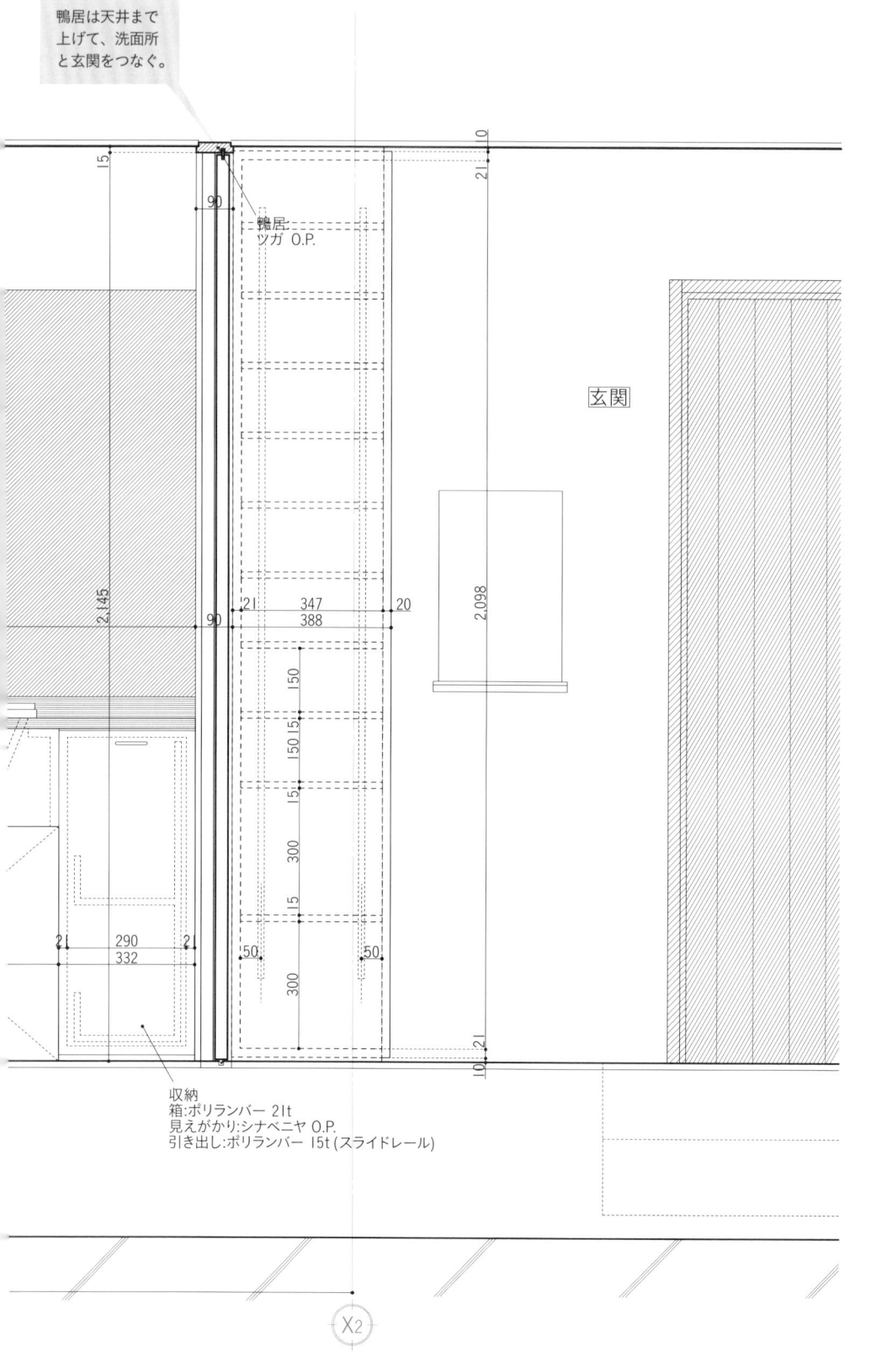

鴨居は天井まで上げて、洗面所と玄関をつなぐ。

鴨居
ツガ O.P.

玄関

収納
箱:ポリランバー 21t
見えがかり:シナベニヤ O.P.
引き出し:ポリランバー 15t(スライドレール)

X2

| 永山の家 | 展開図 | S=1/15 | 227 / 226 |

第3篇 水廻り詳細・その他

水廻り 永山の家

換気ボックスを壁材（サワラ）でつくり、天井目地に合わせて設置した。

換気扇

鏡に中庭の緑が映る。

天井：サワラ板貼 15t 撥水材

壁：サワラ板貼 15t 撥水材

ガラリ：サワラ

天井：砂漆喰 3t PB 12.5t

壁：砂漆喰 PB 12.5

鴨居：ヒバ 撥水材

浴室

ブラケット

壁：サワラ板貼 15t 撥水材

洗面

耐蝕鏡

立ち上がり：ホワイトオーク U.C.

腰壁：石貼 15t

床：石貼 15t

床：ブナ 15t

X3

展開図 - A

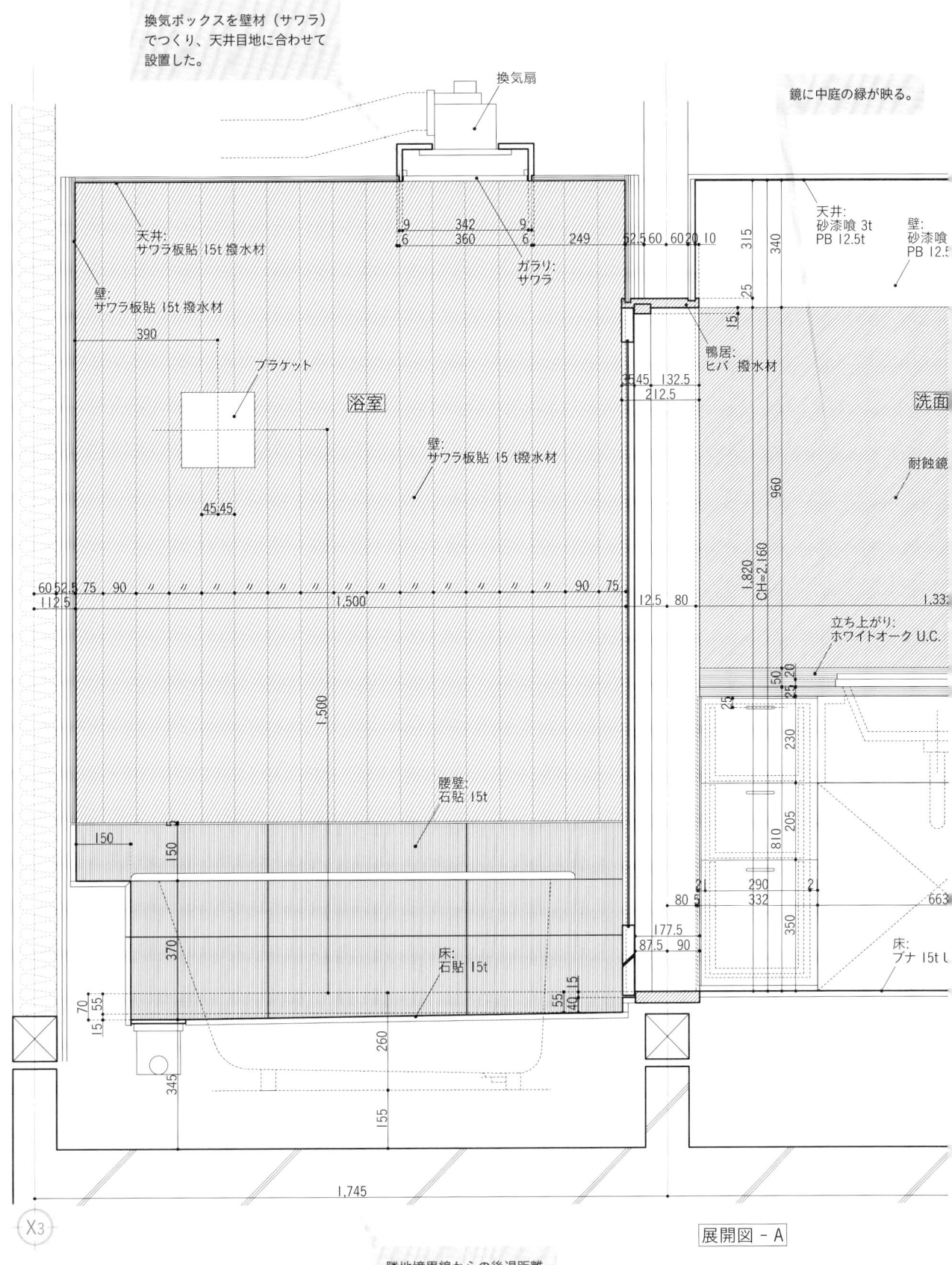

隣地境界線からの後退距離で芯々を一間弱とした。

壁の表情(仕上げ)を面で変える

半地下部分の壁は結露を考慮して、基礎RCの上に乾式で板貼りとしている。玄関や洗面所はオイル拭取り仕上げとして、外周部でない砂漆喰の壁との表情の違いを楽しむ。

天井:
サワラ板貼 15t 撥水材

壁:
サワラ板貼 15t
撥水材

鴨居:
ヒバ 撥水材

浴室

片開き戸:
ヒバ 撥水材
半透明アクリル板

タオル掛け

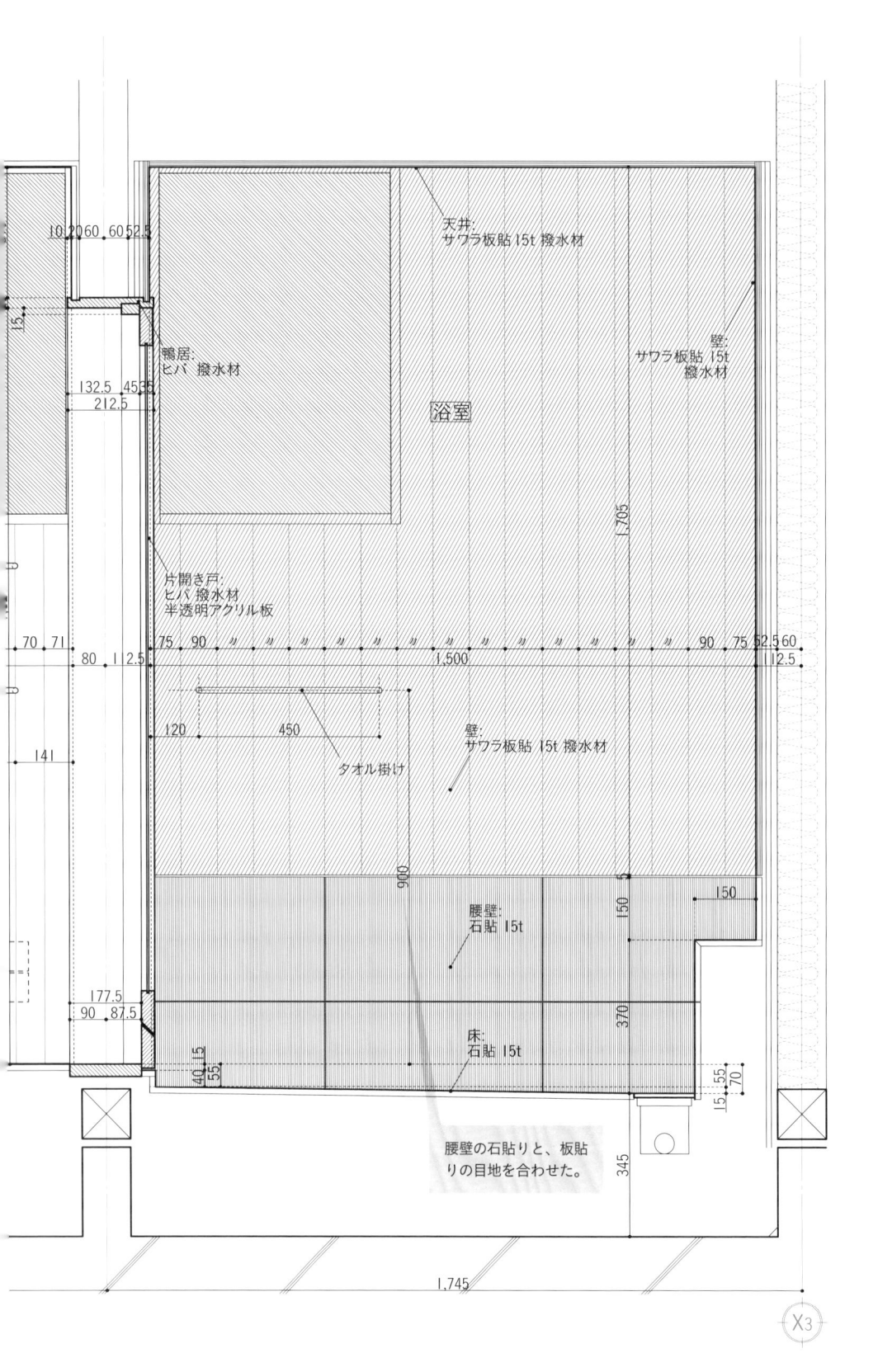

壁:
サワラ板貼 15t 撥水材

腰壁:
石貼 15t

床:
石貼 15t

腰壁の石貼りと、板貼りの目地を合わせた。

第3篇 水廻り詳細・その他

水廻り 永山の家

永山の家 | 展開図 | S=1/15

展開図 - B

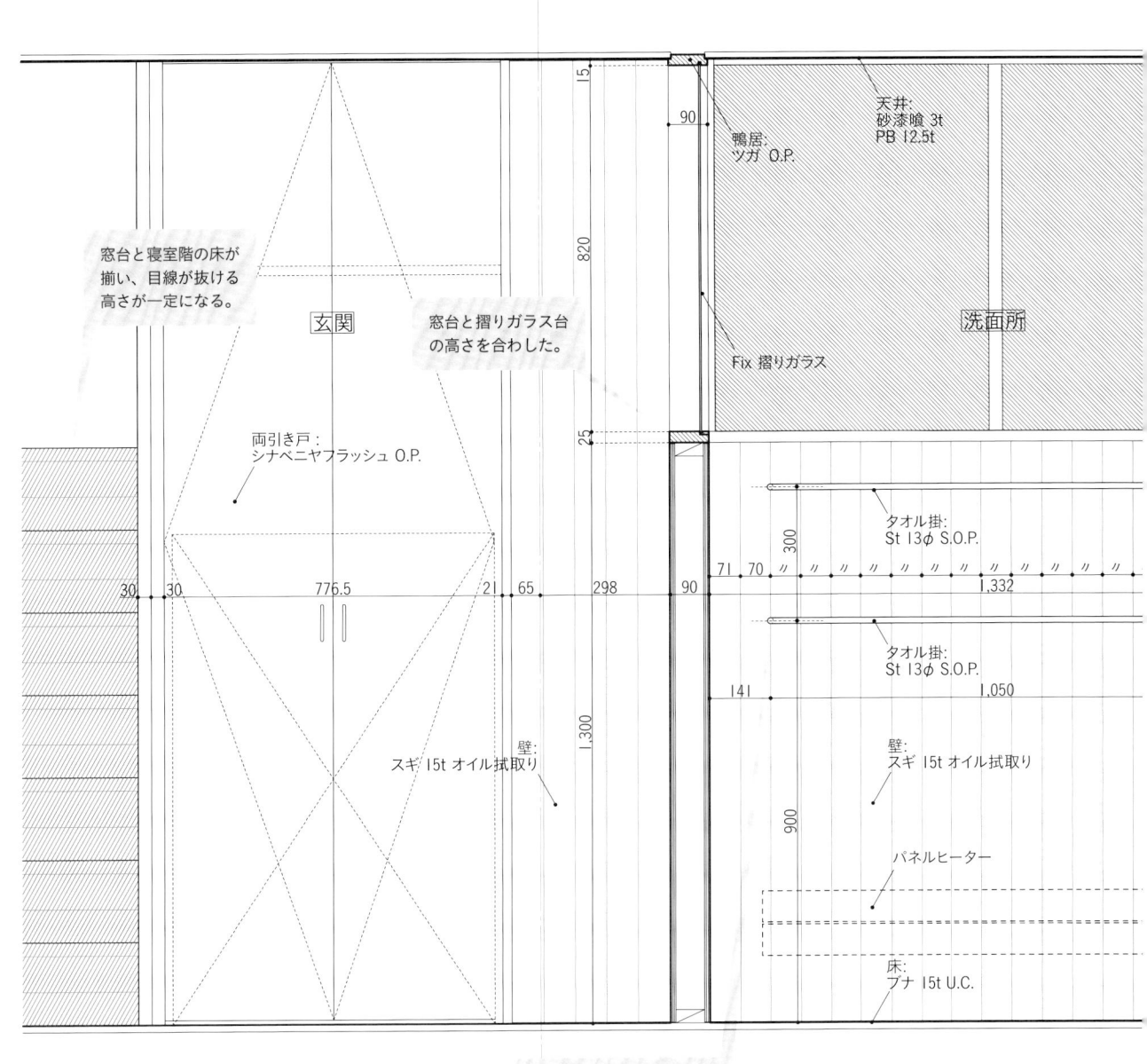

注記:
- 窓台と寝室階の床が揃い、目線が抜ける高さが一定になる。
- 窓台と摺りガラス台の高さを合わした。
- 特注のタオル掛けの根元を板の目地と合わせておくことで先づけとして、ベースを板壁の中に隠した。

部屋: 玄関、洗面所

仕上・部材:
- 天井: 砂漆喰 3t / PB 12.5t
- 鴨居: ツガ O.P.
- Fix 摺りガラス
- 両引き戸: シナベニヤフラッシュ O.P.
- タオル掛: St 13φ S.O.P.
- タオル掛: St 13φ S.O.P.
- 壁: スギ 15t オイル拭取り
- 壁: スギ 15t オイル拭取り
- パネルヒーター
- 床: ブナ 15t U.C.

寸法: 15, 90, 820, 25, 300, 30, 30, 776.5, 21, 65, 298, 90, 71, 70, 1,332, 141, 1,050, 1,300, 900, 1,800

X2

中庭の植栽をさまざまなレベルから楽しむ

中庭から半階下がった水廻りからは、低木のこぶりな葉を目線レベルで楽しむことができる。中庭には外部用スポットライトを設置しており、夜にはライトアップも楽しめる。

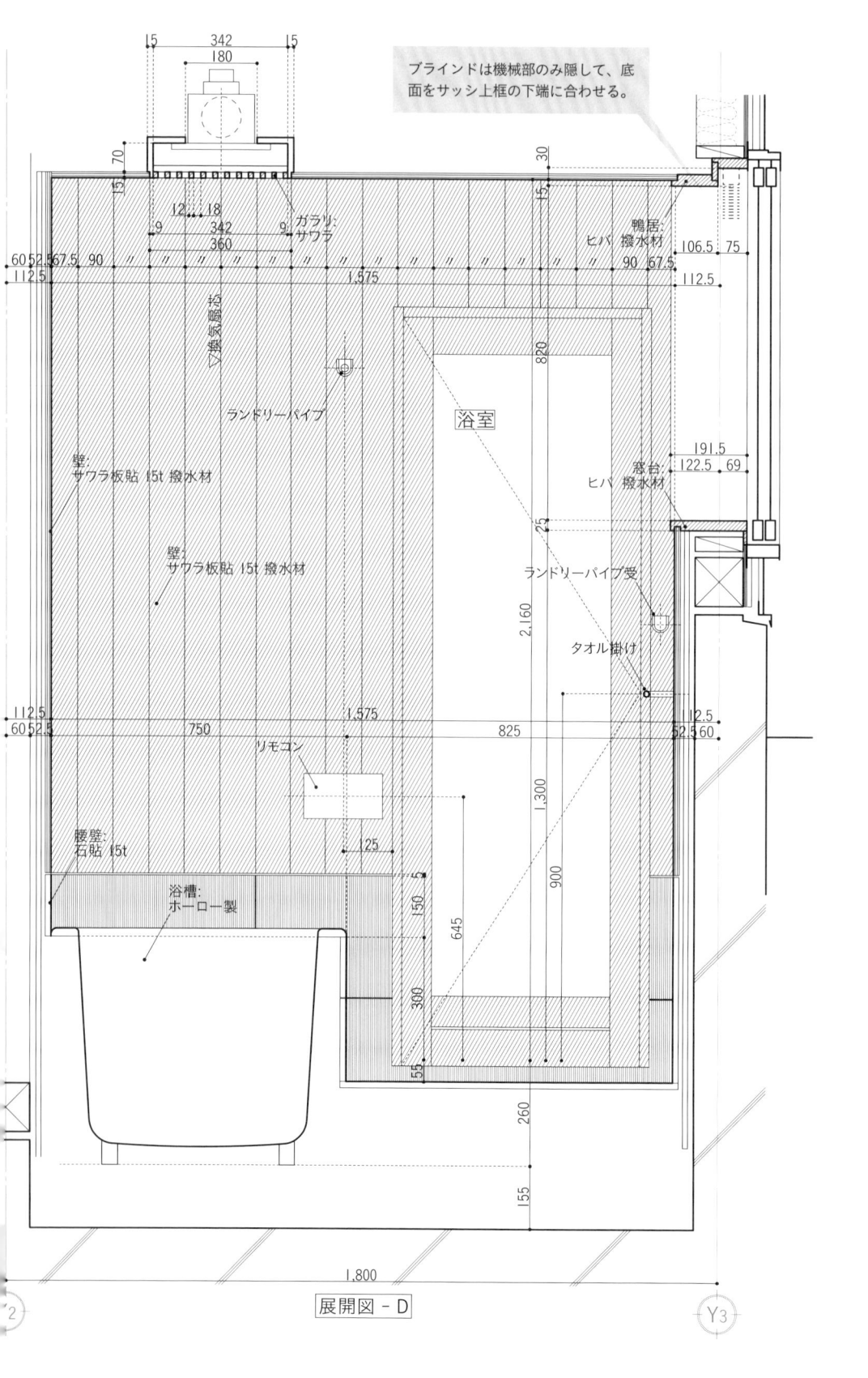

ブラインドは機械部のみ隠して、底面をサッシ上框の下端に合わせる。

換気扇
ランドリーパイプ
壁：サワラ板貼 15t 撥水材
壁：サワラ板貼 15t 撥水材
ガラリ：サワラ
鴨居：ヒバ 撥水材
浴室
寄台：ヒバ 撥水材
ランドリーパイプ受
タオル掛け
リモコン
腰壁：石貼 15t
浴槽：ホーロー製

展開図 - D

| 永山の家 | 展開図 | S=1/15 | 231 / 230 |

第3篇 水廻り詳細・その他

水廻り 永山の家

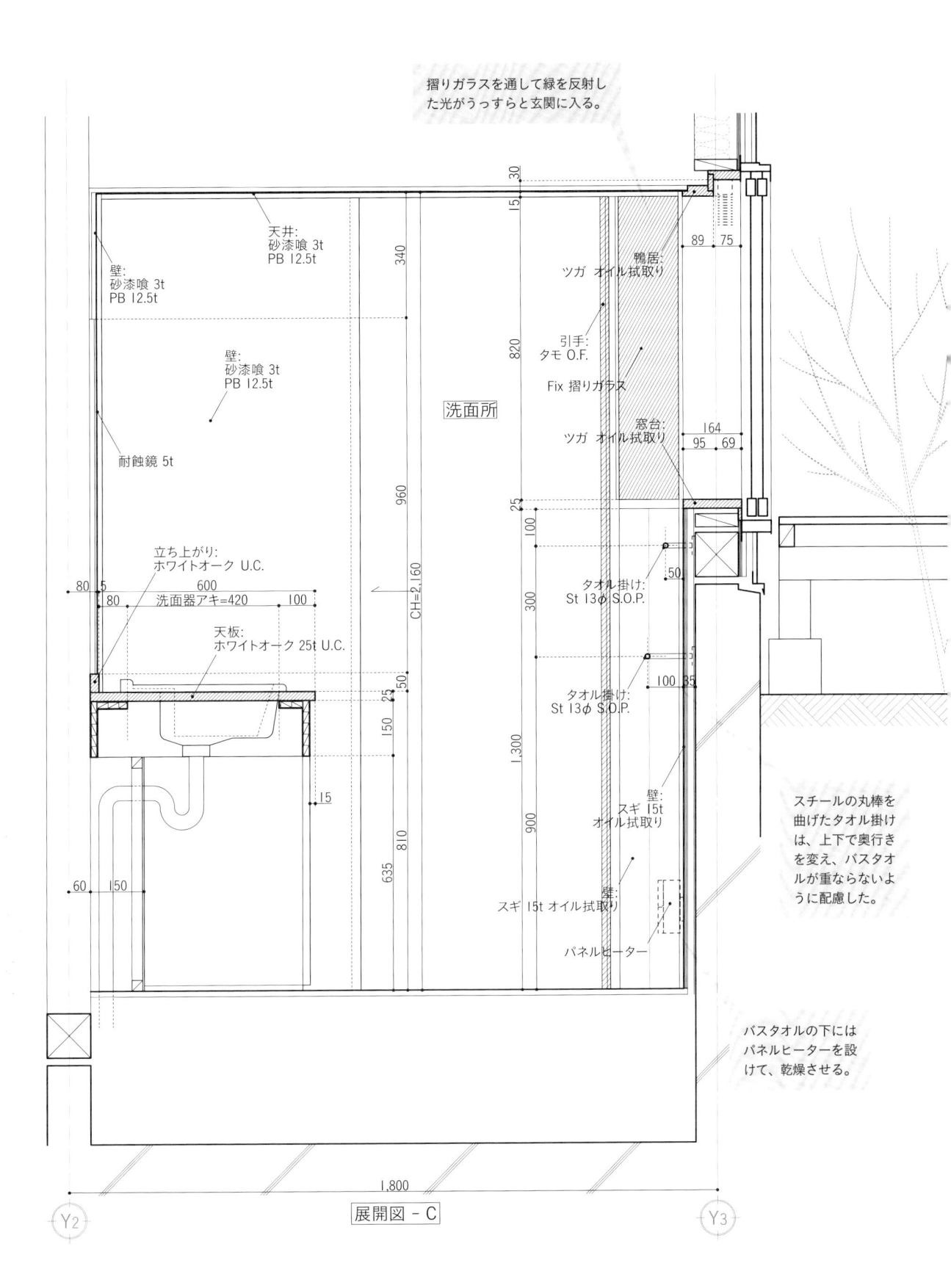

摺りガラスを通して緑を反射した光がうっすらと玄関に入る。

天井:
砂漆喰 3t
PB 12.5t

壁:
砂漆喰 3t
PB 12.5t

壁:
砂漆喰 3t
PB 12.5t

耐蝕鏡 5t

鴨居:
ツガ オイル拭取り

引手:
タモ O.F.

Fix 摺りガラス

洗面所

窓台:
ツガ オイル拭取り

CH=2,160

タオル掛け:
St 13φ S.O.P.

立ち上がり:
ホワイトオーク U.C.

洗面器アキ=420

天板:
ホワイトオーク 25t U.C.

タオル掛け:
St 13φ S.O.P.

壁:
スギ 15t
オイル拭取り

壁:
スギ 15t オイル拭取り

パネルヒーター

スチールの丸棒を曲げたタオル掛けは、上下で奥行きを変え、バスタオルが重ならないように配慮した。

バスタオルの下にはパネルヒーターを設けて、乾燥させる。

1,800

Y2 — 展開図 - C — Y3

便所を水廻りから切り離す

スキッププランにおいて洗面所と浴室、便所の使用頻度を考慮して、便所は寝室のフロアに設置し、居間からは半階の移動で使用できるようにした。

正面の壁は杉板貼りのオイル拭き取りにして水はねに対処するとともに、鏡や絵を飾れるようにした。

天井:
砂漆喰 3t
PB 12.5t

壁:
スギ 15t
オイル拭取り

換気ガラリ:
スプルス O.P.

壁:
砂漆喰 3t
PB 12.5t

便所

スティックリモコン

天板:
ホワイトオーク 25t U.C.

スチールの丸棒を折り曲げて、タオル掛けや紙巻き器とした。

紙巻器:
St 13φ S.O.P.

手洗台の天板の先端にテーパーをつけることで、ディテールを便所の空間のボリュームに合わせて細やかにした。

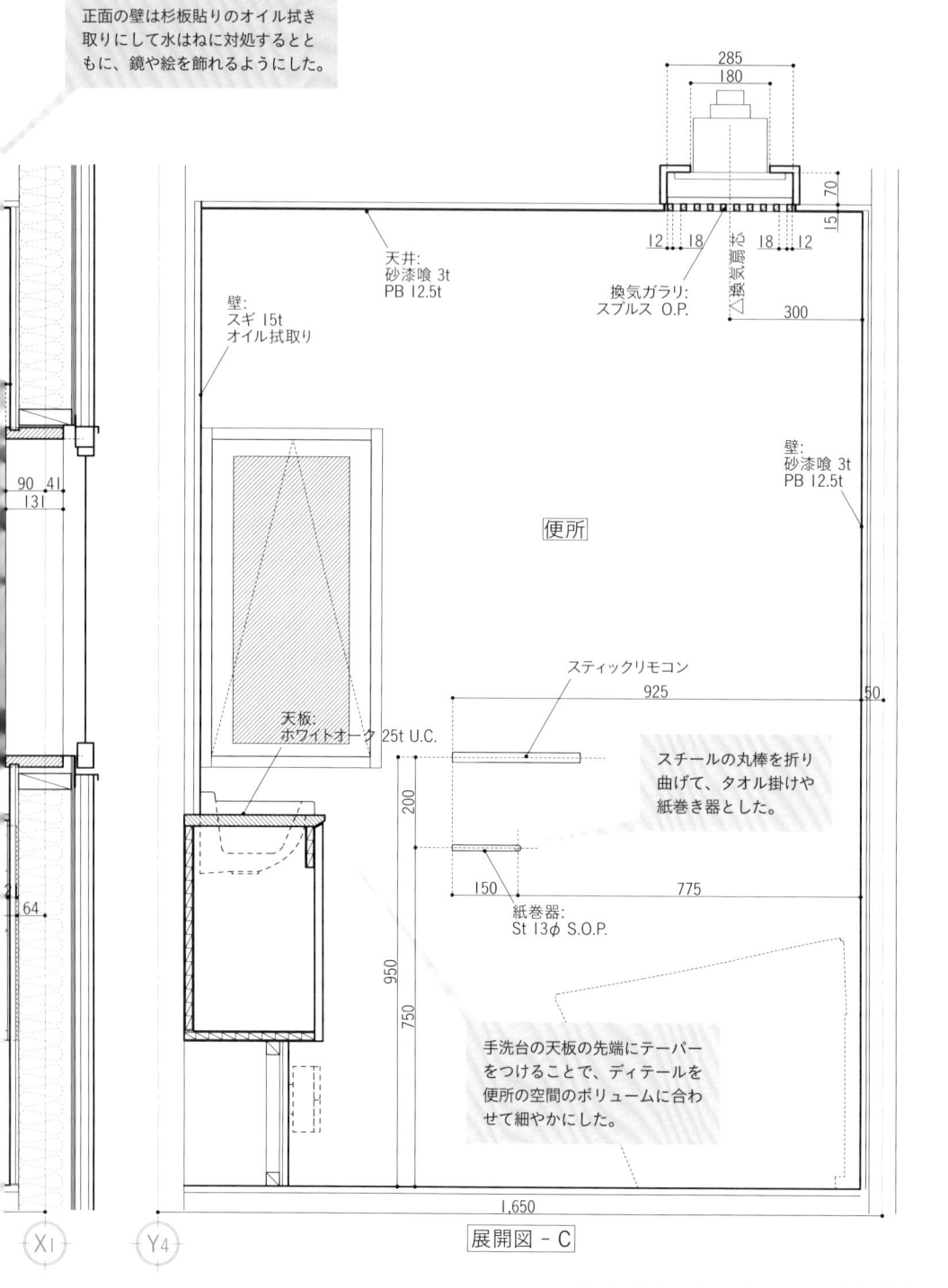

展開図 - C

X1　Y4

| 永山の家 | 展開図 | S=1/15 |

第3篇　水廻り詳細・その他

水廻り　永山の家

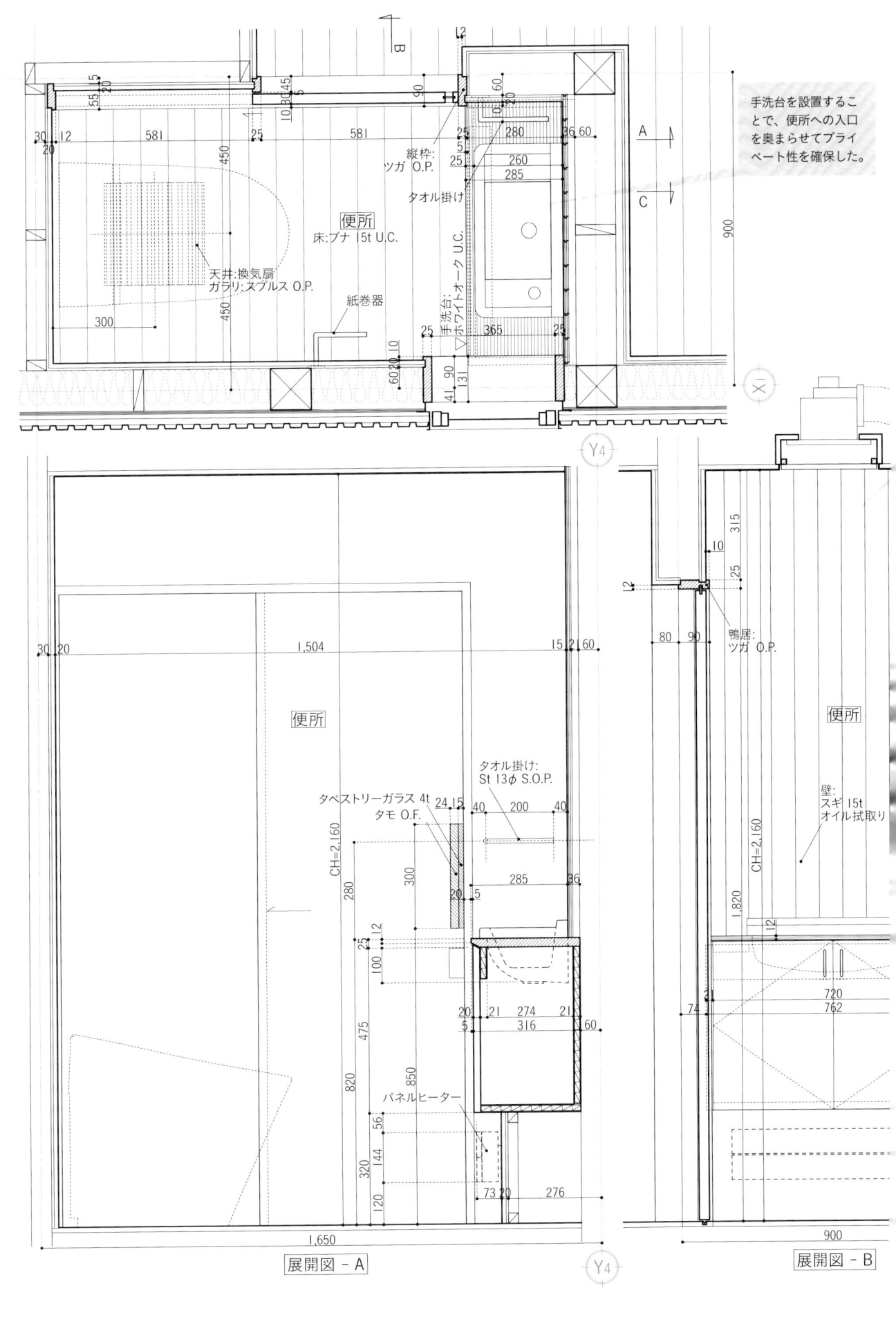

手洗台を設置することで、便所への入口を奥まらせてプライベート性を確保した。

便所
床:ブナ 15t U.C.
天井:換気扇
ガラリ:スプルス O.P.
縦枠:ツガ O.P.
タオル掛け
手洗台:ホワイトオーク U.C.
紙巻器

鴨居:ツガ O.P.
便所
CH=2,160
タペストリーガラス 4t
タモ O.F.
タオル掛け:St 13φ S.O.P.
パネルヒーター

便所
CH=2,160
壁:スギ 15t
オイル拭取り

展開図-A

展開図-B

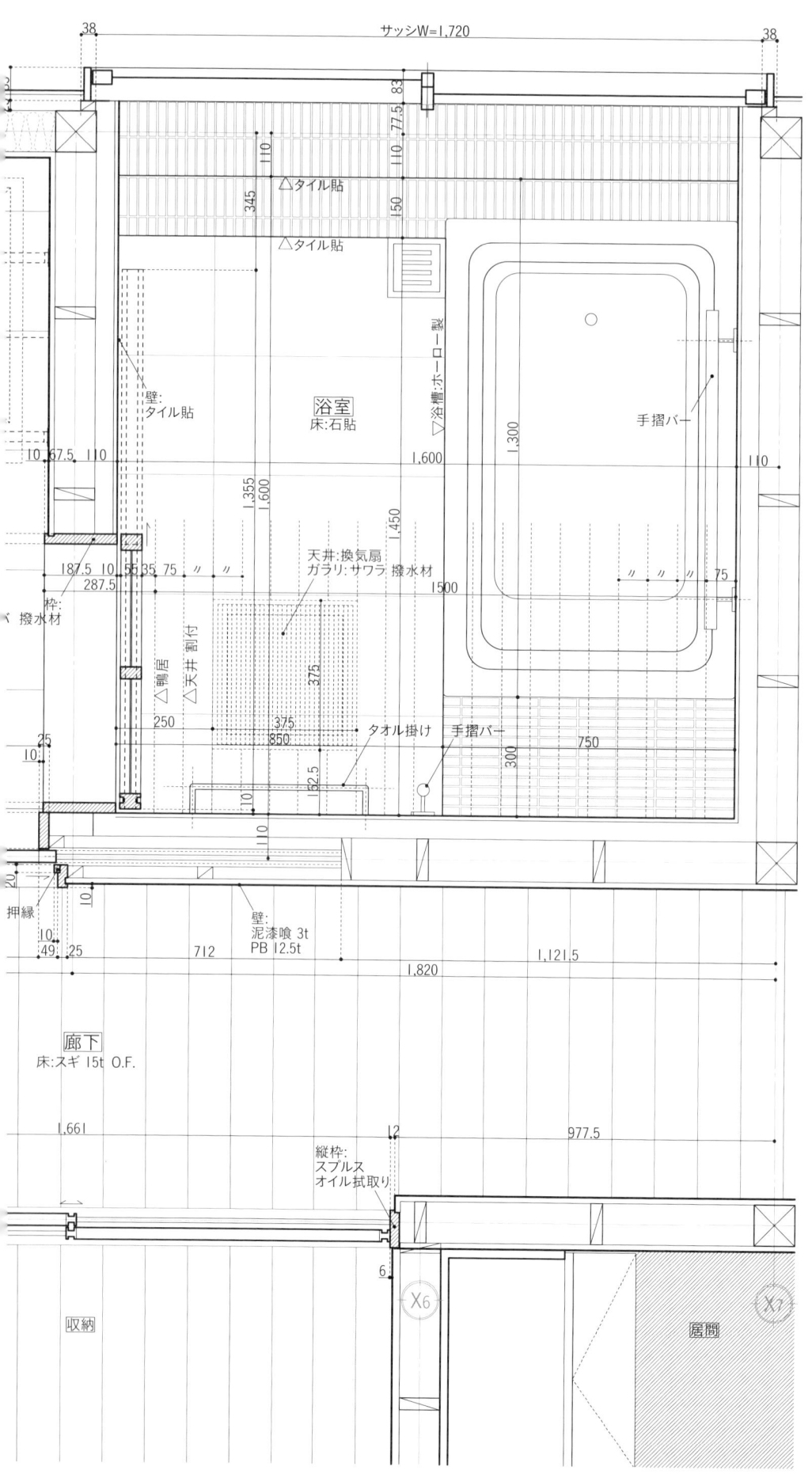

人の気配がわかる洗面所

家族構成や使用時間を考慮して、洗面所は奥まりつつもオープンな場とした。脱衣所は裏動線である廊下から出入りすることで玄関ホールからの目線を断っている。

サッシ W=1,720

△タイル貼
△タイル貼

壁:タイル貼
浴室
床:石貼

製ローロホ決疊材

手摺バー

枠:撥水材

△鴨居
△天井割付

天井:換気扇
ガラリ:サワラ 撥水材

タオル掛け
手摺バー

押縁

壁:
泥漆喰 3t
PB 12.5t

廊下
床:スギ 15t O.F.

縦枠:スプルス
オイル拭取り

収納

居間

町田の家　平面図　S=1/15

第3篇　水廻り詳細・その他

水廻り　町田の家

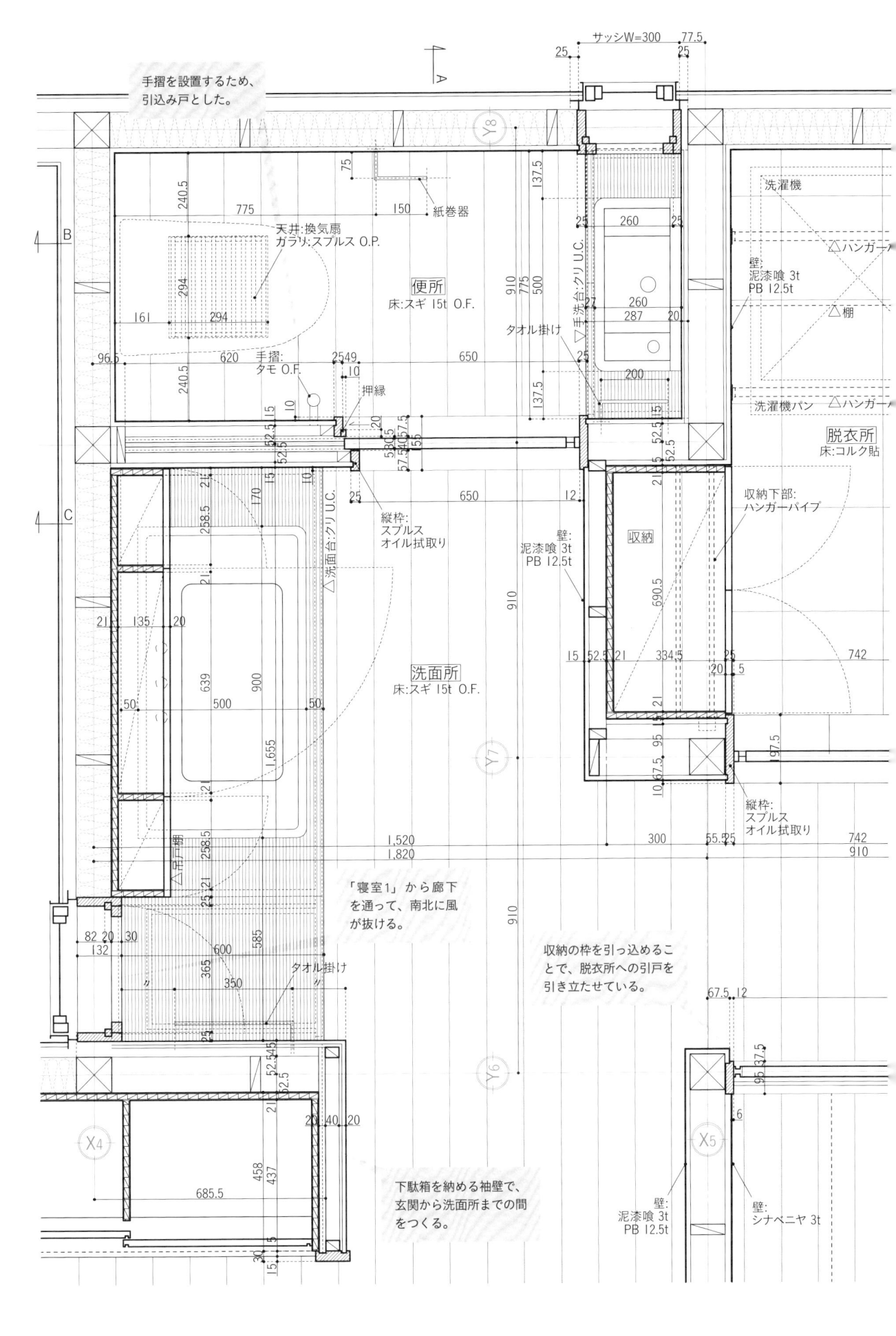

手摺を設置するため、引込み戸とした。

サッシW=300

便所
床:スギ 15t O.F.

天井:換気扇
ガラリ:スプルス O.P.

紙巻器

手洗台グリ U.C.

洗濯機

壁:
泥漆喰 3t
PB 12.5t

棚

手摺:
タモ O.F.

押縁

タオル掛け

洗濯機パン

ハンガー

脱衣所
床:コルク貼

縦枠:
スプルス
オイル拭取り

洗面台グリ U.C.

収納下部:
ハンガーパイプ

壁:
泥漆喰 3t
PB 12.5t

収納

洗面所
床:スギ 15t O.F.

甲戸棚

縦枠:
スプルス
オイル拭取り

「寝室1」から廊下を通って、南北に風が抜ける。

収納の枠を引っ込めることで、脱衣所への引戸を引き立たせている。

タオル掛け

下駄箱を納める袖壁で、玄関から洗面所までの間をつくる。

壁:
泥漆喰 3t
PB 12.5t

壁:
シナベニヤ 3t

天井高に変化をつける

洗面所からプライベート性が高い便所へ移動する際、空間の質を変換させるため、ここでは天井高を300mm下げている。下げることで生まれた天井裏スペースに換気扇を納めた。

壁:
スギ板
オイル拭取り

天井:
漆喰 3t
PB 12.5t

壁:
泥漆喰 3t (横引き)
PB 12.5t

壁:
泥漆喰 3t (横引き)
PB 12.5t

便所

タオル掛け:
St 9φ S.O.P.

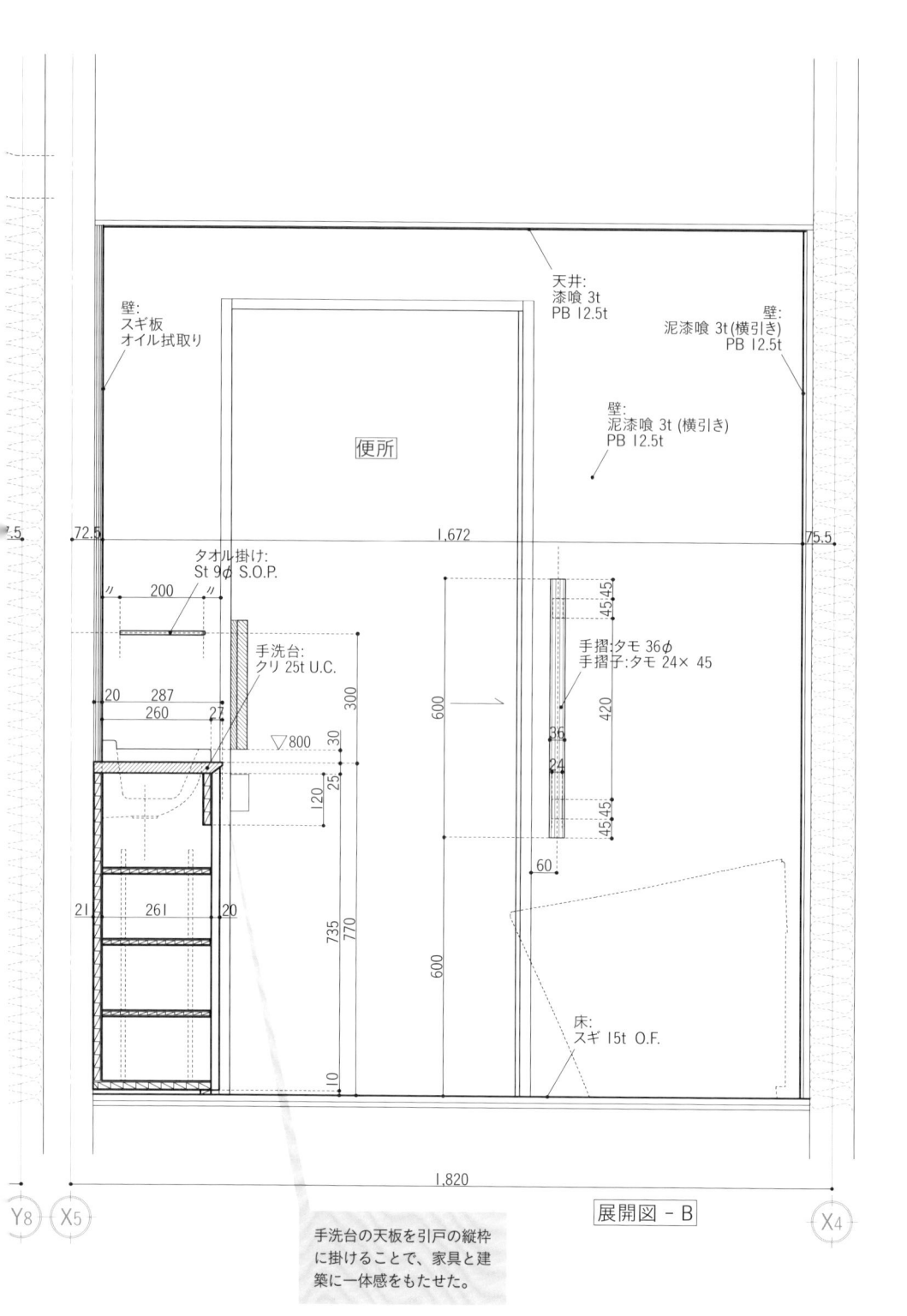

手洗台:
クリ 25t U.C.

手摺:タモ 36φ
手摺子:タモ 24×45

床:
スギ 15t O.F.

展開図 - B

手洗台の天板を引戸の縦枠に掛けることで、家具と建築に一体感をもたせた。

第3篇 水廻り詳細・その他

水廻り　町田の家

| 町田の家 | 展開図 | S=1/15 |

ここの鴨居の高さは、駐車場の天井を介して玄関扉の鴨居の高さと揃っている。

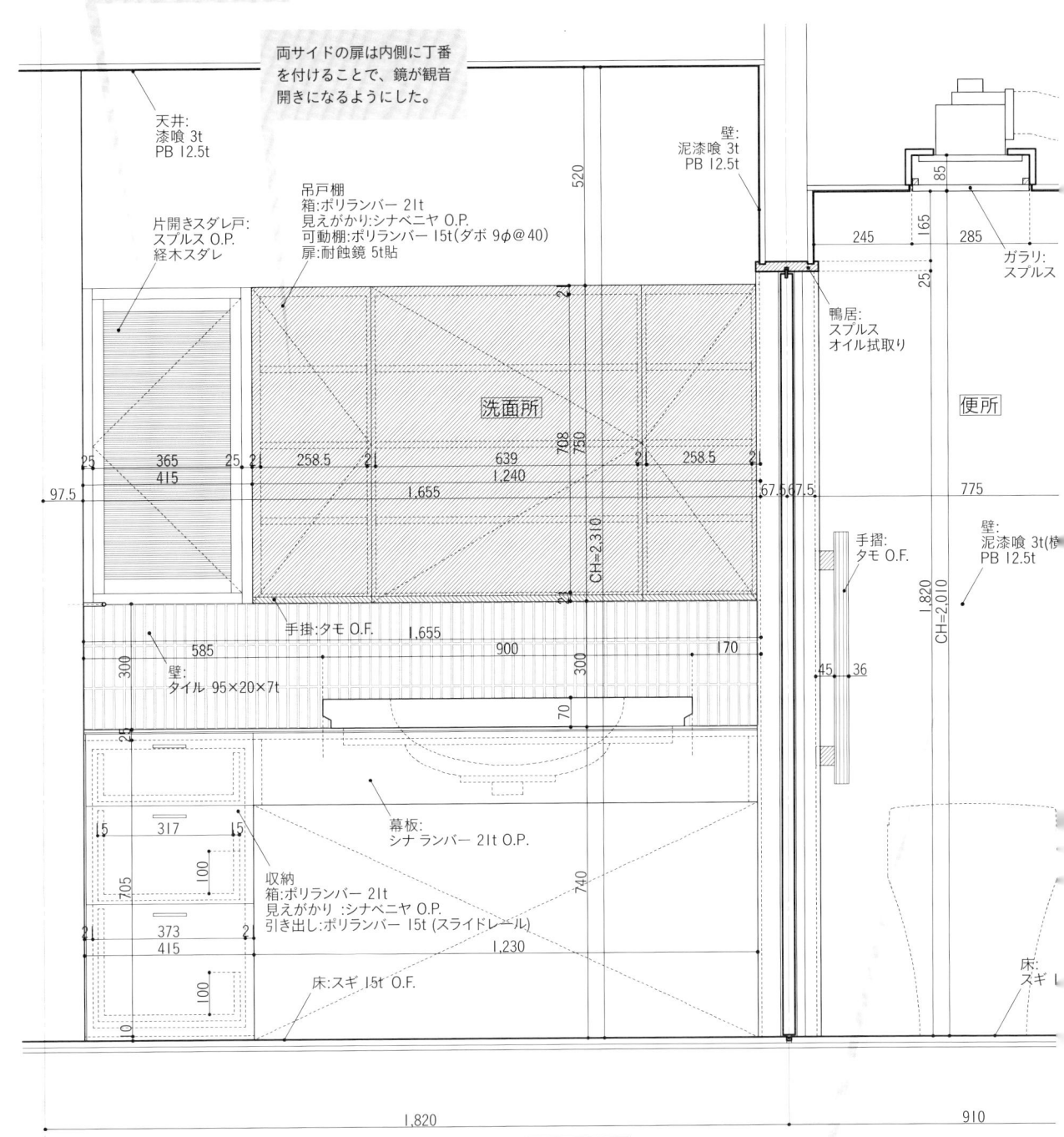

両サイドの扉は内側に丁番を付けることで、鏡が観音開きになるようにした。

天井:
漆喰 3t
PB 12.5t

壁:
泥漆喰 3t
PB 12.5t

片開きスダレ戸:
スプルス O.P.
経木スダレ

吊戸棚
箱:ポリランバー 21t
見えがかり:シナベニヤ O.P.
可動棚:ポリランバー 15t(ダボ 9φ@40)
扉:耐蝕鏡 5t貼

ガラリ:スプルス

鴨居:
スプルス
オイル拭取り

洗面所

便所

手摺:
タモ O.F.

壁:
泥漆喰 3t(横)
PB 12.5t

手掛:タモ O.F.

壁:
タイル 95×20×7t

幕板:
シナランバー 21t O.P.

収納
箱:ポリランバー 21t
見えがかり:シナベニヤ O.P.
引き出し:ポリランバー 15t(スライドレール)

床:スギ 15t O.F.

床:
スギ

CH=2,310
CH=2,010

520, 21, 708, 750, 25, 165, 85, 245, 285
25, 365, 25, 21, 258.5, 21, 639, 21, 258.5, 21, 67.5, 67.5, 775
97.5, 415, 1,240, 1,820, 910
1,655
585, 900, 300, 170, 45, 36
300
15, 317, 15, 100
705
21, 373, 100
415, 1,230
740
1,820, 910
1,820

Y6 展開図-A

便所内の左官壁はこての跡が残る横引きとした。

壁を芯からずらして、家具を納める

脱衣スペースでは壁を芯から洗面所側に30cmずらして、収納やタオル掛けを納めた。洗濯機置場スペースでは芯に壁を戻し、便所側に手洗台を置いた。

引き戸は吊りレールを使用し、鴨居に段差をつけることで湿気が脱衣所に流れないようにしている。

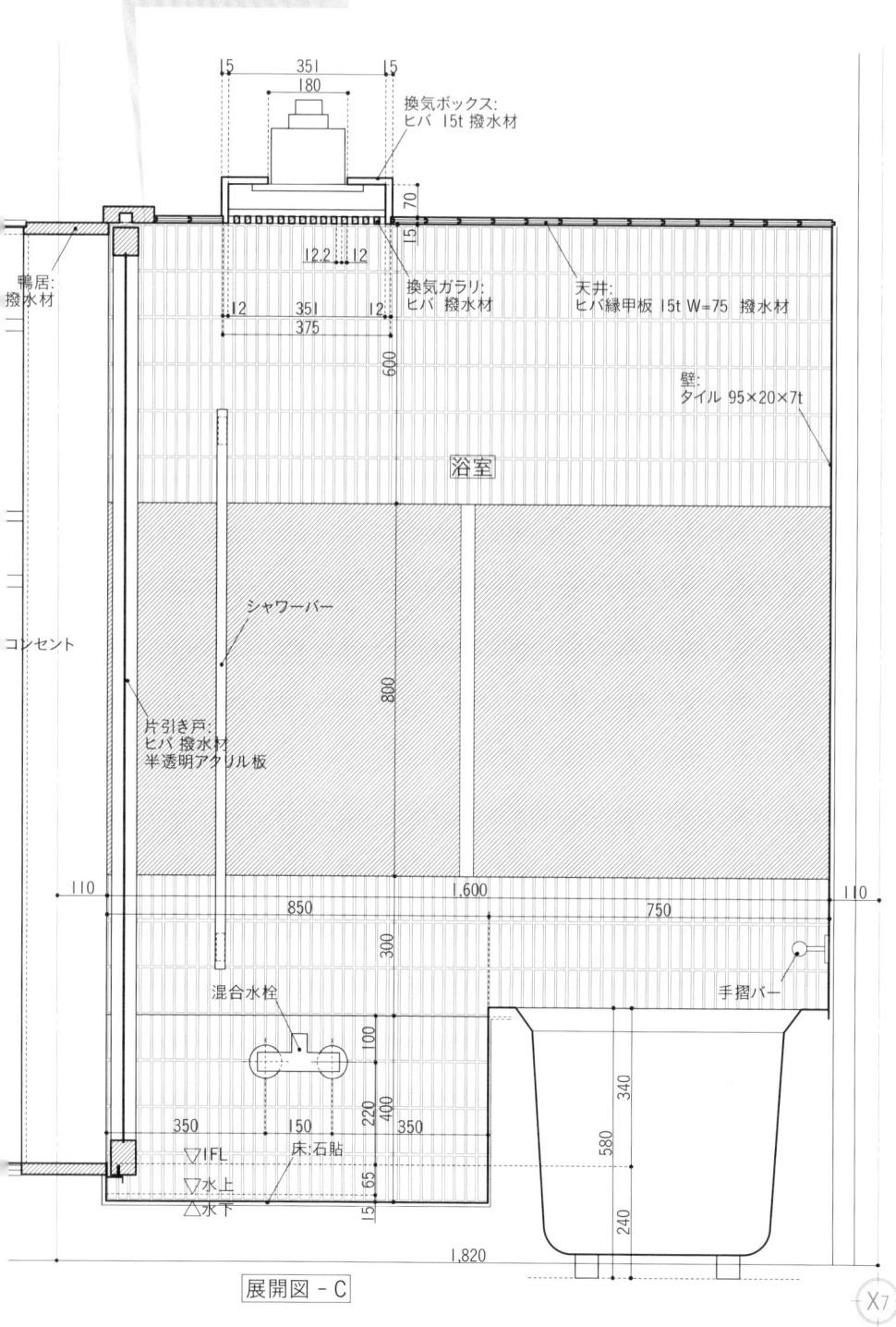

換気ボックス:
ヒバ 15t 撥水材

換気ガラリ:
ヒバ 撥水材

天井:
ヒバ縁甲板 15t W=75 撥水材

鴨居:
撥水材

壁:
タイル 95×20×7t

浴室

シャワーバー

コンセント

片引き戸:
ヒバ 撥水材
半透明アクリル板

混合水栓

手摺バー

床:石貼

▽1FL
▽水上
△水下

展開図 - C

X7

町田の家 | 展開図 | S=1/15

第3篇 水廻り詳細・その他

水廻り 町田の家

天井:
漆喰 3t
PB 12.5t

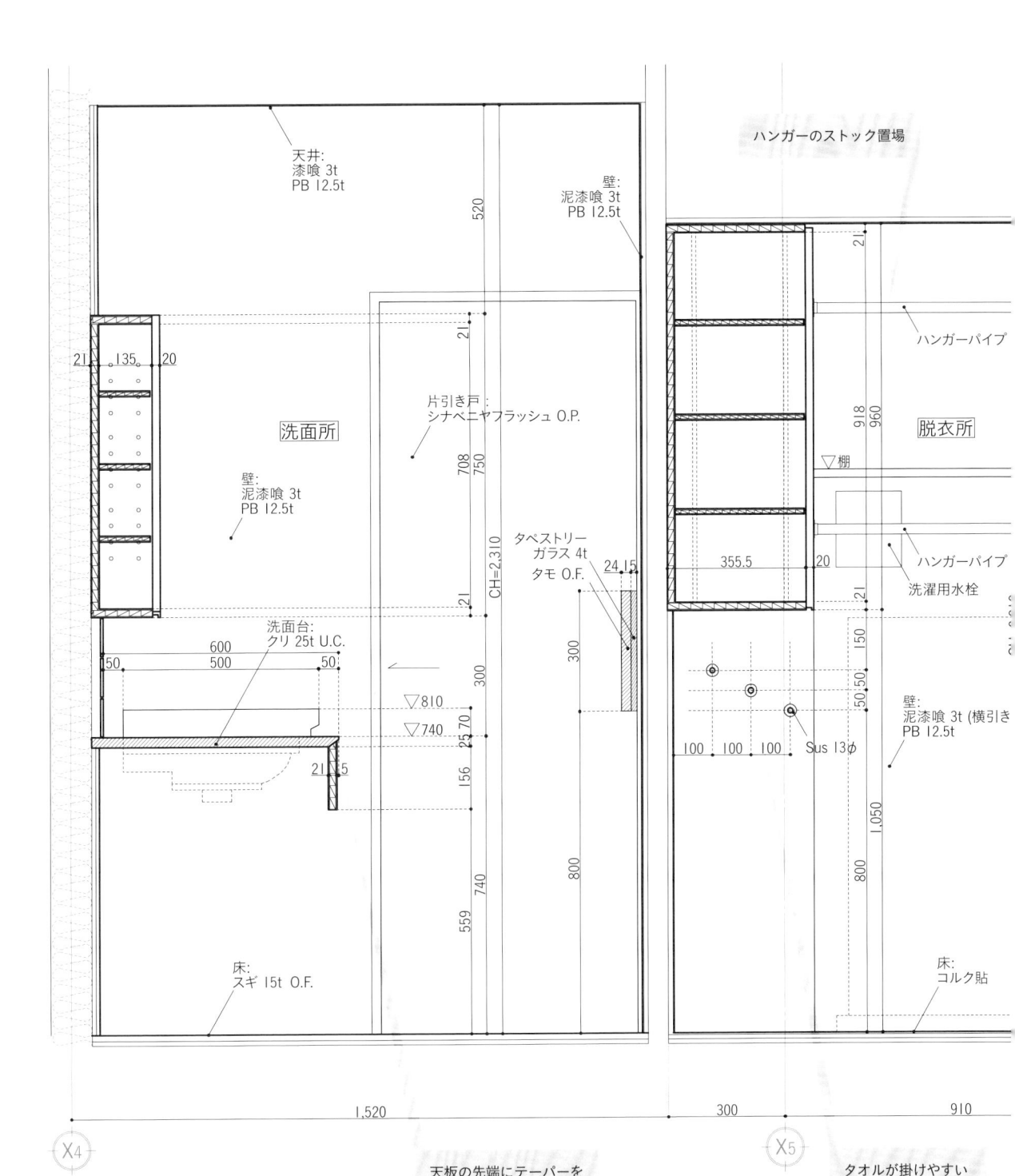

壁:
泥漆喰 3t
PB 12.5t

ハンガーのストック置場

ハンガーパイプ

片引き戸:
シナベニヤフラッシュ O.P.

洗面所

脱衣所

▽棚

ハンガーパイプ

洗濯用水栓

壁:
泥漆喰 3t
PB 12.5t

タペストリー
ガラス 4t
タモ O.F.

洗面台:
クリ 25t U.C.

▽810
▽740

壁:
泥漆喰 3t (横引き)
PB 12.5t

Sus 13φ

床:
スギ 15t O.F.

床:
コルク貼

X4　　1,520　　300　X5　　910

天板の先端にテーパーを
掛けて、クリの重量感を
軽減させた。

タオルが掛けやすい
ように段差をつけた。

大工造りのキッチン

ポリランバーコアを現場で加工して、箱をつくる。扉や幕板、小口など見えがかりはシナ合板O.P.とした。箱の構成がわかる立体スケッチを添える。

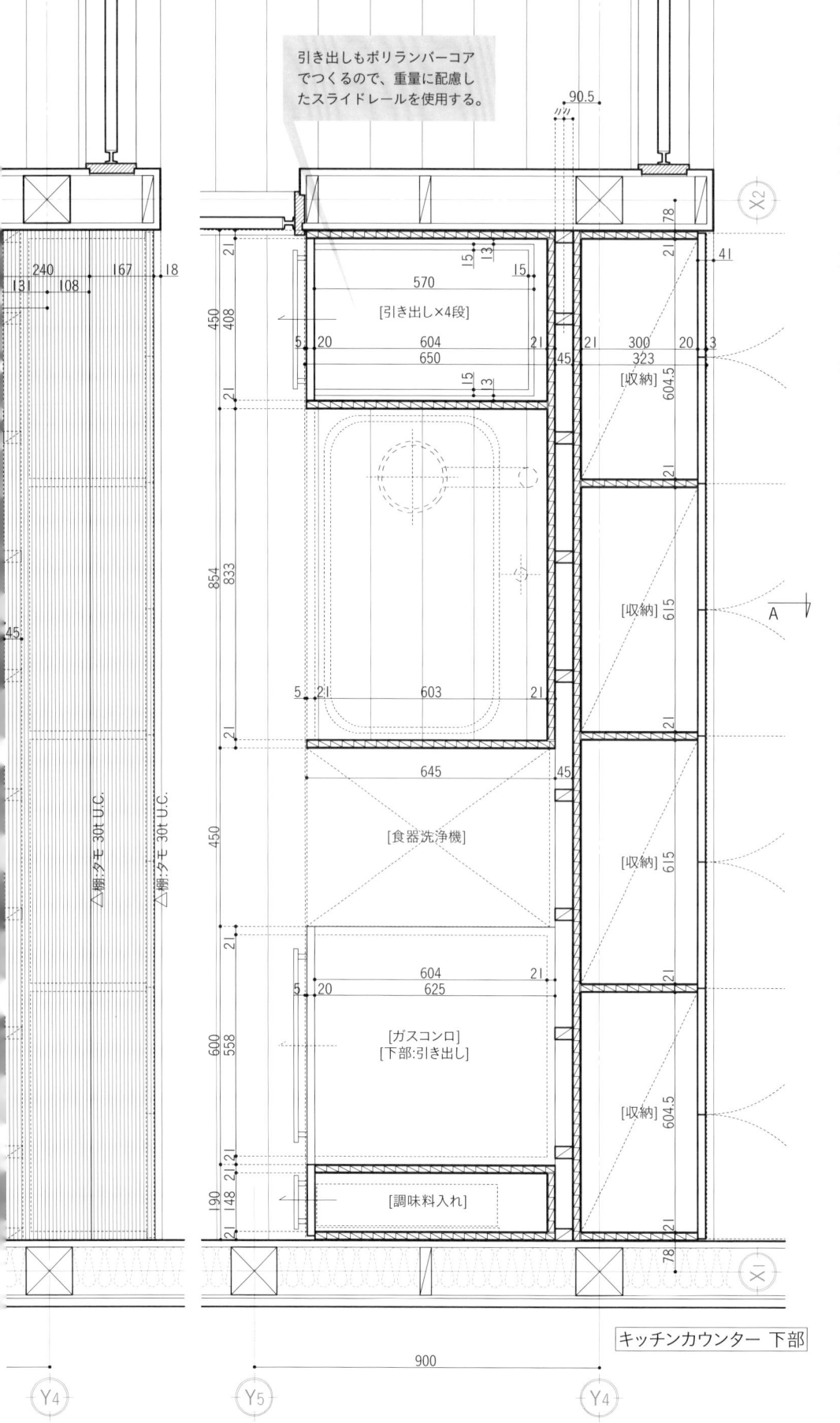

引き出しもポリランバーコアでつくるので、重量に配慮したスライドレールを使用する。

[引き出し×4段]
[収納]
[収納]
[食器洗浄機]
[収納]
[ガスコンロ]
[下部:引き出し]
[収納]
[調味料入れ]

キッチンカウンター 下部

第3篇 水廻り詳細・その他

台所廻り 幡ヶ谷の家

| 幡ヶ谷の家 | 平面図 | S=1/15 |

ホール2
床:カラマツ 18t O.F.

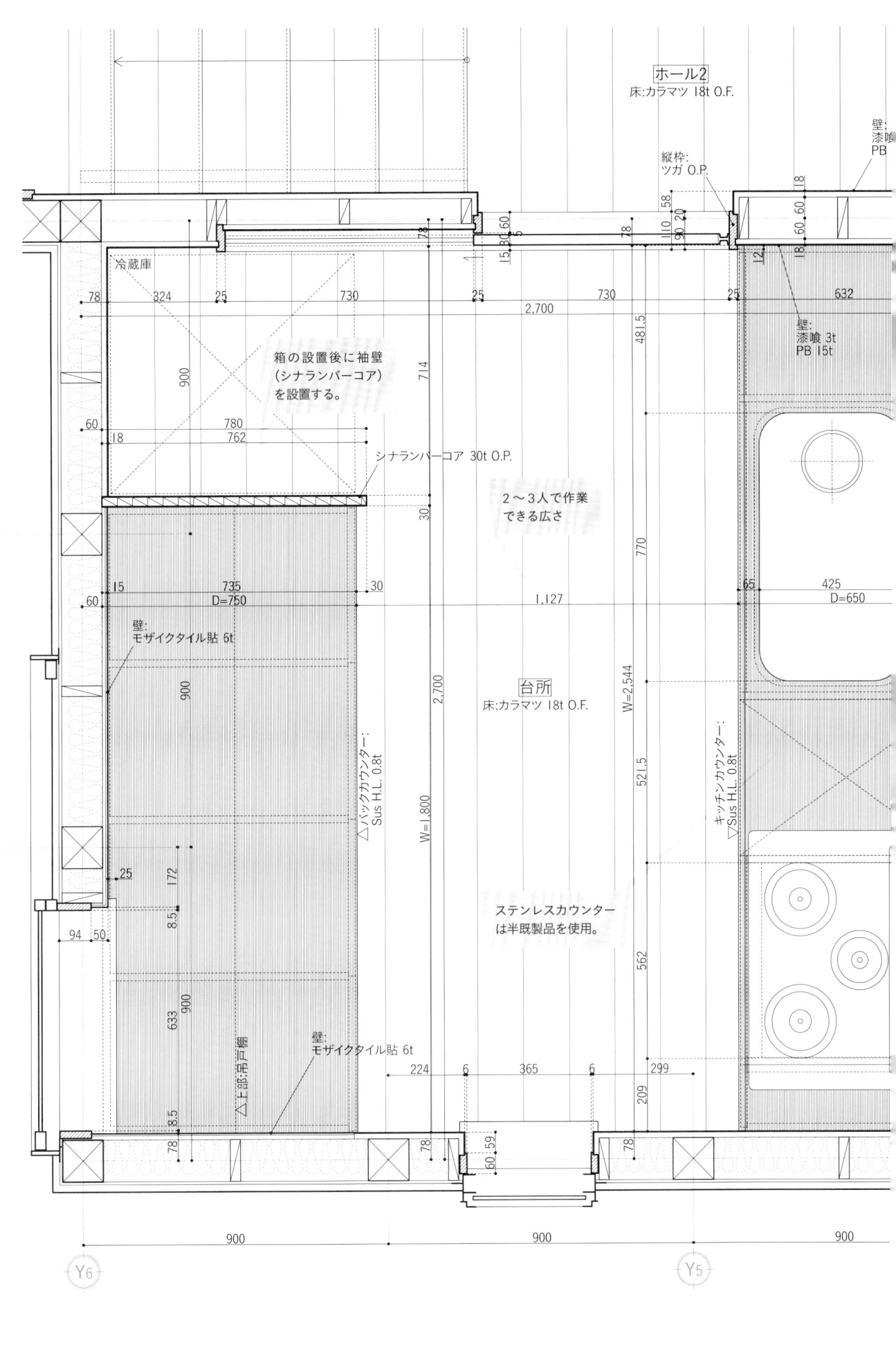

縦枠:
ツガ O.P.

壁:漆喰
PB

冷蔵庫

箱の設置後に袖壁
(シナランバーコア)
を設置する。

シナランバーコア 30t O.P.

壁:
漆喰 3t
PB 15t

2～3人で作業
できる広さ

壁:
モザイクタイル貼 6t

台所
床:カラマツ 18t O.F.

△バックカウンター:
Sus H.L. 0.8t

▽キッチンカウンター:
Sus H.L. 0.8t

ステンレスカウンター
は半既製品を使用。

△上部吊戸棚

壁:モザイクタイル貼 6t

Y6　　Y5

重心の違いをなじませる

台所では立った姿勢で作業し、食堂では主に座っている時間が長くなる。この重心の違いをなじませるため、棚を二段階に分けることで食堂側の重心を落とし、落ち着きを与えた。

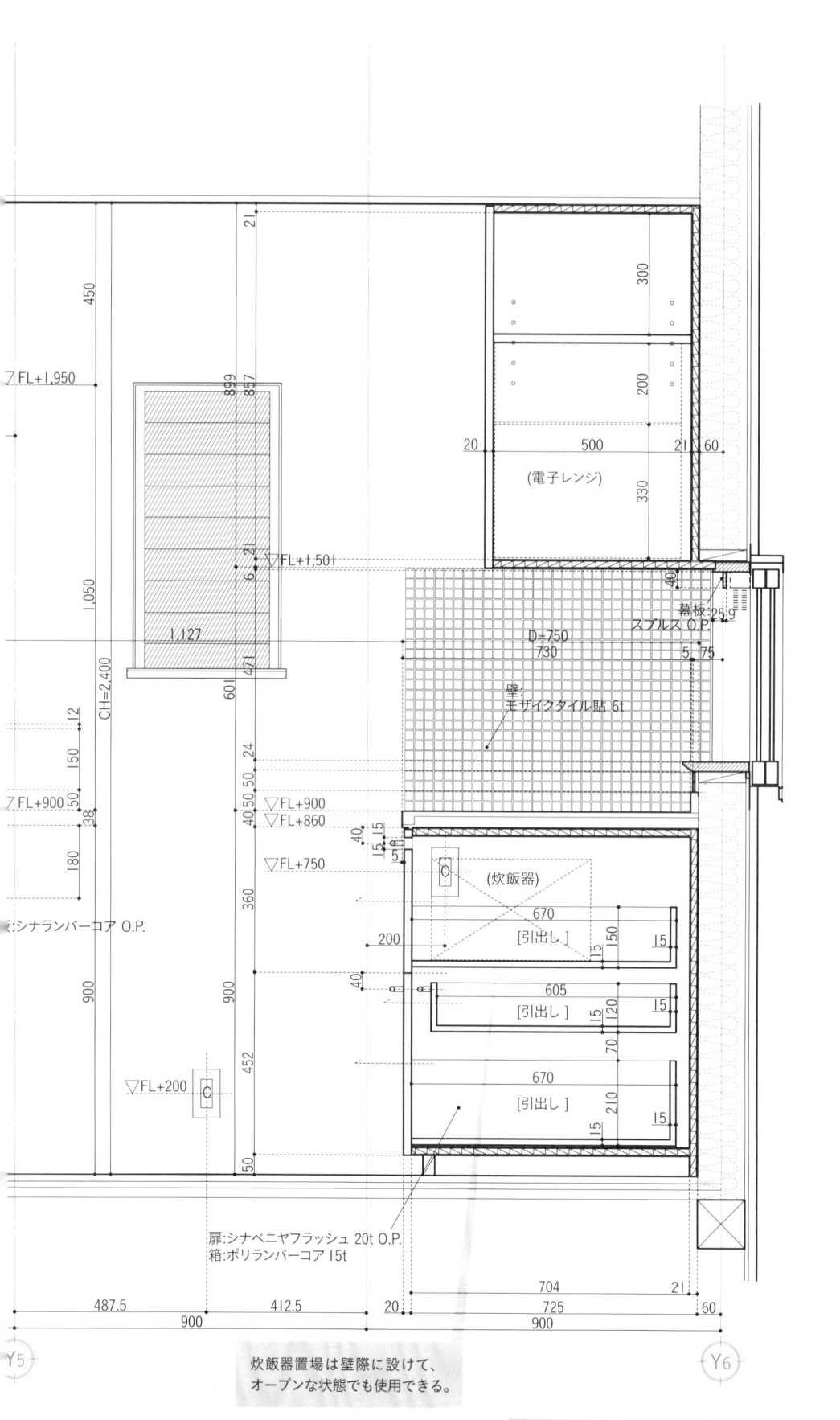

第3篇 水廻り詳細・その他

台所廻り　幡ヶ谷の家

炊飯器置場は壁際に設けて、オープンな状態でも使用できる。

| 幡ヶ谷の家 | 展開図 | S=1/15 | 243 / 242 |

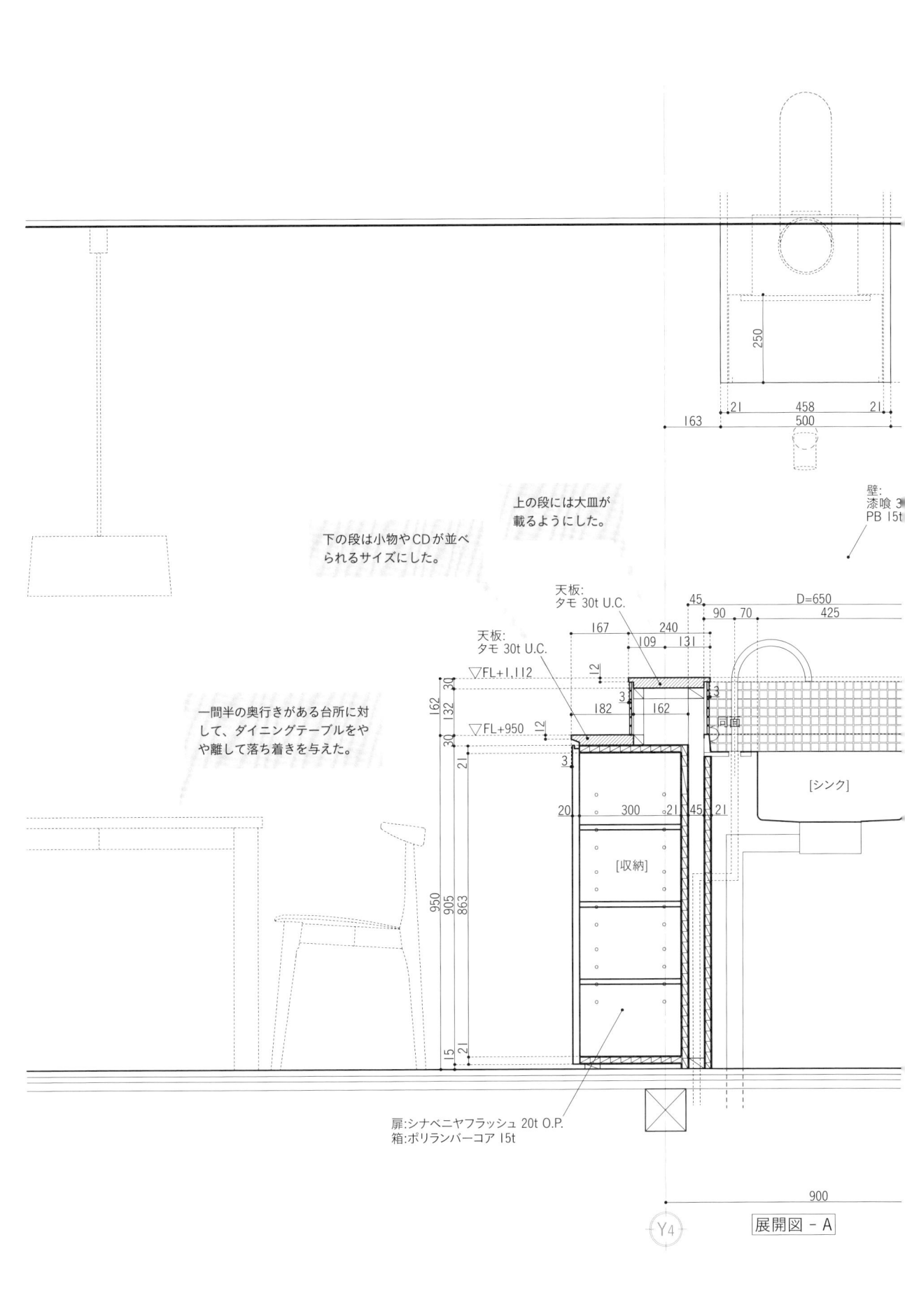

上の段には大皿が
載るようにした。

下の段は小物やCDが並べ
られるサイズにした。

壁:
漆喰 3
PB 15t

天板:
タモ 30t U.C.

天板:
タモ 30t U.C.

▽FL+1,112

▽FL+950

[シンク]

[収納]

一間半の奥行きがある台所に対
して、ダイニングテーブルをや
や離して落ち着きを与えた。

扉:シナベニヤフラッシュ 20t O.P.
箱:ポリランバーコア 15t

D=650

展開図 - A

主動線の延長上に台所を配置する

生活スタイルを考慮して、スキップフロアの下から上がってくる主動線の延長上に台所を設けた。台所は天井を抑えて密度感と居間の広がりを得ている。

天板=2,426
箱≒963
80
21 450 21 21 500 21 400 21

壁：
砂漆喰 13t
ラスボード 7t

20
10 60

見切り：
スプルス U.C.

25 67

△バックカウンター：
ホワイトオーク 25t U.C.

壁：
ツガ 8t U.C.

天井の目地は長手方向に貼り、主動線の流れと合わせている。

▽天井目地

73
78
″
″
853
″
″
″
78
25

8,22
60

▽棚：ホワイトオーク 25t U.C.

B

Sus天板=2,700
713 560 210 80

キッチンカウンター：
▽Sus H.L. 1.2t

1800

64
460
750

見切り：
スプルス U.C.

10
20 60

壁：タイル貼

260 ペーパーホルダー：
St 13φ S.O.P

126
75

壁：
タイル貼

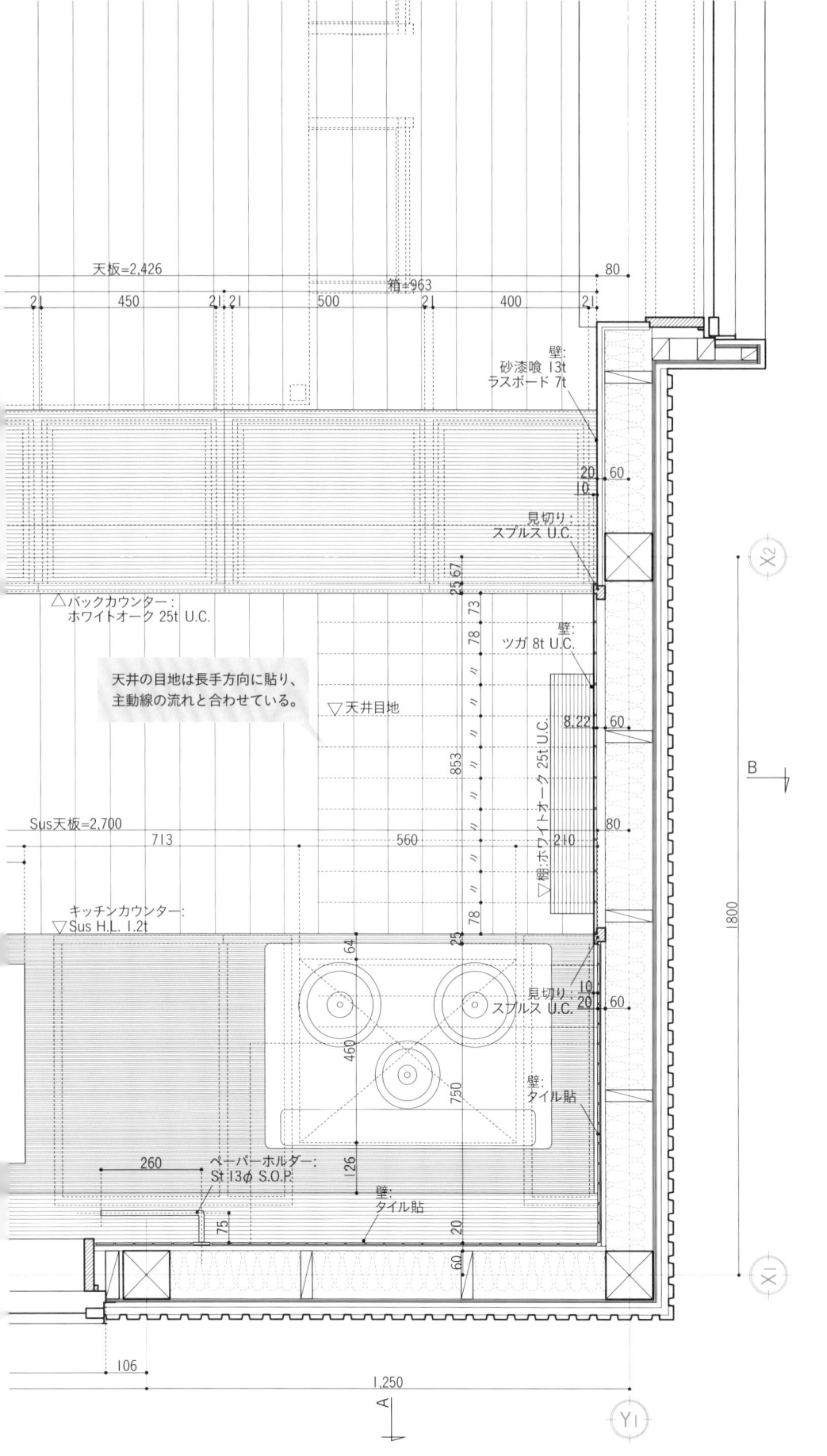

20
60

106
1,250

A
Y1

第3篇 水廻り詳細・その他

台所廻り 永山の家

永山の家 　平面図 　S=1/15

居間
床:ブナ 15t O.F.

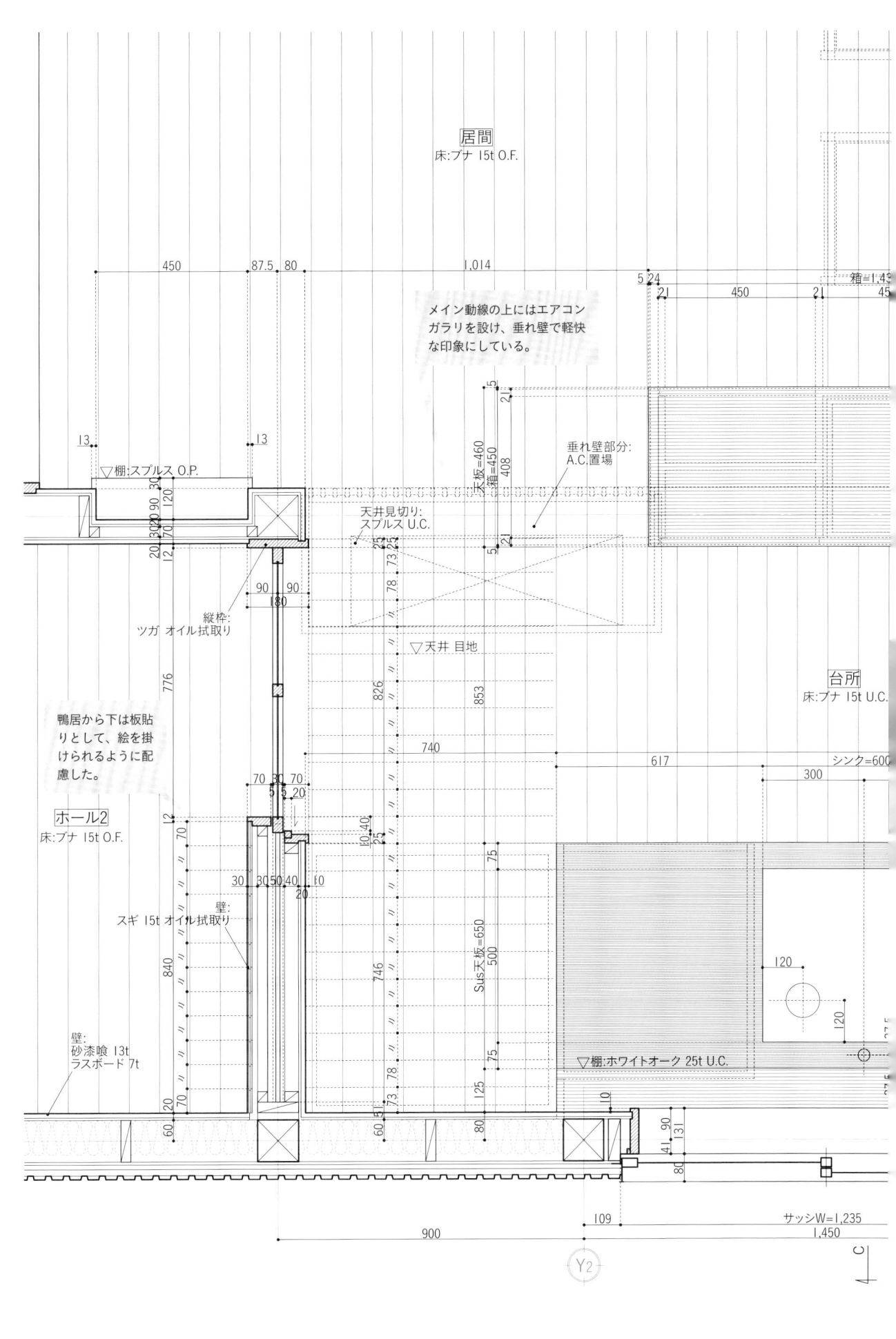

メイン動線の上にはエアコン
ガラリを設け、垂れ壁で軽快
な印象にしている。

垂れ壁部分:
A.C.置場

棚:スプルス O.P.

天井見切り:
スプルス U.C.

縦枠:
ツガ オイル拭取り

▽天井 目地

台所
床:ブナ 15t U.C.

鴨居から下は板貼
りとして、絵を掛
けられるように配
慮した。

ホール2
床:ブナ 15t O.F.

壁:
スギ 15t オイル拭取り

▽棚:ホワイトオーク 25t U.C.

壁:
砂漆喰 13t
ラスボード 7t

サッシW=1,235

Y2

使用勝手によって素材を変える

シンクやコンロ廻りはタイル貼とした。正面の壁は調理器具を掛けたり、メモを貼れるように板貼りのウレタン塗装とし、天井と目地を合わせている。

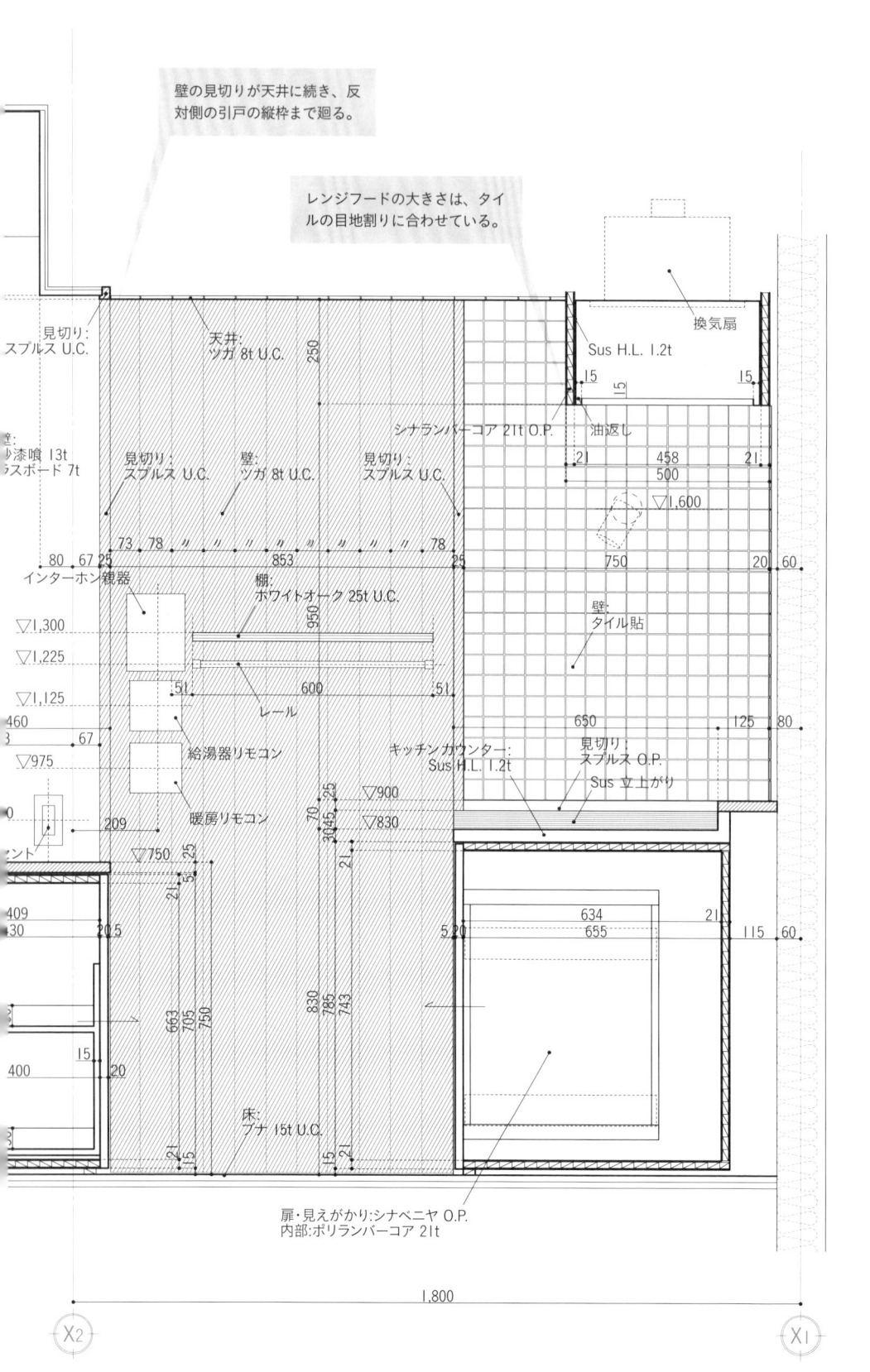

壁の見切りが天井に続き、反対側の引戸の縦枠まで廻る。

レンジフードの大きさは、タイルの目地割りに合わせている。

見切り：スプルス U.C.
天井：ツガ 8t U.C.
換気扇
Sus H.L. 1.2t
漆喰 13t
スボード 7t
見切り：スプルス U.C.
壁：ツガ 8t U.C.
見切り：スプルス U.C.
シナランバーコア 21t O.P.
油返し
インターホン親器
棚：ホワイトオーク 25t U.C.
壁：タイル貼
給湯器リモコン
レール
暖房リモコン
キッチンカウンター：Sus H.L. 1.2t
見切り：スプルス O.P.
Sus 立上がり
床：ブナ 15t U.C.
扉・見えがかり：シナベニヤ O.P.
内部：ポリランバーコア 21t

X2 — X1

永山の家 | 展開図 | S=1/15

3篇 水廻り詳細・その他

台所廻り 永山の家

CH=2,100

バックカウンター
ホワイトオーク 25t U.C

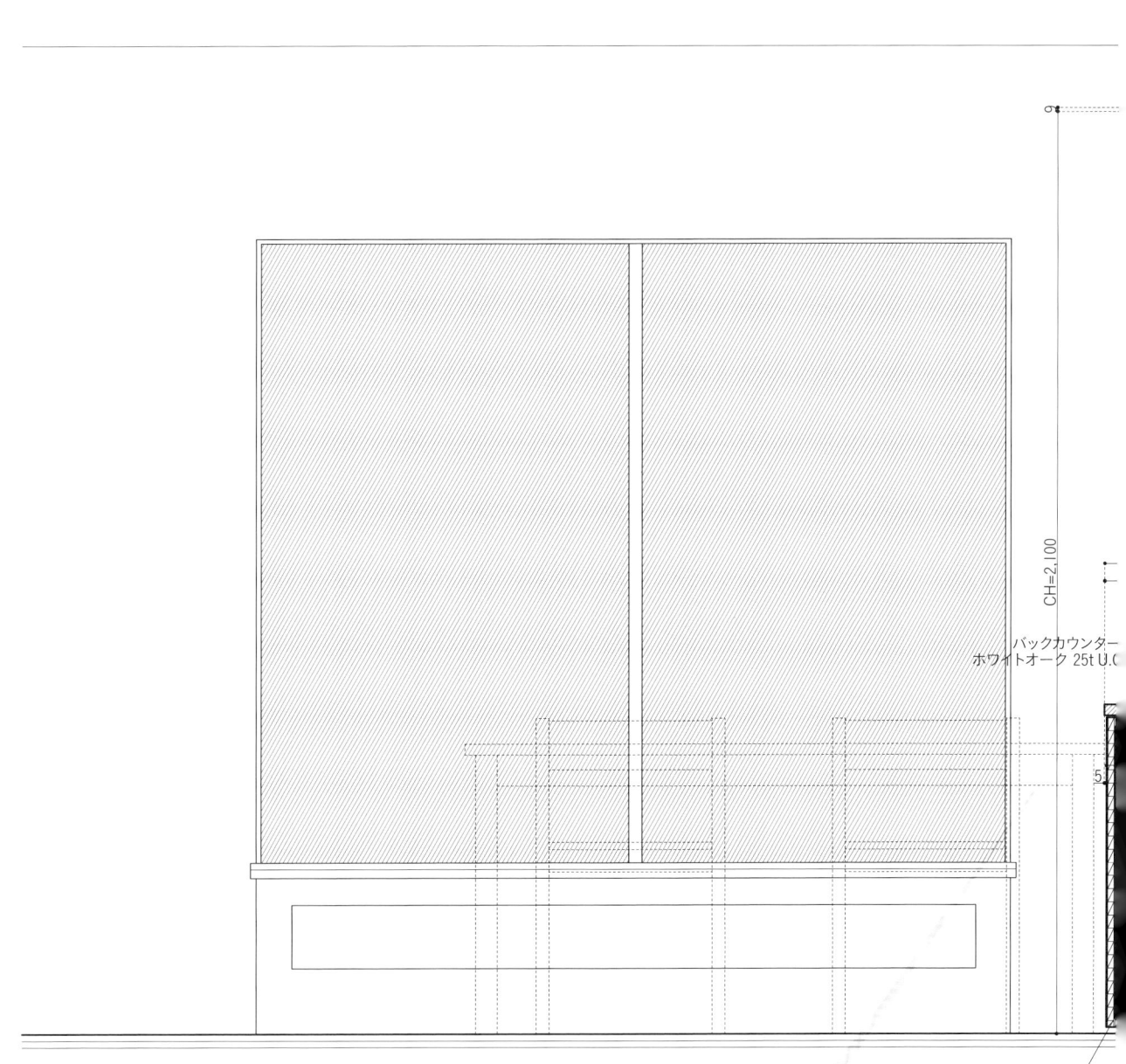

扉・見えがかり:シナベニヤ O.P.
内部:ポリランバーコア 21t

バックカウンターはダイニングテーブルに続くよう、立り上がりは付けていない。

展開図 - A

上下階で目地を合わせていく

2階からは台所の目地から、1階からは杉板貼りの目地から、外壁からはガルバリウム鋼板角波のピッチから調整して、規格サイズのアルミサッシの位置を上下階で揃えている。

台所側は見付を12mm（4分）として、枠の印象を薄めている。

壁：
砂漆喰 13t
ラスボード 7t

天井：
ツガ 8t U.C.

冷蔵庫

コンセント

▽1,900

鴨居：ツガ オイル拭取り

壁：
砂漆喰 13t
ラスボード 7t

CH=2,100

ホール2

小口,側面：
シナベニヤ O.P.

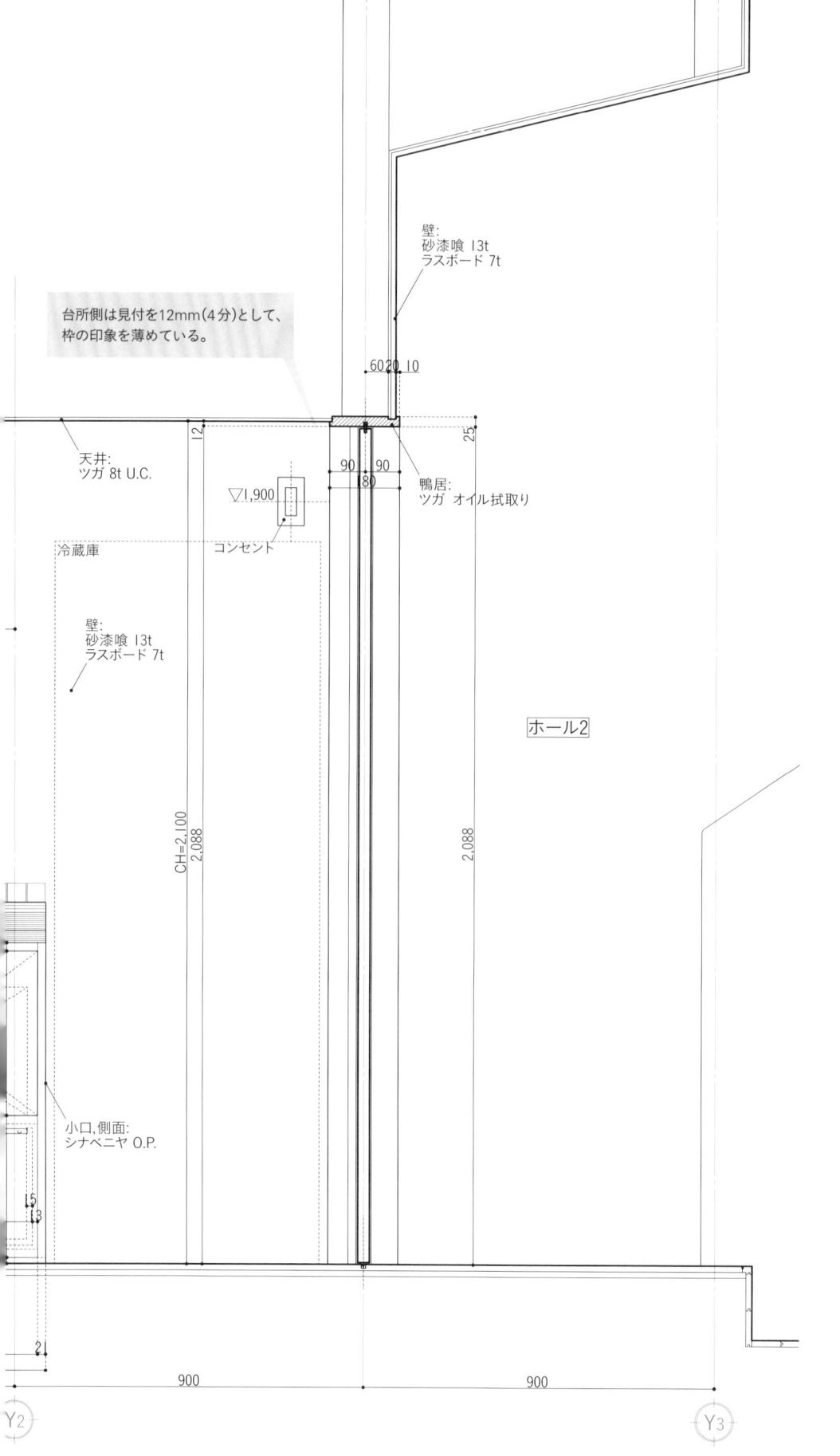

第3篇　水廻り詳細・その他

台所廻り　永山の家

永山の家　展開図　S＝1/15

棚は物が落ちないように
先端に段をつけている。

ペーパーホルダーはスチール
の丸棒を折り曲げて、ベース
は47mm角としてタイル割
に合わせている。

250
シナランバーコア 21t O.P.
900　　1,306　　406　25　　1,125
80　　　　　　　　　　　　　1,175
950
1,025
ベース:
45×45
ペーパーホルダー:
St 13φ S.O.P.
110　10
25　▽1,300　260　▽1,325
20 15
▽1,225　壁:　レール　100　▽1,225
タイル貼　　　400　1,090

棚:
ホワイトオーク 25t U.C.
レール
コンセント　▽1,025
320
375

棚:
ホワイトオーク 無垢 25t U.C.
立ち上がり:Sus H.L.
▽900　25 50 30
▽830　30 45 70

40　　　　40　　40　　136　80　45 30　　　▽700
21　ガスコンロ　　　136　160　15　　スイッチ
　　　　　　　　　40　　　　(台所 照明/換気扇)　コンセント
743　　　　　　　　　168　125
785　　　　　　　40　　15
コンベック　　　　　168　133　　　830
　　　　　　　40　　　15　　小口,側面:
　　　　　　　321　265　　シナベニヤ O.P.　給気口
　　　　　　　15　　15
　　　　　　　15　381　15

扉・見えがかり:シナベニヤ O.P.
内部:ポリランバーコア 21t
2　148　2　　　21　148　2　　　21　　　　21　　55
80　190　　600　　　618　　407　　　700　　　59
　　　1,250　　　　　　　　　1,450

Y1　　　　　　　　　　　　　　　　　　展開図-B

台所と居間との境界線に幅をもたせる

台所と居間は一体空間だが、台所の天井をフラットに抑えることで空間の強弱をつけるとともに、バックカウンターを居間側にはみ出させて、境界線をルーズにしている。

第3篇　水廻り詳細・その他

台所廻り　永山の家

斜め天井にかかるので、縦格子とした。

シナランバーコア 21t O.P.
天井：砂漆喰／PB 12.5
ガラリ：スプルス O.P.
A.C.

垂れ壁の左官は巻き込んで、居間の要素を台所に介入させている。

壁：
砂漆喰 13t
ラスボード 7t

見切り：スプルス U.C.

天井：
ツガ 8t U.C.

縦枠：
ツガ オイル拭取り

壁：
砂漆喰 13t
ラスボード 7t

框：スプルス O.P.

FL 4t

キッチンカウンター：
Sus H.L. 1.2t

CH=2,100

バックカウンター：
ホワイトオーク 25t U.

側面：
シナベニヤ O.P.

床：
ブナ 15t U.C.

建具の下部をフラッシュとすることで、階段下へ続く足元の抜け感を抑えている。

扉・見えがかり：シナベニヤ O.P.
内部：ポリランバーコア 21t

入口側は両側から使用できるようにしている。

1,800

展開図 - C

X1　　　X2

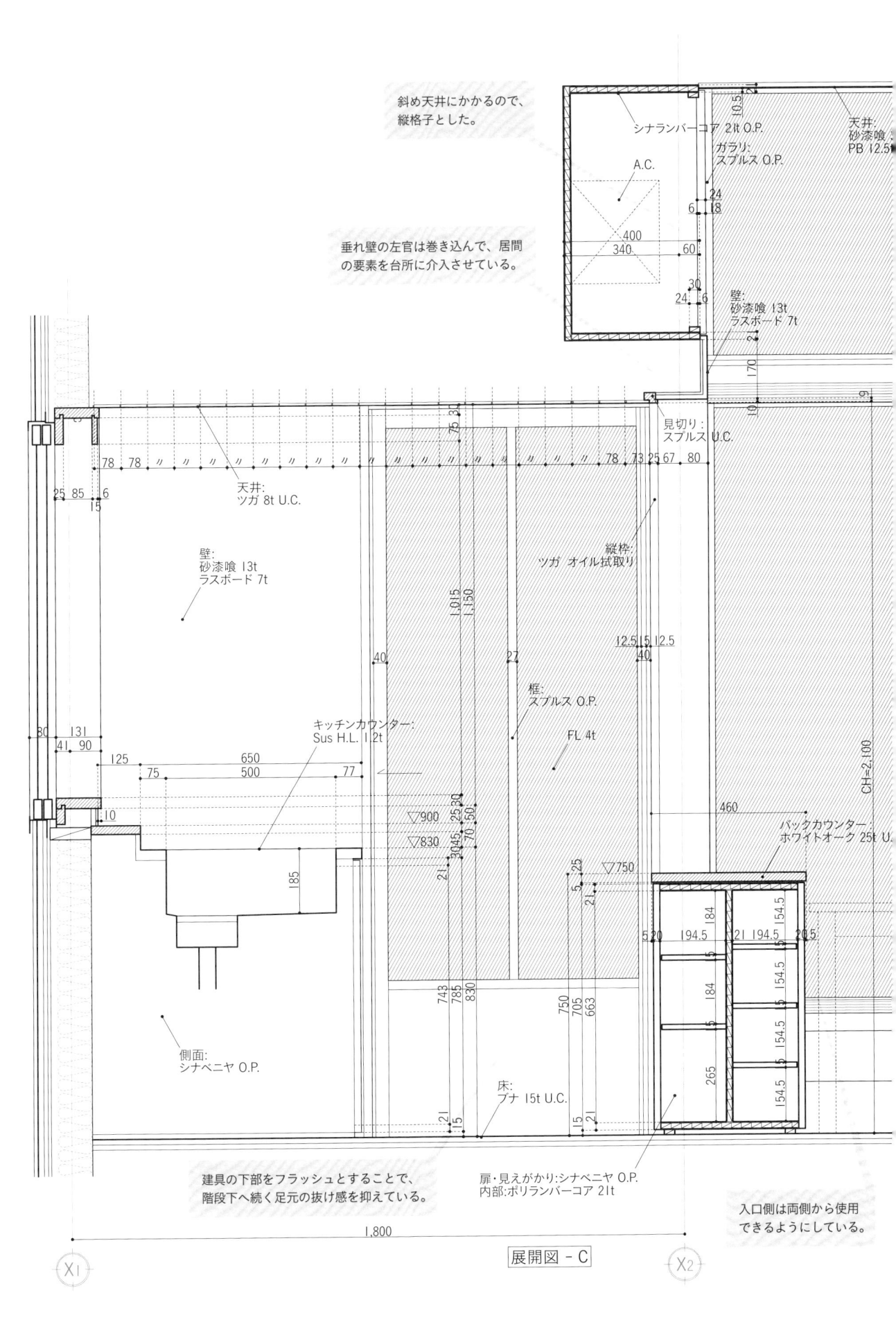

大工造りで、素材感を建築と合わせる

バックカウンターの背板は床材（スギ）の端材を使用して、枠材と同じ塗装（オイル拭取り）とすることで、建築と一体感のあるキッチンとした。

天板：ナラ 25t U.C.

壁：スギ 15t オイル拭取り

側板：シナランバーコア 30t O.P.

片面ポリランバーを使用して、内部はポリ合板、扉はシナベニヤ O.P.とした。

側板：シナランバーコア 30t O.P.

展開図 - A

バックカウンター 下部

コンセント

天板：ナラ 25t U.C.

壁：タイル貼

コンセント

電子レンジ

コンセント

展開図 - B

| 町田の家 | 平面図 | S=1/15 |

第3篇 水廻り詳細・その他

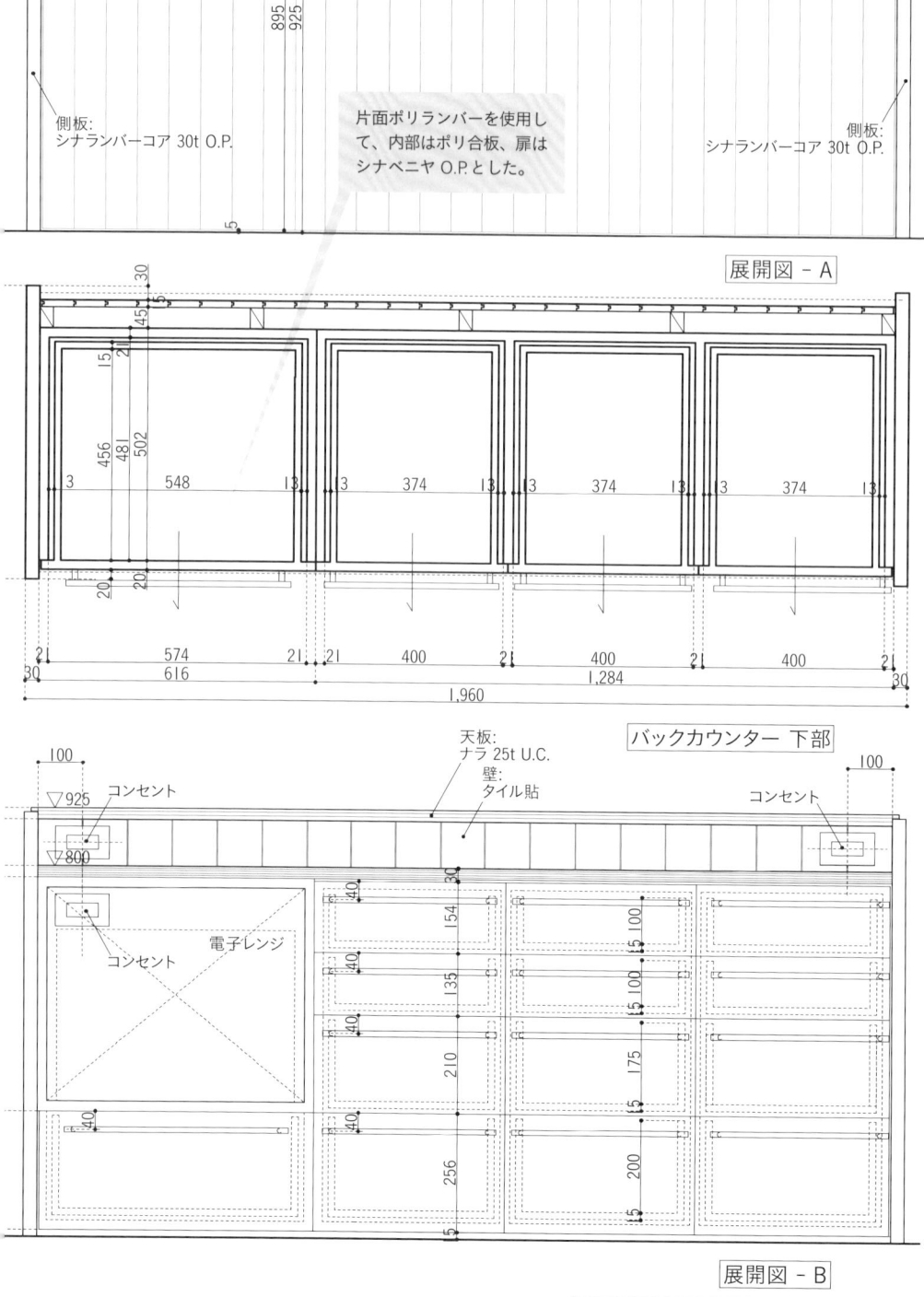

台所廻り 町田の家

冷蔵庫

壁:
泥漆喰 3t
PB 12.5t

化粧柱:
ヒバ オイル拭取り

縦枠:
スプルス オイル拭取り

玄関に光を入れるため、摺りガラス戸にした。

壁:
ツガ 8t オイル拭取り

壁:
タイル貼

台所
床:スギ 15t O.F.

2人が作業できる寸法。

△棚:Sus H.L. 1.2t

△キッチンカウンター:
Sus H.L. 1.2t

バックカウンター:
▽Sus H.L. 1.2t

▽天板:ナラ 25t U.C.

壁:タイル貼

縦枠・見切り:
スプルス オイル拭取り

ダイニングへの出入り用に、40cmの間をとった。

壁:
泥漆喰 3t
PB 12.5t

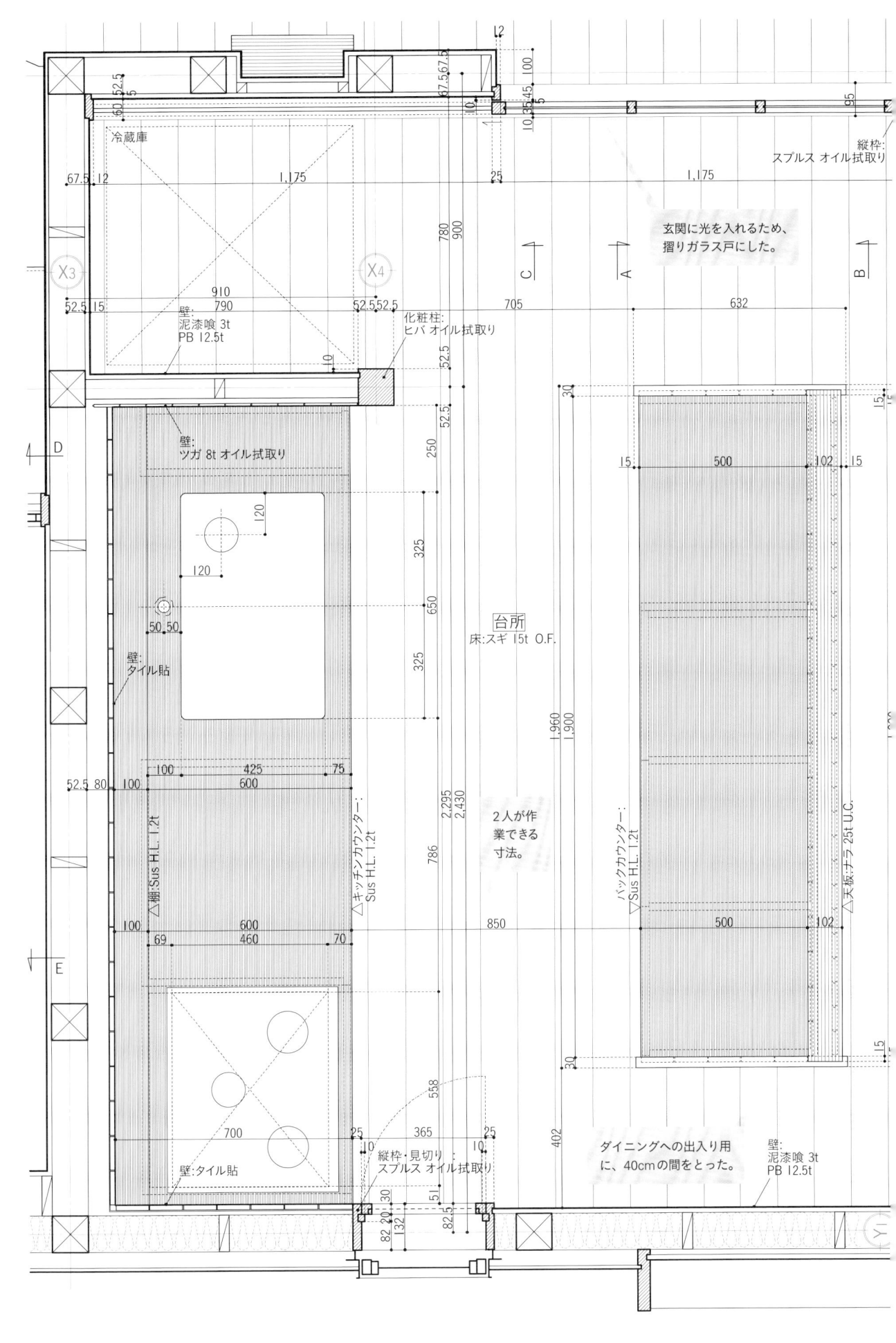

段差をつけた吊戸棚

吊戸棚を上下で奥行きを変えることで、顔の動きに不便が起こらない位置まで吊戸棚を下ろした。下の段の右側は食器置場としている。

離れや寝室の天井で使用したツガ材。

扉・見えがかり:シナベニヤ O.P.
内部:ポリランバーコア 21t

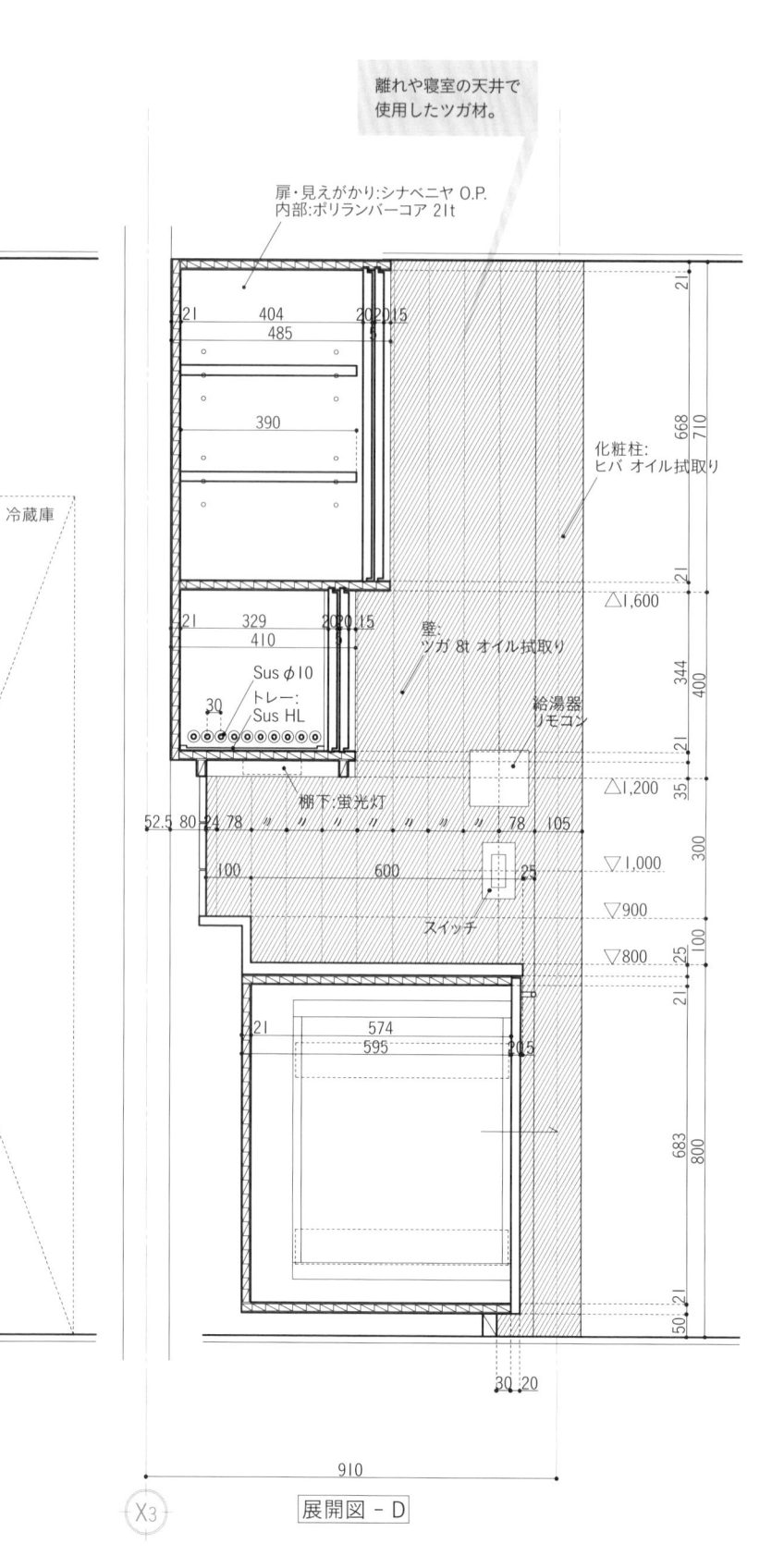

天井:
漆喰 3t
PB 12.5t

冷蔵庫

壁:
泥漆喰 3t
PB 12.5t

柱:
オイル拭取り

化粧柱:
ヒバ オイル拭取り

壁:ツガ 8t オイル拭取り

給湯器リモコン

Sus φ10
トレー:Sus HL

棚下:蛍光灯

スイッチ

床:
スギ 15t O.F.

X3 展開図 - D

町田の家　展開図　S=1/15

第3篇 水廻り詳細・その他

台所廻り　町田の家

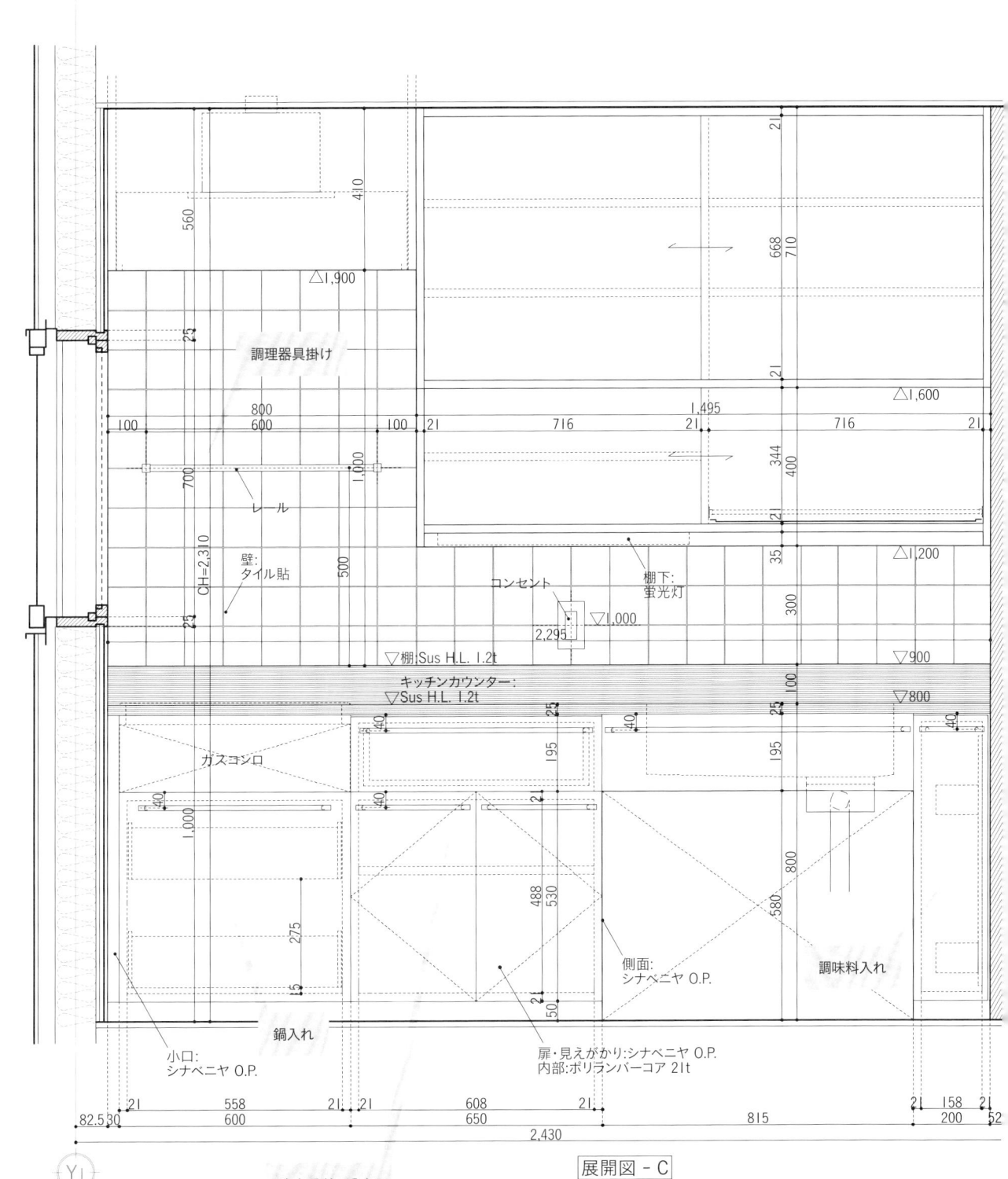

調理器具掛け
レール
壁:タイル貼
CH=2,310
コンセント
棚下:蛍光灯
棚:Sus H.L. 1.2t
キッチンカウンター:Sus H.L. 1.2t
ガスコンロ
側面:シナベニヤ O.P.
調味料入れ
小口:シナベニヤ O.P.
鍋入れ
扉・見えがかり:シナベニヤ O.P.
内部:ポリランバーコア 21t

Y1 カトラリー入れ 展開図 - C

ダイニングに落ち着きを出す高さ

バックカウンターの立ち上がりを少し（10cm）上げることで、細かい物が隠れてすっきり見える。
窓台は、ダイニングテーブルよりも少し高めに設定している。

タイルの見切りと開口部の縦枠と兼ねている。

天井：
漆喰 3t
PB 12.5t

シナランバーコア 21t O.P.

換気扇

縦枠・見切り：
スプルス オイル拭取り

Sus H.L. 1.2t
油返し

片開きスダレ戸：
スプルス O.P.
経木スダレ

壁：
泥漆喰 3t
PB 12.5t

壁
タイル貼

レール

側板：
シナランバーコア 30t O.P.

ガスコンロ

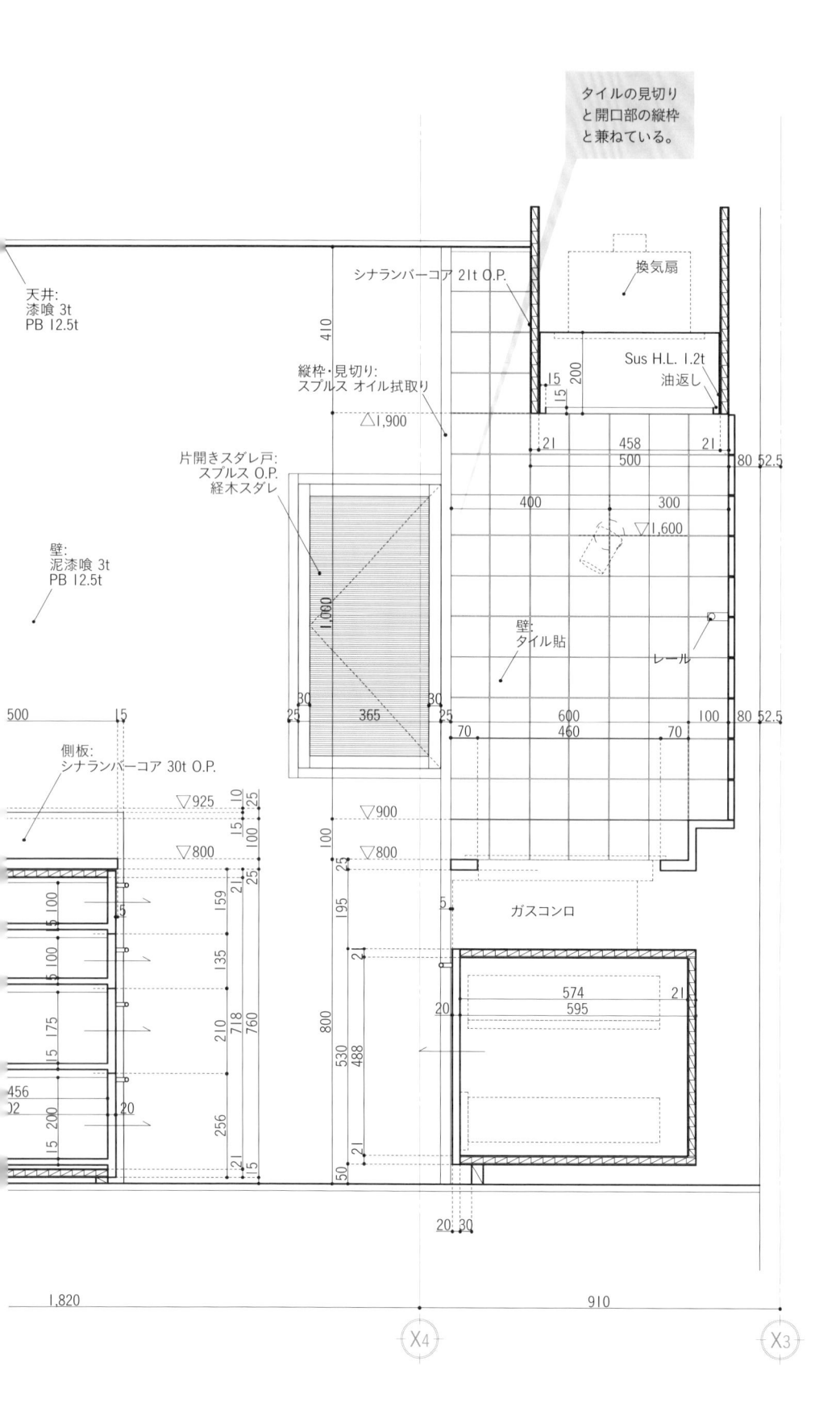

第3篇　水廻り詳細・その他

台所廻り　町田の家

町田の家　展開図　S=1/15　257 / 256

△2,310

460

△1,820

30
120

1,070

バックカウンターの立上がりを天板から10cm上げることで、細かな物はダイニング側から隠れる。

15 102

天板:
ナラ 25t U.C.

25

台所から川沿いの風景へ視界が抜ける。

15
12

▽750

30

895

ダイニングテーブルよりやや高めに窓台を設定して、落ち着きを出す。

720

床:
スギ 15t O.F.

15 45

5

1,820

X6　　　　　　　　　　　　　　　　　X5

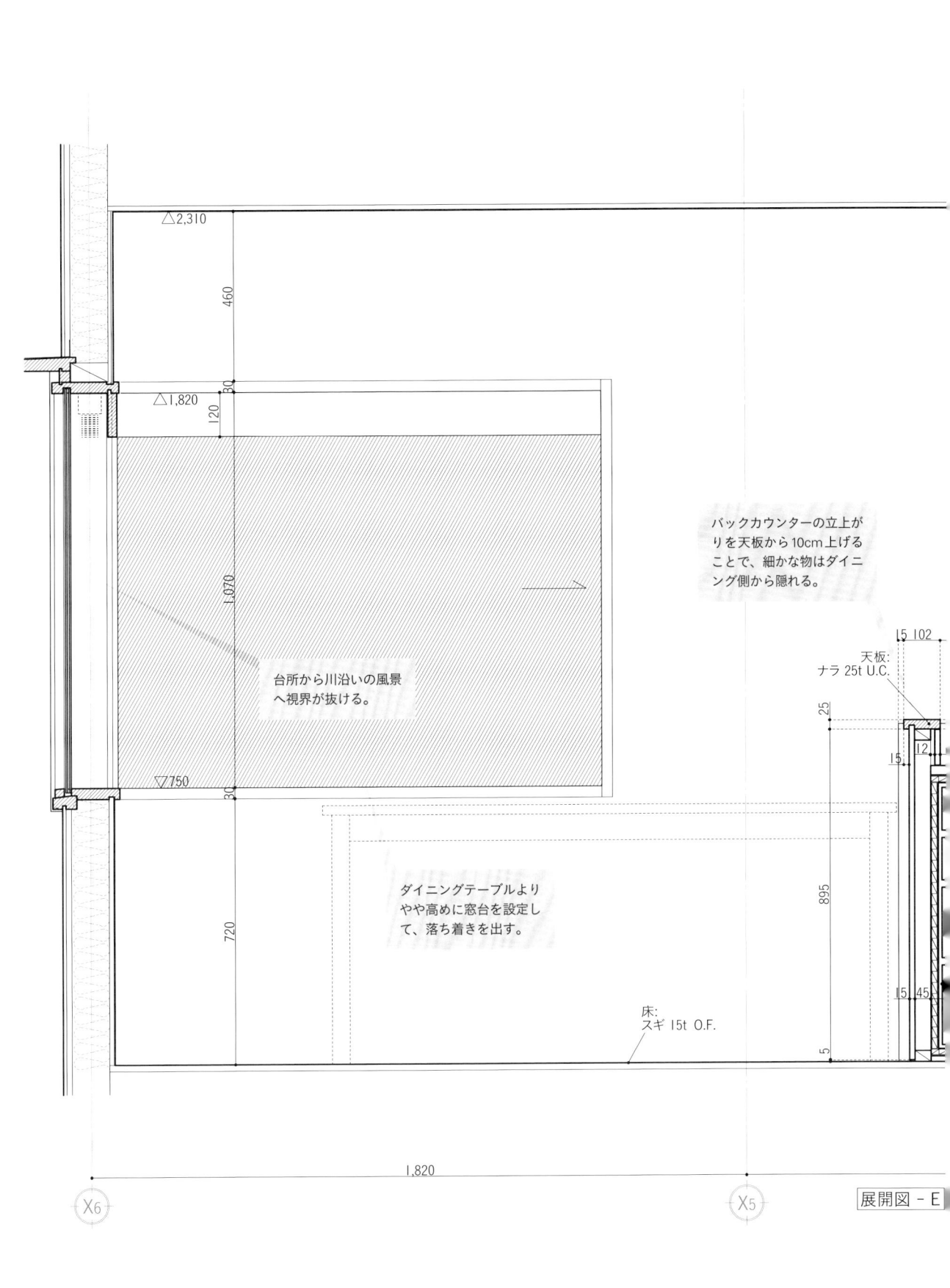

展開図 - E

軽快につなぐ階段

ストリップ階段（蹴込板のない階段）とすることで、1階ホールを明るくするとともに、パブリック性のある1階の玄関ホールと2階のホールを軽快につないだ。

摺壁:
ナランバーコア(4×8) 30t O.P.

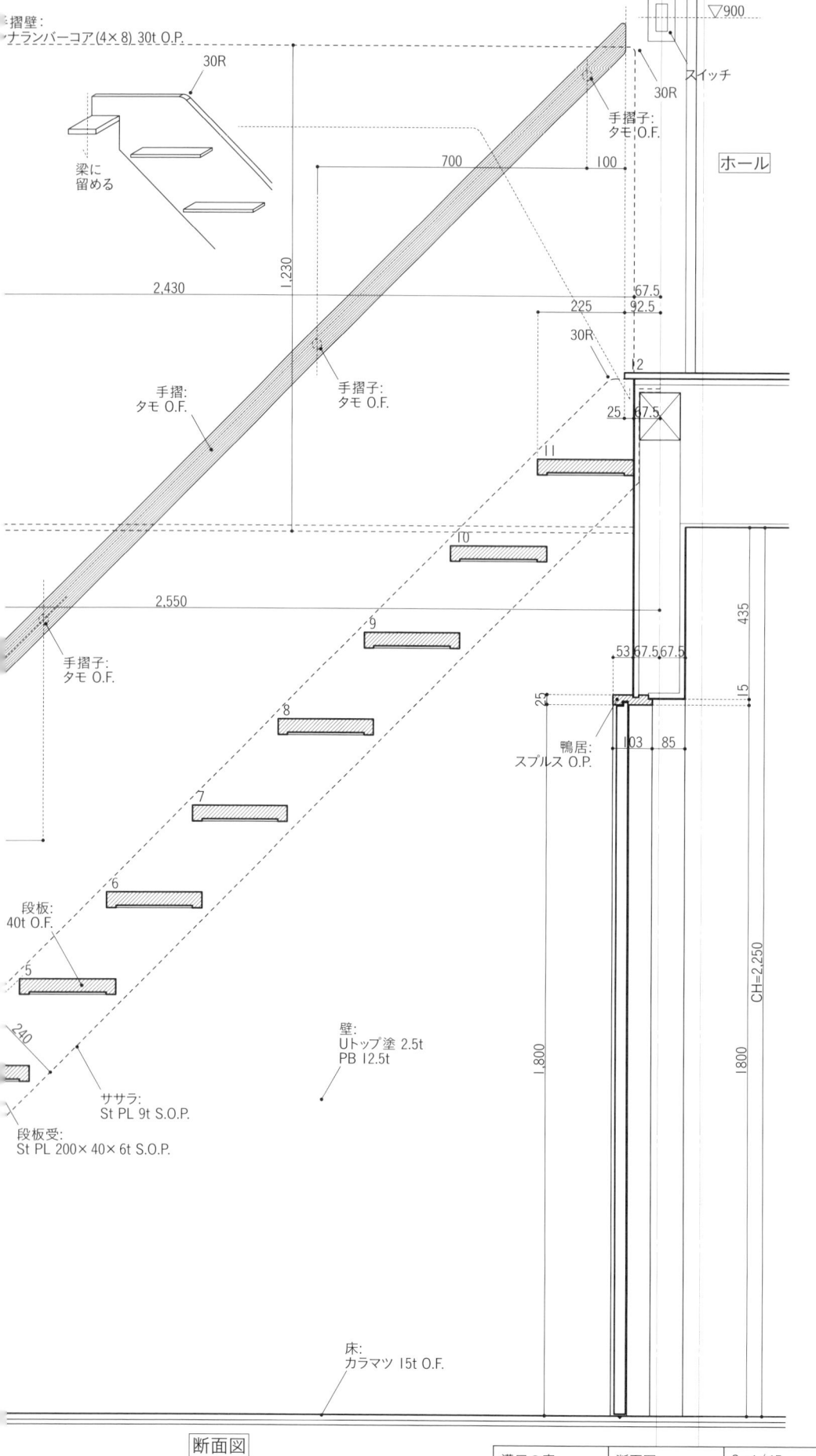

30R

梁に留める

手摺子:
タモ O.F.

30R

スイッチ

ホール

手摺:
タモ O.F.

手摺子:
タモ O.F.

手摺子:
タモ O.F.

鴨居:
スプルス O.P.

段板:
40t O.F.

壁:
Uトップ塗 2.5t
PB 12.5t

ササラ:
St PL 9t S.O.P.

段板受:
St PL 200×40×6t S.O.P.

床:
カラマツ 15t O.F.

断面図

溝口の家　断面図　S=1/15

第3篇　水廻り詳細・その他

階段廻り　溝口の家

居間2

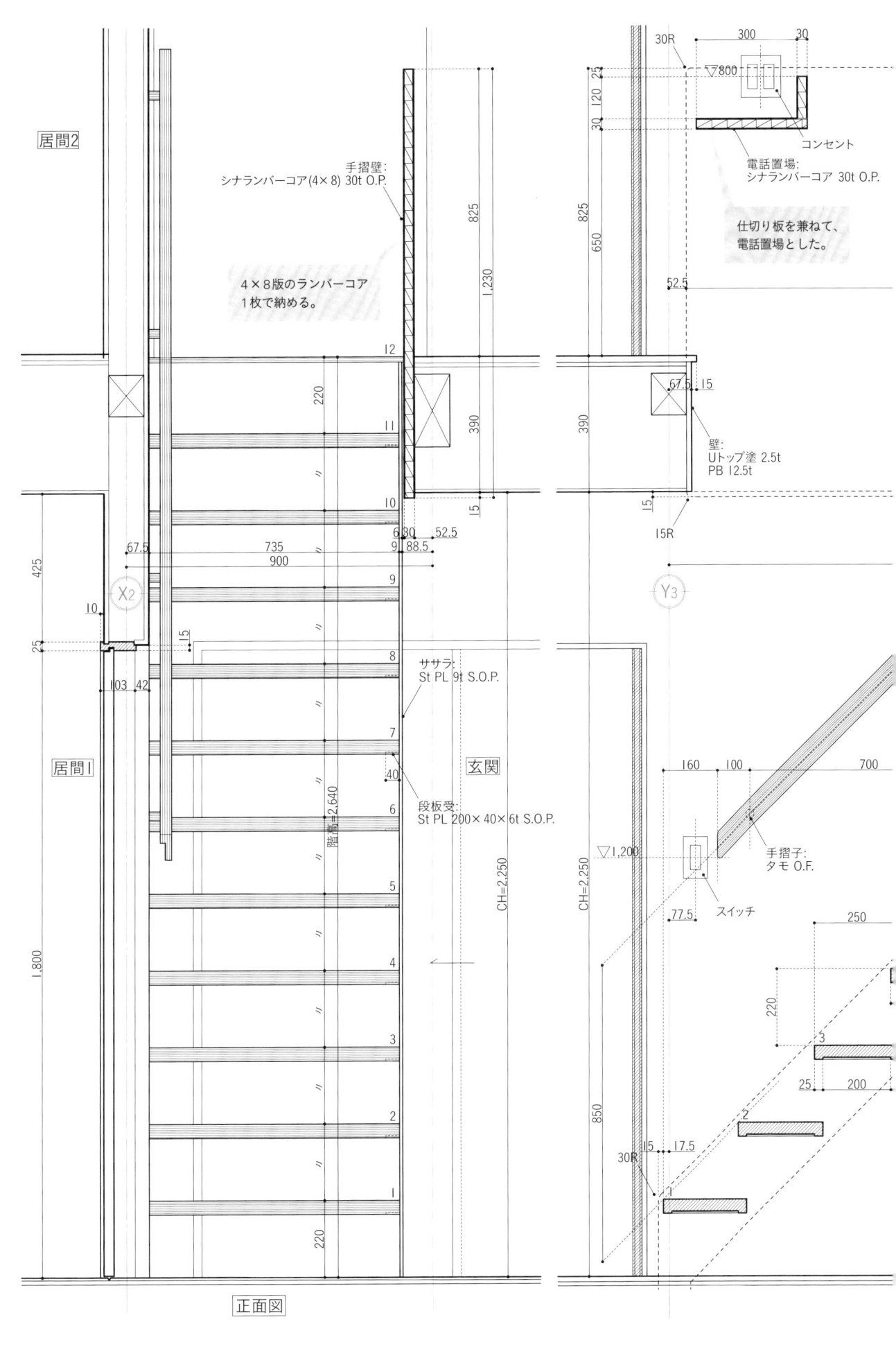

手摺壁:
シナランバーコア(4×8) 30t O.P.

4×8版のランバーコア
1枚で納める。

ササラ:
St PL 9t S.O.P.

段板受:
St PL 200×40×6t S.O.P.

玄関
CH=2,250

階高=2,640

居間1

正面図

電話置場:
シナランバーコア 30t O.P.

仕切り板を兼ねて、
電話置場とした。

コンセント

壁:
Uトップ塗 2.5t
PB 12.5t

CH=2,250

スイッチ

手摺子:
タモ O.F.

階段の形状を変える

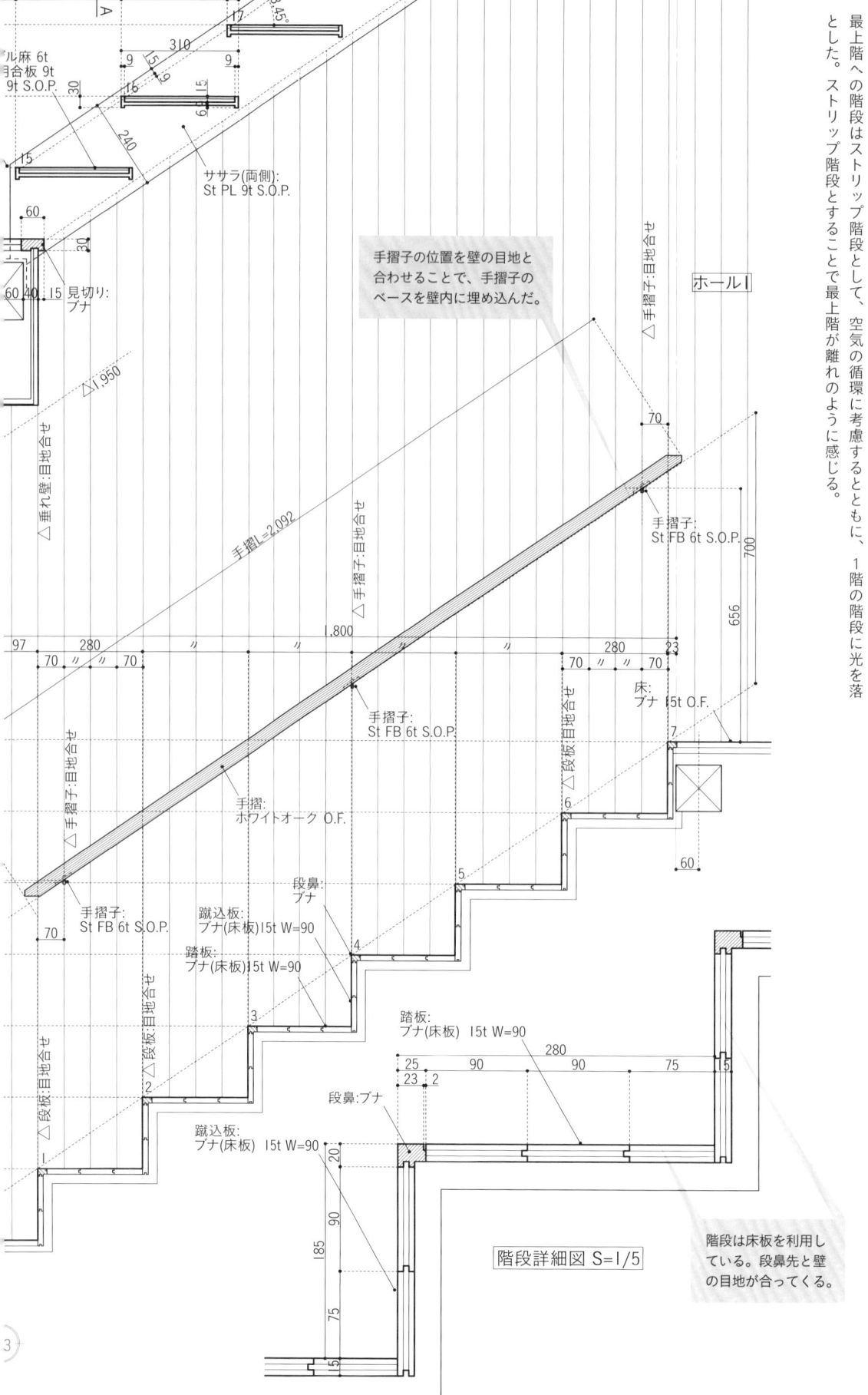

最上階への階段はストリップ階段として、空気の循環に考慮するとともに、1階の階段に光を落とした。ストリップ階段とすることで最上階が離れのように感じる。

> 手摺子の位置を壁の目地と合わせることで、手摺子のベースを壁内に埋め込んだ。

> 階段は床板を利用している。段鼻先と壁の目地が合ってくる。

ササラ(両側): St PL 9t S.O.P.
見切り: ブナ
手摺子: St FB 6t S.O.P.
手摺L=2,092
手摺: ホワイトオーク O.F.
段鼻: ブナ
蹴込板: ブナ(床板)15t W=90
踏板: ブナ(床板)15t W=90
床: ブナ15t O.F.
ホール1

階段詳細図 S=1/5

第3篇 水廻り詳細・その他

階段廻り 永山の家

| 永山の家 | 断面図 | S=1/5, 1/15 |

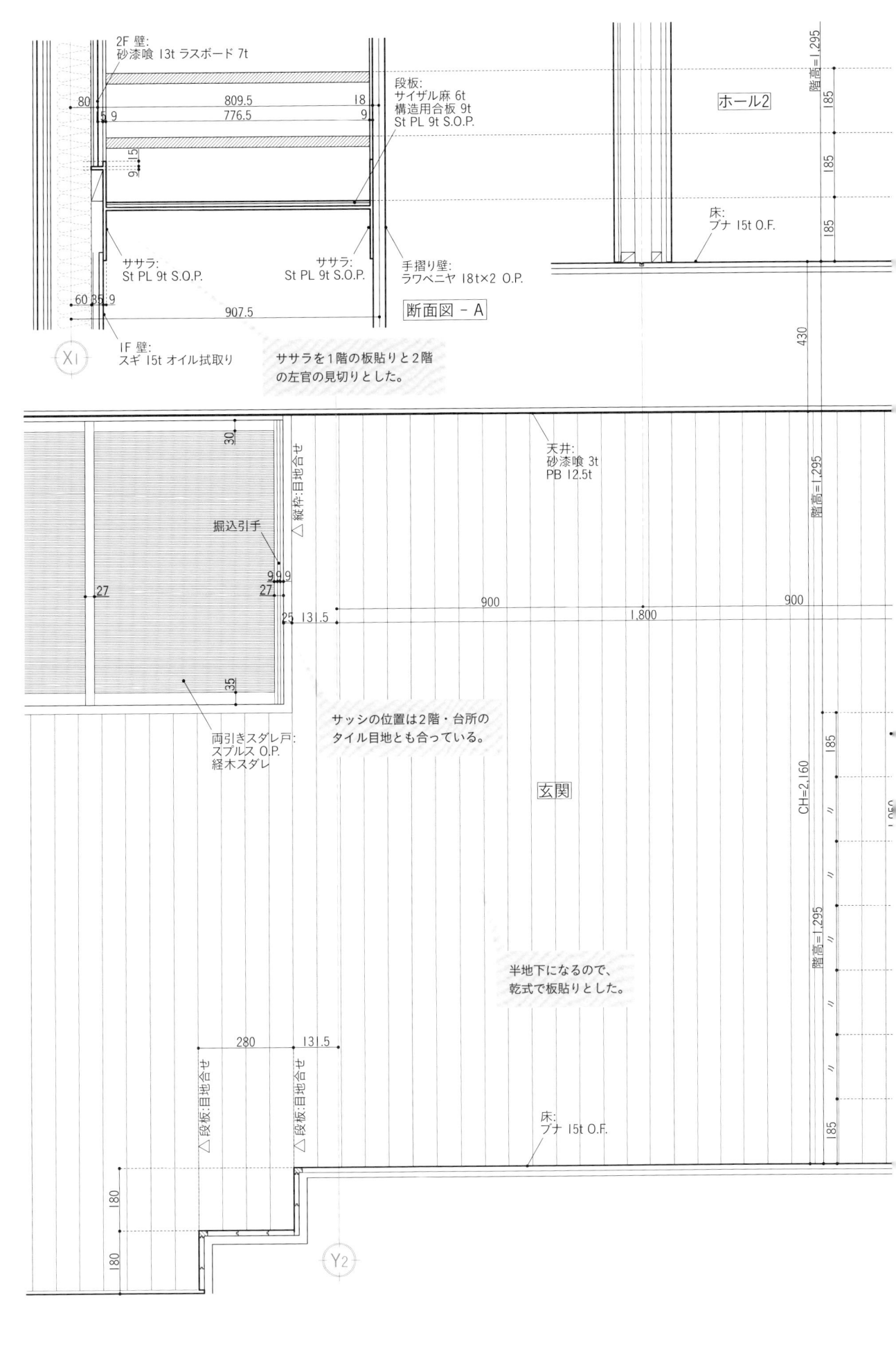

断面図 - A

- 2F 壁: 砂漆喰 13t ラスボード 7t
- 段板: サイザル麻 6t / 構造用合板 9t / St PL 9t S.O.P.
- ササラ: St PL 9t S.O.P.
- 手摺り壁: ラワベニヤ 18t×2 O.P.
- 1F 壁: スギ 15t オイル拭取り

寸法: 80, 809.5, 776.5, 18, 9, 9, 15, 9, 60, 35, 9, 907.5

ホール2
床: ブナ 15t O.F.
階高 = 1,295
185, 185, 185, 430

※ ササラを1階の板貼りと2階の左官の見切りとした。

天井: 砂漆喰 3t / PB 12.5t

- 掘込引手
- 縦枠:目地合せ
- 両引きスダレ戸: スプルス O.P. 経木スダレ
- △段板:目地合せ
- 床: ブナ 15t O.F.

寸法: 30, 27, 9, 9, 27, 25, 131.5, 900, 1,800, 900, 280, 131.5, 35, 180, 180

玄関
CH = 2,160
階高 = 1,295
185

※ サッシの位置は2階・台所のタイル目地とも合っている。

※ 半地下になるので、乾式で板貼りとした。

X1, Y2

スキッププランの踏面・蹴上寸法はゆったりと

スキッププランの場合、半階分の階段の昇り降りが多くなるので階高を抑えつつ、ゆったりめの踏面・蹴上寸法として、各フロアをおおらかにつないでいる。

手摺詳細図 S=1/5

手摺L=2,092
手摺子:
St FB 6t S.O.P.
△板貼目地

ホール2

台所

手摺子:
St FB 6t S.O.P.

床:
ブナ 15t O.F.

巾木:
アルミアングル

分電盤・弱電盤の設置場所。

巾木にアルミアングルを設置して、左官壁と縁を切っている。

天井:
砂漆喰 3t
PB 12.5t

玄関

Sus HL 25φ

第3篇 水廻り詳細・その他

階段廻り　永山の家

| 永山の家 | 断面図 | S=1/5, 1/15 |

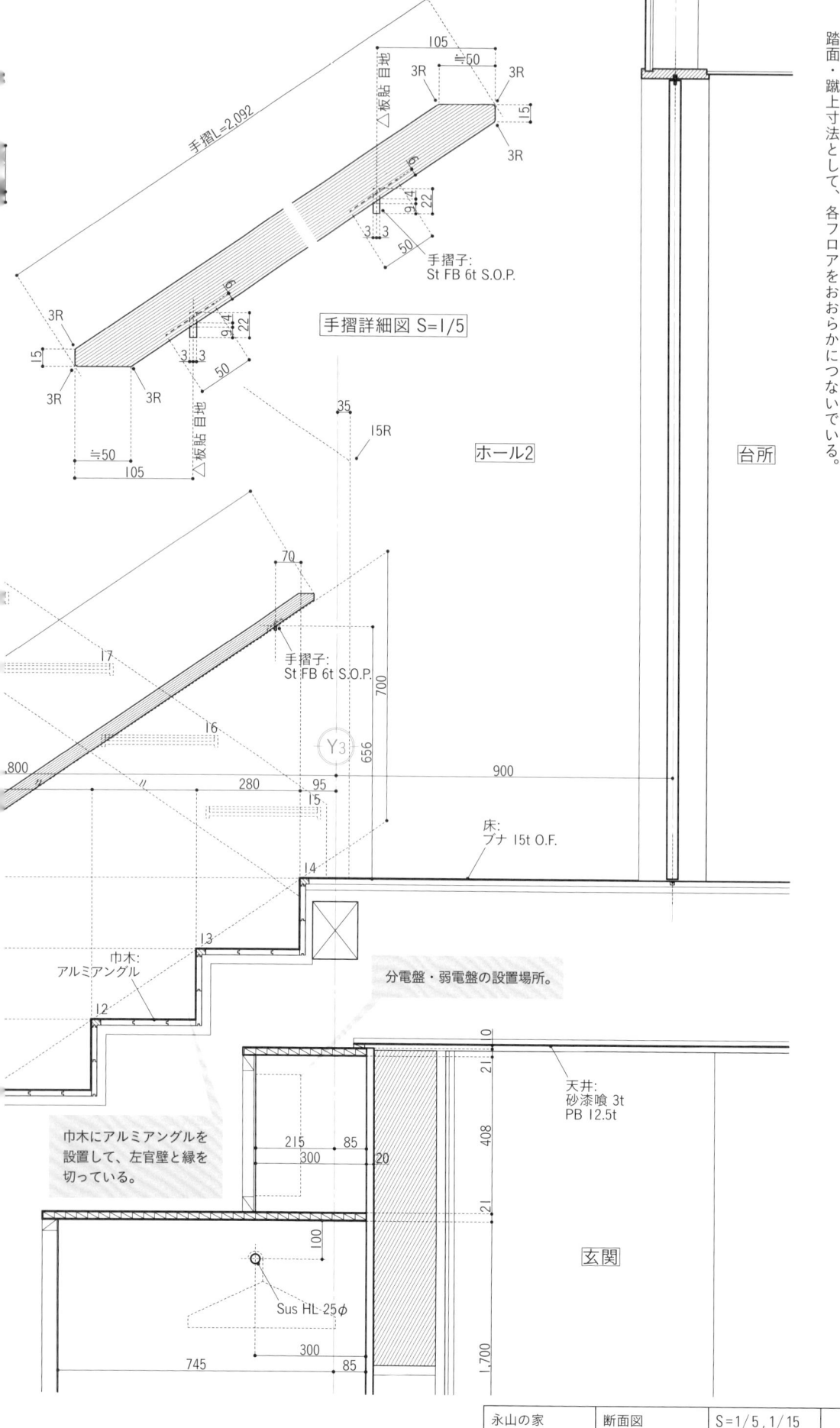

ホール3

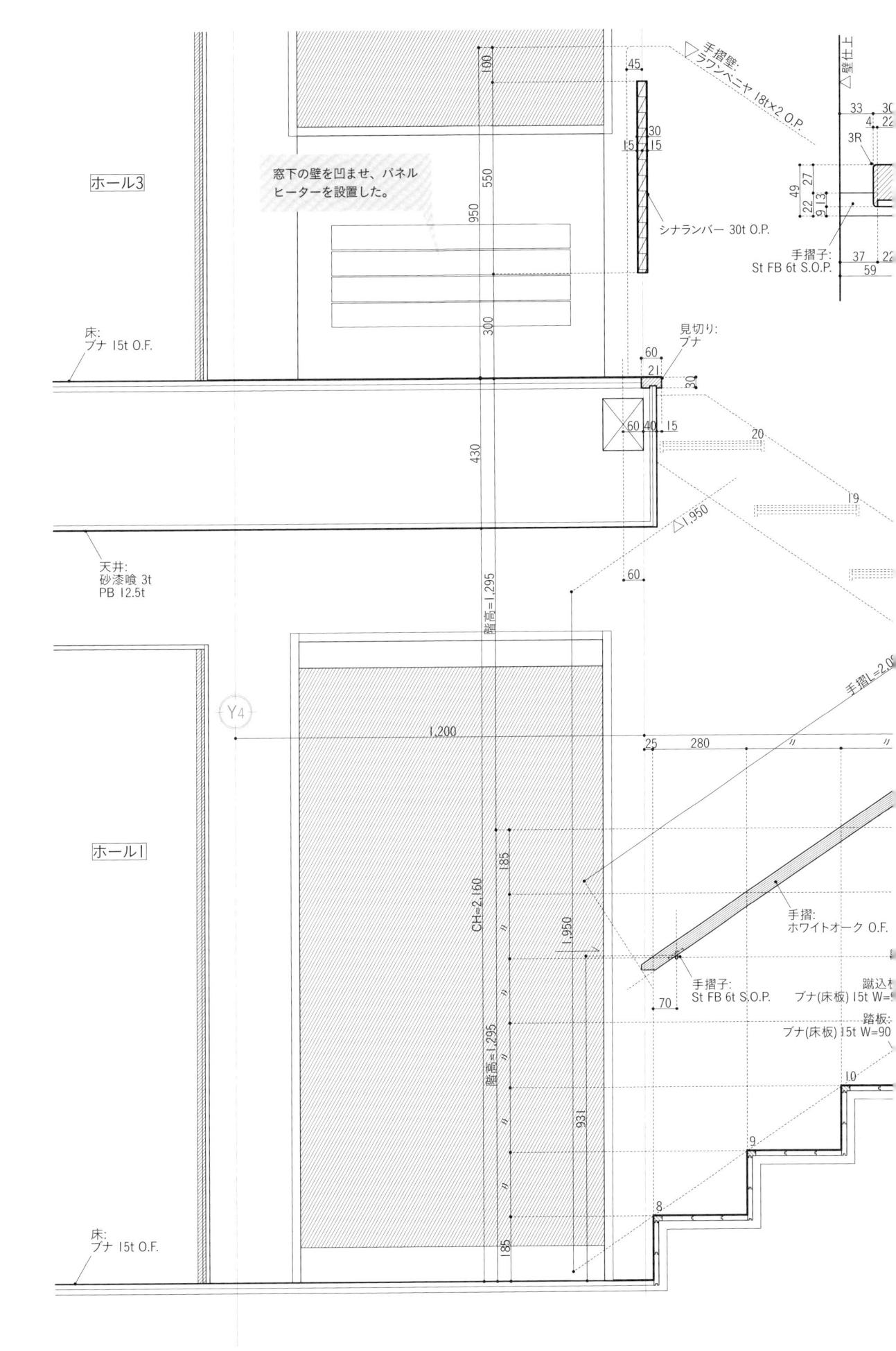

窓下の壁を凹ませ、パネルヒーターを設置した。

手摺壁:
ラワンベニヤ 18t×2 O.P.

シナランバー 30t O.P.

手摺子:
St FB 6t S.O.P.

床:
ブナ 15t O.F.

見切り:
ブナ

天井:
砂漆喰 3t
PB 12.5t

階高=1,295

Y4

ホール1

CH=2,160

階高=1,295

手摺 L=2,0

手摺:
ホワイトオーク O.F.

手摺子:
St FB 6t S.O.P.

蹴込板:
ブナ(床板) 15t W=

踏板:
ブナ(床板) 15t W=90

床:
ブナ 15t O.F.

階段下を有効活用する

階段下を利用して収納棚と腰掛をつくり、居間の溜り場を増やした。この腰掛からは南側の窓を通して庭を楽しむことができる。

居間の南側の窓から、2階ホールの北側の窓へ風が抜ける。

手摺:ホワイトオーク O.F.
手摺子:St FB S.O.P.
階段
壁:泥漆喰 3t PB 12.5t
段板・蹴込板:スギ 25t O.F.
床:スギ 15t O.F.
敷居:スプルス オイル拭取り
収納
壁:シナベニヤ 5.5t
天井:泥漆喰 3t PB 12.5t
シナランバーコア 21t O.P.
居間
上部4段はCDが2列で収納できる。下部2段はLP用やブランケットを収納できる。
座面:サイザル麻 シナランバーコア 30t
タモ O.F.
床:スギ 15t O.F.

断面図

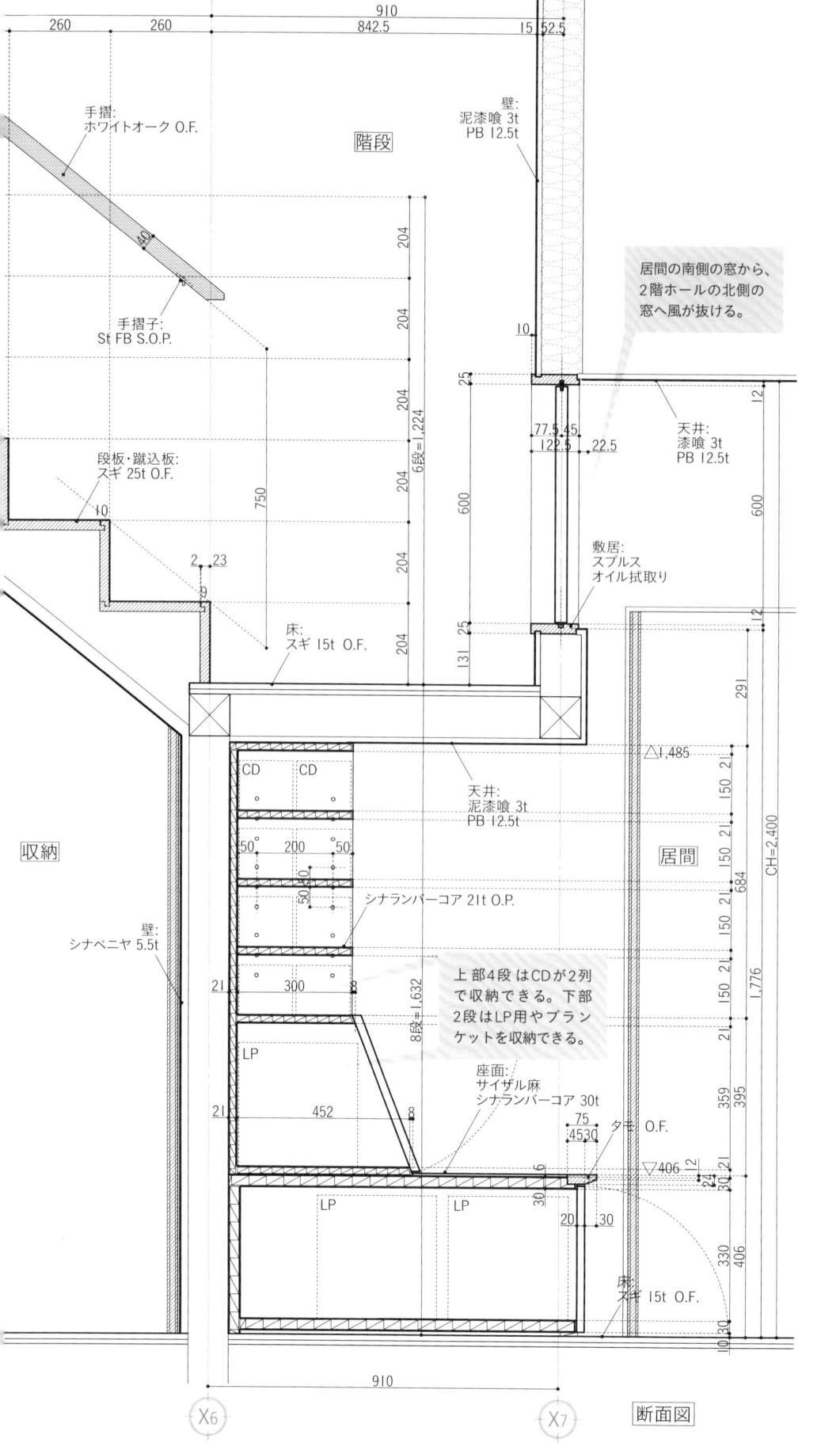

| 町田の家 | 断面図,展開図 | S=1/15 |

第3篇 水廻り詳細・その他

階段廻り 町田の家

ホール

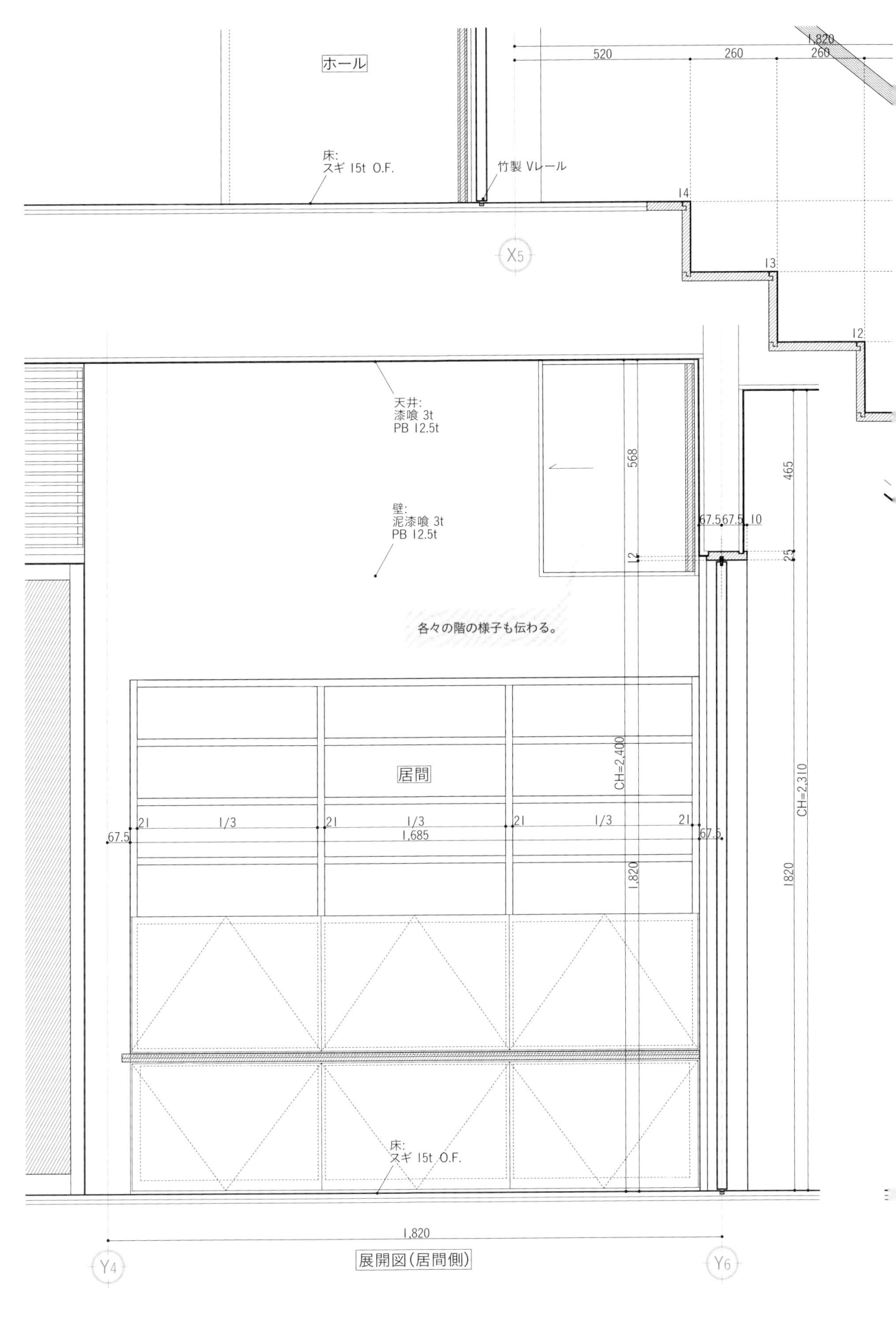

床:
スギ 15t O.F.

竹製 Vレール

X5

天井:
漆喰 3t
PB 12.5t

壁:
泥漆喰 3t
PB 12.5t

各々の階の様子も伝わる。

居間

CH=2,400

CH=2,310

床:
スギ 15t O.F.

Y4　　展開図(居間側)　　Y6

外構を建築と一体的につくる

玄関から前面道路際まで豆砂利洗い出しで仕上げた。塀や扉の笠木を外壁の板金と同材を使うことで、外構と建築に一体感を出した。

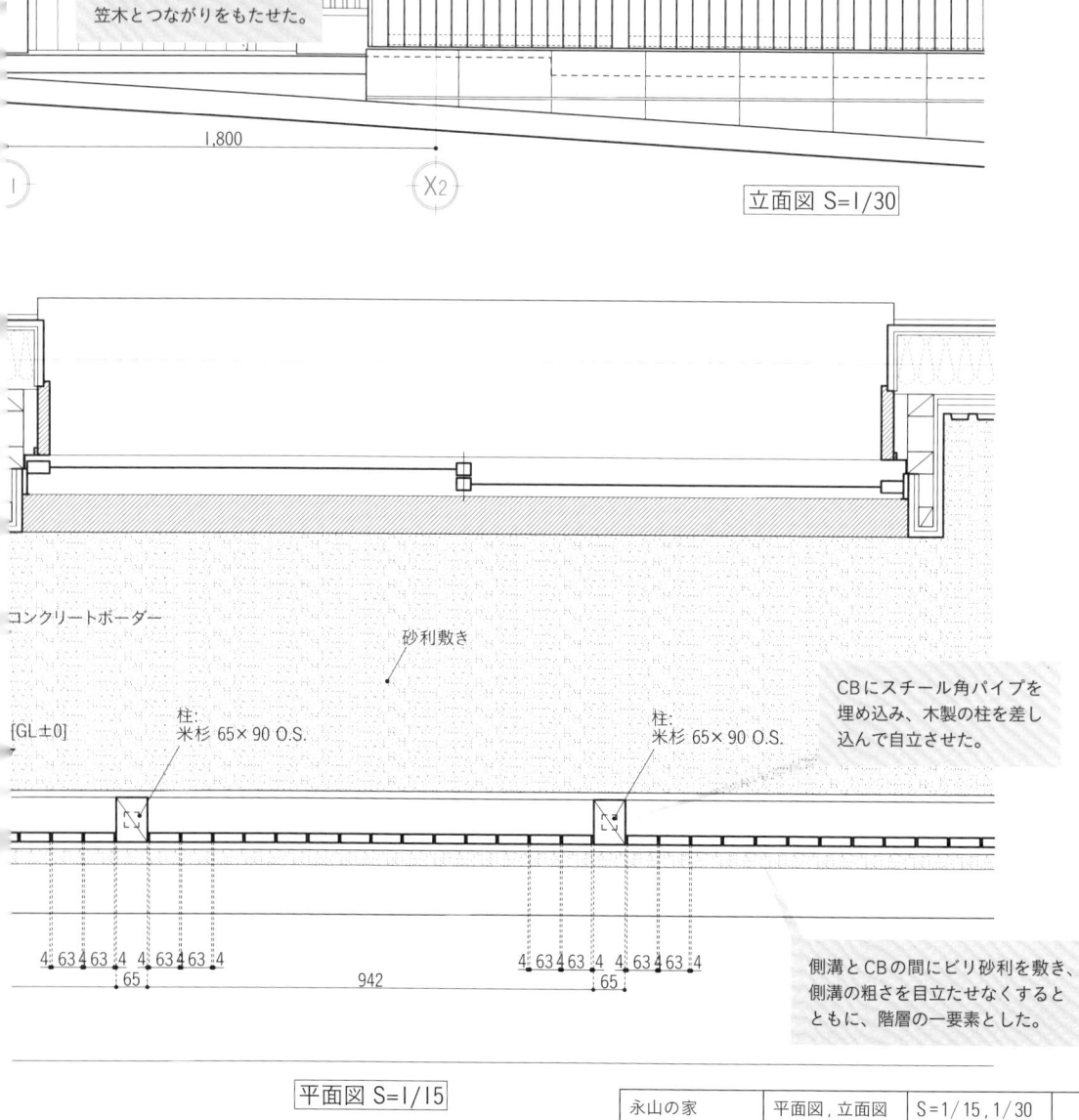

塀の笠木にかぶせた板金を側面まで廻すことで、扉の笠木とつながりをもたせた。

1,800

立面図 S=1/30

コンクリートボーダー

砂利敷き

[GL±0]

柱：米杉 65×90 O.S.

柱：米杉 65×90 O.S.

CBにスチール角パイプを埋め込み、木製の柱を差し込んで自立させた。

4 63 4 63 4 4 63 4 63 4
65　　　　　　　　　　　　65
942

4 63 4 63 4 4 63 4 63 4
65

側溝とCBの間にビリ砂利を敷き、側溝の粗さを目立たせなくするとともに、階層の一要素とした。

平面図 S=1/15

| 永山の家 | 平面図, 立面図 | S=1/15, 1/30 |

第3篇　水廻り詳細・その他

外構・植栽　永山の家

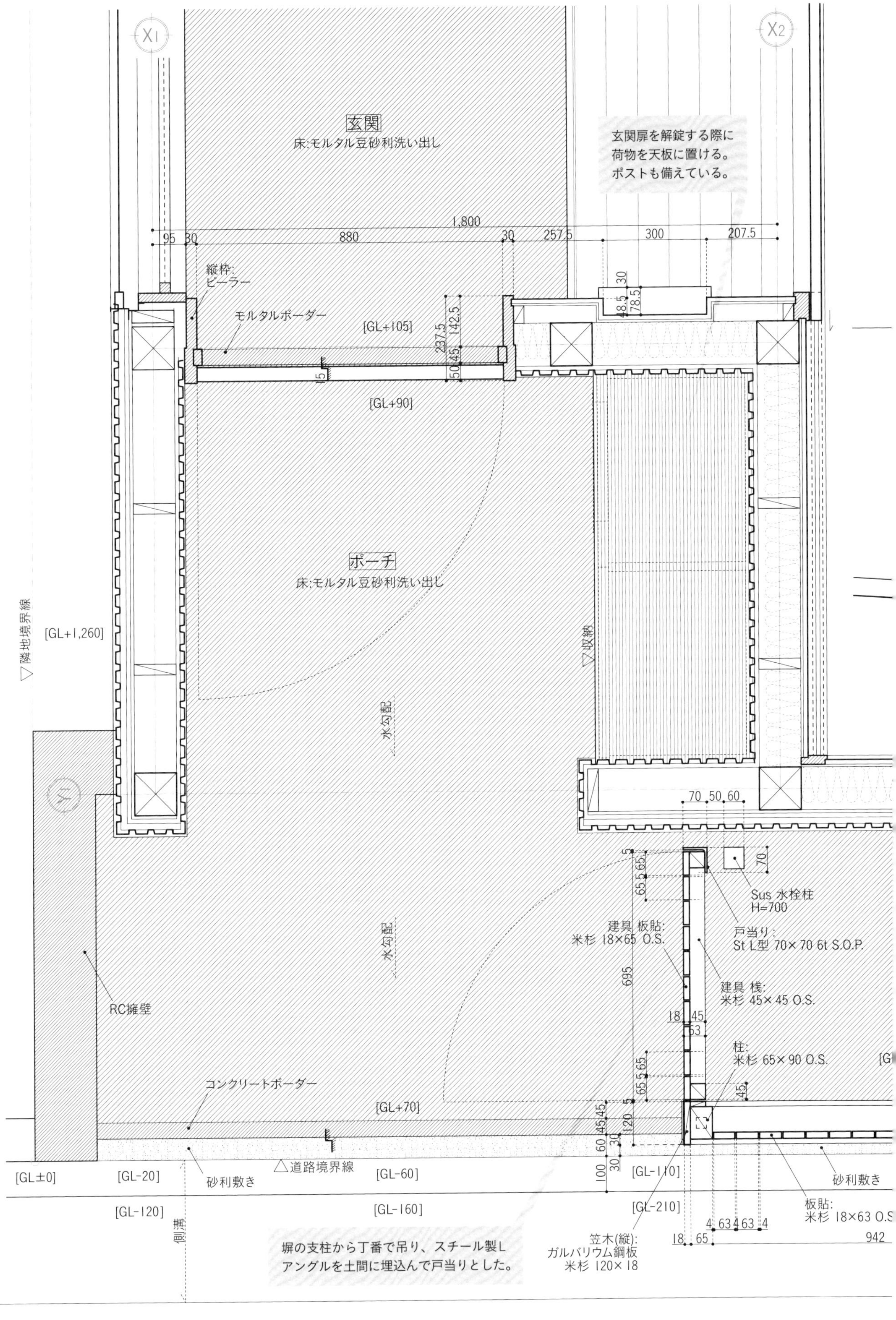

玄関
床:モルタル豆砂利洗い出し
玄関扉を解錠する際に
荷物を天板に置ける。
ポストも備えている。
1,800
95 30 880 30 257.5 300 207.5
縦枠:
ピーラー
モルタルボーダー
[GL+105]
[GL+90]
ポーチ
床:モルタル豆砂利洗い出し
▽隣地境界線
[GL+1,260]
▽収納
水勾配
水勾配
70 50 60
Sus 水栓柱
H=700
戸当り:
St L型 70×70 6t S.O.P.
建具 板貼:
米杉 18×65 O.S.
建具 桟:
米杉 45×45 O.S.
柱:
米杉 65×90 O.S.
RC擁壁
コンクリートボーダー
[GL+70]
[GL±0]
[GL-20]
砂利敷き
△道路境界線
[GL-60]
[GL-110]
砂利敷き
[GL-120]
[GL-160]
[GL-210]
板貼:
米杉 18×63 O.S.
側溝
塀の支柱から丁番で吊り、スチール製L
アングルを土間に埋込んで戸当りとした。
笠木(縦):
ガルバリウム鋼板
米杉 120×18
942

さりげないディテールを積み重ねる

前面道路から玄関までの限られた距離の中で、さりげないディテールを過不足なく積み重ねることで階層をつくり、奥行き感を出した。

ポーチの天井裏には「寝室1」の給気ダクトを設けている。

ダクト φ100

小庇：ガルバリウム鋼板

小庇を出すことで、内と外の境界線をずらした。

笠木(上部・縦)：ガルバリウム鋼板
米杉 120×18

戸当り
St L型 70×70 6t S.O.P.

上部：板金巻き

建具・板貼：
米杉 18×65 O.S.

建具桟：
米杉 45×45 O.S.

モルタル豆砂利洗い出し

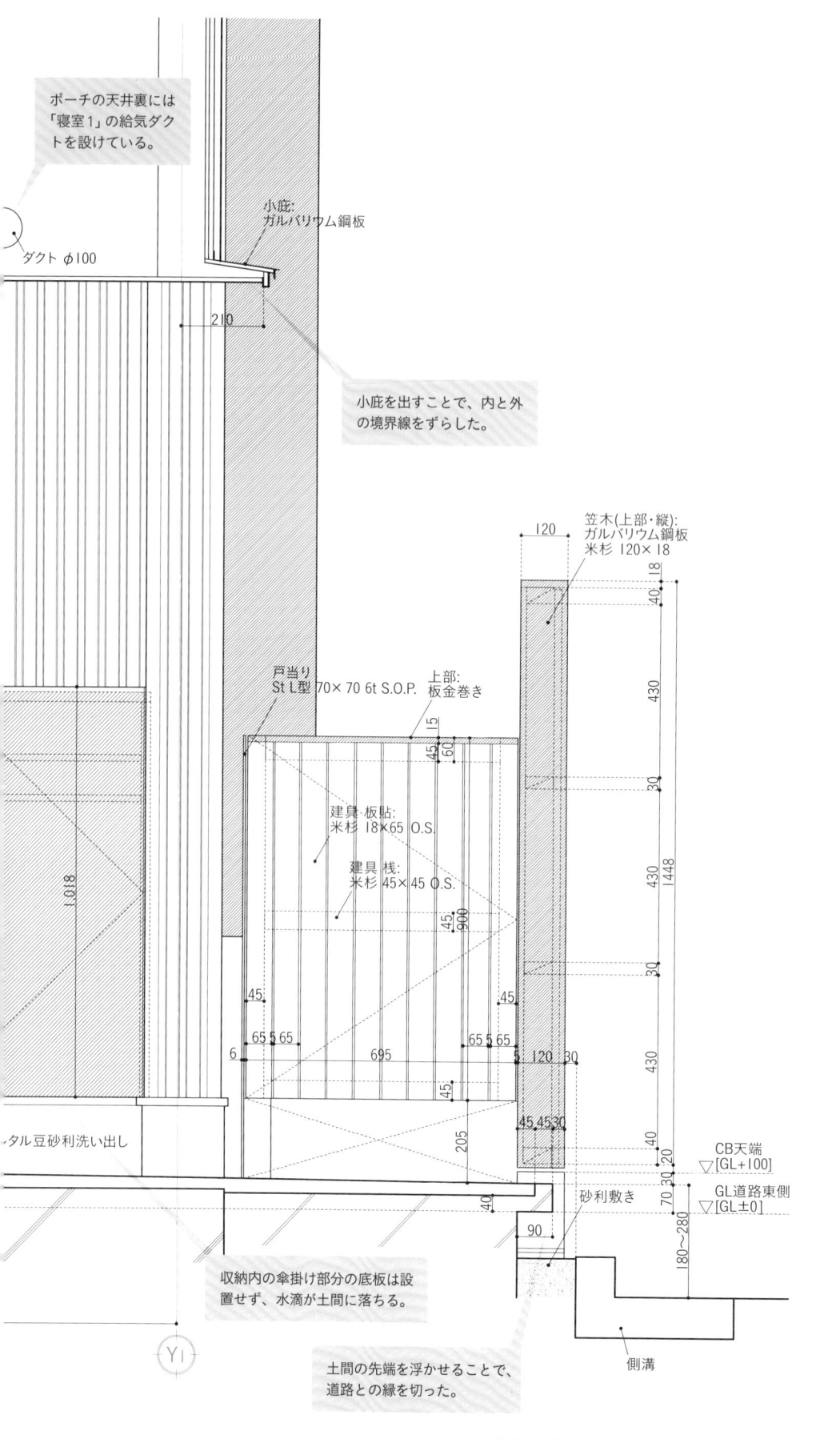

収納内の傘掛け部分の底板は設置せず、水滴が土間に落ちる。

土間の先端を浮かせることで、道路との縁を切った。

砂利敷き

CB天端
▽[GL+100]

GL道路東側
▽[GL±0]

側溝

Y1

第3篇 水廻り詳細・その他

外構・植栽・永山の家

| 永山の家 | 展開図 | S=1/15 |

天井:
砂漆喰 3t
PB 12.5t

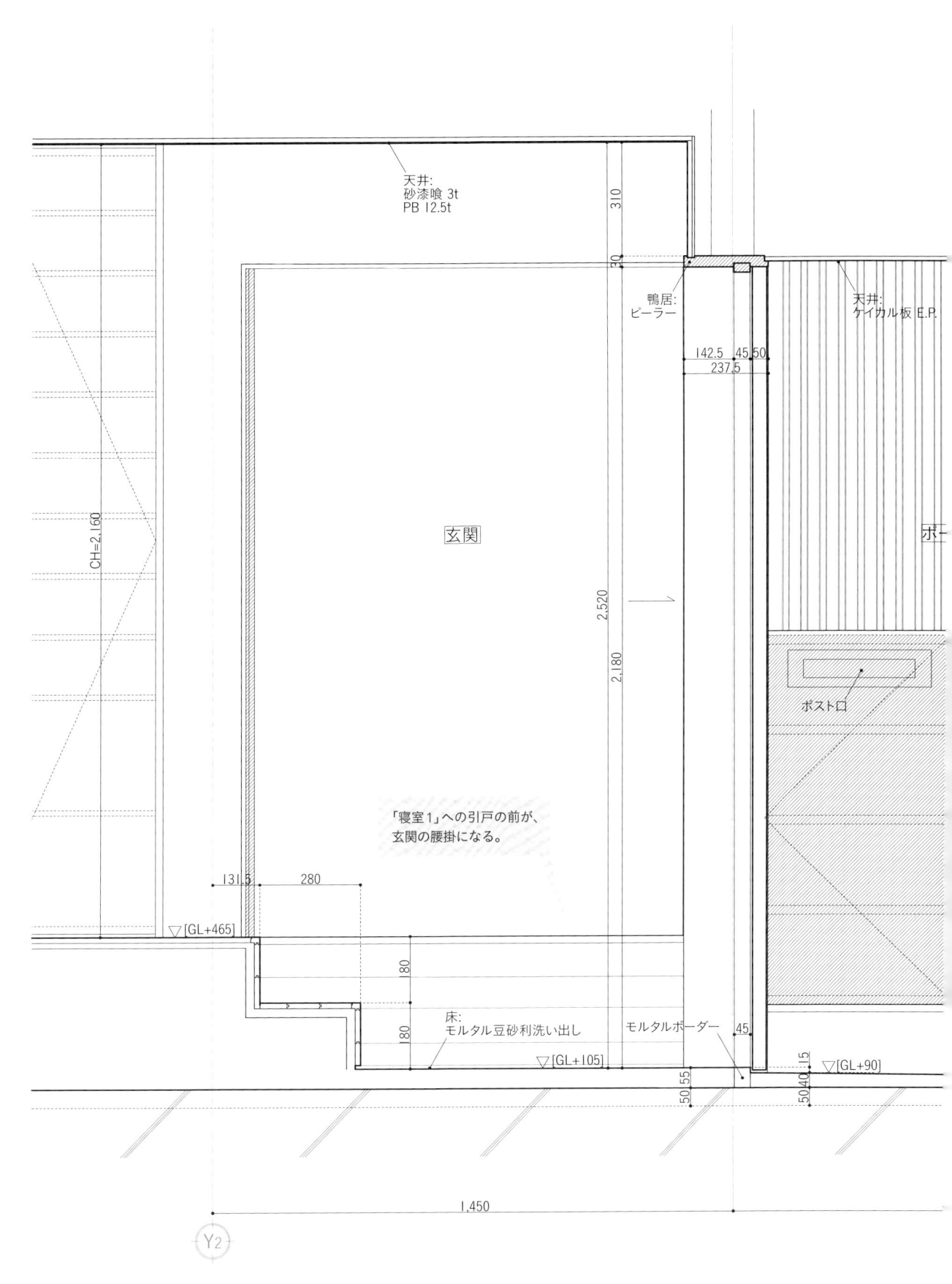

鴨居:
ピーラー

天井:
ケイカル板 E.P.

310
30
142.5 45 50
237.5

CH=2,160

玄関

2,520
2,180

ポ

ポスト口

「寝室1」への引戸の前が、
玄関の腰掛になる。

131.5 280

▽[GL+465]

180

180

床:
モルタル豆砂利洗い出し

モルタルボーダー

45

▽[GL+105]

50 55

50 40 15

▽[GL+90]

1,450

Y2

高さを調整したシンプルな手摺

外壁の立ち上がりは、バルコニーチェアに座ったときに道路からの視線と重ならない高さに設定し、その内側にスチールのフラットバーでシンプルな手摺を設けている。

手摺子:
St FB 38×9
溶融亜鉛メッキ ドブ漬け

手摺:
St FB 50×9
溶融亜鉛メッキ ドブ漬け

ルーフバルコニー

105
1,365

断面図 S=1/15

3,600

1,365　210　85.5　100　174.5
205

フラットバーの出と開口部の縦枠の内側を合わせている。

平面図 S=1/15

X3

第3篇　水廻り詳細・その他

外構・植栽　那須の家

| 那須の家 | ルーフバルコニー手摺 詳細図 | S=1/5, 1/15 |

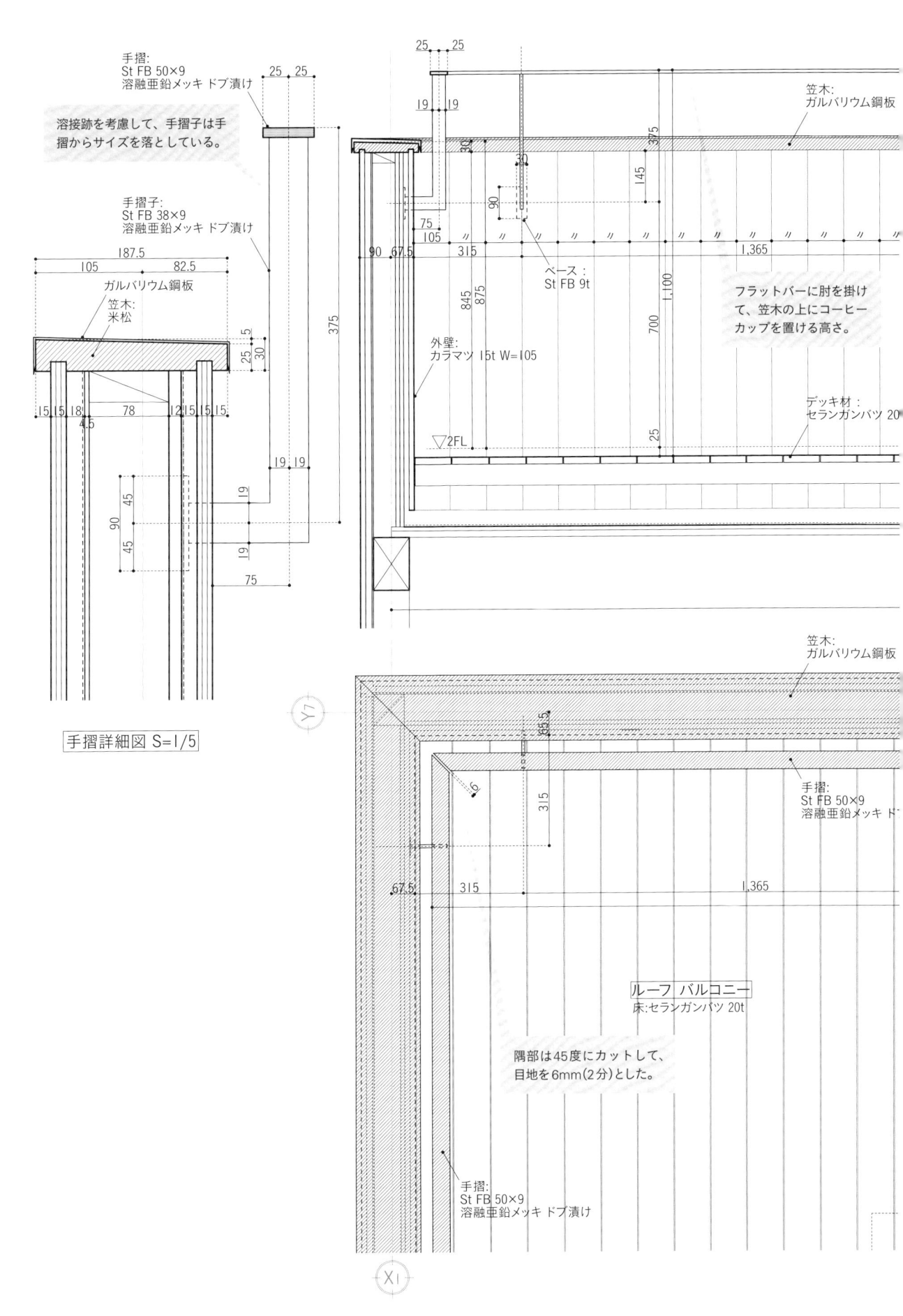

手摺:
St FB 50×9
溶融亜鉛メッキ ドブ漬け

溶接跡を考慮して、手摺子は手摺からサイズを落としている。

手摺子:
St FB 38×9
溶融亜鉛メッキ ドブ漬け

ガルバリウム鋼板

笠木:
米松

笠木:
ガルバリウム鋼板

ベース:
St FB 9t

外壁:
カラマツ 15t W=105

▽2FL

フラットバーに肘を掛けて、笠木の上にコーヒーカップを置ける高さ。

デッキ材:
セランガンバツ 20t

手摺詳細図 S=1/5

笠木:
ガルバリウム鋼板

手摺:
St FB 50×9
溶融亜鉛メッキ ドブ漬け

ルーフバルコニー
床:セランガンバツ 20t

隅部は45度にカットして、目地を6mm(2分)とした。

手摺:
St FB 50×9
溶融亜鉛メッキ ドブ漬け

さまざまなレベルから楽しめる植栽計画

管理のしやすさを考慮して植栽をまとめ、各開口部から接することができるようにした。植栽がもつ立体感をさまざまなレベルから楽しめるように計画している。

ダイニングの窓からも植栽を眺めることができる。

ヒメリョウブ
フイリアブラン
セキショウ
ヤブコウジ
ヒメリョウブ
ヤマアジサイ
アオキ
ヒメシャラ
ドウダンツツジ
ヤマアジサイ
アオハダ
ゲンカイツツジ
フイリアブラン
モチノキ
ヒメリョウブ
ヤブコウジ

玄関へのアプローチは植栽の中をくぐる。

アセビ

床：コンクリート洗い出し
[GL+185]

フイリアブラン
セキショウ
ヤブコウジ
枕木
コナラ
アオキ
アセビ
タマリュウ
セキショウ
ローズマリー
ヒメリョウブ
クリスマスローズ

寝室の目隠しにもなる。

第3篇 水廻り詳細・その他

外構・植栽 永山の家、鵠沼の家

| 永山の家 , 鵠沼の家 | 植栽図 | S＝1/40 |

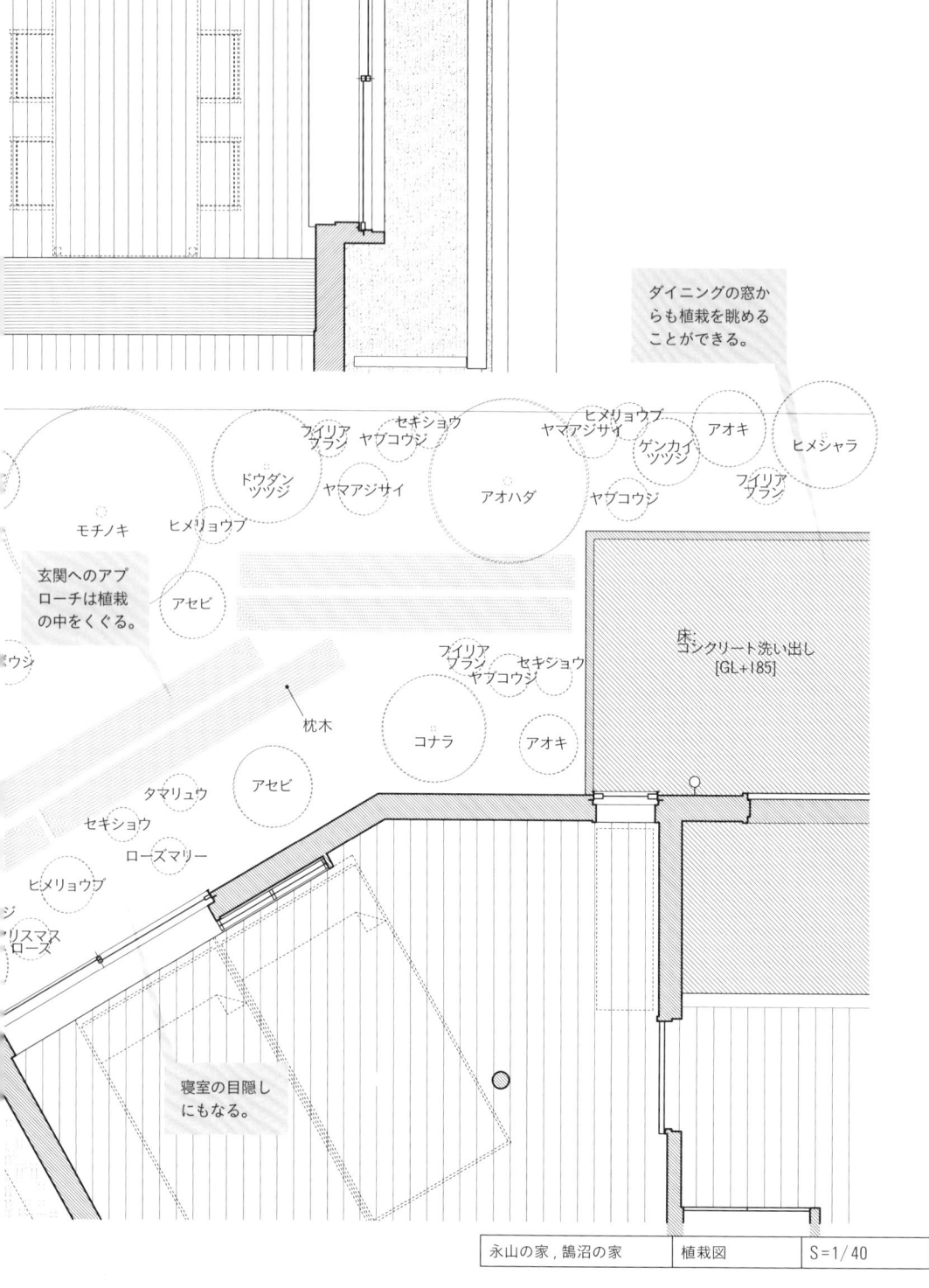

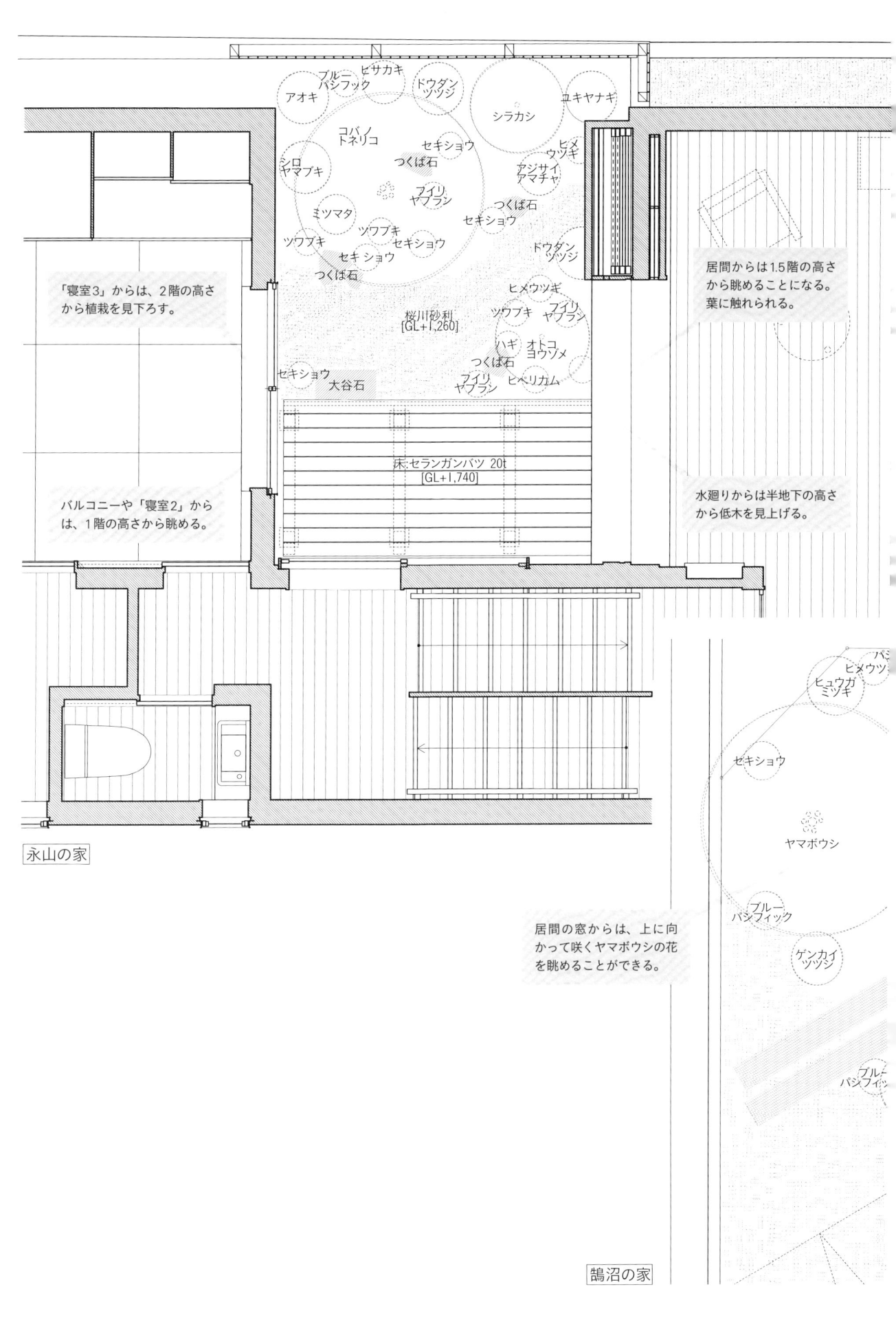

ブルー
パシフィック
アオキ ドウダン
ツツジ ユキヤナギ
シラカシ
コバノ
トネリコ セキショウ ヒメ
ウツギ
シロ つくば石 アジサイ
ヤマブキ アマチャ
フイリ
ヤブラン つくば石
ミツマタ
ツワブキ セキショウ ドウダン
セキショウ ツツジ
つくば石
ヒメウツギ
ツワブキ フイリ
桜川砂利 ヤブラン
[GL+1,260] ハギ オトコ
ヨウシメ
つくば石
セキショウ フイリ
大谷石 ヤブラン ヒペリカム

「寝室3」からは、2階の高さ
から植栽を見下ろす。

居間からは1.5階の高さ
から眺めることになる。
葉に触れられる。

床:セランガンバツ 20t
[GL+1,740]

バルコニーや「寝室2」から
は、1階の高さから眺める。

水廻りからは半地下の高さ
から低木を見上げる。

ブルー
ヒメウツギ
ヒュウガ
ミツキ

セキショウ

ヤマボウシ

永山の家

居間の窓からは、上に向
かって咲くヤマボウシの花
を眺めることができる。

ブルー
パシフィック

ゲンカイ
ツツジ

ブルー
パシフィック

鵠沼の家

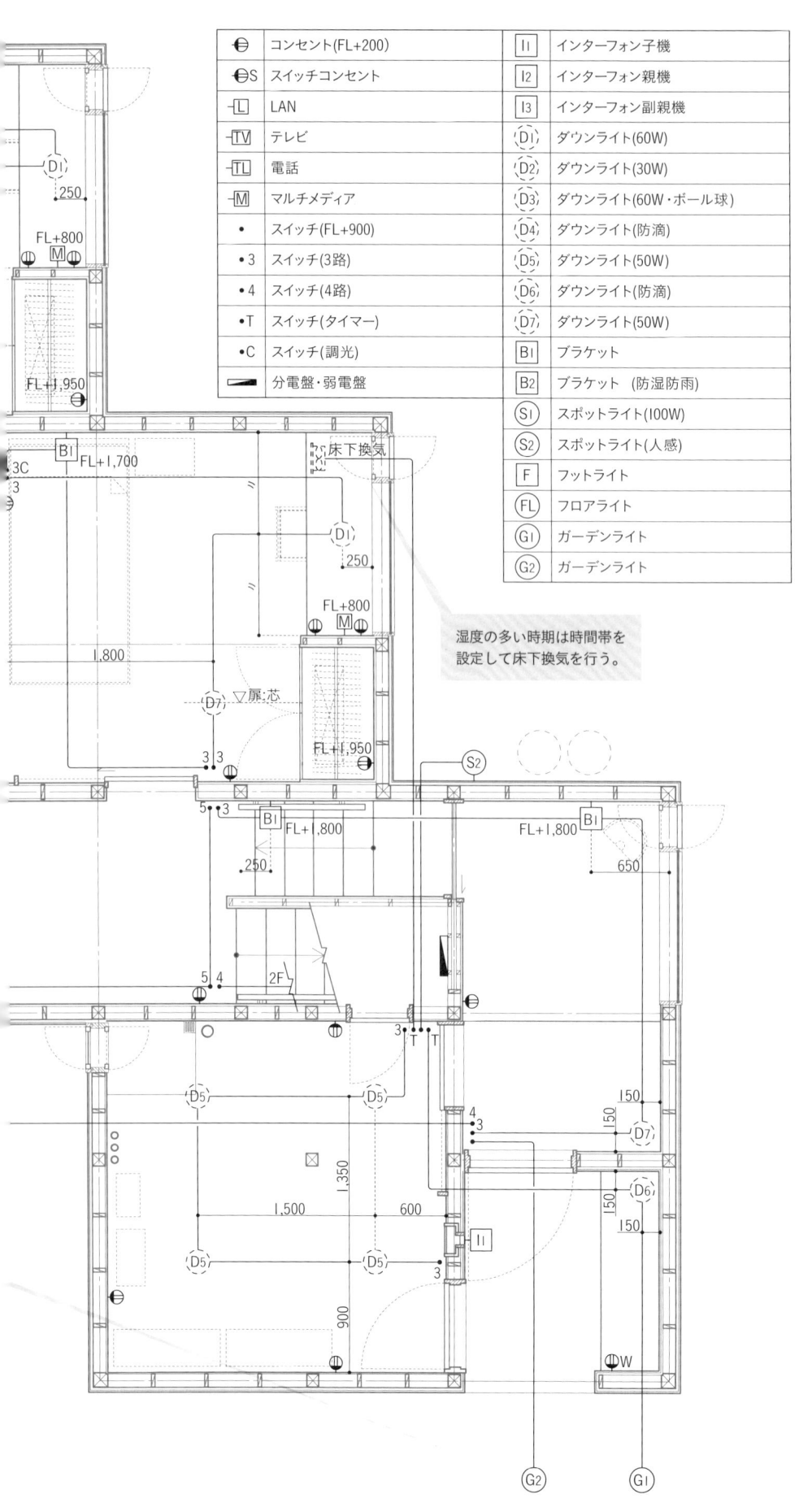

# 生活に合わせた照明設計

引戸の前、収納の前、デスクの上にはダウンライトを設ける。枕元には壁付のブラケットを設けることで、横になったときにまぶしくないように配慮している。

記号	名称	記号	名称
⊖	コンセント(FL+200)	I1	インターフォン子機
⊖S	スイッチコンセント	I2	インターフォン親機
⊥L	LAN	I3	インターフォン副親機
⊥TV	テレビ	D1	ダウンライト(60W)
⊥TL	電話	D2	ダウンライト(30W)
⊥M	マルチメディア	D3	ダウンライト(60W・ボール球)
•	スイッチ(FL+900)	D4	ダウンライト(防滴)
•3	スイッチ(3路)	D5	ダウンライト(50W)
•4	スイッチ(4路)	D6	ダウンライト(防滴)
•T	スイッチ(タイマー)	D7	ダウンライト(50W)
•C	スイッチ(調光)	B1	ブラケット
▬	分電盤・弱電盤	B2	ブラケット(防湿防雨)
		S1	スポットライト(100W)
		S2	スポットライト(人感)
		F	フットライト
		FL	フロアライト
		G1	ガーデンライト
		G2	ガーデンライト

湿度の多い時期は時間帯を設定して床下換気を行う。

第3篇 水廻り詳細・その他

電気・照明 那須の家

| 那須の家 | 電気図-1F | S=1/50 |

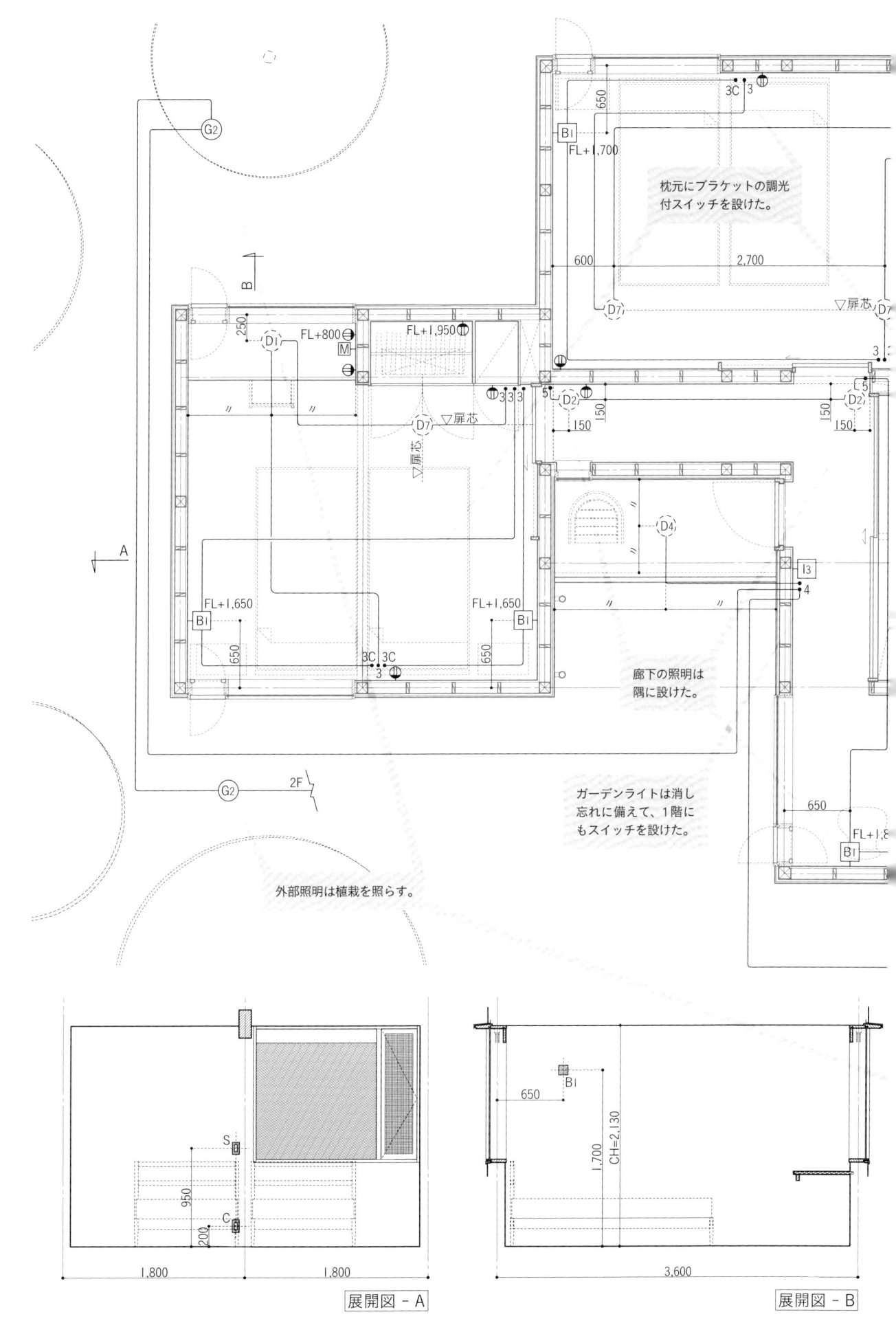

枕元にブラケットの調光
付スイッチを設けた。

廊下の照明は
隅に設けた。

ガーデンライトは消し
忘れに備えて、1階に
もスイッチを設けた。

外部照明は植栽を照らす。

展開図 - A

展開図 - B

光源の高さを調整する

壁付のブラケットは開口部に続く壁に設置し、勾配天井高によって高さを調整している。ダイニングはペンダントで重心を落としている。

展開図 - A

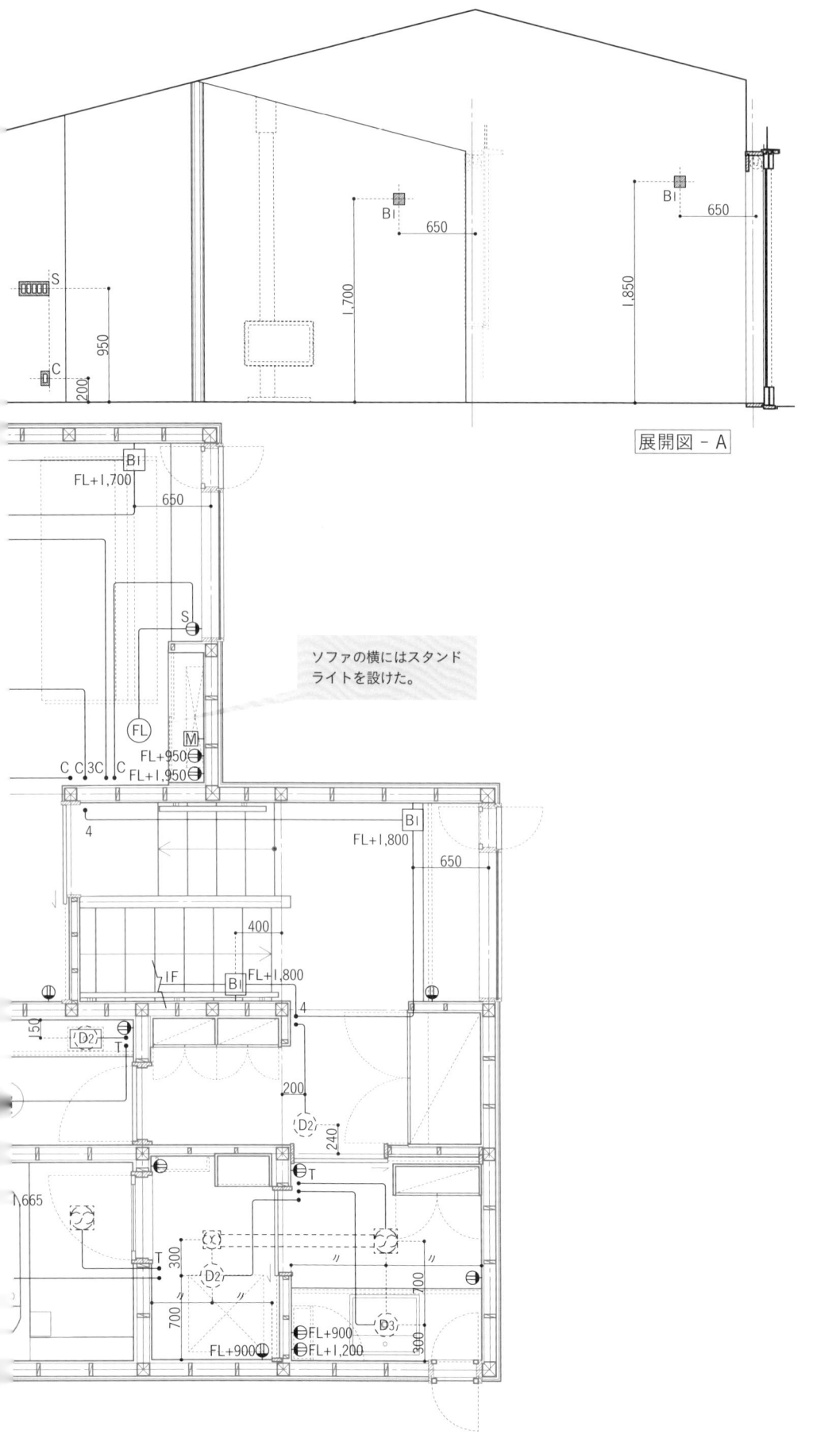

那須の家　電気図 - 2F　S=1/50

第3篇　水廻り詳細・その他

電気・照明　那須の家

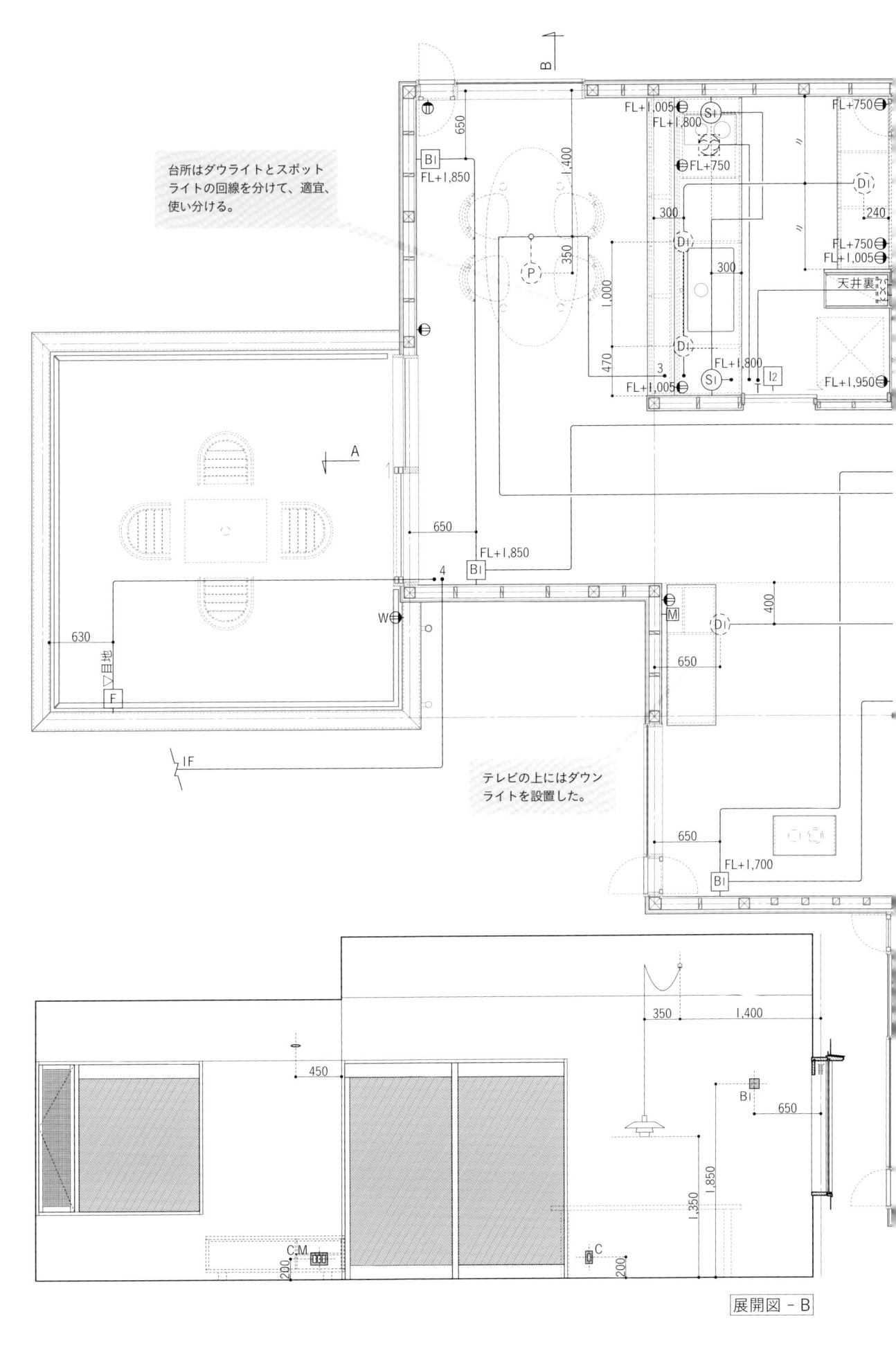

台所はダウンライトとスポットライトの回線を分けて、適宜、使い分ける。

テレビの上にはダウンライトを設置した。

展開図 - B

照明で明暗の間をとる

照明の位置を空間の対角を意識して配置したり、明暗をつくることで、間が生まれる。天井付、壁付、床置きなど立体的な奥行きも意識している。

照明器具の色は仕上げによって、シルバーとホワイトを使い分けている。

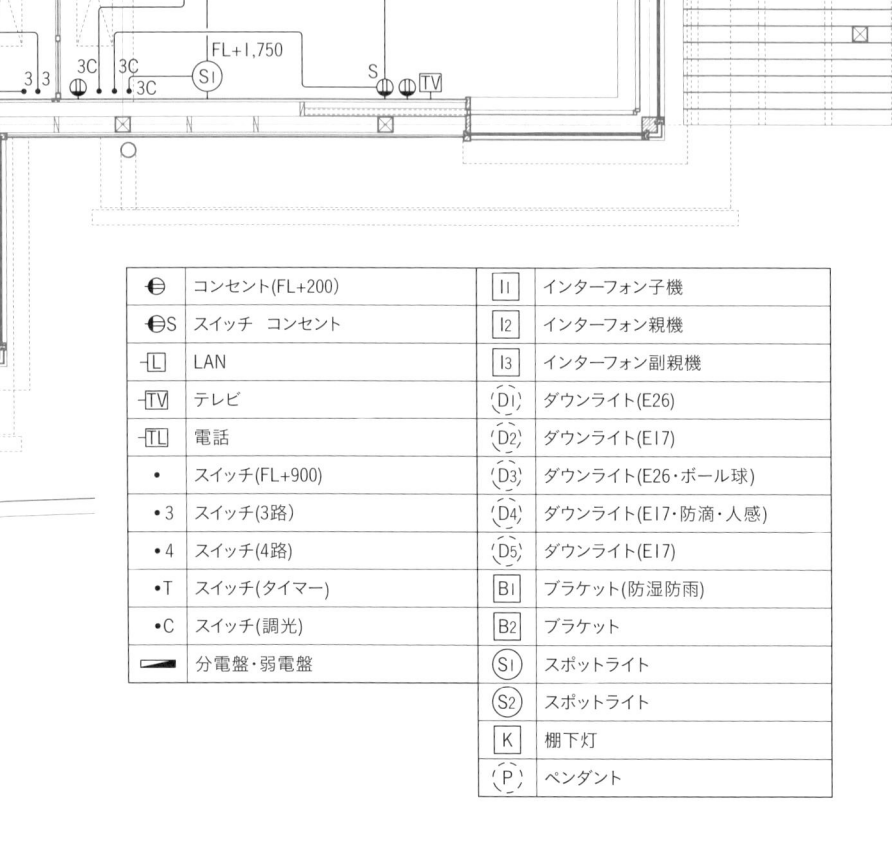

記号	名称	記号	名称
⊖	コンセント(FL+200)	I1	インターフォン子機
⊖S	スイッチ コンセント	I2	インターフォン親機
┤L	LAN	I3	インターフォン副親機
┤TV	テレビ	(D1)	ダウンライト(E26)
┤TL	電話	(D2)	ダウンライト(E17)
●	スイッチ(FL+900)	(D3)	ダウンライト(E26・ボール球)
●3	スイッチ(3路)	(D4)	ダウンライト(E17・防滴・人感)
●4	スイッチ(4路)	(D5)	ダウンライト(E17)
●T	スイッチ(タイマー)	B1	ブラケット(防湿防雨)
●C	スイッチ(調光)	B2	ブラケット
━	分電盤・弱電盤	(S1)	スポットライト
		(S2)	スポットライト
		K	棚下灯
		(P)	ペンダント

第3篇 水廻り詳細・その他

電気・照明 町田の家

| 町田の家 | 電気図 - 1F | S=1/50 |

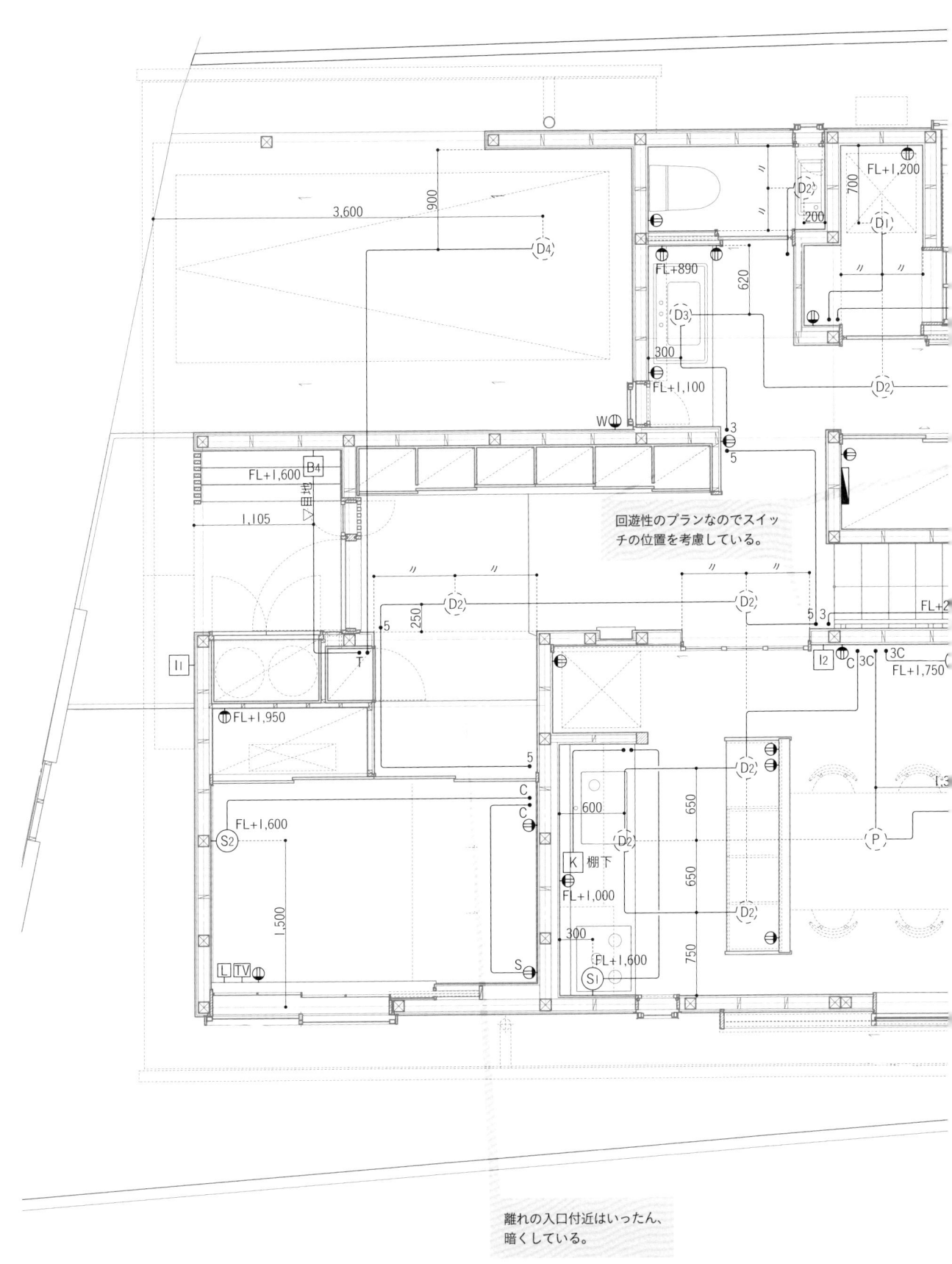

回遊性のプランなのでスイッチの位置を考慮している。

離れの入口付近はいったん、暗くしている。

資料

那須の家

建物名称	那須の家
設計	丸山弾建築設計事務所
施工	UDホーム
造園	舘造園
所在地	栃木県那須塩原市
主要用途	別荘
家族構成	夫婦
構造	木造在来工法
基礎	鉄筋コンクリート ベタ基礎
階数	地上2階
最高高さ	7,812mm
軒高	4,962mm／6,012mm／7,062mm
敷地面積	1,986.00㎡
建築面積	73.44㎡
建蔽率／許容	3.70％＜60％
延床面積	128.52㎡
容積率／許容	6.47％＜200％
1階床面積	68.04㎡
2階床面積	60.48㎡
設計期間	2007年10月〜2009年1月
工事期間	2009年3月〜2009年10月
地域地区	都市計画区域内 指定なし
高度指定	指定なし
防火指定	法22条指定区域
道路幅員	東4.0m／南4.0m／北4.0m
外部仕上げ 屋根	ガルバリウム鋼板 t=0.4mm 平葺
外壁	カラマツ板貼 t=15mm
開口部	木製建具

溝口の家

建物名称	溝口の家
設計	丸山弾建築設計事務所
施工	幹建設
造園	舘造園
所在地	神奈川県川崎市
主要用途	専用住宅
家族構成	母＋夫婦＋子
構造	木造在来工法
基礎	地盤改良 鉄筋コンクリート ベタ基礎
階数	地上2階
最高高さ	6,666mm
軒高	5,125mm／5,820mm
敷地面積	101.06㎡
建築面積	53.84㎡
建蔽率／許容	53.27％＜60％
延床面積	107.68㎡
容積率／許容	106.55％＜200％
1階床面積	53.84㎡
2階床面積	53.84㎡
設計期間	2008年12月〜2009年6月
工事期間	2009年8月〜2009年12月
地域地区	都市計画区域内 第2種住居地域
高度地区	第3種高度地区
防火指定	準防火地域
道路幅員	北5.09m
外部仕上げ 屋根	ガルバリウム鋼板 t=0.35mm 縦葺
外壁	モルタル リシン吹付

鵠沼の家

建物名称	鵠沼の家
設計	丸山弾建築設計事務所
施工	幹建設
造園	舘造園
所在地	神奈川県藤沢市
主要用途	専用住宅
家族構成	夫婦＋子
構造	木造在来工法
基礎	鉄筋コンクリート ベタ基礎
階数	地上2階
最高高さ	6.590m
軒高	5,645mm／5,665mm
敷地面積	116.09㎡
建築面積	46.27㎡
建蔽率／許容	39.86％＜40％
延床面積	92.54㎡
容積率／許容	79.72％＜80％
1階床面積	46.27㎡
2階床面積	46.27㎡
設計期間	2009年2月〜2009年8月
工事期間	2009年10月〜2010年3月
地域地区	都市計画区域内 第1種低層住居専用地域
高度地区	指定なし
防火指定	法22条指定区域
風致地区	指定区域
道路幅員	南東4.03m
外部仕上げ 屋根	ガルバリウム鋼板

内部仕上げ-1
- 床　居間／食堂／寝室　カラマツ t=18mm　オスモフロアクリアー
- 壁　漆喰塗り t=13mm　ラスボード t=7mm下地
- 天井　PB t=9.5mm AEP

内部仕上げ-2
- 床　納戸　モルタル 金ゴテ仕上げ
- 壁　ラワンベニヤ貼 t=5.5mm
- 天井　ラワンベニヤ貼 t=5.5mm

内部仕上げ-3
- 床　浴室　ハーフバスルーム
- 壁　サワラ板貼 t=15mm 木肌美人
- 天井　サワラ板貼 t=15mm 木肌美人

設備
- 暖房　ヒートポンプエアコン／薪ストーブ
- 冷房　ヒートポンプエアコン
- 換気　ダクトファン
- 給水　上水道直結（浴室：温泉引込）
- 排水　合併処理浄化槽
- 給湯　ガス給湯器

開口部　アルミサッシ／木製建具

内部仕上げ-1
- 床　居間／寝室　カラマツ t=15mm
- 壁　PB t=12.5mm下地　Uトップ塗り t=3mm
- 天井　PB t=12.5mm下地

内部仕上げ-2
- 床　浴室　ハーフバスルーム
- 壁　サワラ板貼 t=15mm 木肌美人
- 天井　サワラ板貼 t=15mm 木肌美人

設備
- 暖房　ヒートポンプエアコン
- 冷房　ヒートポンプエアコン
- 換気　ダクトファン
- 給水　上水道直結
- 排水　下水道放流
- 給湯　ガス給湯器

外壁　t=0.35mm 瓦棒葺　モルタル リシン吹付
開口部　木製建具／アルミサッシ

内部仕上げ-1
- 床　居間／食堂／寝室　カラマツ t=15mm　オスモフロアクリアー
- 壁　PB t=12.5mm下地　Uトップ塗り t=3mm
- 天井　PB t=12.5mm下地

内部仕上げ-2
- 床　浴室　ハーフバスルーム
- 壁　サワラ板貼 t=15mm 木肌美人
- 天井　サワラ板貼 t=15mm 木肌美人

設備
- 暖房　ヒートポンプエアコン
- 冷房　ヒートポンプエアコン
- 換気　ダクトファン
- 給水　上水道直結
- 排水　下水道放流
- 給湯　ガス給湯器

幡ヶ谷の家

建物名称	幡ヶ谷の家
設計	丸山弾建築設計事務所
施工	幹建設
造園	舘造園
所在地	東京都渋谷区
主要用途	専用住宅
家族構成	夫婦
構造	木造在来工法
基礎	鉄筋コンクリート ベタ基礎 鋼管杭
階数	地上3階
最高高さ	9,220mm
軒高	6,779mm／8,340mm
敷地面積	103.71㎡
建築面積	52.86㎡
建蔽率／許容	50.97%＜80%
延床面積	121.92㎡
容積率／許容	117.56%＜212%
1階床面積	40.71㎡
2階床面積	52.86㎡
3階床面積	28.35㎡
工事期間	2009年5月〜2010年1月
設計期間	2009年2月〜2010年8月
地域地区	都市計画区域内 第1種住居地域
高度指定	第3種高度地区
防火指定	準防火地域
道路幅員	北東 5.3m 西北 4.0m
外部仕上げ	
屋根	ガルバリウム鋼板 t=0.35mm 瓦棒葺
外壁	モルタル リシン吹付
開口部	アルミサッシ／木製建具
内部仕上げ-1	
床	カラマツ t=18mm アウロ
壁	漆喰塗り t=3mm 食堂／広間

永山の家

建物名称	永山の家
設計	丸山弾建築設計事務所
施工	幹建設
造園	舘造園
所在地	東京都多摩市
主要用途	専用住宅
家族構成	母＋子二人
構造	木造在来工法
基礎	鉄筋コンクリート ベタ基礎 柱状改良杭
階数	地上2階
最高高さ	7,950mm
軒高	5,300mm／5,655mm
敷地面積	74.31㎡
建築面積	43.74㎡
建蔽率／許容	58.86%＜60%
延床面積	87.48㎡
容積率／許容	117.72%＜160%
1階床面積	43.74㎡
2階床面積	43.74㎡
工事期間	2012年9月〜2013年4月
設計期間	2011年9月〜2012年8月
地域地区	都市計画区域内 第2種中高層住居専用地域
高度地区	第2種高度地区
防火指定	準防火地域
道路幅員	北 4.0m
外部仕上げ	
屋根	ガルバリウム鋼板 t=0.35mm 瓦棒葺
外壁	ガルバリウム鋼板 t=0.40mm 角波板貼り
開口部	木製建具／アルミサッシ
内部仕上げ-1	
床	ブナ t=15mm オスモフロアクリアーラビット 居間

町田の家

建物名称	町田の家
設計	丸山弾建築設計事務所
施工	幹建設
所在地	東京都町田市
主要用途	専用住宅
家族構成	母＋夫婦
構造	木造在来工法（改築）
基礎	布基礎（既存）
階数	地上2階
最高高さ	7,120mm
軒高	5,950mm
敷地面積	165.30㎡
建築面積	87.21㎡
建蔽率	52.75%
延床面積	106.25㎡
容積率	64.27%
1階床面積	77.90㎡
2階床面積	28.35㎡
工事期間	2012年11月〜2013年6月
設計期間	2011年7月〜2012年10月
地域地区	第1種中高層住居専用地域
高度地区	第2種高度地区
防火指定	準防火地域
道路幅員	北 6.0m
外部仕上げ	
屋根	カラー鉄板（既存）／瓦葺き（既存）
外壁	焼杉板 t=10mm 縦貼 既存サイディングの上
開口部	木製建具／アルミサッシ
内部仕上げ-1	
床	スギ t=15mm 泥漆喰塗り t=3mm 居間／食堂
壁	漆喰塗り t=3mm PB t=12.5mm 下地
天井	PB t=12.5mm 下地

内部仕上げ-1

- 天井: PB t=15mm下地 漆喰塗り t=3mm
- 壁: ラスボード t=7mm下地 漆喰塗り t=3mm
- 床: 強化PB t=15mm下地

内部仕上げ-2 寝室

- 床: ジュウタン敷
- 壁: 漆喰塗り t=3mm
- 天井: 強化PB t=15mm下地

内部仕上げ-3 浴室

- 床: モザイクタイル貼
- 壁: アルミパネル貼
- 天井: ハーフバスルーム

設備

- 暖房: ヒートポンプエアコン
- 冷房: ヒートポンプエアコン
- 換気: ダクトファン
- 給水: 上水道直結
- 排水: 下水道放流
- 給湯: ガス給湯器

内部仕上げ-2 寝室1/2

- 床: 畳敷き t=55mm
- 壁: 砂漆喰塗り t=3mm / ラスボード t=7mm下地 / PB t=12.5mm下地
- 天井: ラワンベニヤ貼 t=5.5mm

内部仕上げ-3 台所

- 床: ブナ t=15mm U.C.
- 壁: タイル貼
- 天井: ツガ板貼 t=8mm U.C.

内部仕上げ-4 納戸1/2

- 床: ブナ t=15mm
- 壁: オスモフロアクリアーラビット
- 天井: シナベニヤ貼 t=8mm U.C. / 砂漆喰塗り / ツガ板貼 t=8mm U.C.

内部仕上げ-5 浴室

- 床: 御影石貼 t=15mm
- 壁: いものホーローバス
- 天井: サワラ板貼 t=15mm 木肌美人 / サワラ板貼 t=15mm 木肌美人

設備

- 暖房: 不凍液循環型パネル式暖房（PS暖房機） ヒートポンプエアコン
- 冷房: ヒートポンプエアコン
- 換気: ダクトファン
- 給水: 上水道直結
- 排水: 下水道放流
- 給湯: ガス給湯器

内部仕上げ-2 寝室1

- 床: スギ t=15mm／畳敷き
- 壁: 土壁塗り t=3mm
- 天井: PB t=12.5mm下地 ツガ板貼 t=8mm

内部仕上げ-3 寝室2

- 床: スギ t=15mm／畳敷き
- 壁: 韓紙貼 PB t=12.5mm下地
- 天井: ツガ板貼 t=8mm

内部仕上げ-4 離れ

- 床: サイザル麻 t=6mm
- 壁: 土壁塗り t=3mm
- 天井: PB t=12.5mm下地 ツガ板貼 t=8mm

内部仕上げ-5 書斎

- 床: スギ t=15mm
- 壁: シナベニヤ貼 t=5.5mm
- 天井: シナベニヤ貼 t=5.5mm

内部仕上げ-6 浴室

- 床: 石貼 t=20mm いものホーローバス
- 壁: タイル貼 t=6.5mm
- 天井: ヒバ t=15mm 木童・超撥水

設備

- 暖房: ヒートポンプエアコン
- 冷房: ヒートポンプエアコン
- 換気: ダクトファン
- 給水: 上水道直結
- 排水: 下水道放流
- 給湯: ガス給湯器

あとがき

住宅の設計を行うときは、常にその敷地や住まい手に合わせた設計を行っており、ディテールについても、一つ一つその場に合わせて考えていくので、意味づけや寸法は常に異なるものになります。この本で伝えたかったことは、図中に記載されている寸法はすべて、何かしらの意図があるということです。その意図とは何か、意図の積み重ねが空間やそのつながりにどのように関わり合っていくか、ということを文章や写真でフォローしつつ、伝えることができたらと思いました。また、"もの"の寸法とともに、"もの"と"もの"との間の寸法に着目していただけると、住空間としてのバランスについて、より伝わるのではないかと思っています。

この本をつくるにあたって、手元に残る図面を、誌面の大きさに合わせて再レイアウトするとともに、線を一本一本、見直す作業を行いました。各家とも竣工して数年が経ちますが、長い時間軸の中、まだまだ結果が見えない状況において、この作業はすべてを一から見つめ直し、問いただす時間となりました。

また、住宅の設計時はさまざまな宿題を同時に抱えていて、バランスをなんとか保ちながら、舵をとっている状態なので、一つ一つの要素を明確化したり、言語化する余裕はありません。今回、その抽象的あるいは無意識的に行っていることを、一つ一つ浮き立たせる作業の繰り返しとなりました。このことにより、自分の考えや手法あるいは癖がより明確になり、三十代最後に自分を見つめ直すとともに、次に

進む上で大変、勉強になる機会となりました。

まだまだ実績がない中でこうした大切な機会を与えていただくとともに、辛抱強く編集していただいたオーム社の三井渉さん、慣れない建築図面や用語が並ぶ原稿に丁寧なデザインをしていただいた山口デザイン事務所の山口信博さんと吉田結さんに感謝を申し上げます。そして、駆け出しの自分を信頼してくれて、設計を任せてくれたクライアントの皆様と、施工を手がけてくれた皆様、設計の心得を一から教えていただいた師である堀部安嗣先生に感謝を申し上げます。また、この本の制作期間中だけでなく、設計活動を支えてくれている家族に感謝を伝えたいと思います。

この本が、建築を学びはじめた世代に住宅設計の楽しさと奥深さを伝えるきっかけになれば幸いです。

2015年3月　丸山弾

丸山弾 （まるやま・だん）

1975年　東京都生まれ
1998年　成蹊大学経済学部卒業
2003〜2007年　堀部安嗣建築設計事務所
2007年　丸山弾建築設計事務所設立
2007年〜　京都造形芸術大学大学院非常勤講師

写真提供
すべて丸山弾建築設計事務所

デザイン
山口信博＋吉田結（山口デザイン事務所）

- 本書の内容に関する質問は，オーム社ホームページの「サポート」から，「お問合せ」の「書籍に関するお問合せ」をご参照いただくか，または書状にてオーム社編集局宛にお願いします．お受けできる質問は本書で紹介した内容に限らせていただきます．なお，電話での質問にはお答えできませんので，あらかじめご了承ください．
- 万一，落丁・乱丁の場合は，送料当社負担でお取替えいたします．当社販売課宛にお送りください．
- 本書の一部の複写複製を希望される場合は，本書扉裏を参照してください．

JCOPY ＜出版者著作権管理機構 委託出版物＞

知りたいディテール満載！
木造住宅パーフェクト詳細図集

2015年4月15日　　第1版第1刷発行
2022年11月30日　　第1版第7刷発行

著　者　丸山　弾
発行者　村上和夫
発行所　株式会社　オーム社
　　　　郵便番号　101-8460
　　　　東京都千代田区神田錦町3-1
　　　　電話　03(3233)0641(代表)
　　　　URL　https://www.ohmsha.co.jp/

© 丸山弾 2015

印刷　壮光舎印刷　　製本　牧製本印刷
ISBN978-4-274-21741-8　Printed in Japan